프로 트레이더 교과서

실전에서 통하는
7단계 주식투자 전략

THE ART® OF TRADING

프로
트레이더
교과서

베넷 맥도웰 지음
정진근 옮김

에디터
editor

지속적인 성공을 위한 7단계 접근법

이 책의 초판이 나온 지 15년이 지났는데, 필자가 할 수 있는 말은 "즐거운 시간을 보내면 시간이 정말 빨리 간다!"라는 것이다. 필자의 철학은 항상 일(그리고 트레이딩)을 재미있게 만드는 것이다. 자신이 하는 일을 사랑하면, 평생 단 하루도 일하는 것처럼 느껴지지 않을 것이다.

물론 트레이딩과 투자의 목표는 성공하는 것이다. 필자와 동료들이 운영하는 사이트(www.TradersCoach.com)에서 우리는 1998년부터 트레이더들이 성공하도록 돕는 데 있어 엄청난 실적을 쌓았다.

이 두 번째 판에는 초판 이후에 개발한 아주 새로운 콘텐츠가 많이 들어 있으며, 그것들은 여러분이 더 성공할 수 있도록 돕기 위해 고안되었다.

예를 들어 다중 타임프레임 분석의 사용은 초판 이후로 상당히 발전했으며 이 두 번째 판에도 포함되어 있다. 그리고 새로운 트레이딩과 투자 개념을 배우는 데 가장 적합한 것이 무엇인지 발견하도록 도와준 훌륭한 지도 학생들에게 감사드린다. 이번 새 판에는 그들이 영감을 준 자료가 포함되어 있다.

이 학생들이 감사하게도 나를 더 나은 선생으로 만들어주었다.

그래서 지금 우리를 처음 발견한 것이든, 이미 가족 중 한 명이든, '트레이딩의 예술(The ART of Trading)'이라고 부르는 이 모험에 오신 것을 환영한다!

혁신적인 학습 경험

이제 금융시장을 단순화하고 삶의 방식을 단순화하는 혁신적인 학습 경험을 시작하려고 한다. 이 경험은 현실에 집중하는 데 도움이 되며 다음과 같은 주요 개념을 바탕으로 구축된다.

- 성공적인 트레이더이자 투자자가 되려면 현재의 시장 현실을 있는 그대로 바라보고, 앞으로 무슨 일이 일어날지에 대한 의견, 이론 또는 환상에 얽매이지 말아야 한다.
- 성공적인 매매와 투자는 절대적인 것이 아니라 확률에 기반한다. 성공은 가장 확률이 높은 매매를 찾고 평가하는 방법을 터득한 사람에게 찾아온다.
- 시장이 말하는 내용을 들을 줄 안다면, 시장은 당신이 어떻게 매매하고 투자해야 하는지 정확히 알려줄 것이다.

- 자금 관리는 필수적인 것이므로, 그것이 없다면 실패할 것이다. 따라서 매매에 들어가기 전에 반드시 위험을 알아야 한다.
- 실제로 돈을 걸기 전에 시장에서 입증된 우위를 확보하기 위해 규칙을 테스트하는 것이 필수적이다. 이 단계를 건너뛰면 자신감이 부족해지고 결국 실패하게 된다.
- 손실과 이익을 지속적으로 기록하고 추적하는 정직함을 유지하는 것은 초보 투자자에게 어려운 일이다. 장기적으로 수익을 낼 수 있는 유일한 방법은 매일 모든 매매에 대해 정직한 기록을 유지하는 것이다.
- 트레이더의 마음가짐을 확보하는 것은, 어떤 접근 방식이나 시스템을 사용하든 매매와 투자가 성공하기 위한 전제 조건이다.
- 승자처럼 생각하고 그에 따라 행동하는 데 필요한 자신감을 키우는 것은 트레이더의 마음가짐을 발전시키는 데 중요한 부분이다.
- 성공적인 매매와 투자를 위해서는 자신의 독특한 개성을 자신이 선택한 시스템과 일치시켜야 한다.
- 마지막으로, 지속적인 성공을 위해서는 인내심이 있어야 한다.

이 책은 이러한 개념을 사용하여 성과를 개선하는 방법을 보여준다. 여러분은 그 과정에서 열린 마음을 가져야 한다. 일부 개념은 여러분이 가진 신념 체계의 내적 핵심에 도전할 수도 있다. 이 책을 읽는 동안 수용적인 자세를 취함으로써 무한한 가능성을 충분히 탐색하기 바란다.

또한 자신을 방해하는 나쁜 습관을 키워왔다는 사실을 발견할 수도 있다. 그런 나쁜 습관을 인식하는 것이 첫 번째 단계다. 그런 나쁜 습관을 버리는 것은 좀 더 어려운 다음 단계다.

당신이 배운 것을 버려야 한다.

—〈스타워즈〉의 마스터 요다

가장 중요한 것은 그 과정을 받아들이는 것이고, 가끔 넘어지고 쓰러져도 반드시 다시 일어서는 것이다. 인내는 아마도 모든 성공적인 사람에게 가장 중요한 특성일 것이다. 성공적인 사람들은 절대로 포기하지 않기 때문이다. 그림 I-1을 보라.

> ## 승자는 절대로 실패하지 않는 사람이 아니라 멈추지 않는 사람이다.
> —에드윈 루이스 콜

그림 I-1. 절대로 포기하지 말라—매매와 투자를 포함한 모든 일에서 성공하려면 인내가 필요하다. 이 인용문은 필자가 가장 좋아하는 글 중 하나다.

모든 것은 현실에 관한 것

필자는 2003년에 Applied Reality Trading®이라는 매매 소프트웨어를 출시했는데, 대중에게는 ART®(실전 적용 트레이딩)이라고도 알려져 있다.

이 소프트웨어의 이름 한가운데에 현실(Reality)이라는 단어가 있다는 것을 눈치챘는가? 트레이더와 투자자로서 지속적인 수익을 내기 위해서는 감정이나 착각, 또는 다른 사람들의 의견에 주의를 분산시키지 않고 현실에 집중해야 하기 때문이다.

그러려면 우선 사실과 허구를 의식적으로 분리해야 한다. 그렇게 하도록 두뇌를 훈련시키지 않았다면 어려울 수도 있다. 노력과 위험 없이 빨리 부자가 된다는 허구의 환상에 굴복하고 싶은 유혹이 너무 크다. 그것이 현실이 되기를 바라지 않는 사람이 누가 있겠는가!

물론 깊이 생각해보면 무엇이든 성공하려면 어느 정도 위험을 감수하고 노력과 끈기 그리고 순수한 의지를 쏟아야 한다는 걸 우리 모두 알고 있다.

다행히도 당신의 손에 들려 있는 책은 목표 달성을 향한 올바른 몇 가지 간단한 단계를 통해 현실에 집중함으로써 성공하는 방법을 발견하는 데 도움이 될 것이다.

트레이딩의 영역

네 가지 주요 영역에서 매매 및 투자의 기술을 개발해야 한다. 애플파이를 네 조각으로 자른다고 생각하고 이것을 실전 적용 트레이딩(ART)의 파이라고 해보자. 성공하려면 파이의 모든 조각을 숙련해야 한다. 그림 I-2는 네 가지 주요 조각을 보여준다.

실전 적용 트레이딩의 파이는 다음 네 개의 주요 조각으로 구성된다.

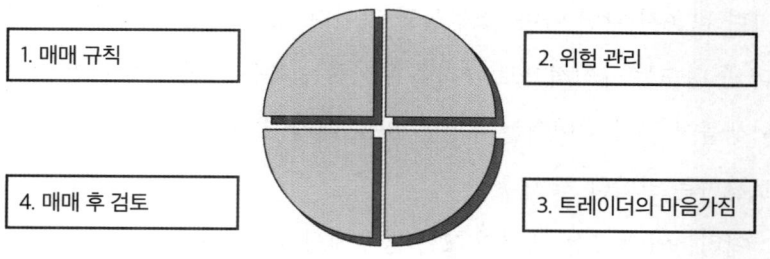

그림 I-2. 실전 적용 트레이딩의 파이는 매매 및 투자의 네 가지 주요 영역이 모두 똑같이 중요하다는 것을 보여준다.

1. 매매 규칙
2. 위험 관리
3. 트레이더의 마음가짐
4. 매매 후 검토

여기서 많은 사람들이 실패하는데, 그 이유는 전체 파이의 모든 조각을 이해하고 숙달하지 못하기 때문이다. 이는 인내심과 집중력이 필요한 과정이다. 초보자는 먼저 이런 다양한 기술이 일관되게 성공적인 접근 방식을 만들기 위해 모두 필요하다는 것을 인식하고 이해해야 한다.

파이의 한 조각만으로는 지속적인 성공을 보장할 수 없다. 물론 가끔 큰 승리를 거둘 수도 있지만, 시간이 지날수록 일관성을 유지하는 것이 가장 중요한 목표다. 노련한 트레이더와 투자자는 더 많은 경험을 쌓으면서 자신의 기술을 날카롭게 할 것이다. 시간이 지남에 따라 일관된 양(+)의 현금 흐름을 확보하면 ART 파이의 모든 조각을 숙달했다는 진정한 증명이 된다.

따라야 할 매매 규칙도 만들지 않고 매매하는 트레이더가 시장에 얼마나 많은지 알면 아마 깜짝 놀랄 것이다. 그리고 규칙을 가진 트레이더 중 다수는 규칙적으로 규칙을 무시하는 쪽을 택한다. 하지만 필자의 학생들이 가장 싫어하는 부분은 바로 매매 내역을 정리하고 기록하여 보관하는 일이다.

여러분의 목표는 매매의 모든 영역에서 능숙해지는 것이고, 나는 여러분이 그 목표를 달성할 수 있도록 도울 것이다.

이 책의 구성

이 책에는 성공을 위한 일곱 개의 섹션, 즉 일곱 단계가 있어서, 여러분이 이 책의 여정을 따라가며 필요한 정보를 빠르게 찾을 수 있도록 구성되어 있다.

1단계: 현실에 집중하라

원점으로 돌아가는 것으로부터 시작하자. 매매와 투자에 대해 배웠던 모든 것을 잊고 현실에 기반한 새로운 기초를 처음부터 구축하라.

지금까지 얻었을지 모르는 환상이나 나쁜 습관을 버리고 앞으로의 현실에 집중하는 것으로 시작하자. 비판적 사고를 사용하여 "이게 지금 나에게 말이 되는가?"라고 묻고 거기서부터 나아가자. 지금 이해가 되지 않는다면, 일단은 제쳐두자.

필수적인 현실 인식 팁

1. 손실을 보는 매매가 있을 것이다. 이러한 현실은 완벽주의 성향이 강한 트레이더에게 특히 어려울 수 있다.
2. 매매는 실현될 때까지 성공이나 실패로 평가되지 않는다.
3. 유일한 사실은 가격, 거래량 그리고 모멘텀뿐이다.

앞으로 나아가면서 열린 마음을 유지하고, 다시 한번 비판적 사고를 사용하여 "이게 지금 나에게 말이 되는가?"라고 물어보자. 기초를 다시 구축하고 재평가하면서 매매에 대한 당신의 생각과 신념이 바뀔 수 있다.

2단계: 트레이더의 마음가짐을 개발하라

필자가 처음 매매를 시작했을 때 매매의 심리학이라는 용어가 떠돌았고, 필자의 첫 반응은 "도대체 그게 뭐지?"였다. 필자는 모든 사람이 전화의 단축 다이얼에 심리치료사의 번호가 있는 뉴욕 출신이기 때문에 이 아이디어가 생소한 것은 아니었지만, 그것이 매매와 관련이 있어 보이지는 않았다.

그러다가…… 갑자기 깨달음의 순간이 왔다.

개인적인 손실과 스트레스로 잠 못 이루는 밤을 보낸 후, 필자의 심리와 그것이 매매 성과와 어떻게 관련이 있는지를 생각해보는 것이 완벽하게 이해되었다. 자기 성찰은 매매 오류와 판단의 오류를 일으키는 원인을 파악하는 데 매우 유용하다. 두려움과 탐욕에 대한 견해를 바꿔야 한다는 것을 깨달았다. 그것들이 나를 지배하게 두는 대신, 내가 그들을 지배하는 법을 배웠다.

표면적으로 보면 금융과 시장에서의 매매가 수학과 숫자와 전략에 관한 것이라고 생각할 수 있다. 그렇지 않은가? 물론 그것은 사실이지만, 표면 아래에는 훨씬 더 많은 것이 있다. 많은 트레이더가 성공의 90%는 마음가짐 덕분이라고 말할 것이다.

사실 100명의 다른 트레이더에게 검증되고 입증된 승리하는 매매 규칙을 제공할 수도 있지만, 그들은 모두 매매에 대한 각자의 마음가짐에 따라 다른 결과를 얻을 것이다. 성공적인 트레이더는 자신과 자신의 마음가짐에 맞춰 매매하고, 그것에 반하여 매매하지 않는다.

필수적인 트레이더의 마음가짐 팁

1. 두려움과 탐욕은 감지되지 않고 정면으로 마주했을 때, 경험이 많든 초보자든 모든 트레이더의 성과에 독이 될 수 있다.
2. 매매하는 동안 강박적인 매매 행동이나 아드레날린의 폭주가 일어난다는 점에 유의하라. 이것은 도박적 마음가짐을 나타낼 수 있다. 수익성 있는 좋은 매매는 일반적으로 아드레날린이 없다.
3. 트레이더의 마음가짐을 습득하면 매매하는 동안 차분함을 느낄 수 있고, 현재의 현실에 집중할 수 있는 능력을 갖추게 된다.

일반적으로 트레이더의 마음가짐은 '진행 중인 작업'이며, 이는 우리의 인생 여정이 끊임없이 새로운 도전 과제를 제시하기 때문이다. 여러분은 아마도 "과거의 성과가 미래의 결과를 보장하지 않는다"라는 말을 들어봤을 것이다. 과거에 트레이더의 마음가짐을 얻었더라도 새로운 사건이 여러분을 뒷걸음치게 할 수도 있다. 그런 경우 자신의 힘을 되찾을 때까지 매매를 중단하는 것이 좋다.

건강 문제, 가족 문제, 세계 문제, 심지어 예상치 못한 손실을 초래하는 시장 주기의 변화 등 다양한 이벤트가 판을 뒤집고 균형을 잃게 만들 수 있다. 걱정할 필요 없이 당신은 트레이더의 마음가짐을 되찾을 수 있지만, 그렇게 될 때까지는 먼저 자기 자신을 돌보는 것이 중요하다.

3단계: 위험 관리를 구현하라

필자를 아는 사람이라면 누구나 필자가 "위험 없이는 기회도 없다"라고 말하는 것을 수백 번은 들었을 것이다. 이는 필자가 위험 관리에 매우 열정적이기 때문이다. 위험 관리에 숙달되면 금융시장에서 매일 생기는 엄청난 기회로부터 진정한 혜택을 얻을 수 있다.

생각해보면, 그것은 매매와 삶에도 적용된다. 삶에서 우리는 승객이든 운전자이든 자동차에 탈 때마다 위험을 감수한다. 우리는 그 위험을 통제하기 위해 안전띠를 매고, 에어백을 사용하고, 속도 제한과 교통법규를 준수하고, 사고와 충돌에 대비한 자동차보험에 가입하고, 운전자의 판단이 알코올 같은 것에 의해 손상되지 않도록 하는 등의 예방 조치를 한다. 이러한 예방 조치는 위험을 없애기 위한 것이 아니라, 줄이기 위한 것이다.

그리고 이 예에서 기회는 우리가 원하는 곳 어디든 운전할 수 있다는 것을 의미한다. 우리에게 허용되는 자유에 대해 생각해보라. 이는 분명히 위험을 감수할 만한 가치가 있는 것이다. 동의하는가?

트레이더와 투자자에게도 마찬가지다. 우리는 금융시장의 위험을 이해하고, 그 위험을 통제하기 위해 위험을 없애는 것이 아니라, 줄이기 위해 고안된 예방 조치를 한다. 하지만 기회는 무한하므로 위험은 보상의 가치가 있다. 다음 장에서는 위험을 관리할 수 있는 완벽한 전략을 기대해보자.

필수적인 위험 관리를 위한 팁

1. 효과적으로 매매를 수행하려면 위험 관리가 필요하다는 사실을 존중하고 믿어야 한다. 때로 이러한 존중은 큰 손실이 발생한 후에만 나타난다.

2. 위험 관리를 생각하는 가장 좋은 방법은 안전띠를 매지 않고 차에 올라타 시속 70마일로 달리는 상황을 떠올리는 것이다. 통계적으로 사고를 당하면 확실히 죽는다는 걸 알기 때문에 그렇게 할 생각은 들지 않을 것이다. 운전할 때 안전띠를 매듯이, 매매할 때는 항상 위험 관리를 사용하라. 그러면 대부분의 사고에서 벗어나 다시 운전(또는 매매)할 수 있다.

3. 모든 매매에서 승리하는 것은 아니다. 손절매를 사용하여 손실을 보는 매매 손실을 작게 유지하면 이기는 거래에 올라탈 수 있다.

위험 관리에 관해서는, 만약 당신에게 아무런 계획이 없다면 지금 즉시 계획을 실행하는 것이 중요하다. 이 단계는 스트레스와 불안을 줄이고 파산 위험을 피하는 측면에서 중요하다.

4단계: 매매 규칙을 설계하라

여기서 당신은 당신 배의 선장이 되고 당신 운명의 주인이 된다. 매매 규칙을 설계하는 것은 매우 개인적인 일이다. 왜냐하면 그것은 당신에게만 봉사하고 당신 이외의 누구에게도 도움이 되지 않기 때문이다.

당신에게 무엇이 효과가 있을지는 오직 당신만 안다. 위험에 대한 당신의 내성, 시장에 대한 선호도, 매매 기간에 대한 당신의 선호를 고려하라. 그리고 다른 트레이더에게는 통하는 규칙이 당신에게는 통하지 않을 수도 있다는 점을 기억하라. 따라서 힘들게 번 돈으로 바로 매매하기 전에 모의 투자 환경에서 규칙을 테스트할 필요가 있다.

다음과 같은 질문들이 있다. (a) 어떤 시장인가, (b) 계좌의 규모는 어느 정도인가, (c) 어떤 속도로 매매하는가, 단기 트레이더인가 장기 투자자인가 아니면 그 중간인가, (d) 진입, 청산 및 목표를 식별하는 방법은 무엇인가, (e) 어떻게 위험을 관리할 것인가. 질문은 끝이 없지만, 이런 질문들이 유리한 출발점을 제공한다.

필수적인 매매 규칙 팁

1. 단순함을 유지하라. 매매 규칙에 KISS("Keep It Simple, Stupid![단순함을 유지해, 바보야!]", 디자인과 시스템이 가능한 한 단순해야 한다고 제안

하는 디자인 원칙-옮긴이) 원칙을 적용하여 천천히 시작하라. 중요한 것은 규칙을 종이에 적어두고 규칙에 위험 관리가 포함되어 있는지 확인하는 것이다.

2. 먼저 모의 투자 환경에서 규칙을 테스트해보라. 물론 가능한 한 빨리 실제 돈을 걸고 싶은 유혹이 있지만, 나는 현실을 중시한다. 모의 투자 환경에서 수익을 낼 수 없다면 실제 돈을 걸었을 때 더 안 좋은 결과를 낳으리라는 것이 냉정한 현실이다.

3. 연습, 연습, 연습. 반복이야말로 당신의 친구다. 당신이 실제로 부정행위 없이 자신의 규칙을 따를 수 있다는 것을 스스로 증명하고, '승패'에 대해 생각하지 마라. 규칙을 완벽하게 따르는 것만으로도 당신은 승리하는 것이다.

매매의 여정에서 이 단계는 매우 중요하다. 일부 학생들은 트레이딩 규칙을 테스트하고 개발할 인내심이 부족하다. 또는 한 세트의 규칙에서 다른 세트의 규칙으로 너무 빨리 넘어가는 바람에 확신을 가지고 규칙에 적절한 테스트를 하는 것을 방해한다. 실제 돈으로 실행하기 전에 항상 새로운 아이디어를 테스트해야 한다.

자신과 자신의 규칙에 대해 인내심을 가져라.

5단계: 최상의 기회를 탐색하라

적절한 매매를 포착하는 서비스는 셀 수 없이 많고, 그중 몇몇은 건초 더미에서 바늘을 찾는 출발점을 제공하는 데 효과적인 것처럼 보인다.

다른 사람의 선택을 사용하는 이들의 문제는 선택된 전략을 이해하지 못하면 매매를 효과적으로 수행할 수 없다는 것이다. 더욱이 서비스가 열 개의 선택을 제공하고 그중 두 개만 선택한다면, 열 개 중 두 개의 패배자를 선택하고 승리할 선택을 놓칠 위험이 있다. 서비스 제공자의 결과와 맞추려면 일반적으로 모든 옵션을 선택해야 한다.

따라서 당신은 자신의 전략으로 자신에게 맞는 매매를 찾기 위한 자신만의 접근법을 개발해야 한다. 그것은 테스트와 시행착오에서 나올 수 있지만, 반드시 당신에게서 비롯되어야 한다.

개인적으로 검증하지 않은 서비스에 맹목적으로 의존하지 마라. 신뢰한 다음, 확인하라. 그것은 당신이 계획을 의심하지 않고 자신 있게 매매를 관리할 수 있는 유일한 방법이다.

필수적인 최상의 탐색 팁

1. 아직 다다르지 않았지만, 곧 준비될 매매 기회에 대한 모니터링 목록을 유지하라. 이것은 높은 확률로 매매가 실행될 수 있는 최신 목록이다.

2. 매매를 시작하기 위한 설정 기준이 충족되면 항상 위험 대비 보상이 최소 두 배 이상인지 확인하라. 즉 위험에 노출한 1달러마다 잠재적 보상이 2달러 이상임을 의미한다. 그것은 방아쇠를 당길 준비가 되었을 때 매매의 이익 목표 구간이 어느 정도인지 계산하여 알 수 있다.

3. 탐색 기술을 개발하고 최상의 기회를 찾는 다양한 접근 방식을 배

우라. 매매 스타일에 따라 이를 보완하는 탐색 전략을 선택하게 된다. 인기 있는 탐색으로는 (a) 추세 돌파를 위한 상단/하단 가격대 탐색, (b) 3번 파동 또는 5번 파동의 매매 기회를 포착하기 위한 엘리엇 파동 탐색, (c) 반대 방향의 새로운 추세를 포착하기 위한 추세 소진 탐색이 있다.

현재 시장에서 최고의 기회를 찾는 것은 이미 개발된 기법이다. 전체 시장이 어떤 시장 주기에 있는지에 따라 접근 방식을 바꿔야 할 수도 있다. 시장이 전반적인 추세 진행 중인지, 특정 가격대에 갇혀 있는지, 혹은 변동성이 큰지에 따라 탐색하는 방법이 다르다는 점을 알게 될 것이다.

그리고 후보자 목록을 작성하고 나면, 매매 가능성이 가장 높은 후보자로 필터링하고 싶을 것이다.

6단계: 매매를 관리하라

매매의 방아쇠를 당긴 후, 신중하게 선택한 매매 규모와 최초의 손절매 계획 수립이 완료되면, 매매가 어떻게 진행되는지 볼 수 있다. 차트의 오른쪽은 항상 미지의 세계다. 그리고 좋은 책이나 영화가 그러듯이 누구도 그것이 어떻게 끝날지 모른다. 그것이 모든 것의 마법이다.

트레이더의 마음가짐에 관해 이야기할 때 언급했던 '진행 중인 작업'이라는 개념을 기억하는가? 모든 매매를 관리하면서 마음가짐 근육을 단련하고 자신과 자신의 계획에 대한 자신감을 키울 수 있다. 매매를 관리하는 과정에서 스트레스와 의심을 느낀다면 나중에 검토하기 위해 메모해두라. 하지만 자신의 규칙은 계속 따라야 한다.

매매 규칙에 대한 서면 목록은 매매를 관리하는 방법을 포함해야 한다. 그리고 트레이더의 마음가짐은 규칙을 얼마나 잘 따르고 계획을 실행할지 결정한다. 여기가 바로 중요한 순간이다.

필수적인 매매 관리 팁

1. 불안이나 의심이 들더라도 매매를 관리할 때는 항상 규칙을 따르라. 감정을 받아들이고 관리하라. 그러면 트레이더의 마음가짐이 강화될 것이다.

2. 일부 청산 전략을 사용하면 매매가 유리하게 진행될 때 불안을 관리하는 데 도움이 되고, 수익을 확보하는 방법이다. 이 전략을 사용하는 유일한 시기는 규칙에 그렇게 명시되어 있을 때뿐이다. 예를 들어 "매매 수익이 최소 10% 증가하면 포지션의 3분의 1을 이익 실현할 수 있다"라는 것이 당신의 규칙에 있어야 한다.

3. 거래가 불리하게 진행되어 손절매 지점에 도달하면 즉시 매매를 종료하라. 너무나 당연한 이야기처럼 들리지만, 감정이 매매를 유지하도록 유혹할 수 있다.

매매를 관리하고, 다음 매매를 관리하고, 또 다음 매매를 관리하는 것은 규칙에 대한 자신감을 키우는 방법이다. 로봇처럼 기계적으로 규칙을 따르는 것을 반복하다 보면 방정식에서 감정을 제거하는 데 도움이 된다.

　감정은 시야를 흐리게 만들고 매매 오류를 만들어 계좌에 손실을 끼칠 수 있다. 조종사가 항공기를 조종하듯이 각각의 매매를 관리하라. 거의 모든 시나리오에 대한 프로토콜이 있으며, 반드시 이를 따라야 한다. 연습하면 완벽해진다.

7단계: 매매 후 검토하라

와우, 이제 정말 마지막이다!

　매매가 종료되었고, 사후 검토 시간이다. 검토할 항목의 목록이 필요하다. 여기에는 다음이 포함되지만 이에 국한되지는 않는다. (a) 이익, 손실 또는 본전, (b) 규칙을 따랐는가? (c) 매매 오류가 있었는가? (d) 예상치 못한 시장의 갭 상승 또는 갭 하락이 있었는가? (e) 매매를 더 좋게 만들 수 있는 것이 무엇이었는가?

　효과적인 사후 검토를 쉽게 하려면 철저한 기록을 통해 현재 거래를 살펴보고 계좌의 과거 성과와 비교할 수 있어야 한다. 기본적으로 매매를 미시 수준에서 거시 수준까지 검토해야 한다.

　즉 (a) 매매 등록 카드에 개별 매매 내역이 기록되고, (b) 일별 원장에 매일의 모든 매매 요약이 기록되고, (c) 주별 원장에 매주의 모든 매매 요약이 기록되고, (d) 월별 원장에 매월의 모든 매매 요약이 기록되고, (e) 연간 원장에 매년의 모든 매매 요약이 기록된다.

　좋은 과거 기록을 구축하면 계좌의 성과 그래프를 그릴 수 있는데,

이것은 시간이 지남에 따라 성과가 얼마나 일관적인지를 평가하는 데 필수적이다. 손실을 보는 매매가 있고, 정상적인 손실 구간도 있음을 기억하라.

필수적인 매매 후 검토 팁

1. 모든 매매에 대해 미시적인 수준에서 거시적인 수준까지 철저한 매매 기록을 유지하라. 매일 기록을 작성하고 건너뛰지 않도록 하라.

2. 항상 매매 승률과 위험 보상 비율 같은 매매 통계를 알고 있어야 한다. 이 숫자는 의사가 환자에게서 측정하는 활력 징후 수치와 같은 것이다. 당신의 체온, 혈압, 산소 수치 등은 치료해야 할 것이 있는지를 판단하는 데 도움이 되는 단서들이다. 매매의 중요 통계도 마찬가지다.

3. 매매 규칙을 변경해야 하는 유일한 때는 충분한 매매, 충분한 사례가 변경이 필요하다는 것을 나타내는 경우다. 실시간 매매 중에는 절대로 규칙을 변경하거나 어기지 마라. 사후 검토를 통해 규칙을 가다듬고 개선할 수 있다.

모든 매매 후에 지속적으로 사후 검토를 수행하면 초보 트레이더에서 전문 트레이더로 성장할 수 있다. 매매 후 검토를 받아들여 매일 체계적으로 매매를 개선할 수 있기를 바란다.

매매에서나 삶에서나 항상 당신보다 더 성공적인 트레이더가 있고, 당신보다 덜 성공적인 트레이더가 있을 것이다. 트레이딩 룸이나 다른 곳에서 큰 이익을 냈다고 주장하거나 큰 이익을 낸 다른 트레이더에게 관심을 보이지 마라.

오직 자신하고만 경쟁하는 것이 가장 좋다. 그곳에서 가장 빠른 진전을 이룰 것이기 때문이다. 작은 승리를 향해 나아가고, 그것을 바탕으로 성장하고, 계속 성장하라. 그리고 기억하라. 계좌의 손실과 좌절은 세상의 끝이 아니다. 그것을 학습의 기회로 여겨야 한다.

각 매매의 정확한 진입 시점과 청산 시점을 필자는 어떻게 결정하는가?

모든 성공적인 트레이더는 정확한 진입과 청산을 결정할 때 저마다의 고유한 접근 방식을 갖고 있다. 모든 트레이더는 시행착오와 테스트를 통해 시장에서 자신의 우위를 개발하여 자신에게 맞는 것을 찾아야 한다.

여기에는 지름길도 없고, 모두에게 맞는 접근 방식도 없다. 트레이더는 각자 독특하며, 자신의 매매 성격에 맞는 접근 방식을 찾을 때 성공할 것이다.

진입 시점과 청산 시점에 대한 필자의 개인적인 접근 방식은 가격, 거래량, 모멘텀 등 시장의 현실을 바탕으로 개발한 소프트웨어 도구 모음을 기초로 한다. 앞서 언급했듯이, ART라고도 알려진 필자의 소프트웨어 Applied Reality Trading은 2003년에 출시되었다.

흥미롭게도 ART 소프트웨어를 만들기 전에 필자는 위탁매매 고객을 위해 자금을 관리할 때 모든 차트를 손으로 그렸다. 고객들은 필자가 시장에서 어떻게 돈을 벌 수 있는지 물었고, 그때 필자는 그들이 더 쉽게 볼 수 있도록 소프트웨어를 만들었다.

이 소프트웨어는 결국 시간을 절약하고 생명을 구해주었고, 필자의 일을 훨씬 더 쉽게 만들어주었다. 하지만 이 소프트웨어는 필자의 수동 전략을 사용하기 쉬운 형식으로 넣은 것에 불과하다.

따라서 이는 매일 각 매매에 대한 정확한 진입 시점 및 청산 시점을 필자가 개인적으로 어떻게 결정하는지에 대한 답변이다.

이 책의 이점을 누리기 위해
필자의 소프트웨어를 사용할 필요는 없다

이 책에 있는 예제와 표는 필자의 소프트웨어를 사용하여 만들었을 수도 있지만, 그 패턴과 교훈은 시대를 초월하고 보편적이다.

시장에서 성공하거나, 이 책의 이점을 누리기 위해 반드시 필자의 소프트웨어를 사용할 필요는 없다. 당신에겐 지금 사용하는 진입 및 청산 계획이 이미 있을 수도 있다. 또는 진입 및 청산에 대한 명확하고 재현 가능한 전략을 찾고 있을 수 있다.

어느 쪽이든, 이 책은 당신이 지속적으로 수익을 낼 수 있도록 돕기 위해 고안되었다. 이 책의 지식을 사용하여 기존 접근 방식의 결과를 개선하거나, 처음부터 완전히 새로운 접근 방식을 만들 수 있다.

거기에 어떻게 도달하는지는 중요하지 않고, 그저 거기에 도달하는 것이 중요하다는 점을 기억하라. 다음의 7단계와 각 장을 따르면 매매와 투자에서 더 큰 번영, 더 큰 자신감, 더 적은 스트레스로 가는 길에 들어설 수 있다.

여러분과 함께 여행을 시작하게 되어 기쁘다.

‘The ART of Trading’에 무료로 접속하려면 TradersCoach.com에 가입하라

책을 구매하면 매매 및 투자를 개선하는 데 도움이 되는 보충 자료를 올린 웹사이트에 접속할 수 있는 혜택이 제공된다.

이 웹사이트는 새로운 자료를 가지고 최신 상태로 유지되므로 항상 필요한 최신 정보를 얻을 수 있다. 다음 링크를 사용하여 이 자료들에 접근할 수 있다.

https://www.traderscoach.com/book/

이 웹사이트에 접속하기를 원한다면 ‘support@traderscoach.com’으로 이메일을 보내라. 접속 방법을 안내받을 수 있다.

우리가 당신을 위해 여기 있다!

성공적인 트레이더이자 투자자가 되기 위한 여정에 더 많은 도움이 필요하다면, 우리는 매 단계에서 여러분을 도울 것이다.

다음 자료가 도움이 될 수 있다.

1. TradersCoach.com 유튜브 채널(https://www.youtube.com/traderscoach)을 방문하여 개선에 도움이 되는 동영상 시청하기
2. 아마존(https://www.amazon.com/Bennett-McDowell/e/B001JS8NWY)에서 맥도웰의 책을 찾아보기
3. 매매 또는 투자에 관한 질문이 있으면 'support@traderscoach.com' 지원팀에 이메일 보내기

우리는 24시간 연중무휴로 운영되며, 여러분의 매매 및 투자 여정에서 성공할 수 있도록 도울 것이다. 주저하지 말고 연락 바란다.

차례

감사의 말

이 책의 두 번째 판을 기획해준 출판사(John Wiley & Sons)의 케빈 해럴드(Kevin Harreld) 님께 감사드립니다. 여러분과 함께 일하게 되어 기쁘고, 여러분 없이는 이 일을 해낼 수 없었을 것입니다. 또한 수석 편집장인 수전 세라(Susan Cerra)에게 감사의 인사를 전합니다. 원고를 최상의 시간대에 준비해주셨고, 당신의 전문성에 진심으로 감사드립니다. 리처드 샘슨(Richard Samson)과 프렘쿠마르 나라야난(Premkumar Narayanan)의 인내심과 세심한 배려, 그리고 우리가 궤도를 유지하도록 이끌어준데 특별한 감사를 드립니다. 이 팀워크 덕분에 우리의 꿈은 이루어졌고, 여러분 모두에게 깊은 감사를 표합니다!

감사합니다!

TradersCoach.com에서 많은 사람들이 저희를 도와주셨고, 1998년부터 저희가 개발한 교육 콘텐츠를 형성하는 데 도움을 준 많은 훌륭한 학생들에게 특별히 감사드리고 싶습니다. 여러분은 모두 자신이 누구인지 알고 있으며, 우리는 여러분을 가족으로 여기고 과거, 현재, 미래에서 여러분과 함께 여정을 즐깁니다.

제 어머니와 아버지 프랜시스 맥도웰(Frances McDowell)과 로버트 맥도웰(Robert McDowell)은 저에게 많은 영감을 주었고, 그들의 지원에 정말 감사드립니다. 슬프게도 아버지는 더 이상 우리 곁에 안 계시지만, 어머니는 103세의 나이에도 여전히 건강하게 지내고 계십니다. 그녀는 긍정적인 태도가 삶에 기적을 일으킬 수 있다는 것을 보여주는 살아 있는 증거이며, 저는 그녀의 모범을 따르기 위해 최선을 다하고 있습니다.

마지막으로, 가장 중요하게 제 옆을 늘 지켜준 아내 진 맥도웰(Jean McDowell)에게 감사드리며, 당신의 사랑에 감사하고, 가족을 돌봐주어 감사하고, 가장 친한 친구이자 훌륭한 파트너가 되어주어 감사합니다.

이 모험을 즐겁고 신나는 모험으로 만들어주신 여러분 모두에게 진심으로 감사드립니다.

2024년 12월

베넷 A. 맥도웰(Bennett A. McDowell)

1998년부터 이 새로운 버전의 '트레이딩의 예술(The ART of Trading)' 콘텐츠를 만들도록 영감을 준 전 세계 학생들에게 감사드립니다. 우리는 여러분 모두를 소중히 여기고 존경합니다!

우리가 그것들을 추구할 용기가 있다면,
우리의 모든 꿈은 이루어질 수 있다.
—월트 디즈니

월트 디즈니는 애니메이션과 엔터테인먼트 산업을 변화시킨 미국의 영화 제작자다. 그는 그 과정에서 어려움에 직면했지만, 꿈을 이루는 데 성공했다. 월트 디즈니의 이 홍보 사진은 1956년 10월 23일에 촬영되었다.
출처: 익명 저자, 자유 이용 저작물, 위키미디어 공용(Wikimedia Commons)

제1장

현실 확인

이 책은 현실에 관한 것이다. 이 접근 방식의 기초는 가격, 거래량, 모멘텀 등 시장의 현실에 기반하며, 전체 철학은 돈과 시장에 대한 진실을 직시하는 데 중점을 둔다. 또한 여러분의 진실과 현실을 직시하는 일에 관한 것이기도 하다.

우리는 현실을 왜곡하고 숨길 수 있는 단계까지 기술이 진화한 세상에 살고 있다. 포토샵에서 붓질 한 번으로 이미지를 보정하고 변경할 수 있지만, 여러분은 결코 그것을 알아챌 수 없다. 또한 오디오 녹음을 제작하여 당신의 목소리로 무엇이든 말할 수 있다.

그것은 환상적이면서도 동시에 두렵다. 이 모든 것은 우리가 그 어느 때보다 현실을 찾는 데 집중해야 한다는 것을 의미한다.

우리는 환상의 세계, 허상의 세계에 살고 있다. 인생의 가장 큰 과제는 현실을 찾는 것이다.

— 아이리스 머독, 철학자이자 소설가

인생과 매매에서 가장 중요한 과제는 자신이 마주한 현실을 찾는 것이다. 이제 시장의 현실과 자신의 현실을 바탕으로 처음부터 탄탄한 기반을 구축할 수 있는 현실 점검이 필요한 시점이다. 여러분에게는 환상을 걸러내어 그것을 흔들리지 않는 진실과 단단한 기반의 힘으로 바꿀 기회가 있다.

현실 기반 매매 및 투자

현실은 이해하기 힘든 것일 수 있다. 우리의 환상은 우리가 진실이라 알고 있는 것을 방해하고 흐리게 만들 수 있다. 그러므로 모든 상황, 시장, 방법론의 진실과 실체를 찾는 데 집중하는 것이 중요하다.

우리는 환상과 허상의 유혹을 받을 수 있다. 인간으로서 우리는 "자본을 거의 또는 전혀 투자하지 않고 즉시 큰 이익을 얻는 쉬운 직업"이라는 매력적이고 설득력 있는 제안을 거부하기가 어렵다.

텔레비전에서 정보 광고(일반 TV 프로그램과 유사하지만 제품, 서비스 또는 아이디어를 홍보하거나 판매하기 위한 광고의 한 형태 – 옮긴이)를 본 적이 있을 것이다. 오늘 회원 가입을 하면 값비싼 자동차, 요트, 고급스러운 수영장이 모두 당신의 것이다. 너무 좋을 것 같지 않은가?

하지만 당신은 마음 깊은 곳에서 그것이 사실이라고 하기에는 너무 좋다는 것을 알고 있다. 그리고 믿었던 환상을 얻을 수 없을지도 모른다는 사실을 깨달았을 때 그것은 삼키기 힘든 약이 될 수 있다.

당신의 꿈을 현실로 만들라

다른 접근 방식을 취해보자. 환상(상식으로는 사실이 아님을 알고 있는)을 좇는 대신, 우리의 꿈을 실현하고 그것을 현실로 만들면 어떨까?

꿈이 환상과 다른 점은 현실적인 기회가 있는 진정한 목표라는 것이다. 노력과 인내가 필요할 수 있지만, 자신이 일하고 있는 현실을 만들어낸다면 투자할 가치가 충분하다.

그것이 바로 이 책의 내용이다.

우리는 여러분이 자신의 재정적 목표와 꿈을 인식하고 현실에 기반한 접근 방식을 사용하여 그것을 현실로 만들기를 바란다. 여러분은 자금 관리, 위험 관리, 매매의 심리를 구현하여 모든 단계에서 자신의 개인적 필요에 맞춰 스스로 특별히 설계한 지능적 계획에 따라 튼튼한 기반을 갖추게 될 것이다.

당신의 생각이 현실을 만든다

마음과 생각을 완전히 통제하기 전까지는 트레이더의 마음가짐, 즉 매매와 투자의 성배를 완성할 수 없을 것이다.

당신이 할 수 있다고 생각하든, 할 수 없다고 생각하든, 당신이
옳다.

― 헨리 포드, 포드 자동차 창립자

헨리 포드와 같은 기업가, 발명가, 선구자들은 모두 위대함을 이루기
위해 자기 생각을 완전히 통제한다. 모든 순간마다 장애물이 있고, 이
를 극복하려면 집중하고 성공에 대한 의지를 가져야 한다. 트레이더로
서의 당신은 헨리 포드와 똑같다. 당신은 생각으로 현실을 창조하고 있
다. 그리고 그 현실은 성공적인 매매와 투자다.

실패에 관한 생각을 가볍게 여기지 마라

생각은 믿음을 형성하고, 믿음은 우리의 현실을 만든다. 매매에서 이것
은 심오한 의미가 있다. 우리가 실패할 수 있다고 생각하면, 그것이 믿
음을 형성하고 실패를 잉태하는 씨앗을 만든다. 왜냐하면 우리가 그렇
게 생각하기 때문이다.

성취도가 높은 사람들은 실패는 선택 사항이 아니며 승자가 되기 위
한 대가라는 철학을 유지한다. 그들은 긍정적인 결과를 생각하고 자신
의 성공을 상상한다. 그림 1-1을 참조하라.

실패에 관한 생각을 경험하는 트레이더와 투자자는 그것을 가볍게
여겨서는 안 된다. 대신 그러한 생각의 원인이 무엇인지 알아내고, 이
를 이해하고 제거하기 위한 조치를 취해야 한다. 실패를 두려워하는 트

> **당신은 승리하기 위해 태어났지만,
> 승자가 되려면 승리를 계획하고,
> 승리를 준비하며, 승리를 기대해야 한다.**
>
> —지그 지글러(Zig Ziglar)

그림 1-1. 승리를 기대하라— 승리하고 성공하고 싶어 하는 것만으로는 충분하지 않다. 이 인용문에서 말했듯이, 승리할 계획을 세우고, 승리할 준비를 하고, 무엇보다도 승리할 것을 기대해야 한다.

레이더는 결국 실패할 것이다.

이런 생각이 있다면, 그 생각을 처리하고 통제할 수 있을 때까지는 매매하지 마라. 이런 생각에 맞서 그 힘을 제거해야 한다. 그래야 그 생각이 당신의 마음을 차지하지 않는다.

그렇지 않으면, 그것들은 당신의 가장 큰 두려움이 현실이 될 때까지 당신을 방해할 것이다.

생각을 신중히 선택하고 보호하라

당신의 인생은 말 그대로 생각에 달려 있다. 이 개념이 생소하다면, 당신의 생각의 힘에 대해 열린 마음을 가져라. 당신의 삶의 질은 생각을 선택하고 보호하는 당신의 능력에 달려 있다.

- 당신은 자신에게 매일 수천 가지 생각이 든다는 사실조차 모를 수 있다.
- 당신의 생각은 당신의 믿음을 형성한다.
- 이러한 믿음은 두려움과 탐욕 같은 감정을 만든다.
- 두려움과 탐욕은 시장과 삶 자체를 움직인다.
- 궁극적으로 당신은 자신의 믿음에 따라 살고, 그 믿음이 당신의 현실을 만든다.
- 가장 중요한 것은 당신이 가장 많은 에너지를 주는 생각이 당신이 에너지를 주지 않는 생각보다 당신의 현실을 더 크게 형성한다는 점이다.
- 생각을 의식적으로 바꾸는 것이 가능하며, 이를 통해 믿음이 바뀌고, 현실이 바뀌고, 매매와 투자의 결과도 바뀔 수 있다.
- 매매는 당신의 핵심 신념을 드러내는 수단이다.
- 금융시장은 당신의 약점과 파괴적인 생각을 찾아내는 놀라운 능력을 갖고 있다.
- 따라서 생각을 신중하게 선택하고 보호하고, 원하는 현실을 만들 수 있는 생각에만 에너지를 불어넣어야 한다.

생각을 선택하고 보호하는 방법에 대한 이 한 가지 개념은 너무나 강력해서 그것만으로도 당신의 매매와 투자를 더 나은 방향으로 바꿀 수 있다.

좋은 소식

뇌를 재구성하고 생각을 바꾸는 효과적인 전략이 있는데, 제9장 '건강 관리'에서 이를 공유할 것이다. 이러한 전략은 트레이더의 마음가짐과 결과를 개선하는 데 도움이 된다.

> 변화 없이 진보는 불가능하다. 마음과 생각을 바꿀 수 없는 사람은 아무것도 바꿀 수 없다.
>
> — 조지 버나드 쇼, 극작가이자 소설가

이제부터 당신의 생각을 더 잘 알게 되면 부정적인 생각을 제거하고 긍정적인 생각을 쌓을 수 있다는 것을 알기 바란다. 그리고 자신에게 맞는 긍정적인 생각을 찾았다면, 그 생각을 보호하라.

또한 지금 가지고 있을지도 모르는 두려움과 자신감 부족은 자신을 위해 스스로 설계한 탄탄한 계획으로 자연스럽게 사라질 것이다. 그 과정에서 작은 승리가 보이기 시작하면 기준을 높이고 더 큰 승리를 향해 나아갈 수 있는 활력을 얻게 된다.

그때는 그때고, 지금은 지금이다. 이전에 겪었던 어떤 어려움도 과거에 머물 수 있다. 현재의 삶을 살 수 있는 것처럼, 지금 이 순간에 매매하고 투자하라. 미래와 과거는 현재와 아무런 관련이 없다.

다시 말하지만, 항상 현재의 순간과 현재의 현실 속에서 매매하고 투자한다는 것을 명심하라.

제2장

인식 대 현실

인식이 있고 현실이 있으며, 때로는 둘을 구분하기 어려울 때도 있다. 우리의 눈, 마음, 감정은 환상으로 우리를 속일 수 있는데, 이러한 가능성을 염두에 두는 것이 중요하다. 현실에서 벗어나 잘못된 인식에 사로잡힌 트레이더와 투자자는 시장에서 손실을 볼 가능성이 높다.

우리는 금융시장에서 성공하기 위해 현실을 찾는 일에 끊임없이 부지런해야 한다. 항상 쉬운 길은 아니고 노력이 필요하지만, 그 보상은 그만한 가치가 있다.

윌리엄 제임스는 미국 심리학의 아버지였다

윌리엄 제임스는 그 시대의 록스타였다. 1842년 뉴욕 애스터 하우스

(Astor House)의 부유한 가문에서 태어난 그는 미국 심리학에 자신의 흔적을 남길 운명이었다.

마음과 그것이 어떻게 작동하는지에 대한 그의 탐구는 의학의 면모를 바꾸어놓았다. 인간의 감정과 우리의 생각, 지각, 현실의 힘에 대한 탁월한 통찰력을 가진 수많은 인용문이 그에게서 비롯되었다. 그런 인용문 중 하나는 트레이더와 투자자로서 우리가 생각을 바꾸면 현실을 바꿀 수 있다는 점에서 매우 관련이 있다. 그림 2-1을 참조하라.

> ## 생각은 지각이 되고, 지각은 현실이 된다.
> ## 생각을 바꾸고, 현실을 바꿔라.
>
> —윌리엄 제임스

그림 2-1. 생각, 인식 및 현실— 심리학자 윌리엄 제임스는 1900년경에 당신의 생각이 현실을 어떻게 만드는지가 얼마나 중요한지 요약했다. 이는 매매와 투자에서 성공할 가능성을 결정한다.

우리의 심리는 결과에 심오한 영향을 미치고, 생각을 바꾼다. 그 강렬한 힘을 존중할 의지가 있다면 현실을 바꾸는 일이 가능하다.

인식은 관점에 따라 결정될 수 있다

사람들의 인식은 단순히 그들의 관점과 입장에 따라 다를 수 있다…….
문자 그대로다. 이 경우에는 잘못된 인식의 문제가 아니라, 둘 다 옳지만 반대되는 서로 다른 관점의 문제다.

그림 2-2는 두 사람이 서로 다른 장소에서 자기만의 관점과 현실만을 보기 때문에 같은 데이터와 자극을 보고도 데이터를 다르게 처리하는 방식을 보여준다.

그림 2-2. 이 그림은 두 사람이 같은 정보(바닥에 누워 있는 숫자)를 보고 있는 것이다. 각 사람은 다른 것을 본다. 한 사람은 숫자 6을 보고 다른 사람은 숫자 9를 본다. 둘 다 옳다. 현재 위치와 관점에 따라 다른 트레이더와 동일한 매매 신호를 다르게 볼 수 있다는 것을 알 수 있다.

현실을 명확하게 보는 것은 우리의 최종 이익에 도움이 된다

트레이더로서 현실을 명확하게 보는 것은 우리의 최종 이익에 도움이 된다. 우리의 독특한 인식이 때때로 현재 현실에 대한 이해를 어떻게 흐리게 할 수 있는지 알게 될 것이다. 이러한 인식은 거짓일 수도 있다. 이는 효과적으로 대응하는 우리의 능력을 저해한다. 반대로, 우리가 거짓 인식에 의존할 때 우리의 반응은 부정적인 방식으로 우리의 결과를 극적으로 바꿀 수 있다.

현재 현실에 대한 우리의 인식을 예리하게 하는 방법이 있다. 그중 하나가 우리의 개인적 인식이 존재한다는 사실을 아는 것이다. 그것은 우리가 깨닫지 못하는 사이에 우리를 궤도에서 벗어나게 할 수 있다. 또 다른 하나는 우리의 사고 과정을 바꾸어 뇌를 재구성함으로써 더 긍정적이고 정확한 인식을 만드는 것이다.

우리의 독특한 인식이 어떻게 영향을 받을 수 있는지 몇 가지 살펴보자.

매매에 영향을 미치는 세 가지 요소

그림 2-2는 우리가 지각과 현실의 복잡성을 이해하는 데 도움이 된다. 매매할 때, 데이터의 품질과 그 데이터에 대한 해석은 승패를 결정짓는 상황을 만든다. 이것이 항상 시장에 진입하거나 시장에서 빠져나올 때를 알려주는 최상의 신호로 시작하려는 이유다.

다음 질문은, 가장 좋은 신호가 있더라도 당신과 당신의 고유한 관점과 편견이 이러한 신호를 어떻게 처리할 것인가다. 그에 대한 답은 당신의 매매 성과에 큰 역할을 하는 다음의 세 가지 다른 요인에 따라 달라진다.

1. 시각적 인식: 당신의 눈과 뇌는 그들이 받는 시각적 데이터를 어떻게 처리하는가?

2. 감정적 인식: 감정 상태가 당신이 받는 데이터에 어떤 영향을 미치는가?

3. 환경적 인식: 당신의 과거와 현재의 환경이 어떻게 당신이 받는 데이터에 영향을 미칠 수 있는 관점을 만드는가?

인식과 관점의 힘은 놀라움을 줄 수 있다.

그리고 각 트레이더의 이런 고유한 측면 때문에, 두 트레이더가 같은 시스템으로 매매하더라도 같은 결과를 얻는 일이 거의 불가능할 수 있다. 각 트레이더의 시장에 대한 인식과 두려움과 탐욕에 대한 관계는 다르다. 이는 동일한 도구와 접근 방식을 사용하더라도 서로 다른 매매와 투자의 결과를 결정한다.

1. 시각적 인식

이 주제는 재미있고, 우리의 눈이 실제로 우리를 어떻게 속일 수 있는지를 보여주는 시각적 예시들은 항상 필자를 즐겁게 한다. 그림 2-3, 2-4, 2-5, 2-6을 보라. 이는 우리의 뇌가 시각 정보를 처리하고 환상을 만들어내는 방법을 보여준다. 언제나 그렇듯이, 그림은 천 마디의 말보다 가치가 있다.

이러한 광학적 환상은 우리 뇌의 뉴런이 상호작용을 하는 방식 때문에 생긴다. 우리의 마음이 시각적으로나 지적으로 자극을 인식하는 방식이 항상 현실은 아니다. 시장 현실을 보고 이해하는 것이 아니라, 착

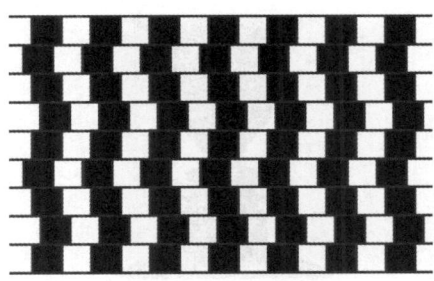

그림 2-3. 카페 벽 착시—자를 꺼내서 확인해보면 겉보기에 물결 모양이고 구부러진 선이 사실 완벽한 직선이다. 이 현상은 1973년 브리스틀 대학교의 신경심리학 교수인 리처드 그레고리 (Richard Gregory)가 처음 설명했다.

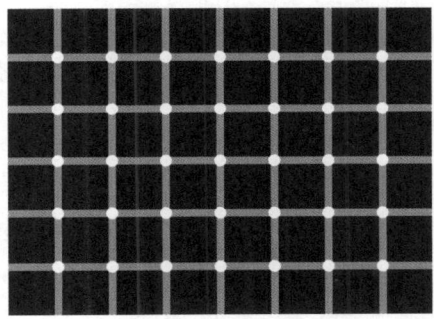

그림 2-4. 반짝이는 격자 착시—1994년 E. 링겔바흐(E. Lingelbach)가 발견한 이 착시 현상은 1870년 루디마르 헤르만(Ludimar Hermann)이 보고한 헤르만 격자 착시 현상의 변형으로 간주된다. 검은 점을 세어보라. 뇌는 다르게 생각할 수 있지만, 실제로 검은 점이 없다는 것을 알게 될 것이다.

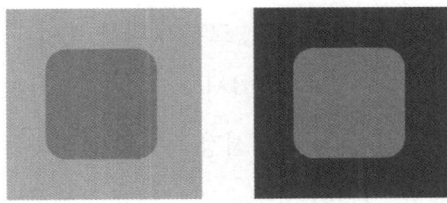

그림 2-5. 처브 착시—이 착시는 1989년 처브(Chubb)와 동료들에 의해 관찰되었다. 이 책의 페이지를 접어 양쪽 이미지의 안쪽 사각형 두 개를 나란히 붙여보라. 오른쪽의 안쪽 사각형이 왼쪽의 안쪽 사각형보다 더 밝아 보이지만, 정확히 같은 색조임을 알게 될 것이다.

그림 2-6. 도형 배경 인식—우리의 시각 시스템은 장면을 우리가 보고 있는 주요 대상(도형)과 배경(또는 바탕)을 형성하는 다른 모든 것으로 단순화하는 경향이 있다. 루빈 꽃병이라고도 알려진 이 고전적인 '얼굴 또는 꽃병' 착시의 예는 그림 2-1과 같아서 얼굴을 보든 꽃병을 보든, 모두 맞다. 이것은 심리학의 '잉크 반점 검사'와 유사하다. 여러분은 얼굴을 먼저 보았는가, 꽃병을 먼저 보았는가?

각에 반응하여 시장 정보를 잘못 해석하고 돈을 잃는 것을 방지하려면 이 사실을 인식해야 한다.

이제 그림 2-7과 2-8을 살펴보고 이러한 시각적 환상이 매매와 어떻게 관련이 있는지 알아보자. 같은 정보에 대한 우리의 감각적 지각은 매우 다른 감정을 전달할 수 있다.

그림 2-7의 일간 차트는 별다른 움직임이 없는 차분한 횡보 시장을 보여주는 반면, 그림 2-8은 갭 하락으로 극적으로 하향 돌파된 모습을 보여준다. 둘은 전혀 다른 차트처럼 보인다.

그러나 실제로 그림 2-7과 그림 2-8은 같은 차트다.

둘 다 같은 정보를 담고 있지만, 크기가 다를 뿐이다. 같은 타임프레임, 같은 시장, 모든 것이 같다. 여기서 얻는 교훈은 차트 크기를 조정할 때 주의해야 한다는 것이다. 이는 시장 정보를 인식하는 방식에 극적인 영향을 미칠 수 있고, 그것이 시장에 진입하고 청산하는 방식을 결정할 수 있기 때문이다.

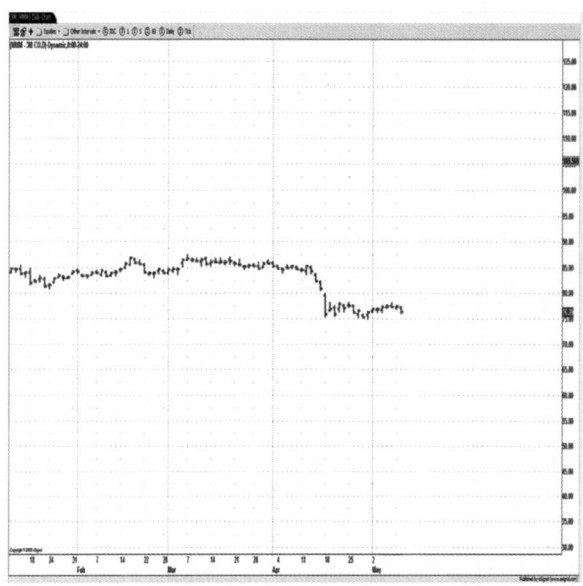

그림 2-7. 차트 A―이 일간 차트는 차분하고, 구불구불하게 횡보하는 시장처럼 보인다.
출처: eSignal. eSignal(www.esignal.com)

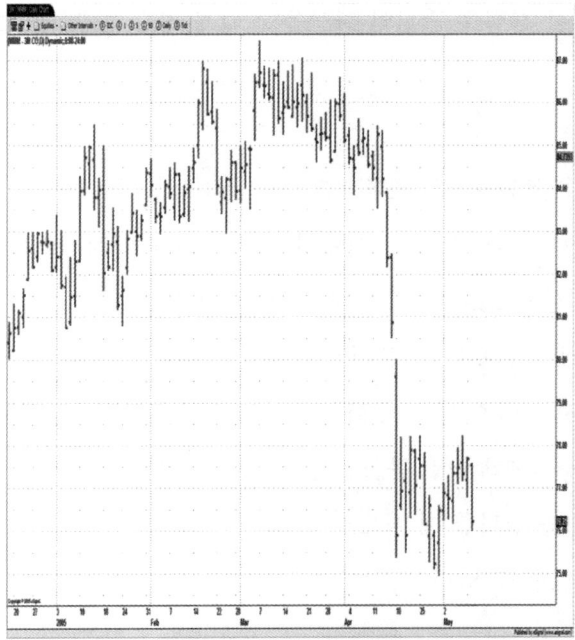

그림 2-8. 차트 B―이 일간 차트는 하락하는 방향으로의 극적인 갭이 발생한 것처럼 보인다.
출처: eSignal. eSignal(www.esignal.com)

2. 감정적 인식

시각적 인식이 광학적 환상으로 판단을 흐리게 만들 수 있는 것처럼, 감정적 인식 역시 판단을 다르게 만들 수 있다. 자각이야말로 현실에서 벗어나는 경향에 맞서 싸우는 가장 좋은 방법이다. 우리 자신의 개인적인 감정적 인식을 이해할 만큼 충분히 자기 성찰적이 되는 것은 도움이 된다.

우리 모두에게는 좋은 날과 나쁜 날이 있다. 이런 날들에 우리가 느끼는 감정은 좋은 날에는 장밋빛으로, 나쁜 날에는 그렇지 않은 색으로 우리의 감정적 인식을 물들일 것이다. 우리의 매매가 주어진 날에 우리가 느끼는 감정에 영향을 받으리라는 것은 당연한 이치다.

분노, 두려움, 절망과 같은 강한 부정적인 감정을 느끼는 날을 의식하라. 이러한 감정은 당신의 판단을 흐리게 하고 나쁜 매매로 이어질 것이다.

트레이더를 위한 감정적 인식 연습

생각 없이, 금융시장이 당신에게 어떤 동물을 연상시키는지 적어보라. 아주 빠른 속도로, 그냥 손에 잡히는 메모지에 적어보라. 아니면 이 책의 여백에 적어보라. 금융시장을 생각할 때 어떤 동물이 떠오르는지 적기 전까지는 더 이상 읽지 마라.

시장은 당신에게 어떤 동물을 연상시키는가?

금융시장을 생각할 때 떠오르는 동물을 메모했는가? 좋다, 그렇다면 이제 계속 읽을 수 있다.

당신의 답변은 시장에 대한 당신의 믿음에 대해 많은 것을 말해줄 것이다.

먼저 당신이 생각한 동물에 대해 생각해보고, 그 동물에 대한 당신의 느낌과 다음 목록에 있는 질문에 대한 당신의 답을 적어보라.

- 이 동물에 대해 어떻게 느끼는가?
- 이 동물의 가장 중요한 특징은 무엇인가?
- 그것은 친구인가, 적대자인가, 아니면 그 중간인가?
- 당신은 이 동물을 존경하는가?
- 똑똑한가, 아니면 그렇지 않은가?
- 이 동물이 무서운가?
- 빠른 동물인가, 느린 동물인가?
- 이 동물이 당신을 속이거나 해칠 수 있는가?
- 이 동물의 행동이 예측 가능한가, 아니면 예측 불가인가?

당신이 선택한 동물이 무엇인지는 이 연습에서 중요한 부분이 아니다. 가장 중요한 것은 당신이 동물에 대해 어떻게 느끼는가다. 그것이 당신이 금융시장에 대한 당신의 감정적 관계를 어떻게 느끼는지 알 수 있는 방법이기 때문이다. 당신이 선택한 동물이 당신에게 무엇을 말하는지 보려면 표 2-1을 참조하라.

예를 들어 사람들은 때때로 곰을 선택한다. 어떤 사람들에게 곰은 지구상에서 가장 무섭고 위험한 동물이다. 그러나 다른 사람들에게 곰은 껴안기 좋고, 친절하고, 강한 동물이다. 또 사람들은 개를 선택할 수도

시장에 대한 두려움	시장에 대한 존중	시장에 대한 두려움 없음
당신의 동물은 위험하여 당신을 다치게 하거나 속일 수 있다.	당신의 동물은 똑똑하고 강력하지만, 당신은 그것을 두려워하지 않는다.	당신의 동물은 귀여운, 파리 한 마리도 해치지 않는 귀여운 동물이다.

표 2-1. 이 표를 보고 시장에 대한 당신의 감정적 관계가 어떤지 알아보라. 시장을 두려워하는가, 시장을 존중하는가, 아니면 시장을 두려워하지 않는가?

있고, 개를 무서워할 수도 있고, 충성스럽고 사랑스러운 개라는 가장 좋아하는 반려동물을 연상할 수도 있다. 그리고 뱀 같은 교활한 동물과 치타 같은 빠른 동물이 있다.

당신이 선택한 동물에서 단서가 발견되는 것이 아니라 그 동물에 대한 당신의 생각에서 단서가 발견된다는 것을 알 수 있다. 당신이 선택한 동물과 연관시키는 특성은 당신이 금융시장과 연관시키는 특성이다.

시장에 대한 두려움

선택한 동물이 위험하고 당신을 다치게 하거나 속일 수 있을 때, 당신의 근본적인 감정은 금융시장을 두려워하는 것이다. 시장이 위협적이거나 까다롭거나 적대적이라고 느낀다면, 이러한 감정을 해결할 때까지 두려움에 가득 찬 마음가짐으로 매매를 계속할 것이다. 시장에 대한 이러한 부정적인 두려움은 부적절한 매매 반응을 유발하여 자신을 드러낼 수 있다. 일반적으로 두려움에 찬 트레이더는 너무 빨리 시장에서 빠져나가거나, 혹은 시장에 진입하기 위해 적절한 시기에 '방아쇠'를 당길 수 없다. 이러한 두려움 때문에 그들은 돈을 잃는다.

시장에 대한 존중

만약 당신의 동물이 똑똑하고 강력하더라도 당신이 그것을 두려워하지 않는다면, 당신은 시장에서 당신에게 주어지는 모든 것을 처리할 수 있다는 조심성과 자신감의 건강한 균형을 갖고 있는 것이다. 시장과의 감정적 관계는 존중의 관계다. 그것은 이 연습의 이상적인 관계다.

시장에 대한 두려움 없음

만약 당신이 선택한 동물이 파리 한 마리도 다치게 하지 않을 만큼 귀엽고 위협적이지 않다면, 당신은 시장의 힘에 대해 위험할 정도로 존중심이 부족할 가능성이 있다. 극단적으로 생각하면, 이것은 무책임한 비구조적 매매 접근 방식으로 이어져 위험 통제가 부족하고 결국 손실로 이어질 것이다. 이것은 경험 부족에서 비롯될 수 있으며, 시장에서 활발하게 매매하기 전에 시장에 대한 건강한 존중심을 키우는 것이 중요하다.

이제 무엇을 할까?

이 연습의 목적은 시장과의 관계 측면에서 지금 어디에 있는지 알아내는 것이다. 시장에 대한 두려움을 줄이거나 시장에 대한 존중심을 높임으로써 자신이 어디에 있는지 알아내야 한다.

첫 번째 단계는 시장에 대한 감정적 인식을 파악하고 이러한 인식이 매매 성과에 어떻게 영향을 미치는지 파악하는 것이다.

3. 환경적 인식

사람들은 모두 저마다의 독특한 환경과 배경을 가지고 있다. 현재와 과거의 환경은 당신의 신념 체계와 삶의 방향에 영향을 미친다. 우리가 이룰 수 있다고 믿는 것 가운데 많은 부분이 가족, 학교, 영웅들 그리고 환경에서 배운 것으로부터 나온다. 원인과 결과에 대한 관찰도 큰 역할을 한다.

예를 들어 우리의 부모님이 대학에 진학했고 그 덕에 좋은 급여를 받는 직업을 얻었다면 우리는 그 길을 선택할 수 있다. 또는 우리의 영웅 스티브 잡스가 대학을 빼먹고 역사상 가장 부유하고 영향력 있는 인물 중 한 명이 되었다는 것을 알게 되었다면 그 길이 우리에게 더 매력적일 수 있다.

우리의 환경이 어떤 원인과 결과를 인식하도록 했는지에 따라, 우리는 우리에게 제공되는 데이터와 정보에 대해 다른 인식을 갖게 될 것이다. 그리고 우리는 그에 따라 우리의 행동과 경로를 조정할 것이다.

목표는 작가이자 동기부여 연설가인 잭 캔필드가《영혼을 위한 닭고기 수프(*Chicken Soup for the Soul*)》시리즈에서 그랬던 것처럼 우리가 가질 수 있는 부정적인 환경 인식을 극복하는 것이다.

잭 캔필드, 자신이 극복한 부정적인 환경 인식의 예 제시

잭 캔필드는 (공동 저자인 마크 빅터 한센과 함께)《영혼을 위한 닭고기 수프》시리즈의 공동 제작자로 잘 알려진 동기부여 연설가다.

다음은 잭 캔필드가 환경 인식을 극복한 자신의 이야기를 직접 말한 연설이다.

저는 부자는 모든 사람을 속이는 사람이라 생각하시고, 돈이 있는 사람은 누군가를 속였을 거로 생각하시는 매우 부정적인 아버지 밑에서 자랐습니다.

그래서 저는 돈에 대해 많은 믿음을 가지고 자랐습니다. 돈이 있으면 나쁘게 되고, 사악한 사람만 돈을 가지고 있고, 돈은 나무에서 자라지 않는다는 믿음 말입니다. "내가 누구라고 생각해, 록펠러?" 그것은 아버지가 가장 좋아하는 말 중 하나였습니다. 클레멘트 스톤을 만나고 나서 제 인생이 바뀌기 시작했습니다. 스톤과 함께 일할 때 그는 "당신이 달성했을 때 정신이 아찔해질 정도로 큰 목표를 세우고, 내가 가르쳐준 덕분에 이 목표를 달성할 수 있었다는 걸 알게 되길 바라네"라고 말했습니다.

당시 저는 연봉 8,000달러를 받고 있었기 때문에 "1년에 10만 달러를 벌고 싶어요"라고 말했습니다. 당시 저는 그 방법을 전혀 몰랐습니다. 저는 전략이 보이지 않았지만, 그냥 "나는 그것을 믿을 것이라고 선언할 거야, 그것이 사실인 것처럼 행동할 거야"라고 말했고, 실제로 그렇게 했습니다.

그로부터 약 4주 후, 저는 10만 달러짜리 아이디어를 떠올렸습니다. 그냥 머릿속에 떠올랐습니다. 제가 쓴 책이 있었는데, "이 책을 25센트씩 40만 부 팔 수 있다면 10만 달러가 될 겁니다"라고 말했습니다.

약 6주 후에 저는 뉴욕의 헌터 칼리지(Hunter College)에서 600명의 교사들 앞에서 강연을 했는데, 그 후 한 여성이 다가와 "정말 좋은 강연이었어요. 인터뷰

하고 싶어요"라고 말했습니다. 그 인터뷰 기사가 나갔고, 책의 판매가 급증하기 시작했습니다. 간단히 말하자면, 저는 그해에 10만 달러를 벌지 못했습니다. 우리는 9만 2,327달러를 벌었습니다.

이야기의 교훈: 캔필드가 한 것처럼 부정적인 환경 인식을 극복할 수 있다면, 당신이 무엇을 이룰 수 있을지 알 수 없다는 것이다.

출처: 잭 캔필드의 이 글은 2006년에 출간된 론다 번(Rhonda Byrne)의 《비밀(The Secret)》에서 발췌한 것으로, 95페이지부터 시작된다.

"잔의 반이 차 있는지, 아니면 반이 비어 있는지?" 자신에게 물어보라

이 장에서 다룬 모든 내용을 고려해볼 때, "나는 유리잔의 반이나 찼다고 생각하는 사람인가, 아니면 반이나 비어 있다고 생각하는 사람인가?"라고 자문해보라. 실제로 당신의 매매 결과는 당신이 깨닫지 못하는 사이에 이 질문에 대한 당신의 답변에 따라 영향을 받을 수 있다.

당신이 잔의 반이나 찬 사람이라고 답했다면, 당신의 낙관주의와 긍정적인 생각은 다른 트레이더들은 가치 있는 것을 찾지 못하는 곳에서 기회를 찾는 데 도움이 된다. 그리고 다른 사람들이 더 많은 문제만 찾는 곳에서 해결책을 찾을 수도 있다. 신중한 낙관주의는 트레이더에게 유익한 자질이다.

반면에 자신을 반이나 비어 있는 잔의 사람으로 본다면, 비관주의와 부정적인 생각으로 인해 존재하지 않는 문제와 위협을 찾게 될 수 있다. 이런 마음 상태는 트레이더에게 위험하다. 그림 2-9를 참조하라.

비관주의 대 낙관주의

당신은 비관주의나 낙관주의 중 어느 쪽에 더 기울어져 있는가? 비관론자는 최악의 결과를 기대하는 반면, 낙관론자는 최상의 결과를 기대한다. 일부 연구에 따르면, 좌뇌는 낙관주의를 주도하고 우뇌는 비관주의를 주도한다고 한다. 표 2-2를 참조하라.

당신이 비관주의자인지 아니면 낙관주의자인지가 매매할 때 당신의 인식에 영향을 미칠 수 있다. 비관주의에 의해 만들어진 부정적인 생각

그림 2-9. 시각적·감정적·환경적 인식이 무엇인지 측정하는 한 가지 방법은 "나는 잔의 반이나 찼다고 생각하는 사람인가, 아니면 잔의 반이나 비어 있다고 생각하는 사람인가?"라고 자문하는 것이다. 실제로 매매 결과는 이 질문에 대한 답변의 영향을 받을 수 있다.
출처: 사진 29005303 © Andreykuzmin Dreamstime.com

낙관주의	비관주의
좌뇌 주도	우뇌 주도
우성	열성
긍정적인 것에 집중	부정적인 것에 집중
밝은 태도	우울한 태도
운명의 주인	행운 혹은 불운의 노예
잔의 반이나 차 있음	잔의 반이나 비어 있음
강점	약점

표 2-2. 이 표는 낙관주의와 비관주의에 연관된 몇 가지 가능한 특성을 개략적으로 보여준다.

은 자기실현적 예언으로 이어질 수 있다. 예를 들어 당신의 생각이 '나는 결코 성공하지 못할 것이다'에 사로잡혀 있다면, 실패에 관한 생각으로 자신만의 현실을 만들 수 있다.

반대로, 낙관주의자의 긍정적인 생각으로 활력이 넘치면 매매에서 더 성공적인 결과를 가져올 수 있다.

> 비관주의는 약점으로 이어지고, 낙관주의는 강점으로 이어진다.
> —윌리엄 제임스

비관주의자에서 낙관주의자로 하룻밤 사이에 바뀌는 것은 불가능할 수도 있다. 그럼에도 불구하고 부정적인 생각을 긍정적인 생각으로 바꾸는 아이디어는 매매와 투자를 할 때 심리적 인식을 개선하는 측면에서 좋은 것일 수 있다.

기억하라, 당신의 생각이 당신의 현실을 만든다.

어떤 생각에 에너지를 쏟는가?

결국 생각과 인식은 덧없다. 그것들에 에너지를 쏟을 때만 더 많은 의미를 갖게 된다.

에너지를 쏟는다는 말은 매우 중요하다. 왜냐하면 당신이 가장 많이 신경 쓰거나 심지어 집착하는 생각들이 매우 강력한 믿음이 되기 때문이다. 그리고 이러한 믿음은 궁극적으로 당신의 현실을 바꿀 수 있는 힘을 발휘한다.

승리할 때와 패배할 때, 당신은 어느 쪽에 더 에너지를 쏟는가?

성공적인 트레이더는 일반적으로 약 60%의 시간 동안 이긴다. 어떤 트레이더도 모든 매매에서 이기는 일은 없다. 즉 손실을 보는 매매가 있다. 이는 사업 수행의 비용이다. 당신은 자신의 시스템이 우위에 있고 시간이 지남에 따라 평균적으로 이익을 거두리라는 것을 알고 있다.

그렇다면 손실을 보는 매매가 있거나 연속적인 손실을 보는 매매가 있는 경우, 당신은 승리보다 그 손실에 더 많은 에너지를 쏟는가? 이 질문을 하는 이유는 손실에 지나치게 에너지를 쏟는 것은 위험한 습관이기 때문이다.

그렇다, 당신은 손실이 매매 오류 때문인지 아니면 정상적인 손실 구간의 일부인지 사후에 검토하고 판단하고 싶어 한다. 그런 다음에는 계속 나아가야 한다. 손실에 과도한 에너지를 쏟으면 더 큰 손실로 이어질 것이다. 정말 간단하다.

제3장

믿기 어려울 정도로 좋은가?

오늘날 우리는 많은 매매와 투자 도구들 혹은 서비스를 이용할 수 있다. 어떤 것들은 멋진 수익을 자랑하면서 예시를 제공할 것이다. 심지어 거의 또는 전혀 노력하지 않고도 "빠르게 부자가 될 수 있다"고 주장하기도 한다. 그런 매매 시스템이나 종목 추천 서비스를 사용하더라도 막상 직접 실행하면 그와 같은 멋진 이익을 얻을 수 없다는 사실이 얼마나 실망스러운 일인지 알 수 있다.

따라서 비판적 사고를 사용하고 새로운 접근 방식을 사용할 때마다 "이것이 말이 되는가? 혹은 믿기 어려울 정도로 너무 좋은 것이 아닌가?"라고 자문해보라.

가상 매매의 수익률은 의미가 없다

거의 모든 매매 시스템은 특정 기간 동안 수익성 있게 작동할 수 있다. 중요한 것은 일관성이다. 그리고 그것도 오해의 소지가 있다.

왜?

모든 트레이더와 투자자는 자신의 고유한 매매 성향에 따라 동일한 시스템을 다르게 구현하고, 결과적으로 서로 다른 결과를 낳기 때문이다. 따라서 시스템 제작자가 일관된 성공을 거두더라도 당신은 그렇지 않을 수 있다.

앞으로 이 책에서 발견하게 될 접근 방식을 통해 여러분의 고유한 매매 성향에 따라 매매 시스템을 맞춤화하는 데 집중하겠다. 여기에는 견고한 자금 관리, 매매의 심리학, 검증된 매매 규칙의 기초가 포함된다. 우리는 당신이 자신의 성과가 어떻게 무한한 잠재력을 가지고 개선될 수 있는지 볼 수 있도록 당신의 기술을 개발하는 데 집중하기를 바란다.

이 책은 시장의 현실을 이용해 매매하고 투자하는 방법을 가르쳐주지만, 중요한 측면 중 하나는 유연성에 있다. 이것은 당신과 당신의 현실에 맞게 특별히 맞춤화될 수 있다.

그리고 궁극적으로 당신은 자신만의 접근 방식을 설계하게 될 것이고, 그것은 강력한 힘이 될 것이다.

이 책의 접근 방식은 블랙박스 시스템이 아니다

현실은 블랙박스 시스템이란 건 없다는 사실이다. 그것은 '믿기 어려울 정도로 너무 좋은' 범주에 속한다.

어떤 사람들은 자신의 매매 시스템이나 접근 방식이 임의의 결정이 필요 없는 100% 기계적인 해법을 제공할 수 있다고 말하기도 한다. 그러나 현실은 이러한 블랙박스 시스템이 끊임없이 변화하는 시장 주기에 적응할 수 없기 때문에 시간이 지나면서 제대로 작동하지 않는다는 것이 진실이다.

당신이 원하는 것은 '전문 트레이더이자 투자자'가 되어 당신의 믿음과 매매 도구를 융합해 어떤 시장 상황이나 주기에도 구현할 수 있는 독자적인 금융 투자 접근 방식을 만들어내는 것이다.

전문 트레이더와 투자자는 매매 도구를 사용하여 투자 결정을 내리는 데 도움을 받는다. 매매와 투자는 단순하지 않다. 매매 도구만으로는 시장 변수가 너무 많아서 모든 결정을 대신 내릴 수 없다.

그리고 당신이 가진 가장 중요한 매매 도구는 두 귀 사이에 있는 것이다. 당신의 뇌는 당신이 가진 최고의 도구인데, 블랙박스 시스템이 결코 볼 수 없는 것을 보도록 훈련할 수 있기 때문이다.

가장 성공적인 트레이더는 위험 관리, 매매의 심리학, 두려움과 탐욕에 대한 반응을 관리하는 능력, 규율, 다양한 유형의 시장 주기를 식별하고 이에 적응하는 방법을 아는 능력 등의 필요한 매매와 투자 기술을 개발한 사람이다.

이 책의 프로그램을 완료할 때쯤이면 다양한 시장 상황에 적응하기 위해 신념 체계를 재량적 결정에 통합하는 방법에 대한 직접적인 경험을 갖게 될 것이다.

시장 주기를 파악하는 것이 필수

시장은 주기적으로 움직이고, (같은 시장 내에서도) 각각의 타임프레임에서 다른 주기를 겪을 수도 있다.

주요 시장 주기는 다음과 같다.

- 추세 형성
- 박스권 횡보
- 박스권 돌파
- 조정

시장의 다른 주기는 각각 그에 맞는 매매 접근 방식이 필요하다. 이것이 이 책의 접근 방식이 블랙박스 시스템이 아닌 이유다. 여러분은 시장이 변화함에 따라 스타일을 조정하고 적응해야 한다. 변화하는 시장 주기에 적응해야 한다. 지속적으로 수익을 내는 열쇠는 다른 시장 주기에서의 매매 기술을 숙달하는 것이다.

시장은 변동성 변화를 경험할 수도 있다. 특정 시장 주기에는 변동성 변화가 수반된다. 변동성 변화는 다른 시간대의 트레이더가 해당 시장을 지배함으로써 발생할 수도 있다. 이는 매매하는 시간대에서 설명할 수 없는 변동성을 유발하여 손실을 경험하게 할 수 있다.

다양한 시장 주기에서 매매하는 방법을 배워야 하고, 자신의 스타일과 관련해서도 마찬가지다.

모든 트레이더의 90%가 돈을 잃는 이유는 무엇일까?

이 90%의 통계에 겁먹을 필요가 없는 것이, 대부분의 직업에서 어차피 상위권에 진입하는 사람은 약 10%에 불과하기 때문이다. 이는 매우 정상적인 수치다.

트레이더가 실패하는 여러 이유는 다음과 같다.

- 구조화된 매매 규칙이 없음
- 위험을 통제하지 않음
- 필요한 작업을 수행할 수 없거나 수행하려고 하지 않음
- 자신이 무엇을 모르는지 모름
- 트레이더의 마음가짐을 성취하지 못함
- 나쁜 습관을 고칠 수 없는 고정관념에 사로잡혀 있음
- 문제를 해결하기 위한 인내심과 의지가 부족함

당신은 심지어 당신이 그 과정에서 경험했을지도 모르는 몇 가지 이유를 이 목록에 추가할 수도 있다. 결국 금융시장에서 매매하는 것은 보람이 있지만, 또한 힘든 일이다. 그림 3-1을 참조하라.

> # 기회는 작업복을 입고 찾아오는 일감처럼 보이는 탓에 대부분의 사람들이 놓쳐버린다.
>
> —토머스 에디슨

그림 3-1. 작업복을 입은 기회—금융시장에는 무한한 기회가 있다. 하지만 이를 찾으려면 트레이더나 투자자의 노력이 필요하다.

모든 트레이더가 승자의 반열에 오르기 위해서는 실패가 선택 사항이 아니라는 것을 믿어야 한다. 승리하는 태도와 인내심을 가진 사람만 금융시장에서 살아남고 정상에 오를 것이다.

연습하면 완벽해진다

예를 들어 피아노를 배우고 싶어 하는 사람을 생각해보라. 첫 번째 단계는 피아노를 사서 교습을 받고 연습하는 것이다.

피아노를 처음 시작하는 사람들은 남들보다 더 잘 연주하기 위해 얼마나 큰 노력이 필요한지 깨닫지 못할 수도 있다. 사실, 얼마나 많은 시간과 연습이 필요한지, 그리고 얼마나 많은 교습이 필요한지 알게 되면 많은 사람들이 포기한다. 그들에게는 너무 벅찬 일이다. 또한 어떤 사람들은 음악적 감각이 없거나 피아노에 숙달할 능력이나 적성이 없을 수도 있다.

이것은 매매하는 법을 배우는 것에 대한 좋은 비유다. 매매를 완벽하게 익히는 데 필요한 헌신, 능력, 소질은 피아노를 배우는 것과 같기 때문이다.

음악을 연주한다는 것은 자신의 악기와 자신을 통합하여 고유한 표현을 만들어내는 능력이다. 매매도 다르지 않다. 전문 트레이더나 투자자는 자신의 신념을 매매 시스템이나 접근 방식과 통합하여 원하는 결과를 만들어낸다.

피아노를 배우는 것과 마찬가지로, 매매도 지속적으로 수익을 낼 수 있는 수준까지 기술을 개발하는 것이며, 이를 위해서는 많은 시간과 연습이 필요하다.

금융시장에 '마이너 리그'는 없다

어떤 금융시장에서든 실제 돈으로 실시간 매매를 하는 순간, 당신은 '메이저 리그'에서 뛰고 있는 것이다. 당신은 가장 경험이 많고 재능 있는 선수들과 경쟁하게 된다.

특정 스포츠에서는 비슷한 실력을 가진 선수들끼리 리그를 이루어 경쟁하는 것과 달리, 매매에서는 오직 하나의 게임만 존재한다.

'리틀' 리그에서 '마이너' 리그로, 다시 '메이저' 리그로 올라갈 수 없다.

'메이저 리그' 매매에서 꾸준히 승리하려면 메이저 리그 선수가 되어야 한다. 이를 위해서는 위험 관리와 함께 구조화된 매매 규칙을 구현하고, 이러한 규칙을 준수하는 규율을 갖추어야 한다. 하지만 매일 최고 중 최고와 함께 경쟁할 것이라는 점을 이해해야 한다. 여러분은 그럴 준비가 되어 있어야 한다.

제4장

가격, 거래량, 모멘텀

매매에서는 가격, 거래량, 모멘텀보다 더 큰 현실은 없다. 거래소에서 제공되는 실시간 데이터를 기반으로 볼 때, 이것들은 의견이 아니며 왜곡되거나 잘못 표현될 수가 없다.

가격 패턴은 가격이 어디로 이동했는지에 대한 역사를 보여주고, 모멘텀은 시간에 지남에 따라 가격이 얼마나 빨리 이동했는지를 나타낸다. 두 가지를 합치면 시장의 발자국이 된다.

이 책을 계속 읽으면 가격, 거래량, 모멘텀이 시장을 읽는 데 가장 신뢰할 수 있고 믿음직한 도구라는 것을 알게 될 것이다. 그림 4-1을 참조하라.

> **가격, 거래량, 모멘텀은 시장의 현실이다.**
> **펀더멘털 데이터와 달리**
> **조작할 수 없기 때문이다.**
>
> ―베넷 맥도웰

그림 4-1. 가격, 거래량, 모멘텀 ― 펀더멘털 데이터는 데이터를 보고하는 회사에 의해 왜곡되고 잘못 표현될 수 있다. 대표적인 사례는 2001년 엔론(Enron) 스캔들로, 이 회사는 투자자들에게 엄청난 부채를 불법적으로 숨기고 위조된 회계 보고서를 제출하여 파산했다.

가격, 거래량, 모멘텀의 정의

기술적 분석을 사용하는 트레이더와 투자자는 차트에서 가격, 거래량, 모멘텀을 보고 시장에서 어떤 패턴이 발생하는지 확인한다. 이러한 현재 패턴은 과거 시장 활동의 역사적 패턴을 기반으로 시장이 미래에 어떻게 될지에 대한 단서를 제공한다.

더 많은 이해를 위한 정의는 다음과 같다.

- 가격: 이는 마지막 거래 가격을 의미하며, 특정 기간 동안의 이전 가격보다 높거나 낮거나 같을 수 있다.
- 거래량: 일정 기간 동안 거래된 주식 또는 계약의 총수량이다.
- 모멘텀: 시간이 지남에 따라 가격이 얼마나 빠르게 움직이는지를 나타내며, 거래량이 적거나 많을 때 모두 발생한다. 특정 기간 동안 가격이 빠르게 변화하는지 아니면 느리게 변화하는지에 따라

모멘텀이 빠르거나 느려진다.

예를 들어 가격, 거래량, 모멘텀은 다음 기간 동안 얼마나 많이 바뀌었는지에 따라 측정된다.

- 15초
- 1분
- 5분
- 10분
- 60분
- 일간
- 주간
- 월간
- 연간

이러한 타임프레임은 트레이더와 투자자에게 제공되는 기간의 작은 샘플일 뿐이다. 당신의 전략에 따라 매우 구체적인 타임프레임을 선택하는 것이 중요하다. 테스트를 통해 당신에게 가장 적합한 것을 결정할 수 있다.

틱 차트에 대한 참고 사항

많은 선물 및 외환 트레이더가 틱 차트를 사용한다. 이 차트는 1분 또는 60분 차트와 같은 고정 시간 기반 간격과 다르다. 시간 간격 대신 틱 차트를 사용하면 특정/지정된 수의 거래가 실행되거나 가격이 변동할 때 각 막대가 생성된다.

어떤 사람들은 시간 기반 차트보다 틱 차트가 차트의 노이즈를 줄이는 데 도움이 된다고 생각한다.

가격, 거래량, 모멘텀이 현실적인 이유는 무엇인가?

데이터에 대한 해석이나 조작이 없다면, 그것은 진짜라고 믿을 수 있다. 따라서 거래소에서 직접 받는 가격, 거래량, 모멘텀 데이터는 당신이 찾을 수 있는 최고의 시장 현실이다.

데이터의 출처에 가까울수록 더 신뢰할 수 있다. 예를 들어 기업 실적 등에 대한 펀더멘털 데이터를 검토할 때는 데이터가 조작되었을 가능성이 항상 존재한다. 또는 방송에서 금융 뉴스를 들을 때 뉴스 진행자의 의견을 듣는 것인지 사실을 듣는 것인지 확실히 알 수가 없다.

가격, 거래량, 모멘텀 데이터의 장점은 (데이터 공급자를 제외하고) 여러분이 의지하는 정보를 왜곡할 중개자나 통역자가 없다는 것이다. 여러분은 가장 정확한 소식통으로부터 직접 소식을 듣는 것이다.

이것이 바로 가격, 거래량, 모멘텀이 금융시장에서 매매하고 투자할 때 가장 좋은 친구가 되는 이유다. 이것들은 시장의 진실이고, 시장의 현실이다. 당신의 매매 도구는 매매 결정을 내릴 때 이러한 진실을 사용해야 한다.

그림 4-2는 가격, 거래량, 모멘텀 데이터가 어떻게 시장에 대한 그림

을 제공하는지 보여준다. 이 차트와 마찬가지로 그림은 천 마디의 말보다 가치가 있다. 이 차트에서 2008년 시장이 그 시점까지 기준으로 사상 최대의 하루 하락 폭을 기록한 폭락장을 명확하게 확인할 수 있다. 그리고 2020년의 코로나19로 인한 금융시장 붕괴도 볼 수 있다.

그림 4-2. 이 다우존스 산업평균(Dow Jones Industrial Average) 차트는 시간과 가격 축에 차트가 표시될 때 가격, 거래량, 모멘텀이 어떻게 나타나는지를 보여준다. 생성된 패턴을 통해 시장이 어디에 있었는지 알 수 있다. 차트의 오른쪽은 항상 미지수이며 사후에 시장이 어디로 향하고 있는지 알려줘야만 자신이 드러난다.
출처: NinjaTrader. www.ninjatrader.com

실시간 시장 데이터

이 책의 전략을 구현하려면 거래소에서 직접 제공하는 실시간 시장 데이터를 공급받아야 한다.

사용할 수 있는 데이터에는 다음과 같은 여러 유형이 있다.

- 실시간 데이터: 거래 시간 동안 분 단위로 제공된다. 실시간 데이터는 데이 트레이더가 사용한다. 이 유형의 데이터로 틱, 분, 5분 등 모든 유형의 차트를 사용할 수 있다.
- 지연된 데이터: 일반적으로 데이터 지연 시간은 10분에서 20분이다. 지연된 데이터로 데이 트레이딩을 할 경우 다른 트레이더보다 정보를 늦게 받으므로 항상 위험이 있다. 다양한 문제로 인해 데이터가 제한되거나 느려질 경우, 지연된 데이터를 수신하고 있다는 사실을 모를 수도 있다.
- 종가 데이터: 장 마감 후에 제공되며 매일 시장의 최종 가격 및 거래량 정보를 제공한다. 이 유형의 데이터는 실시간 데이터보다 저렴하다. 종가 데이터는 주로 장기 투자자와 포지션 트레이더(몇 주에서 몇 달, 때로는 몇 년에 걸쳐 포지션을 유지하면서 시장의 중장기적인 흐름을 활용하여 수익을 추구하는 트레이더 – 옮긴이)가 사용한다. 차트는 일간, 주간, 월간 등으로 제한된다.

매매에 관심 있는 시장에 따라 별도의 데이터 공급 패키지가 필요할 수 있다. 각 시장은 개별 시장 거래소에서 부과되는 거래 수수료로 인한 비용이 다르므로 데이터 공급 가격이 다르다.

많은 트레이더와 투자자가 증권사로부터 데이터 및 차트 플랫폼 등을 무료로 제공받는다. 증권사가 데이터 및 차트 플랫폼 제공 비용을 감당하는 이유는 중개 수수료로 수익을 창출하기 때문이다.

위험한 의견

중립적이고 객관적인 환경을 만들기 위해 노력하라. 즉 매매하는 동안에는 어떤 형태로든 경제 신문을 읽거나 경제 TV를 시청하거나 경제 뉴스 듣는 것을 피하라.

뉴스 프로그램은 의견을 형성하고, 시장 분석가는 견해를 낸다. 우리는 시장이 뉴스와 재무적 권고 사항에 어떻게 반응할지 모른다. 만약 우리가 그렇게 한다고 생각한다면, 우리는 뉴스에 대한 의견을 형성하고 있는 것이다.

기업들이 뛰어난 실적을 발표한 후 바로 주가가 하락하는 현상을 얼마나 자주 목격했는가? 그리고 주가가 하락할 때 뉴스 해설자가 나와서 "주가가 좋은 실적을 선반영하여 이미 상승했다가 하락하고 있다"라고 말한다. 반대로 주가가 계속 상승하면 뉴스 해설자는 "좋은 실적이 주가를 끌어올렸다"라고 말할 것이다. 뉴스 해설자들은 사후 지혜(어떤 일이 일어난 후에야 갖게 되는 완전한 이해와 지식 – 옮긴이)로 일하지만, 우리에게는 이런 특권이 없다.

가격 움직임, 거래량 그리고 모멘텀을 통해 시장이 무엇을 말하고 있는지 들어보라.

공급 = 수요

공급과 수요가 같을 때 판매자와 구매자는 가치에 대해서는 의견이 다르지만, 가격에 대해서는 의견이 일치한다. 이것이 중요하다.

이런 일이 발생하면 시장에서는 진실이 된다. 시장에서 언제든 발생하는 공급과 수요의 양은 거래량으로 표시된다. 이 역시 진실이다. 가격과 거래량은 모두 절대적이며, 왜곡되지 않기 때문에 시장의 진실이다.

과매수 및 과매도 조건

시장은 가격을 공급과 수요에 맞추기 위해 작동한다. 시장은 완벽하게 효율적이다. 공급이 항상 수요와 같다면, 어떻게 시장이 과매수 또는 과매도 상태일 수 있을까? 가격이 비쌀 수도 있지만, 비싸다는 것은 상대적인 용어일 수 있다.

시장 자체는 결코 과매수나 과매도 상태가 아니다. 생각해보라.

예를 들어 현재 알려지지 않은 예술가/화가의 그림을 1,000달러에 구매했다고 가정해보자. 다음 주에 당신의 예술가/화가가 유명 잡지에서 평론이 게재되고, 그의 작품이 전국적으로 인정받아 그림의 가치가 1,500달러로 올라간다. 어떤 사람들은 그림이 너무 비싸다고 말하거나, 단 일주일 사이에 가치가 너무 빨리 올라서 이제는 가격이 과열되었다고 말한다.

다음 주에 유명 수집가가 같은 예술가/화가가 그린 비슷한 그림을 4,000달러에 샀고, 이제 당신이 가진 그림의 가치가 3,000달러로 올랐다면 어떨까?

모든 지표는 가격이 단기간에 너무 높아졌으므로 1,500달러에서 과

매수 상태라고 말한다. 하지만 현실은 공급과 수요로 인해 가격이 정확히 있어야 할 위치에 있다는 것이다. 이유와 상관없이 말이다.

다시 한번 말하지만, 공급과 수요가 일치할 때 판매자와 구매자는 가치에 대해서는 의견이 다르지만, 가격에 대해서는 의견이 일치한다. 효율적인 시장에서는 과매수나 과매도라는 것이 없다. 가격은 언제나 있어야 할 위치에 있기 때문이다.

제5장
사업에 착수하기

당신은 진짜 사업을 시작하는 것이다. 당신의 마음가짐이 이를 반영하도록 하라. 레스토랑 운영자가 회계 처리, 상한 음식, 수익성이 높거나 그렇지 않은 기간, 지급해야 할 고정비, 자금 조달 등의 문제를 처리해야 하는 것처럼 비슷한 비즈니스 문제에 직면하게 될 것이다.

음식이 상한다는 것은 매매가 중단되고 돈이 사라지는 것과 같다. 지급해야 할 고정비는 컴퓨터, 인터넷 비용, 매매 소프트웨어, 데이터 공급 서비스, 중개 수수료, 사무실 임대료 등과 같다. 이익을 거두는 기간이 있는가 하면 손실을 보는 구간이 있으며, 현금 흐름을 주의 깊게 살펴보아야 한다.

또한 매매를 사업으로 접근하면 당신의 심리는 전문가의 심리로 바뀔 것이다. 취미가 아닌 사업으로 매매와 투자에 접근하면 더 쉽게 성공할 수 있다.

당신은 이제 사업가

그들, 즉 사업가들은 화요일에 그냥 쉬거나 다음 주 내내 쉬기로 순간적으로 결정할 수 있다. 왜냐하면 그들이 사장이기 때문이다. 그들은 자유롭게 결정을 내리고 자신의 근무 시간을 정할 수 있으며, 원한다면 매일 늦게 출근할 수도 있다. 그리고 아무도 그들에게 무엇을 하라고 지시하지 않는다. 그저 여유로운 삶일 뿐이다. 그렇지 않은가?

하지만 사실은 그렇지 않다. 사업이 화려하고 눈부신 것만은 아니다. 그렇다, 사업가도 누군가에게 보고해야 할 대상이 있고, 그것은 아마 그들의 은행 계좌일 것이다. 왜냐하면 그들이 이익을 내지 못할 경우, 파티는 끝나고 사업은 문을 닫을 테니까. 그리고 솔직히 말해서, 그건 재미있는 일이 아니다.

사업가가 되는 것에 관한 진실은 많은 노력, 많은 위험 감수, 그리고 힘들어도 포기하지 않는 많은 것이다. 이것들은 대부분 사람들이 뛰어들어 자신의 사업을 시작할 때까지 알지 못하는 것이다. 그림 5-1을 참조하라.

위험 없이는 기회도 없다.

—베넷 맥도웰

그림 5-1. 기회—사업가는 성공했을 때만 위험을 감수한 것에 대한 보상을 받는다. 위험 없이는 기회도 없다는 것을 기억하라.

하지만 사업이 당신에게 첫 번째 커브 볼을 던졌을 때, 당신은 무엇을 할 것인가? 답은 당신이 이미 사업 계획과 성공을 위한 계약을 맺었다면, 상황이 어려워질 때 무엇을 할 것인지 알고 있다는 것이다.

계획이 있는 바보가 계획이 없는 천재를 이길 수 있다.

—워런 버핏, 미국의 사업가이자 투자자

당신의 사업 계획

목표: 이익을 창출하라. 매매 및 투자 사업을 위한 계획을 설계하라. 이것은 필수적인 단계다. 모든 위대한 기업에는 사업 계획이 있다. 당신도 다르지 않다. 당신의 사업 계획은 매우 구체적이어야 한다. 부업인가, 아니면 주업이 될 것인가? 다음은 해결해야 할 일곱 가지 문제와 주제들이다.

1. 자본, 자기자본 손실 그리고 레버리지: 이 새로운 사업에 어떻게 자금을 조달할지 계획하라. 매매하는 동안 현재의 생활 방식을 유지하는 데 필요한 모든 생활비를 고려하라. 개인 비용과 사업 운영 비용을 모두 자세히 나열하여 예상 월간 경비를 파악하라.
거래 계좌에서 시작할 초기 투자 금액을 결정하라. 또한 레버리지(투자자가 자신의 실제 자본보다 더 큰 규모의 거래를 할 수 있게 해주는 일종의 차입 – 옮긴이)를 사용할 것인지, 사용한다면 어떻게 위험을 통제할 것인가? 매매를 중단하고 시장에 대한 접근 방식을 재평가하기 전에 얼마만큼의 자기자본 손실(매매 손실)을 허용할지 결정해야 한다.

2. 사업 및 사무실 준비: 당신의 사업이 어떤 모습이길 원하는지 정확한 개요를 작성하라. 컴퓨터에서 의자까지 필요한 모든 것을 나열하라. 그런 다음 이 모든 품목의 비용을 계산하고 그 목적에 창업 자본의 일부를 할당하라.

어디에서 사업을 할 것인가? 재택 사업이 될 것인가, 아니면 외부 사무실에서 운영할 것인가? 사무실 임대 비용은 얼마이고, 상시 임대할 것인가, 시간제로 임대할 것인가? 덧붙여 어떤 시장에서 매매할 것인지, 어떤 증권사를 이용할 것인지 결정했는가? 매매 수수료가 얼마나 되는지도 미리 확인해야 한다.

그리고 가장 중요한 것은, 당신이 편안하고 진정으로 믿을 수 있는 일련의 매매 규칙을 개발하는 것이다. 당신의 규칙과 접근 방식은 철저히 검증되어야 하며 당신의 심리적 접근 방식과 성격에 맞아야 한다.

3. 법률 및 재정 문제: 전업 트레이더가 되려고 하는지, 그렇다면 법인을 만들거나 개인 사업자가 될 것인가? 이 목적을 위해 별도의 은행 계좌를 개설할 것인가? 자신이 직접 투자를 관리할 경우 어떤 계좌에 주의를 기울일 것인가? 일부 계좌에 주의를 기울일 것인가, 아니면 모든 계좌에 주의를 기울일 것인가? 세금과 관련해서는, 매매 및 투자와 관련된 모든 세법을 숙지해야 한다. 누가 세금 신고서를 작성하고 사업 구조를 파악하는 방법에 대해 조언해

줄 수 있는가? 불시의 조사가 항상 가능하므로 국세청 세무 조사에 대비해야 한다.

4. 교육: 시스템을 철저히 알 때까지 가상 매매를 통해 매매 규칙과 접근 방식을 테스트할 계획을 세우라. 실제 매매로 전환하기 전에 가상 매매를 얼마나 오래 할지 결정하라.

준비된 시스템으로 실제 돈을 넣고 매매를 시작하면 그 시스템에 충실하고 철저히 따르라. 매매 손실 구간에서 선택한 시스템을 성급하게 포기하지 마라. 이는 결혼과 같다. 한 가지 접근 방식에서 다른 접근 방식으로 전환하기 전에 신중히 접근하라. 진정으로 자신에게 맞는다면, 그 시스템을 고수하라.

다음으로, 지속적으로 수익성 있는 기술을 어떻게 개발할 것인가? 선택한 매매 시스템에 필요한 적절한 매매 기술을 개발하여 수익성의 길로 빠르게 나아갈 수 있는 훈련과 교육을 받을 수 있는가?

그런 다음에는 지원, 지침, 방향을 가르쳐줄 수 있는 멘토를 찾아라. 이 사람은 당신이 존경하고 동경하며 매매와 삶에서 중요한 것이 무엇인지를, 과거에도 그랬고 앞으로도 계속 가르쳐줄 거라고 느껴지는 사람이어야 한다.

마지막으로, 매매 접근 방식과 사업 계획을 제대로 유지하는 데 도움이 되는 주기적 코칭이 필요할 수 있다. 사업 계획에 명시된 목표를 달성하지 못한다고 느낄 때를 대비하여 미리 코칭 지원을 마련해두라.

5. 목표와 기대치: 스스로에게 다음과 같이 물어보라. "나는 이 새로

운 사업을 시작함으로써 무얼 성취하기를 바라는가?", "나의 목표는 무엇인가?"

재정적 자유인가? 독립적이고 기업가적인 업무 환경인가? 아니면 투자 상담사에게 의존하지 않고 투자에서 내가 운전석에 앉고 싶을 뿐인가? 중요한 것은 당신이 내면을 들여다보고 이 질문에 대한 자신의 답이 무엇인지 알아내는 것이다. 답이 무엇인지 밝혀질 것이고, 당신이 올바른 이유로 이 길을 추구하고 있는지 판단하는 데 도움이 될 것이다.

다음은 물어봐야 할 다른 중요한 질문들이다.

* 지금으로부터 6개월, 1년, 5년 후에 나의 매매 및 투자가 어떤 상태가 되기를 원하는가?
* 월별 및 연간 순이익은 얼마나 될 것으로 예상하는가?
* 이 사업에서 내가 바라는 모든 것을 이룬다면, 앞으로도 계속 이 사업을 할 것 같은가? 아니면 다른 무언가로 가는 단기적인 발판이 되는가?
* 이것이 단기적인 발판이라면 성공적인 매매 및 투자 사업 이후 다음 단계는 무엇인가?
* 부업으로 매매와 투자를 하는 경우, 현재의 직장을 떠날 계획이 있는지, 그렇다면 언제 퇴사할 것인가?

목표를 종이에 명확히 기록하면, 그 목표를 성공적인 현실로 만들 가능성이 더 커진다. 또한 목표와 기대치가 현실적인지 또렷하게 볼 수 있으며, 세부 사항을 계획할 때 나타나는 모든 장애물을 극복하기 위해 더 효과적으로 계획할 수 있다.

6. 기록 보관 및 진행 상황 파악하기: 성공에 필수적인 것은 철저하고 정확한 기록 보관이다. 수익성을 확인하기 위해 각 매매의 명세를 매매 기록 카드에 기록하라. 컴퓨터가 고장 날 경우의 혼란을 방지하기 위해 매매 명세를 종이에 적어두는 것이 중요하다. 손으로 쓴 매매 기록 카드를 사용하면 거래일 동안 발생하는 감정이나 생각을 빠르게 적어둘 수도 있다. 이렇게 하면 매매 심리를 다루는 데 도움이 된다.

그런 다음 모든 매매의 거래 원장을 유지하여 일일, 주간, 월간 및 연간 기준으로 수익성을 평가한다. 하루, 주간 또는 연간의 시간대 또는 매매 유형에 따라 나타나는 강점이나 약점을 찾아보라. 수익성이 가장 높은 곳은 어디이고, 수익성이 가장 낮은 곳은 어디인가?

실제 매매를 시작하기 전에 테스트한 매매 규칙을 적용하는 것이 좋다. 매매와 투자는 빠르게 진행되는 사업이며, 기록 보관을 우선순위로 정하지 않으면 당신의 통제를 쉽게 벗어날 수 있다.

7. 당신의 새로운 매매 및 투자 직업: 자신을 이 새로운 회사의 직원이라 생각하고 새로운 직업이 어떨지 계획해보라. 부업일 수도 있고, 주업일 수도 있다. 일주일에 몇 날 일할지, 하루에 몇 시간 일할지, 휴가를 갈지, 병가를 어떻게 관리할지, 어떤 종류의 성과 평가가 있을지, 언제 할지 확정하라. 어떻게 책임질 것인가? 마지막으로, 퇴직 혜택과 건강 관리 혜택이 있는가?

최고의 성과를 내는 트레이더는 최고가 되기 위해 전적으로 헌신하고 최고가 되기 위한 모든 것을 한다. 그는 무슨 일이 일어나든 전적으로 책임을 지고 있으므로 실수로부터 배울 수 있다. 이런 사람들은 일반적으로 매매를 사업으로 여기기 때문에 매매와 투자를 위한 실행 가능한 사업 계획을 가지고 있다.

—반 타프, 트레이더

사업 계획을 세우는 것을 소홀히 하지 마라. 사업 계획을 세우지 않거나 필요하지 않다고 여긴다면 다시 한번 생각해보라. 사업 계획은 필수적이다. 이 연습의 또 다른 추가적인 이점은 매매하기 전에 필요한 규율 및 준비와 마찬가지로 성공하는 데 필요한 규율을 자신에게 심어준다는 것이다. 이 모든 것은 연결되어 있다.

방해하지 마라!

이것은 다소 민감한 주제일 수 있다. 선의의 동료, 가족 구성원 그리고 전화 판매원들을 '방해되지 않게' 거리를 두라는 것이다. 매매와 금융 투자의 성공은 당신의 전적인 주의와 집중 없이는 달성될 수 없다. 다음은 행동 계획들이다.

1. 집이나 사무실에서 문을 닫을 수 있는 방을 찾아 그곳을 '작업실'로 만들라.
2. 일하는 동안(또는 공부하는 동안) 어떠한 상황에서도 방해받아서는 안 된다는 것을 가족이나 동료에게 알리라.

3. 매매와 공부를 할 때는 '방해 금지' 표지판을 문에 걸어두라.

4. 매매와 투자 작업을 하는 동안에는 전화를 받지 마라. 필요하면 자동 응답

시스템이나 서비스를 이용하라. 불필요한 전화를 걸러내는 방법을 마련하라.

중소기업은 경제의 중추다

미국 중소기업청(SBA, Small Business Administration)에 따르면, 중소기업은 경제의 중추다. SBA 웹사이트는 미국 내 중소기업에 대한 다음과 같은 사실을 제공한다.

- 모든 고용주 기업의 99.9%를 차지한다.
- 모든 민간 부문 직원의 절반 이상을 고용한다.
- 50%가 재택근무를 한다.
- 학사 학위가 없는 고용주가 있다.

진정한 혁신과 창의성은 기업가의 영역에서 나온다. 새로운 아이디어가 있는 곳이 바로 그곳이다. 개인 트레이더이자 투자자인 당신은 다른 많은 기업가들과 좋은 관계를 맺고 있다.

동료 기업가 중 극히 일부는 다음과 같다.

- 스티브 잡스와 스티브 워즈니악은 차고에서 애플(Apple)을 시작했다.
- 마크 저커버그는 하버드 대학교 기숙사에서 페이스북(Facebook)을 시작했다.
- 래리 페이지와 세르게이 브린은 스탠퍼드 재학 중에 구글(Google)을 창업했다.

기업가들은 종종 오해를 받고 어울리지 못하는 경우가 많다. 그들은 기존의 틀에서 벗어나 다른 사람들이 미쳤다고 생각하는 것을 시도하고, 일반 사람들이 생각하는 것보다 더 많은 위험을 감수한다. 하지만 그들은 자신이 하는 일을 사랑하고, 다른 어떤 것과도 바꾸지 않으려 한다. 이것이 그들을 특별하게 만드는 것이다.

그들이 역경을 이겨내고 자신이 사랑하는 일을 하는 데 성공한다면, 세상에 그보다 더 좋은 직업은 없다. 아무것도 없는 상태에서 무언가를, 기업을 일으킬 수 있다는 것은 기적에 못지않다. 그렇다. 기적은 일어나지만, 당신이 그 기적을 만들어야 한다. 기적은 하늘에서 뚝 떨어지는 것이 아니다.

물론 기업가의 삶은 모든 사람을 위한 것이 아니며, 진정한 시험은 사업을 시작하고 유지하는 데 있다. 시도해보기 전까지는 결코 알 수 없다.

상황이 나를 드러낸다

어떤 사람들은 어려움이 찾아올 때, 강인한 사람은 더욱 앞으로 나아간다고 말한다. 그리고 그것은 사실이다. 어떤 사업이든 장애물이 있을 것이 확실하지만, 발생하는 문제를 해결하고 전환할 수 있다.

> 상황은 나를 만드는 것이 아니라, 나를 드러내는 것이다.
>
> —윌리엄 제임스

도전적인 상황에 어떻게 대응하는지가 그 사람을 만드는 것으로 생각할 수 있다. 하지만 윌리엄 제임스의 인용문에서 알 수 있듯이, 상황과 압력에 어떻게 대응하는지는 당신이 진정으로 어떤 사람인지를 드러낸다.

다음은 동일한 상황이 어떻게 전혀 다른 두 가지 결과를 가져올 수 있는지를 완벽하게 요약한 또 다른 인용문이다.

> 감자를 부드럽게 만드는 끓는 물이 달걀을 단단하게 만든다. 그것은 당신이 어떤 사람인가에 관한 것이지, 상황에 관한 것이 아니다.
>
> —무명씨

상황과 관계없이 매매와 투자에서 모든 것에 대한 책임을 져라. 그리고 변명을 삼가라. 변명은 당신을 약화시킨다. 대신, 상황이 나빠지면 그것으로부터 배우고 성장하라.

적응하라, 그렇지 않으면 죽는다: 블록버스터처럼 되지 마라

시장 주기가 바뀌고 문제가 생기면 조심하라. 끊임없이 변화하는 환경에 적응하지 못하면 죽을 것이다. 대표적인 사례가 1985년부터 2010년까지 붐을 일으켰던 비디오 대여 회사인 블록버스터(Blockbuster)다. 블록버스터는 2010년에 사업을 중단했다. 그림 5-2를 참조하라.

그림 5-2. 공을 끝까지 보고 블록버스터처럼 끝나지 않도록 주의하라. 이 회사는 넷플릭스(Netflix)가 될 기회를 완전히 놓치면서 결국 파산했다. 1985년부터 2000년대까지 지구상에서 가장 큰 비디오 대여 회사였던 블록버스터는 새로운 기술에 적응했다면 라이브 스트리밍 시장에 뛰어들기에 가장 완벽한 위치에 있었다. 하지만 블록버스터는 적응하지 못했고, 그 결과 망했다.
출처: ID 126457248 © Mkopka Dreamstime.com

많은 사람들이 블록버스터의 쇠퇴가 리더십 부족에 기인한다고 말하면서, 블록버스터를 시대에 맞춰 변화하지 못한 대표적인 사례로 본다.

블록버스터는, 이미 그렇지 않다면 사업을 어떻게 망하게 하는지 또는 사업을 어떻게 운영해서 망하게 하는지에 대한 사례로《하버드 비즈니스 리뷰》에 실릴 것이다.

—켄 티셔, 블록버스터 프랜차이즈 매장의 전 소유자

기업가, 사업주, 트레이더로서 블록버스터에 일어난 일은 주의를 기울이지 않으면 당신에게도 일어날 수 있다. 과거의 실적이 미래의 결과를 보장하지 않는다는 점을 주의 깊게 살피고 명심하라. 변화하는 시장 주기에 적응하고, 문제가 있을 때 전환하는 법을 배우라. 문제 해결은 당신의 귀중한 기술 중 하나가 될 것이다.

2단계

트레이더의 마음가짐을 개발하라

—————— 제6장 ——————
당신의 마음가짐

트레이더의 마음가짐을 개발하는 것은 매매(및 투자)의 성공을 위해 필수적이며, 이는 시간이 좀 걸릴 수 있다. 스위치를 올리듯 켜지는 영역이 아니다. 가상 매매든 실제 매매든 매매와 투자를 통해서만 개발할 수 있으며, 경험을 통해 얻을 수 있는 것이다.

매매와 투자를 통해 당신은 자신의 마음가짐이 성과에 어떤 영향을 미치는지 알게 되고, 그 사실을 더 잘 알게 될수록, 자신의 심리에 더 많은 주의를 기울일 수 있다.

이 장에서는 승리하는 태도, 자신감, 회복력을 갖춘 고유한 개인적 마음가짐을 개발하는 데 도움을 주고자 한다. 또한 계좌의 손실 구간, 매매 손실, 수익(그렇다, 수익과 승리도 스트레스를 유발할 수 있다)과 관련된 감정을 관리하는 일에 도움을 주겠다.

세상에서 가장 큰 자산은 바로 당신의 마음가짐이다.

—게리 바이너척, 동기부여 연설가

건강하고 동기부여가 된 마음가짐은 당신을 결승선까지 데려다줄 자산이 될 수 있다. 자신과 자기 마음이 갖고 있는 힘을 절대 과소평가하지 마라.

다르게 생각해도 괜찮다

적극적인 트레이더와 투자자의 공동체는 작다. 그리고 이 공동체의 사람들은 어느 정도 기업가이자 위험 감수자다. 우리의 친구와 가족은 우리가 하는 일을 이해하지 못하거나 존중하지 않을 수도 있다. 그들은 표현할 수 있는 더 나은 단어가 없어서 우리가 조금 다르다고 생각할 수도 있다.

이런 이유로, 다르게 생각해도 괜찮다는 것을 아는 것이 중요하다. 애플이 1997년에 한 광고 캠페인의 고전적인 인용문인 그림 6-1을 참조하라.

미치광이들을 위하여. 부적응자들. 반항아들. 말썽꾸러기들. 네모난 구멍에 박힌 둥근 못들. 세상을 다르게 보는 사람들. 그들은 규칙을 좋아하지 않는다. 그리고 현상 유지를 존중하지 않는다. 당신은 그들에게 동의할 수도 있고, 그들에게 동의하지 않을 수도

그림 6-1. 미친 사람들—이 인용문은 종종 스티브 잡스에게서 나온 것으로 여겨지지만, 사실 광고 회사(Chiat/Day Advertising)의 크리에이티브 디렉터인 롭 실타넨이 쓴 것으로, 1997년 애플 컴퓨터의 'Think Different' 캠페인을 위해 제작한 TV 광고에서 발췌한 것이다.

있으며, 찬양하거나 비난할 수도 있다. 하지만 당신이 할 수 없는 유일한 것은 그들을 무시하는 것이다. 왜냐하면 그들이 세상을 변화시키기 때문이다. 그들은 인류를 전진시킨다. 어떤 이들은 그들을 미치광이라고 볼지도 모르지만, 우리는 그들의 천재성을 본다. 세상을 변화시킬 수 있다고 생각할 만큼 미친 사람들이 바로 세상을 바꾸는 사람들이기 때문이다.

—롭 실타넨

여러분에게 이 이야기를 하는 이유는 남과 다르거나 다르게 생각하는 것이 괜찮다는 사실을 말하기 위해서다. 사실, 자신에게 정직함으로써, 비록 그것이 자신만의 세상일지라도, 세상을 바꿀 수 있다. 그러니 매매와 투자의 성공을 추구하는 데 자신감을 가지고 그 자신감을 당신 마음가짐의 한 부분으로 만들어라.

열정적인 마음가짐을 개발하라

당신은 그것을 열정, 추진력 또는 열광이라 부를 수 있지만, 승자들의 수준에 도달하기 위해서는 이 중 하나 또는 모두를 갖고 있어야 한다. 성공은 극복할 수 있는 열정으로 실패에 맞설 수 있는 사람들에게만 찾아온다.

윈스턴 처칠은 제2차 세계대전 중인 1940년부터 1945년까지 영국의 총리를 지냈다. 연합군은 아돌프 히틀러가 이끄는 나치 독일과 싸웠고, 실패와 패배를 많이 겪었다. 가장 유명한 실패는 영국이 독일의 공습을 끊임없이 받고 있던 런던의 폭격이었다. 이로 인해 도시 대부분이 폐허로 전락했다.

성공이란 열정을 잃지 않고 실패에서 실패로 나아가는 것이다.

—윈스턴 처칠

처칠은 역사상 어두운 시기를 성공적으로 헤쳐나가면서 열정이 풍부해야 한다는 것을 직접 알고 있었다.

그리고 그것은 마음가짐에서 나온다. 때때로 실패할 수도 있고 패배할 수도 있지만, 열정적인 마음가짐을 유지하는 데 집중하면 결국 성공에 이른다.

100명의 트레이더와 투자자-똑같은 사람은 없다

100명의 사람들에게 동일한 성공적인 재정적 접근 방식을 보여주면, 그중 어느 두 명도 같은 방식으로 그것을 사용하지 않을 것이다. 왜 그럴까? 모든 사람은 고유한 신념 체계와 마음가짐을 가지고 있으며, 이것이 개인의 특성을 결정하기 때문이다.

간단히 말해서, 모든 사람은 각자 타고난 성향과 선호가 다르다. 어떤 이들은 추세를 따르는 트레이더가 될 가능성이 높고, 어떤 이들은 단타 매매를 선호하거나, 또 다른 어떤 이들은 역추세 매매를 선호할 수도 있다. 자신의 성향과 성격에 맞지 않는 일련의 규칙으로 매매를 시도하면 실패할 가능성이 높다.

따라서 수익성이 있고 입증된 접근 방식과 선호도에 맞는 규칙이 있더라도 많은 트레이더와 투자자가 실패할 것이다.

다시 말해, 그들은 트레이더의 마음가짐이 부족한 것이다.

현재 마음가짐에 대한 자기 인식

심리적 문제에 직면했을 때, 문제를 인식하고 부정하지 않는 것이 가장 좋다. 심리적 장애물을 제거하려면 먼저 장애물과 그것을 일으키는 문제를 인식해야 한다. 여기에는 자기 인식이 필요하다.

정신분석학에서 심리치료사는 환자가 문제를 볼 수 있도록 돕는다. 이 과정이 오래 걸릴 수 있고, 심지어 몇 년이 걸릴 수도 있는 이유는 개인마다 부정의 수준이 다르기 때문이다. 부정은 종종 심리적 방어 또는 대처 메커니즘으로부터 시작된다.

과거에는 불안감을 회피하기 위해 방어 메커니즘에 의존하는 것이 유용했을 수 있다. 방어는 상황이 너무 고통스러울 때 그 현실을 무시하거나 부인하는 것이었을 수 있다. 이는 완전히 기능을 상실하는 대신 적어도 어느 정도는 기능할 수 있다. 그리고 종종 무의식적으로 방어가 수행될 수 있다.

금융시장에 관해서는 방어 메커니즘이 부정의 여지가 없다. 시장이 그것을 빠르게 밝혀낼 것이다. 어떤 면에서 시장은 효과적인 심리치료사가 될 수 있으며, 현실에 살지 않는다면 시장이 당신의 돈을 빼앗고 파산시킬 것이다. 그런 종류의 경종은 트레이더나 투자자로서 당신을 더 강하게 만들 것이다.

현재의 자기 인식에 대한 목록을 작성해보라. 첫 번째 단계는 자신의 마음가짐에 문제가 있음을 인정하는 것이다. 일단 그것을 인정하고 책임을 지면 그 문제를 해결할 수 있다.

열다섯 가지 일반적이고 파괴적인 심리적 매매 문제와 그 원인

트레이더의 마음가짐을 강화하려면 의사가 환자를 진찰하듯이 자신의 매매 감정과 행동을 살펴보라. 먼저 증상을 파악한 다음, 해당 증상을 기초로 진단을 내려라.

일반적인 증상 열다섯 가지와 원인은 다음과 같다.

1. 손실을 보고 정리하거나 손실을 감수하는 것에 관한 두려움: 이런 감정을 갖는 일반적인 이유는 트레이더가 실패를 두려워하고 또 다른 손실을 감수할 수 없다고 느끼기 때문이다. 트레이더의 자존심이 위태롭다.

2. 너무 일찍 끝내는 매매: 트레이더는 포지션을 정리함으로써 불안을 해소한다. 시장이 자신의 포지션과 반대로 가는 것을 두려워한다. 그는 즉각적인 보상을 원한다.

3. 기대와 희망: 트레이더는 매매에 대한 통제권을 갖거나 책임을 지고 싶어 하지 않거나 시장의 현실을 받아들일 수 없다. 트레이더는 손절매 청산을 존중하지 않거나 손절매 전략을 전혀 세우지 않는다.

4. 손실을 보는 매매 후의 분노: 트레이더는 자신이 시장의 희생자라는 느낌, 비현실적인 기대, 또는 특정 매매에 대해 지나치게 집착하고 있다. 시장에서의 성공과 자존감이 연결되어 있거나, 시장으로부터 인정받고자 하는 욕구가 있다.

5. 잃으면 안 되는 돈이나 빌린 돈으로 하는 매매: 트레이더는 이것이 성공에 대한 마지막 희망이라 생각하고 무언가에서 성공하려고 노력한다. 그는 기회를 놓칠까 봐 두려워한다. 규율이 전혀 없는 데다, 그것이 탐욕이나 절박함과 결합되어 있다.

6. 손실을 보고 있는 매매에 포지션 추가(물타기): 트레이더는 매매가 잘못되었음을 인정하고 싶어 하지 않으며, 상황이 다시 좋아지

기를 바라고 있다. 트레이더의 자존심이 걸려 있는 상태다.

7. 강박적인 매매: 트레이더는 시장의 흥분과 아드레날린에 이끌린다. 중독과 도박 문제가 있다. 항상 게임에 참여해 있어야 하고, 주말과 같이 매매가 없는 날엔 어려움을 겪는다. 그는 매매에 집착한다.

8. 이익을 거둔 매매 후의 지나친 기쁨: 트레이더는 자신의 자존감을 시장에 연결함으로써 비현실적으로 자신이 시장을 '통제'하고 있다고 느낀다.

9. 수익이 정체되어 있거나 저조함–이익 제한: 트레이더는 자신이 성공할 수 없으며, 이익을 거둘 자격이 없다고 생각한다. 대개 자존감 저하와 같은 심리적 문제가 있다.

10. 매매 시스템을 따르지 않음: 트레이더는 그것이 실제로 작동한다고 믿지 않아 테스트를 제대로 하지 않는다. 시스템이 자신의 성향과 맞지 않는다. 매매에서 더 많은 흥분을 원한다. 성공적인 시스템을 선택할 수 있는 자기 능력을 신뢰하지 않는다.

11. 매매에 관해 지나치게 고민하고 재고함: 트레이더는 손실이나 잘못에 대한 두려움이 있다. 완벽주의적 성격이며, 확실한 것이 없는 곳에서 확실한 것을 원한다. 손실이 매매의 일부이고, 각 매매의 결과를 아직 알지 못한다는 점을 이해하지 못한다. 매매에 위험이 있다는 것을 받아들이지 않고, 불확실성을 인정하지 않는다. 실행에 옮기는 것을 두려워한다.

12. 적절한 규모로 매매하지 않음: 트레이더는 매매의 수익만 꿈꾸고 있으며 위험을 충분히 인식하지 못하거나 자금 관리의 중요

성을 이해하지 못한다. 위험 관리에 관한 책임을 거부하거나, 적
절한 매매 규모를 계산하는 데 너무 게으르다.

13. 과도한 매매: 트레이더는 시장을 정복하려는 욕구가 있다. 탐욕.
이전의 손실에 대해 시장에 복수하려고 한다. 보복 매매. 매매의
흥분감(7번의 강박적인 매매).

14. 매매에 대한 두려움: 트레이더에게 매매 시스템이 없다. 트레이
더는 위험과 불확실성에 불편함을 느끼고, 전체 손실에 대한 두
려움, 조롱받는 것에 대한 두려움, 통제에 대한 욕구가 있고, 자
신이나 매매 시스템에 대한 자신감이 없다.

15. 매매일 이후에 짜증이 남: 트레이더는 분노, 두려움, 탐욕으로 인
해 감정의 롤러코스터를 타고 있으며, 결과에만 너무 집착하고,
과정과 매매 기술을 배우는 데 충분한 관심을 기울이지 않는다.
돈에 너무 집착하고 비현실적인 기대를 한다.

이것들이 결코 모든 심리적 문제는 아니지만 가장 흔한 문제 중 일
부인 것은 맞다. 이것들은 보통 어떤 이유에서든 트레이더가 자신이
선택한 매매 접근 방식이나 시스템을 따르지 않는다는 사실에 초점을
맞춘다.

당신의 목표는 평정심을 유지하는 것이다. 그리고 롤러코스터에서
내려와 아드레날린의 흥분을 놓아버리는 것이다. 그림 6-2를 참조하
라. 이익을 거두는 매매와 손실을 보는 매매가 당신에게 영향을 미치지
않아야 한다. 물론 이익을 거두고 있을 때 더 좋은 매매를 하는 것이지
만, 감정적으로는 승패와 관련하여 평정심을 유지하기 위해 노력해야

그림 6-2. 평정심을 유지하고 마음가짐을 강화하여 감정의 기복에 휘둘리지 않도록 하라. 감정의 롤러코스터에서 내려와 매매와 투자 과정에 집중하라. 금융시장에서 입증되고 검증된 우위를 개발하는 데 집중하라.

출처: 사진 19793875 © Brett Critchley Dreamstime.com

한다.

그것은 일어날 때 일어난다. 강제로 할 수 없다. 이러한 수준의 정신적 능력을 달성하면, 그것은 당신의 약점들을 오랫동안 열심히 극복한 후에 올 것이다. 그것은 보통 당신이 전혀 예상하지 못한 순간에 일어난다.

트레이더의 마음가짐을 습득한 후의 느낌들

'트레이더의 마음가짐이란 무엇인가?'에 대한 답변으로, 다음 목록은 그것을 습득한 후 어떤 기분이 드는지 이해하는 데 도움이 된다. 간단히 말해, 트레이더의 마음가짐은 자신감이 있고, 두려움이 없으며, 손실이나 손실 구간에 의해 무력화되지 않는 정신 상태다. 입증된 우위를 점할 때를 알게 되고, 매매를 사업으로 접근할 것이다.

트레이더의 마음가짐을 개발한 트레이더의 스무 가지 특징은 다음과 같다.

1. 돈에 대해 신경 쓰지 않음

2. 매매 및 투자에서의 위험 수용

3. 감정적인 측면에서 이기는 매매와 지는 매매를 동등하게 수용

4. 과정을 즐김

5. 시장의 희생자라는 느낌이 없음

6. 항상 기술 향상을 위해 노력함

7. 기술이 향상됨에 따라 매매 및 투자 계정의 수익이 누적됨

8. 열린 마음으로 견해는 최소한으로 유지

9. 분노하지 않고, 그저 시장에 따라 흘러가기

10. 모든 매매와 포지션에서 배우기

11. 하나의 선택된 접근 방식이나 시스템을 사용하고, 시장이나 다른 트레이더의 영향을 받지 않기

12. '시장'을 정복하거나 통제하려고 하지 않음

13. 자신감과 통제력을 느낌

14. 시장을 강제하지 않는다는 느낌

15. 위험을 감수할 수 있는 만큼의 돈으로 매매하기

16. 모든 매매 결과에 대하여 전적으로 책임을 짐

17. 매매할 때의 차분함
18. 현재 현실에 집중하는 능력
19. 시장이 어느 방향으로 돌파하거나 움직여도 상관하지 않음
20. 시장이 가는 방향으로 매매 정렬

트레이더의 마음가짐 목록을 읽고 "저게 바로 나야"라고 진심으로 말할 수 있다면 바로 도달한 것이다.

트레이더의 마음가짐을 습득하는 데 중요한 열쇠 중 하나는 평정심을 만드는 것이다. 우리 각자는 스트레스를 다양한 방법으로 줄일 수 있으며, 자신에게 가장 잘 맞는 것을 찾아야 한다. 매일 스트레스를 줄임으로써 트레이더의 마음가짐에 한 걸음 더 가까워진다.

당신은 승자인가?

모든 것이 당신의 마음가짐에 달려 있다. 만약 당신이 승리하는 태도를 가지고 있다면, 당신의 뇌는 성공으로 이끄는 길을 따르는 것이 더 쉬워질 것이다. 물론 당신의 태도는 당신의 생각에 따라 결정되고, 당신은 거기에서 시작해야 한다.

매일 당신 마음의 문을 지키고, 오직 당신만이 어떤 생각과 믿음을 당신의 삶에 들여보낼지 결정하라. 그것들이 당신이 부유하다고 느낄지 가난하다고 느낄지, 저주받았다고 느낄지 축복받았다

고 느낄지를 결정할 것이다.

—토니 로빈스, 동기부여 연설가

  승리하는 태도를 개발하려면 어떤 생각과 믿음을 받아들여야 하는
지 주의해야 한다. 당신이 부유하고, 축복받았고, 지적이고, 성공적이
고, 가치 있고, 승자임을 느끼게 하는 생각만 허용하도록 각별히 조심
해야 한다.

제7장

두뇌의 힘

인간의 뇌는 감정을 가진 초강력 컴퓨터와 같다. 뇌는 신경계의 인상적인 관리 중추로서 모든 인간의 감정, 기억, 자아의식 그리고 사고가 이루어지는 곳이다. 뇌의 무게는 겨우 3파운드(약 1.36kg)에 불과하지만, 우리가 취하는 모든 행동을 통제한다.

> 통제할 수 없는 것에 대해 끊임없이 생각하는 것은 뇌의 에너지를
> 빠르게 소모시킨다. 해결할 수 없는 문제에 대해 더 많이 생각할
> 수록, 더 생산적인 일을 하기 위해 남겨둘 에너지가 줄어든다.
> ─에이미 모린, 《나는 상처받지 않기로 했다(13 Things Mentally
> Strong People Don't Do)》(비즈니스북스, 2015)의 저자

우리의 뇌는 무수한 확장을 가진 약 100억 개의 상호 연결된 신경 세

포로 구성되었다. 신경 섬유와 그 연결부의 이러한 얽힘은 신경 충동이 사실상 무한한 수의 경로 중 어느 것이든 지날 수 있게 한다.

그 결과, 감각적 충동에 대한 수많은 다양한 반응이 나타난다. 이 장에서는 뇌를 사용하고 뇌를 이해하는 것이, 어떻게 더 큰 재정적 성공을 창출할 수 있는지 살펴보겠다.

뇌에서 매매 정보를 처리하는 방식에 영향을 미치는 다섯 가지 요인

뇌가 감각적 충동을 처리하는 경로를 선택하는 것은 다음의 여러 요인에 따라 달라진다.

1. 특정 뇌의 독특한 물리적 특성
2. 피로나 영양실조와 같은 일시적 신체 조건
3. 경험과 학습을 통해 이전에 이식된 정보
4. 충동을 생성하는 자극의 강도
5. 분노, 두려움, 탐욕, 행복, 슬픔 등 현재의 감정 상태

뇌의 해부학

두개골의 가장 윗부분을 차지하는 대뇌는 뇌에서 가장 큰 부분이다. 수직으로 좌우 반구로 나뉘며, 깊게 갈라지고 홈이 파인 것처럼 보인다.

상부 표면인 대뇌피질에는 신체 대부분의 주요 제어 기능이 포함되어 있다. 대뇌의 왼쪽 절반은 신체의 오른쪽을, 오른쪽 절반은 신체의 왼쪽을 제어한다.

뇌는 평생 수면과 의식 중 모두에서 항상 작동한다. 뇌의 끊임없는 전기화학적 활동은 전자적으로 감지하고 기록할 수 있는 뇌파를 생성한다. 성인의 뇌는 신체가 사용하는 에너지의 25%를 소비하는 반면, 유아의 발달 중인 뇌는 약 60%를 소비한다.

좌뇌와 우뇌

우리의 뇌는 좌뇌와 우뇌, 두 개의 반구로 이루어져 있다. 뇌의 앞에서 뒤로 큰 주름이 있어 본질적으로 뇌를 두 개의 뚜렷하고 분리된 부분으로 나누고 있다 — 사실, 거의 분리되어 있다고 할 수 있다.

두 반구는 각 뇌의 바닥에 있는 두꺼운 신경 다발로 서로 연결되어 있다. 이 두 거대한 프로세서 사이의 유일한 연결고리를 뇌량(corpus callosum)이라고 한다. 이것은 동일한 감각 입력으로부터 서로 다른 프로그램을 실행하는, 믿을 수 없을 정도로 빠르고 엄청나게 강력한 두 개의 컴퓨터 프로세서 사이를 연결하는 이더넷 케이블이나 네트워크라고 생각할 수 있다.

좌뇌와 우뇌의 특성

좌뇌(과학적)	우뇌(예술적)
뇌의 지배적인 측면	뇌의 비지배적인 측면
신체의 오른쪽을 제어함	신체의 왼쪽을 제어함
낙관주의 통제	비관주의 통제
논리와 계획 사용	느낌과 감정 사용
규칙을 따름	충동을 따름
단어를 사용함	이미지를 사용함
단어를 식별함	패턴을 식별함
사실적이고 분석적	개념적이고 직관적
분석	종합
세부 사항 지향	큰 그림 지향
시스템이 지배적임	상상력이 지배적임
과학과 수학에 강점	예술과 창의성에 강점
현실 기반	상상 기반
무엇인지 살핌	무엇이 될 수 있는지 살핌
선형	비선형
질서 있고 체계적	무작위적이고 자발적

과학자들은 매일 좌뇌와 우뇌의 본질에 대해 더 많이 밝혀내고 있다. 그들은 뇌의 각 반구가 특정 영역에서 강점이 있다는 것을 알게 되었다 (좌뇌 및 우뇌 비교표 참조). 하지만 사실 정신적 능력은 완전히 좌뇌와 우뇌 반구로 분리되지 않았다. 언어 능력은 한쪽 반구의 특정 영역에 국한되는 경향이 있지만, 한쪽 반구가 어린 나이에 손상되면 이러한 기능은 종종 다른 반구에서 부분적으로 또는 완전히 회복될 수 있다.

사고(思考)의 두 가지 방식, 즉 언어적 사고와 비언어적 사고가 있는 듯하며, 이는 각각 좌반구와 우반구에서 비교적 분리되어 표현되고, 우리의 교육 시스템과 과학 전반은 비언어적 형태의 지성을 무시하는 경향이 있다. 결국 이것은 현대 사회가 뇌의 우반구를 차별한다는 것을 의미한다.

—로저 월콧 스페리, 심리학자이자 노벨상 수상자

스페리의 인용문에서 언급했듯이, 현대 사회는 뇌의 우반구를 차별할 가능성이 매우 크다. 예술가와 몽상가는 과학자와 논리적 사고자만큼 학계에서 인정받지 못한다.

그러면 이런 질문이 생긴다. 당신은 왼손잡이인가, 오른손잡이인가? 인구의 10%만이 왼손잡이이므로 왼손잡이가 소수파다. 왼손은 우뇌에 의해 제어되기 때문에 왼손잡이인 사람들이 더 예술적이고 창의적이라는 이론이 있다.

하지만 다음 절에서 볼 수 있듯이, 알베르트 아인슈타인은 과학에서 위대함을 이루기 위해서는 과학과 예술이 똑같이 중요하다고 믿었다. 어떤 사람은 과학과 예술이 어떤 분야에서든 위대함을 이루기 위해 똑같이 중요하다고 주장할 수 있다.

그런 분야에는 금융시장의 매매와 투자가 포함된다.

전뇌 사고

이상적으로는, 금융시장을 포함한 어떤 분야에서든 성공하려면 '전뇌(whole brain)'(뇌의 여러 영역을 모두 활용하는 균형 잡힌 사고를 의미 – 옮긴이) 사고자가 되어야 한다.

> 일정 수준 이상의 기술적 숙련도에 도달하면 과학과 예술은 미학, 가소성 그리고 형태에서 융합하는 경향이 있다. 가장 위대한 과학자들은 항상 예술가이기도 하다.
> —알베르트 아인슈타인, 이론물리학자이자 노벨상 수상자

우리는 뇌의 양쪽을 개발하고 함께 사용하여 자기 마음의 주인이 되기 위해 최선을 다해야 한다. 자연이 결정하는 대로, 우리는 각자 고유한 특성들의 집합을 갖고 태어나는 것 같다. 우리 중 일부는 더 '좌뇌형' 사고를 하고, 일부는 더 '우뇌형' 사고를 한다.

그리고 우리 중에는 이미 '전체 뇌'로 사고하도록 태어난 운 좋은 사람들도 있다.

신경 가소성

사람들은 늙은 개에게 새로운 재주를 가르칠 수 없다고 말하는데, 사실은 그렇지 않다. 늙은 개들이 변화를 일으키려면 시간이 조금 더 걸릴

뿐이다. 뇌는 어렸을 때 가소성(형태를 바꾸는 성질 – 옮긴이)이 훨씬 더 크고 나이가 들수록 점점 더 '고정화'된다.

좋은 소식은 최근 과학 연구에서 뇌가 노년기에도 상당한 가소성을 유지한다는 것이 확인되었다는 사실이다. 핵심은 뇌를 끊임없이 작동시키고 반복과 행동 수정을 사용하여 그 가소성을 원하는 결과를 만들어내는 방식으로 조작하는 것이다.

기억하라, 사용하지 않으면 잊어버린다는 사실을.

뉴런과 신경망

뇌는 뉴런이라 불리는 약 1000억 개의 작은 신경 세포로 구성되어 있다. 각 뉴런에는 1,000개에서 10,000개의 시냅스, 즉 뉴런과 뉴런이 연결되는 부위가 있다. 이러한 뉴런들은 서로 연결되어 네트워크를 형성한다.

이렇게 통합 또는 연결된 신경 세포는 뉴런-망 또는 신경망이라고 불리는 것을 형성한다. 이에 대해 간단히 생각해보면, 모든 신경망은 생각, 기억, 기술, 정보의 조각 등을 나타낸다.

모든 사람은 뇌의 신경망에 표현된 자신만의 경험과 기술 모음을 갖고 있다. 이러한 모든 경험은 신경학적으로 우리의 자각과 세상에서 일어나는 일의 구조를 형성한다.

뇌의 화학 물질과 신경 전달 물질

환경으로부터 특정한 자극을 받으면, 신경망의 어떤 측면들이 작동하여 우리 뇌에 화학적 변화를 일으킨다. 이러한 화학적 변화는 차례로 우리 삶 속의 사람과 사건에 대한 감정적 반응을 일으킨다.

그 외에도 우리가 생각이나 감정을 경험할 때마다 복잡한 과정이 발생한다. 기본적으로, 신경 전달 물질을 통해 뉴런들 사이에서 메시지가 서로 오간다.

이런 복잡한 과정의 결과는 행복, 슬픔, 감사, 복수, 열정, 분노, 기쁨, 후회, 두려움, 탐욕과 같은 수많은 감정을 경험하게 하는 것이다. 무한한 수의 감정과 느낌이 있지만, 이러한 화학 물질과 신경 전달 물질은 우리가 어떤 감정을 경험할 가능성이 더 높을지 결정한다.

이 모든 것은 당신과 당신의 '트레이더의 마음가짐'과 직접적으로 관련이 있다.

행복 화학 물질

도파민, 세로토닌, 옥시토신, 엔도르핀이라는 네 가지 주요 뇌 화학 물질은 모두 우리가 행복을 느끼는 방식에 영향을 미친다.

- 도파민: 쾌감 조절 신경 전달 물질. 시상하부에서 생성되며, 쾌감과 중독, 움직임, 동기부여에 도움이 된다. 도파민 분비는 목표를 설정하고, 결승선을 보고, 작업을 완료하고, 다른 사람에게 친절하게 대함으로써 증가한다. 사람들은 도파민 분비로 이어지는 행

동을 반복한다.

- 세로토닌: 기분 조절 신경 전달 물질. 행복감, 만족감, 중요성 그리고 행복에 대한 감정에 기여한다. 수면 주기와 소화 기관 조절에 도움이 된다. 세로토닌 분비는 운동, 명상, 자신감, 자신을 믿는 생각, 타인에게 친절함, 햇빛 노출 등을 통해 증가한다. 많은 항우울제가 세로토닌 수치를 높이는 데 도움이 되는 선택적 세로토닌 재흡수 억제제(SSRI)다.

- 옥시토신: 사랑의 호르몬. 시상하부에서 생성되고 뇌하수체에서 분비되어 사랑과 유대감의 감정을 느끼게 한다. 옥시토신 분비는 친절하고 칭찬할 때, 다른 사람과 소통할 때, 사랑에 빠졌을 때, 성관계 중에, 출산이나 모유 수유 같은 모성 행동 중에 촉진된다.

- 엔도르핀: 행복감을 주는 신경 전달 물질. 시상하부와 뇌하수체에서 생성되는 아편과 유사한 펩타이드다. 엔도르핀 분비는 운동, 웃음, 즐거운 일, 흥분, 성관계 중에 증가한다. 엔도르핀이 생성하는 긍정적인 행복감은 웰빙의 느낌을 주고 통증을 가리고 줄이는 데 도움이 된다. 통증 완화를 자극하는 엔도르핀의 능력은 모르핀과 같은 마약성 약물을 복용할 때 화학적으로 발생하는 것과 동일한 반응을 일으킨다.

보다시피 우리의 뇌는 우리를 행복하게 하는 화학 물질을 자연스럽게 생성하는 마법과 같은 능력이 있다. 물론 때때로 시냅스가 제대로 작동하지 않아 세로토닌 수치가 감소하면서 우울증 증상이 나타나기도 한다.

어떤 사람들은 뇌 화학 물질의 문제나 불균형을 경험한다. 성인 4명 중 1명은 진단할 수 있을 정도의 정신 건강 장애를 갖고 있다. 이러한 장애가 걱정된다면 약물 치료나 대화 치료가 도움이 될지 의사와 상의하는 것이 좋다. 물론 그것은 당신과 당신의 주치의가 함께 내리는 개인적인 결정이다.

하지만 뇌의 행복 물질을 이해하는 것의 장점은, 다음과 같은 활동들을 통해 이러한 긍정적인 화학 물질들을 자연스럽게 생성할 수 있다는 것이다―운동, 웃음, 과제 완수(아무리 작은 것이라도), 햇살 아래서 하는 야외 활동, 자신을 믿는 생각, 사랑에 빠짐, 그리고 성적 활동. 우리 몸에서 행복 물질을 자연스럽게 만드는 또 다른 방법은 건강한 식단을 통해서다.

조금만 생각하고 집중하면 행복 호르몬을 자연스럽게 늘릴 수 있고, 약물 사용을 피하거나 줄일 수도 있을 것이다.

기타 화학 물질

행복 화학 물질 외에도 뇌에서 생성되는 다른 많은 화학 물질이 있으며, 이들은 각각 중요한 기능이 있다. 알아야 할 몇 가지 중요한 화학 물질은 다음과 같다.

- 글루타메이트: 기억 신경 전달 물질. 가장 흔한 뇌 신경 전달 물질. 뇌의 신경 통신 유지를 담당. 학습과 기억에 관여. 신체적 활동은 뇌의 글루타메이트 수치를 증가시킨다.
- 코르티솔: 스테로이드 호르몬. 스트레스와 저혈당에 반응하여 분

비가 증가한다. 혈당을 증가시키는 역할을 하며 면역 체계의 활동을 약화시킬 수 있다. 그리고 오랜 기간 너무 많이 분비되면 기억력 손상을 일으킬 수 있다.

- 아드레날린: 투쟁-도피 신경 전달 물질. 스트레스나 흥분 상황에서 생성된다. 심박수와 혈류를 증가시켜 신체적 활력과 각성 상태 증진으로 이어진다.

- GABA: 진정 신경 전달 물질. 중추신경계의 신경을 진정시킨다. 수치가 높으면 집중력과 이완 능력이 향상되고, 수치가 낮으면 불안, ADHD, 기억력 문제가 발생한다. 또한 운동 조절과 시력에도 관여한다. 요가와 명상은 GABA 수치를 증가시킨다.

- 노르아드레날린: 집중 신경 전달 물질(노르에피네프린이라고도 함). 주된 역할은 신체의 스트레스 반응의 일부다. 우리 몸의 아드레날린과 함께 작용하여 투쟁-도피 반응을 일으킨다. 수면 중에 가장 분비가 적고 깨어 있는 동안 상승하며, 스트레스 상황이나 위험 상황에서는 훨씬 더 높은 수준에 도달한다. 뇌의 주의와 반응 행동에 영향을 미친다. 혈관을 수축시켜 혈류를 증가시킨다.

- 아세틸콜린: 학습 신경 전달 물질. 사고, 학습, 주의, 집중, 기억에 관여한다. 신체의 근육 활동을 활성화한다. 이 화학 물질의 결핍은 PTSD, 양극성 장애, 조현병과 관련이 있다. 니코틴은 아세틸콜린을 모방한다. 카페인이 함유된 커피나 차를 마시면 아세틸콜린 분비가 증가한다.

이처럼 우리 뇌 안에서 많은 일들이 일어나고 있다는 것을 알 수 있다. 일반적으로 스트레스, 두려움, 공황, 분노, 절망은 시간이 지남에 따라 해로운 화학 물질을 방출할 수 있다.

> 공황, 절망, 우울증, 증오, 분노, 짜증, 좌절이 모두 신체에 부정적인 생화학적 변화를 일으킨다는 것은 잘 알려진 사실이다.
> ―노먼 커즌스,《질병의 해부학(*Anatomy of an Illness*)》의 저자

더 많은 인식을 통해 행복 화학 물질을 증가시킴으로써, 결과적으로 스트레스와 두려움의 부정적 영향을 줄여준다. 이는 트레이더의 마음가짐을 갖추는 데 큰 도움이 된다.

근육 기억을 사용하여
뇌를 매매 및 투자에 맞게 재구성하라

의식적으로 신경망을 변화시키기 위해 노력하면 뇌의 신경망을 변화시키는 힘과 능력을 갖추게 된다. 반복과 사고 수정을 사용하면 말 그대로 시스템을 재프로그래밍할 수 있다. 근육 기억(반복적인 동작을 통해 형성되는 무의식적 기억 – 옮긴이)처럼 말이다.

부정적인 사고 과정을 의식적으로 바꾸면 긍정적인 사고 과정으로 재구성할 수 있다. 결국 신경망은 다시 연결되고 긍정적인 사고 과정은 '고정화'된다. 그림 7-1을 참조하라.

다음 인용문은 문제를 해결하는 방법을 살펴보는 좋은 방식이다.

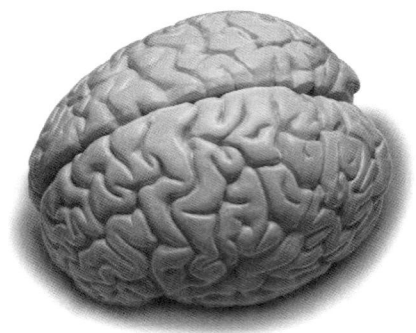

그림 7-1. 당신은 마음먹기에 따라 뇌를 다시 구성할 수 있다. 의식적으로 사고 과정을 바꾸면 부정적인 사고 과정을 긍정적인 사고 과정으로 재구성할 수 있다. 결국 신경망이 다시 연결되고 긍정적인 사고 과정이 '고정화'된다.
출처: 사진 3621629 © Cammeraydave Dreamstime.com

나는 문제를 해결하지 않는다. 나는 내 생각을 고친다. 그러면 문제는 스스로 해결된다.

—루이스 헤이,《루이스 헤이의 긍정 수업
(*You Can Heal Your Life*)》(김영사, 2024)의 저자

"정신이 물질을 지배한다"는 표현은 사람이 너무 집중해서 겉보기에는 불가능해 보이는 것을 성취할 때를 이르는 말이다. 다시 말해서, 이 접근 방식을 사용하여 당신의 뇌를 재구성함으로써, 의지대로 문제와 퍼즐을 끈질기게 해결할 수 있을 만큼 집중력을 높일 수 있다.

뇌를 재구성하는 또 다른 예는 가상 매매를 수행할 때다. 특정 규칙 조합을 반복적으로 사용하면 실제로 돈을 가지고 매매하는 동안에도 뇌가 올바른 일을 하도록 프로그래밍할 수 있다. 이는 불안과 스트레스를 줄여준다. 즉 근육 기억을 사용하면 거의 생각할 필요가 없고, 그냥

실행하기만 하면 된다.

이 점에 대해 의식적으로 인식하면 결과를 볼 수 있을 것이다.

두 귀 사이의 컴퓨터

이 장에서 다루었듯이, 당신의 뇌는 예상외로 엄청난 능력을 갖고 있으며 문자 그대로 절대 잠들지 않는다. 좌뇌와 우뇌를 모두 활용할 수 있도록 아름답게 설계된 두 개의 반구 기능을 생각하면 감탄을 금할 길이 없다.

그래서 필자는 종종 "세상에서 가장 좋은 컴퓨터는 두 귀 사이에 있는 컴퓨터다"라고 말한다. 트레이더는 우뇌와 좌뇌를 모두 통달해야 한다. 그리고 그렇게 할 수 있다면 하늘이 한계가 된다.

사실 매매에서 뇌의 양쪽 반구를 모두 통달하면 차트를 보고 뇌가 짧은 시간 안에 정확히 무엇을 해야 할지 자동으로 판단할 수 있게 된다. 그림 7-2를 참조하라.

> **세상에서 가장 뛰어난 컴퓨터는**
> **당신의 두 귀 사이에 있는 것이다.**
>
> —베넷 맥도웰

그림 7-2. 최고의 컴퓨터—당신의 뇌와 정신의 힘과 능력을 절대 과소평가하지 마라.

열린 마음을 가져라

이 장의 정보에 대해 열린 마음을 갖기 바란다. 왜냐하면 당신의 정신과 뇌는 엄청난 힘을 가지고 있으며, 이를 통해 큰 성공을 달성할 수 있기 때문이다.

제8장

스트레스 줄이기

매매와 투자에서 스트레스는 재앙이 될 수 있다. 지나친 스트레스는 트레이더의 실수, 심리 악화, 손실로 이어질 수 있다. 착각하지 마라. 만약 과도한 스트레스를 받고 있으면서도 이를 부정하고 있다면, 그 문제를 직시하고 스트레스를 줄이거나 없애는 방법을 찾아야 한다.

스트레스를 줄이는 추가적인 이점은 전반적으로 더 건강해진다는 것이다. 편안해지면 뇌의 행복 화학 물질 분비가 증가하고 심박수와 혈압이 낮아진다.

부정적인 생각과 부정적인 믿음을 제거하라

물론 말하기는 쉽지만 실천하기는 어렵다. 그러나 우리가 생각하는 힘에 관해 이야기해왔듯이, 부정적인 생각이 스트레스를 유발할 수 있다는 것은 당연하다. 때로는 다른 것으로 대체해야만 부정적인 생각이 사라질 때가 있다.

긍정적인 생각만으로는 성공할 수 없다. 하지만 도움이 될 수는 있다. 그리고 긍정적인 생각을 구현하는 한 가지 방법은 긍정의 명언을 사용하는 것이다. 루이스 헤이는 부정적인 생각을 긍정적인 생각으로 대체하는 이 분야의 선구자였다. 그림 8-1을 참조하라.

> **내가 알아야 할 모든 것이 나에게 드러난다.**
> **내게 필요한 모든 것이 나에게 다가온다.**
> **나의 세상에서는 모든 것이 잘되고 있다.**
>
> **—루이스 헤이**

그림 8-1. 모든 것이 잘된다—긍정은 부정적인 생각을 줄이는 데 도움이 된다. 명상과 같은 방식으로 작용할 수 있다. 루이스 헤이는 새로운 사고 분야의 선구자였다.

우리는 다음 장(제9장)에서 이러한 종류의 인지적 재구조화에 대해 더 자세히 다룰 것이다. 긍정의 명언이 효과적으로 작동하려면, 그 문장을 큰 소리로 말하거나 조용히 자신에게 되뇌며, 마치 만트라(불교나 힌두교에서 말하는, 신비한 힘이 담긴 단어 – 옮긴이)처럼 반복하는 것이 중요하다.

만트라를 계속해서 반복하면 실제로 당신의 뇌를 재구성할 수 있다. 부정적인 생각은 그것을 전달할 에너지가 없으면 사라진다. 그러면 긍정적이고 생산적인 생각을 위한 공간을 마련하는 일이 더 쉬워진다.

> 스트레스에 대항하는 가장 좋은 무기는 하나의 생각을 다른 생각
> 보다 우선시하는 능력이다.
>
> —윌리엄 제임스

이런 긍정의 명언과 긍정적 사고의 기술은 당신에게 맞지 않을 수도 있다. 하지만 한 번도 시도해본 적이 없다면, 일단 시도해보고 뭔가 있는지 확인해보라. 잃을 것이 무엇이 있겠는가?

심호흡과 명상 운동

심호흡과 명상은 스트레스를 줄이는 데 인기 있는 기술이다. 혈액의 산소를 증가시키고 안정 시 심박수를 크게 낮출 수 있는데, 이는 좋은 일이다. 또한 뇌에서 세로토닌의 자연적인 생성을 촉진하여 행복감과 만족감을 느끼게 한다.

> 명상은 마음을 고요하게 만드는 방법이 아니다. 그것은 평균적인
> 사람이 매일 생각하는 5만 개의 생각 아래 묻혀 있는 이미 존재하
> 는 고요함으로 들어가는 방법이다.
>
> —디팩 초프라, 대체의학 옹호자

인터넷을 검색하면, 차분한 목소리로 호흡과 이완을 안내하는 '호흡과 명상 안내' 훈련을 찾을 수 있다. 때로는 파도 소리와 다른 편안한 소리가 포함된다. 그림 8-2를 참조하라.

그림 8-2. 심호흡과 명상 운동은 스트레스를 줄이는 데 효과적인 도구다. 인터넷에서 '호흡과 명상 안내'를 검색해보라. 유튜브에서 선택할 수 있는 것들이 많다. 마음에 드는 운동을 선택하면 된다. 2분 혹은 6분 정도 짧게 시작한 다음 원하는 만큼 시간을 늘릴 수 있다.
출처: 사진 56996585 © Inara Prusakova Dreamstime.com

기본적인 호흡 및 명상 운동은 다음과 같다.

1. 숨을 들이마신다: 코로 천천히 숨을 깊이 들이마시면서 배가 팽창하고 긍정적인 에너지를 들이마시는 것에 대해 생각한다.
2. 숨을 내쉰다: 천천히 입으로 완전히 숨을 내쉬면서 부정적인 에너지를 방출하는 것에 대해 생각한다.

3. 반복: 이 운동을 10회 반복하거나 최소 2분 동안 계속한다.

이 운동을 하루에 두세 번 하면 스트레스 수치와 안정 시 심박수가 눈에 띄는 차이가 생길 것이다.

정보가 너무 많으면 과부하가 발생한다

미디어와 과도한 정보로 인해 발생하는 불필요한 소음을 제거하라. 성공하려면 시장의 진실을 찾아라. 정보 과부하를 피해야 한다.

시장이 뉴스, 수익 보고서, 세계적 사건, 경제 사건, 연방공개시장위원회(FOMC) 회의 등에 어떻게 반응할지 우리는 알 수가 없다. 사실 때로는 수익 수치가 사실인지도 알 수 없다. 엔론(Enron)과 같이 과거에 수치를 조작한 대기업도 있고, 지금도 그렇지 않다고 누가 말할 수 있겠는가? 알 수 있는 방법이 없다.

그리고 청취자들에게 어떤 주식은 왜 떨어졌고, 어떤 주식은 왜 올랐는지에 대한 이야기를 들려주는 뉴스 해설가도 있다. 때로는 그들이 옳고, 때로는 그렇지 않다. 그리고 그들이 옳을 때는 대개 시장이 이미 움직이고 난 뒤의 회고에서이며, 사실 이후에는 당신에게 아무런 가치가 없다.

자신에게 얼마나 많은 정보와 미디어를 노출시키고 있는지를 주의하고, 그 결과로 덜어내는 것이 더 많은 것을 가져다줄 수 있음을 알게 될 것이다.

단순화하고 시장과 함께 흘러가라

모든 것을 단순하게 유지하려고 노력하라. 시장을 따라가고 흐름에 따라가라. 그들이 왜 움직이는지 알아내려 하지 말고, 그들과 함께 움직여라. 현재 현실에 집중하면 할 수 있다.

> 나의 신조 중 하나는 집중과 단순함이다. 단순한 것이 복잡한 것보다 더 어려울 수 있다. 생각을 깨끗이 정리하여 단순하게 만들기 위해 열심히 노력해야 한다. 하지만 결국 그 노력이 가치가 있다. 왜냐하면 그 상태에 도달하면 산을 옮길 수 있기 때문이다.
> —스티브 잡스, 애플 컴퓨터 공동 창립자

이 책에 나오는 접근법은 모든 것이 조화를 이루는 이 집중된 영역에 도달하는 데 도움이 될 것이다. 이 책의 각 장을 단계별로 진행하면서 시장을 단순화하고 흐름에 따라 움직이는 방법을 배우게 된다.

매매 및 투자를 단순화하기 위한 가이드라인

매매를 단순화하기 위한 기본 규칙을 몇 가지 설정해보겠다. 여러분은 이미 이 중 몇 가지를 하고 있을 수도 있지만, 간소화 계획에 추가할 만한 몇 가지 아이디어가 있을 수도 있다.

다음 목록은 필자에게 효과가 있는 것으로 밝혀진 것들이다.

1. 매매 조언을 증권사 브로커에게만 의존하지 마라. 기술적 분석을 확인하려면 차트를 봐라.

2. 명심하라, 매매와 투자는 기술이다. 인내심을 가져라.

3. 현재 순간에 집중하는 기술을 (어렵기는 하지만) 지속적으로 훈련하라. 어제 혹은 내일을 생각하지 마라. 현재에 집중하라.

4. 모든 매매에 대한 기록을 수기로 완벽하게 작성하여 보관하라.

5. 매매하는 동안 부정적인 방해 요소를 제거하라.

6. 과정을 즐겨라.

7. 장중에는 금융 뉴스를 듣거나 보지 마라.

8. 하나의 매매와 투자 및 재무 접근 방식을 사용하고 이를 일관되게 따르라.

9. 너무 높고 비현실적인 기대는 하지 마라. 야망은 맹목적이지 않은 한에서 당신에게 좋은 것이다.

10. 성과가 만족스럽지 않을 때는 기술에 집중하라.

11. 매매 결정을 내릴 때 신문이나 증권 뉴스 또는 종목 선택 서비스에만 의존하지 마라. 차트를 보고 직접 확인하고 검증하라.

12. 몸이 아프면 기분이 나아질 때까지 매매하지 마라.

13. 감정적으로 화가 난 경우, 감정이 더 안정될 때까지는 매매하지 마라.

14. 당신을 산만하게 하는 특정한 문제가 있다면, 매매하지 마라.

15. 각 매매에 대한 견해를 만들려는 유혹을 참아내라.

16. 시장에 대한 모든 견해를 없애라.

17. 마음을 맑게 유지하고 집중하라.

목표는 산만함과 견해가 없는 맑은 마음을 만드는 것이다. 시장은 인간과 마찬가지로 살아 있는 체계이며, 예측할 수 없는 존재다. 시장에서 성공적으로 수익을 낼 수 있는 유일한 방법은 예측할 수 없는 것을 예측하려고 하지 않는 것이다.

개의 꼬리처럼, 그저 시장을 따라가라. 시장이 오르면 따라가라. 시장이 내려도 따라가라. 시장이 아무것도 하지 않으면 아무것도 하지 마라.

매매에서 스트레스를 줄이고 균형을 만들기

스트레스를 줄이고 조화와 균형을 구축하기 위한 몇 가지 아이디어는 다음과 같다.

- 헬스장에 가서 운동 프로그램을 시작하고 건강을 유지하기

- 개(또는 새, 고양이, 물고기 또는 다른 반려동물) 키우기

- 사무실 밖으로 나가서 신선한 공기 마시기

- 정원 가꾸기

- 마사지, 네일케어, 페디큐어 받기

- 햇볕을 쬐거나 밖에 나가 앉아 있기(해가 적은 지역에 살고 있다면 햇볕이 잘 드는 지역에 방문하기)

- 욕조에 몸을 담그거나 따뜻한 목욕

- 좋아하는 취미를 즐기거나 새로운 취미를 시작하기

- 휴가를 가거나, 드라이브하거나, 풍경을 바꿔보기

- 좋아하는 게임(예: 바둑, 체스, 카드놀이, 포커, 컴퓨터 게임) 하기

- 건강한 음식 먹기

- 지금까지 시도해본 적이 없는 새로운 코스에서 자전거를 타거나 달리기

- 좋아하는 조직이나 단체에 시간이나 돈을 기부하기

- 요가, 명상 또는 심호흡 운동

- 좋은 책 읽기

- (집에서 보는 영화 말고) 영화관에 가서 영화 보기

- 오랜 친구에게 전화를 걸거나 새로운 친구 사귀기

- 주변 자연 감상하기—머리 위로 날아가는 독수리, 구름, 일몰이나 일출, 바다의 파도, 모래사장 구경하기

- 장미 향기 맡기

조화와 균형을 찾는 것은 개인적인 선택이다. 하루 24시간 연중무휴로 매매와 투자에 집착하지 않는 것이 중요하다.

실수, 예술적 막힘 그리고 그것을 극복하기

모든 예술가는 '벽에 부딪히는' 시기를 겪는다. 그럴 때에는 창의력이 막히고 그저 막막해진다. 모든 프로 운동선수도 가끔은 '실수'를 한다. 트레이더와 투자자로서 우리도 같은 도전에 직면하지만, 정상 궤도로 다시 돌아올 방법들이 있다.

올바른 길로 다시 돌아갈 수 있는 몇 가지 방법은 다음과 같다.

1. 잠시 휴식을 취하고 긴장을 푼다. 그런 다음 기분이 좋아지면 다시 시도한다.
2. 잠자리에 들기 전에, 자신을 가로막는 '벽'에 대한 질문을 스스로에게 한다. 그리고 잠들어 있는 동안, 자신의 잠재의식이 그것에 대해 작업하게 한다.
3. 하루 중 다른 시간 혹은 저녁때 문제에 집중한다.
4. 진짜 돈을 넣고 매매하는 실계좌에서 모의 투자와 시뮬레이션 트레이딩으로 전환하여 압박감을 덜어내면서 여전히 게임에 참여할 수 있다.

인간은 완벽하게 설계되지 않았다. 당신은 인간이고, 다행히도 로봇이 아니라 살아 숨 쉬는 인간이다. 솔직히 말해서, 때로는 실수가 큰 발견으로 이어질 수 있고, (당신이 그렇게 하도록 내버려둔다면) 그것이 당신을 어디로 이끌지 결코 알 수 없다. 매매 실수가 당신의 전체 접근 방식을 개선하는 데 도움이 될 수 있다. 핵심은 실수로 인해 무력화되지 않는 것이다. 매매 중 오류가 발생할 수 있지만, 이는 오히려 당신의 전체적인 접근 방식을 개선하는 계기가 될 수 있다. 중요한 점은, 이러한 오류들이 당신을 무력화시키지 않도록 하는 것이다. 문제를 해결하고 고쳐나가라.

매매와 투자에서 긍정적이거나 부정적인 감정

긍정적인 감정	부정적인 감정
편안함	스트레스, 불안
자신감, 두려움 없음	의심, 두려움, 공황, 걱정
만족감	후회
평온, 평화, 행복	분노, 격노, 복수
자부심	창피함
기쁨	슬픔
고마워하는	보람 없는
열렬한	냉담한
승자 같은 느낌	실패자 같은 느낌
활력이 넘침	탈진
관대함	탐욕
인내심	조바심

스트레스가 많은 감정

스트레스 수준을 모니터링하는 방법 중 하나는 현재 느끼는 감정에 주의를 기울이는 것이다. 매매와 투자 시 긍정적 감정과 부정적 감정 목록을 검토하라. 이는 부정적인 감정이 촉발되었는지 확인하는 출발점이다.

감정적 불편함을 참는 능력을 훈련하라. 부정적인 감정을 느낄 때가 있는데, 그럴 때는 자신을 돌보고 스트레스 수준을 줄이는 데 집중하는 것이 좋다.

'일출 매매 일지'에 일기 쓰기

'일출 매매 일지'는 '장기' 일기 작성 방식으로, 매일 아침 일어나자마자 즉 매매를 시작하기 전에 세 장의 긴 일기를 작성하는 것이다.

오늘부터 주말을 포함하여 매일 일기 쓰기를 시작하자. 이렇게 하는 목적은 당신의 감정과 심리에 대한 이해를 넓히기 위한 것이다. 또한 이것이 어떻게 투자와 매매 성과를 개선할 수 있는지도 살펴볼 수 있다. 게다가 매일 일기를 쓰는 습관은 매매와 재정에 즉각적인 구조와 규율을 만들어준다.

하루를 시작하기 전, 아침에 일어나자마자 '일출 매매 일지'를 열고 자신의 감정, 생각, 아이디어를 적어보자. 매매나 투자와 관련이 없어도 되고, 기본적으로 의식의 흐름에 따라 적어나가면 된다. 이렇게 하는 것의 목적은 마음을 산만하게 하는 모든 것을 제거하고 '마음을 비우는 것'이다.

이렇게 하면 현재의 현실에 집중하고 지금 여기에서 일할 수 있다. 생각이나 감정이 없다면 "생각이나 감정이 없다"라고 적으면 된다.

목표는 당신이 처음 깨어났을 때 모을 수 있는 무의식적인 정보를 포착한 다음, 그것을 손으로 쓴 일기에 풀어내는 것이다. 그런 다음 업무를 시작하기 전에 산만하고 무의식적인 짐을 일기장에 옮긴다. 깨달음을 얻을 수 있고 마음이 맑아질 것이다.

1개월 동안 일기를 쓴 후, 그 일기를 다시 검토하고 반복적으로 나타나는 단어나 주제를 형광펜으로 표시하자. 일기를 처음 쓰기 시작한 이후 글과 생각에서 패턴을 찾아보고, 변화가 있는지 살펴보라.

분노, 두려움, 탐욕과 같은 주제가 보이는가? 일기에 쓴 글이 부정적인 주제에서 긍정적인 주제로 바뀌고 있는가? 이런 식으로 검토하면 자신에 대한 단서를 발견하고, 매매와 투자를 개선할 방법을 찾을 수 있다.

매달 이 과정을 반복하자.

개인 지도 받기

때때로 공정한 조언자들이 매매와 삶에서 스트레스를 완화하는 데 도움이 될 수 있다. 필자에게는 개인 코치가 있으며, 처음 시작할 때 다음 단계로 나아가는 데 큰 도움이 되었다.

필자의 개인 코치는 빌 윌리엄스였고, 그 경험은 멘토와 개인 코치가 있을 때의 이점이 무엇인지 직접 보여주었다. 첫째, 그는 고립감을 줄이고 경험 많은 트레이더가 실제로 행동하는 것을 보는 데 도움이 되었다. 그전에는 매매에 스트레스가 많았다. 계획과 따라야 할 접근 방식이 있으면 시장에서 침착할 수 있다는 것을 알게 되었다. 그것은 필자에게 큰 전환점이었다.

> 시장이 원하는 것을 원하라.
>
> —빌 윌리엄스, 작가이자 매매 코치

1998년부터 학생들을 지도해온 지금, 이 경험이 매우 보람 있음을 느낀다. 필자가 배운 것을 다른 트레이더들과 공유하고, 그들이 필자가 경험했던 것처럼 "아하!" 하는 순간을 보는 것은 정말 신나는 일이다.

일상적인 매매에서 스트레스를 줄일 수 있는 지원과 경험을 제공하는 개인 코치를 찾아보는 것도 좋은 방법이다.

100년 후에는 중요하지 않을 것이다

지난 1997년, 심리치료사이자 동기부여 연설가인 리처드 칼슨은《뉴욕 타임스》베스트셀러인 '작은 일에 신경 쓰지 않기(*Don't Sweat the Small Stuff*)'라는 제목의 책을 썼다. 이 책은 즉시 전 세계적인 반향을 일으켰다. 그의 전문 분야는 스트레스 관리였고, 이 작은 책은 사람들이 스트레스를 줄이는 데 도움이 되도록 기획되었다.

트레이더에게 스트레스는 공공의 적 1호다. 스트레스를 줄이거나 없애기 위해 할 수 있는 모든 것을 적극 권장한다. 이 장에서 '스트레스 줄이기와 균형 찾기'에 대한 몇 가지 아이디어를 나열했는데, 이는 좋은 출발점이 될 것이다.

하루가 끝났을 때, "무엇을 걱정하고 있는가?"라는 질문에 답하면 현실을 객관적으로 바라보는 데 도움이 될 것이다. 어쩌면 큰 소리로 대답을 말할 때 '작은 일'에 대해 걱정하고 있다는 것을 깨닫고 바로 스트레스를 줄일 수 있을 것이다.

20년 전을 돌아보고 그때 필자가 걱정했던 것을 생각해보면 모든 일이 잘 풀렸던 것 같다. 그리고 놀랍게도 잘 풀리지 않은 몇 가지 일들이 오늘날 필자의 삶에 없어서는 안 될 사람과 일들로 이어졌다. 물론 고통스러운 순간도 있었지만, 삶의 여정은 그런 것들 없이는 절대 완벽할 수 없을 것이다.

당신이 무엇을 걱정하든, 100년 후에는 그것이 절대로 중요하지 않으리라는 것을 기억하라. 잠깐만 그것에 관해 생각해보라. 그리고 10년 후에는 아마도 별로 중요하지 않을 것이라는 사실을 생각해보라. 모든 것은 관점에 달려 있다.

필자의 조언은 하루하루 최선을 다해 살고, 지금 당장 걱정에 얼마나 많은 에너지를 투자할 가치가 있는지 결정하라는 것이다. 걱정하기보다 더 생산적인 것에 에너지를 투자하는 쪽이 더 낫다는 것을 알게 될 수도 있다.

제9장

건강 관리

트레이더이자 투자자로서 지속적인 성공을 거두고 올바른 마음가짐을 개발하려면 먼저 건강을 찾고 유지해야 한다. 신체적 건강, 정서적 건강, 정신적 건강 등 다양한 유형의 건강이 있다.

우리가 비행기를 탈 때, 승무원들은 비상 상황이 발생하면 어른들이 먼저 산소마스크를 착용하고 자신의 산소마스크를 확보한 후에만 어린이나 어려움을 겪는 다른 사람을 도와야 한다고 설명한다. 성인들이 먼저 자신을 돌보지 않으면 다른 사람을 도울 수 없기 때문이다.

매매와 투자에 있어서는 비행기 안의 성인이 되어라. 자신과 자신의 건강을 먼저 돌보라. 이 장에서는 집중해야 할 몇 가지 영역을 다룬다.

움직이는 몸은 계속 움직이려는 경향이 있다

첫 번째 경험 법칙은 계속 움직이라는 것이다. 17세기에 한 물리학자가 자신의 보편적인 운동 법칙을 정의했다.

> 정지해 있는 물체는 계속 정지해 있고, 움직이는 물체는 불균형한 힘의 작용을 받지 않는 한 같은 속도와 방향으로 계속 움직인다.
> ─아이작 뉴턴, 17세기 물리학자, 천문학자, 수학자

뉴턴은 물리학의 법칙을 언급했지만, 이 법칙은 건강과 성공을 포함한 삶의 다른 영역에도 적용된다. 일반적으로, 소파에 앉아 텔레비전만 쳐다보는 게으름뱅이는 계속 쉬기만 할 것이다. 그리고 (여러분처럼) 혁신하고 문제를 해결하며 움직이는 기업가는 계속 움직일 것이다. 누가 더 성공할까? 답은 아마도 계속 움직이는 사람일 것이다.

관성과 정지한 물체에 대한 뉴턴의 관찰은 신체적 건강과 운동에 대한 논의로 확장될 수 있다. 신체적 움직임의 부족은 자동차, 컴퓨터, 스트리밍 서비스, 주문형 배달과 같은 기술 발전이 시작된 이래로 현대 사회가 싸워온 것이다. 여기에 더해, 많은 근로자가 집에서 컴퓨터를 사용해 일하고 집을 나가거나 출퇴근할 필요가 없는 원격 근무 혹은 재택근무라는 새로운 문화도 생겨났다.

그림 9-1의 미국 국립건강통계센터(National Center for Health Statistics)의 그래프를 보면 1960년 이래, 비만으로 간주되는 사람의 수가 극적으로 증가했다는 것을 알 수 있다.

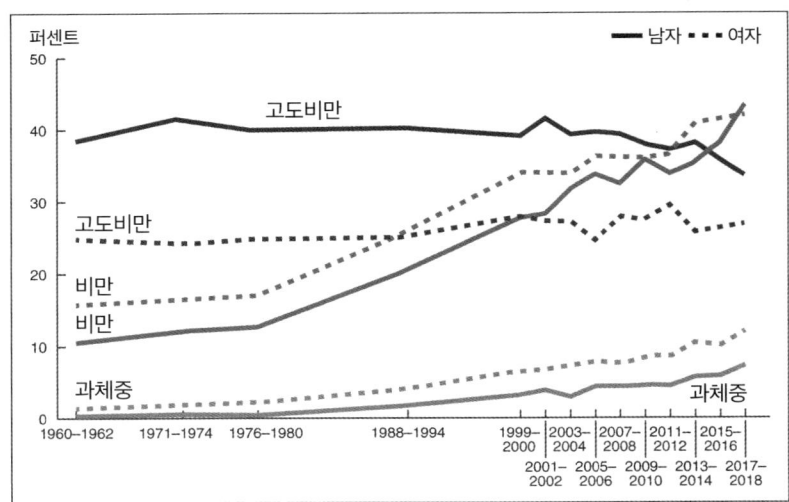

퍼센트

■■■ 남자 ■■■ 여자

고도비만

고도비만

비만

비만

과체중

과체중

1960–1962　1971–1974　1976–1980　1988–1994　1999–　2003–　2007–　2011–　2015–
　　　　　　　　　　　　　　　　　　　　　　 2000　 2004　 2008　 2012　 2016

2001–　2005–　2009–　2013–　2017–
2002　 2006　 2010　 2014　 2018

참고: 데이터는 20~39세, 40~59세, 60~74세의 연령대를 사용하여 2000년 미국 인구 조사의 추정치에 직접 방식으로 조정되었다. 과체중은 체질량지수(BMI)가 25.0~29.9kg/m²다. 비만은 BMI가 30.0kg/m² 이상이다. 고도비만은 BMI가 40.0kg/m² 이상이다. 임신부는 분석에서 제외되었다.

그림 9-1. 이 그래프는 미국인의 비만율이 극적으로 증가했음을 보여준다. 1960년에는 미국인의 약 10%만 비만으로 간주되었다. 2010년에는 그 숫자가 약 35%로 급증했다. 2030년의 예상 숫자는 놀랍게도 50%다.
출처: 미국 질병통제예방센터(CDC) 및 국립건강통계센터
https://www.cdc.gov/nchs/data/hestat/obesity-adult-17-18/obesity-adult.htm

저체중, 정상체중, 과체중, 비만, 고도비만의 체중 범주에 대한 체질량지수(BMI) 지침은 표 9-1을 참조하라. 그리고 표 9-2는 체질량지수 계산기다.

왜 이처럼 크게 증가했을까? 아마도 패스트푸드를 주문하고 감자칩과 케이크 같은 가공식품을 먹기 때문일지도 모른다. 아니면 사람들이 집에서 원격으로 일하고 하루 종일 컴퓨터 앞에 앉아 있어 활동이 많지 않기 때문일 수도 있다. 온라인에서 쇼핑하고 아마존에서 몇 시간 내에 집까지 배달받을 수 있다는 사실은 말할 필요도 없다. 1960년과는 많

표 9-1. 체질량지수 지침. 이 표는 저체중, 정상체중, 과체중, 비만, 고도비만 등 각 체중 범주에 대한 정의를 설명한다. 체질량지수는 체중과 키의 관계를 바탕으로 계산된다.

	저체중	정상체중	과체중	비만	고도비만
BMI	18.4 미만	18.5~24.9	25~29.9	30 이상	40 이상

출처: 미국 국립건강통계센터

표 9-2. 체질량지수 계산기. 이 표는 키와 몸무게를 기준으로 BMI를 추정한다. 온라인에서 더 정확한 BMI 추정치를 알려주는 계산기를 찾을 수 있다. https://www.nhlbi.nih.gov/health/ educational/lose_wt/BMI/bmicalc.htm 근육은 지방보다 무게가 더 나가기 때문에 이러한 BMI 계산기는 비운동선수에 비해 근육량이 더 많은 근육질 운동선수는 고려하지 않는다.

	20BMI	25BMI	30BMI	35BMI	40BMI	45BMI	50BMI
152.4cm	46.3kg	58.1kg	69.4kg	81.2kg	92.5kg	104.3kg	115.6kg
165.1cm	54.4kg	68.0kg	81.6kg	95.3kg	108.9kg	122.5kg	136.1kg
177.8cm	63.0kg	78.9kg	94.8kg	110.2kg	126.1kg	142.0kg	157.9kg
190.5cm	72.6kg	90.7kg	108.9kg	126.6kg	144.7kg	162.8kg	181.0kg

출처: 미국 보건복지부

이 달라졌다. 우리는 말 그대로 집 밖으로 나갈 필요가 없다!

요점은, 우리가 이전 세대만큼 활발한 신체 활동을 하지 않는다는 것이다. 건강을 유지하기 위해 하루에 1만 보 이상 걷기를 권장하는 것이 일반화되었다. 걸음 수와 활동 시간을 세고 충분히 활동하지 않을 때를 알려주는 웨어러블 기기도 있다.

비결은 그럴 필요가 없을 때조차 계속 움직이는 것이다. 헬스장에 가거나 산책하거나 자전거를 타거나, 아무튼 계속 움직여라. 그림 9-1에 나와 있는 비만 곡선과 싸워라. 작은 변화라도 큰 차이를 만들 수 있다.

연구에 따르면, 한 시간에 한 번 이상 컴퓨터에서 일어나 250걸음만 걸어도 놀라운 효과가 있다고 한다.

정말 중요한 건 균형이다. 올림픽 선수가 될 필요는 없다. 건강 관리 계획으로 삶의 균형을 맞추자. 그리고 더 활동적이어야 한다는 걸 깨닫는다면 바로 시작하자.

아인슈타인은 모든 것을 요약하는 방법을 알고 있다. 정말 그렇다. 계속 움직이면 모든 것이 제자리에 있고 삶이 더 균형 잡힌다는 것을 알게 될 것이다. 그림 9-2를 참조하라.

삶은 자전거를 타는 것과 같다.
균형을 유지하려면 계속 움직여야 한다.

—알베르트 아인슈타인

그림 9-2. 자전거 타기—계속 움직여야 한다는 것을 잊지 마라. 균형을 유지하고 넘어지지 않는 유일한 방법이다. 게다가 건강도 좋아질 것이다. 이 인용문은 아인슈타인이 1930년 2월 5일에 아들 에드워드에게 쓴 편지에서 발췌한 것이다.

건강 관리의 세 가지 영역

전뇌(whole brain) 사고자가 되기 위해 노력하는 것처럼, 우리는 온몸을 건강하게 만드는 일의 애호가가 되어야 한다. 헬스장에 가서 신체 운동을 하는 것만을 말하는 것이 아니다. 우리가 완전히 집중할 수 있으려면 마음과 가슴 그리고 영혼도 단련해야 한다.

가장 집중해야 할 중요한 사항은 다음과 같다.

1. 신체적 건강: 신체 활동을 통해 심장, 폐, 근육을 강화한다. 흥미롭게도, 신체적으로 건강하면 결과적으로 감정적·정신적 건강이 향상되므로 신체적 건강은 세 가지 건강 영역에 모두 이롭다.
2. 감정적 건강: 역경에 대한 감정적 반응을 강화한다. 이것은 트레이더에게 중요한 영역인데, 감정은 우리가 얼마나 수익성이 있는지에 큰 역할을 하기 때문이다. 분노, 두려움, 탐욕의 감정은 가장 성공적인 트레이더조차 궤도에서 벗어나게 할 수 있다.
3. 정신적 건강: 문제를 해결하고 정보를 처리하는 뇌의 능력을 강화한다. 다시 말하지만, 이것은 분석해야 할 시장의 성격이 항상 변하기 때문에 트레이더에게 큰 영역이다.

건강 관리가 모든 것을 아우르는 노력이라는 것을 알 수 있다. 자신을 돌보는 행동에 대한 보상은 더 나은 트레이더나 투자자가 되는 일 이상의 것이다. 그 보상은 당신이 더 건강하고 더 다재다능한 사람이 될 수 있도록 해준다.

1. 신체적 건강

신체적인 건강을 유지하면 최대한의 잠재력을 발휘할 수 있다. 신체적 건강은 심장, 폐, 근육을 강화하는 것을 포함한다. 운동은 정신적 경계심과 감정적 안정에도 영향을 미치는데, 이것은 추가적인 보상이다.

> 우리는 몸 없이 아무것도 할 수 없다. 그러므로 우리의 몸이 우리
> 를 지탱할 수 있는 최상의 상태를 유지하도록 항상 주의해야 한다.
> ─소크라테스, 그리스 철학자

우리 대부분은 자신의 몸을 돌보는 것이 우선순위라는 사실을 알고 있다. 매년 새해를 맞을 때마다 하는 가장 흔한 결심이 운동으로 몸매를 가꾸는 것이기 때문에 이것은 당연한 일이다. 사람들은 새해가 되면 헬스장에 가서 회원 가입을 서두른다. 하지만 피트니스산업협회에 따르면, 모든 신규 헬스장 회원의 80%가 24주 만에 헬스장을 중단하거나 탈퇴한다는 사실을 알고 있는가?

실망스럽지만 흔한 일이다. 체중을 줄이고 탄탄한 복근을 얻는다는 환상과 꿈이 존재한다. 부족한 것은 거기에 필요한 것을 하려는 의지와 결과가 즉시 나타나지 않을 때에도 계속해나갈 인내심이다.

필자를 믿어라. 필자는 거기 있었고, 그렇게 했다. 필자는 체중과의 싸움을 해왔고, 그 싸움에서 이길 수 있다는 것을 전해드리고 싶다. 만약 체중이 여러분에게 고민이라면 말이다. 비결은 헬스장에 등록하기 전에 자신과 솔직하게 이야기하고 약속하는 것이다.

그런 다음 전투에서 이기기 위해 할 수 있는 모든 것을 다하라. 규칙적인 루틴을 지켜라. 그리고 식습관을 개선하라. 이 장에서 좀 더 나아가 무엇을 먹고 어떻게 먹어야 하는지에 대한 유용한 자료가 있다. 좌절감에 낙담하지 마라. 그것도 과정의 일부이기 때문이다.

1999년에 아들이 태어났을 때 필자는 체중이 228파운드(약 103kg)였고 체질량지수는 약 37이었는데, 표 9-1에 따르면 비만 범주에 속했다. 가족이 생기면 개인의 건강 관리에 대한 주의가 소홀해질 수 있지만, 그 길이 건강하지 않다는 것을 깨달았다. 그래서 많은 노력과 집중을 기울인 끝에 체중이 더 건강한 수치인 156파운드(약 71kg)로 돌아왔다.

72파운드(약 32kg)를 감량하고 그것을 유지했다. 하룻밤 사이에 이루어진 일이 아니었고, 2년이라는 긴 과정이 있었다. 친구들과 모임을 가질 때 "아니, 피자는 먹을 수 없어"라고 말해야 할 때가 있었다. 하지만 결국, 규율을 지키고 일주일에 네 번 정기적으로 헬스장에 가고, 트레이너와 함께 운동하고, 더 잘 먹는 것이 효과가 있었다.

그에 따른 보상은 필자가 더 건강하고 예전보다 기분이 좋아졌다는 것이다. 체중이 줄어든 지 10년이 넘었다. 가끔 체중이 조금 늘기도 하지만, 전반적으로는 만족스러운 결과다. 이제 필자의 이야기를 알았으니, 당신의 이야기를 해보자. 이미 완벽한 체력 관리 루틴이 준비되어 있다면 다행이다! 아직 없다면, 당신만의 필요에 맞춰 프로그램을 조정하는 것이 중요하다.

당신이 날씬하고 체중에 대한 걱정이 전혀 없더라도, 규칙적인 운동은 여전히 필요하다. 그것은 당신의 심장을 강화하고 지구력을 기르는 것이다. 그 결과 당신은 더 많은 에너지를 얻을 것이다. 그 대표적인 예가 필자의 딸인데, 딸아이는 최근 동네 헬스장에 가입했다. 아이는 날씬하지만, 더 강해지고 싶어 했다. 딸아이는 일주일에 세 번 헬스장에 갔고, 그것은 아이에게 큰 변화를 불러왔다.

당신의 나이, 현재의 신체 건강 상태, 그리고 당신에게 있을지도 모를 질병 등을 반드시 고려하라. 당신에게 맞는 계획을 세우는 데 도움이 되는 트레이너를 고용하고 싶을 수도 있다. 그리고 물론, 현재의 운동 루틴을 변경하기 전에 의사와 상의하라.

균형 잡힌 신체 건강 프로그램은 다음과 같은 주요 영역에서 노력한다.

- 유산소 운동과 심장 지구력: 장시간 동안 조직에 산소와 영양소를 공급하고 노폐물을 제거한다. 달리기, 타원형 운동기, 자전거 타기, 테니스 같은 게임 스포츠 등의 활동으로 달성할 수 있다.
- 근력: 근육의 힘과 지구력을 키워준다. 근력 운동은 근육 건강을 개선하는 데 도움이 된다. 이 훈련은 덤벨이나 바벨 등의 프리 웨이트, 다양한 운동 기구 등을 통해 이루어진다.
- 유연성: 관절을 움직이고 근육을 전체 운동 범위에 걸쳐 사용하는 데 도움이 된다. 유연성은 순환과 자세를 개선하고, 스트레스 해소 및 협응력을 강화하는 데 도움이 된다. 스트레칭 운동을 통해 이루어진다.
- 안정성과 균형: 신체의 핵심 근육을 강화하면 안정성과 균형이 개선된다. 허리, 골반, 엉덩이, 복부의 근육을 강화하면 허리 통증과 나쁜 자세를 개선하는 데 도움이 된다. 코어 근육에 초점을 맞춘 운동으로 달성할 수 있다. 필라테스는 이러한 영역에 초점을 맞추는 것으로 알려져 있다.

신체 건강에 대한 또 다른 중요한 점은 그것을 즐겁게 만들어야 한다는 것이다. 물론 "고통 없이는, 얻는 것도 없다"는 말이 있다. 처음에는 근육 피로가 있을 수 있지만 결국에는 기분이 좋아진다. 게다가 유산소 운동을 하고 근육 스트레칭을 하고 나면 깊은 잠을 잘 수 있다.

필자의 경우, 수년에 걸쳐 건강을 유지하는 방법이 다양했다. 좋아하는 일을 하는 것이 더 쉬운 법이므로 헬스장이 마음에 들지 않는다면 다른 것을 할 수도 있다. 예를 들면 어린 시절의 필자는 요트를 정말 좋아했다. 해군에 있을 때는 해변에서 달리는 것이 훌륭한 운동이었다. 뉴욕에 있을 때는, 가라테와 센트럴파크 달리기가 가장 좋아하는 두 가지 운동이었다. 오늘날 필자가 가장 좋아하는 운동은 산길에서 산악자전거를 타는 것이다. 그림 9-3을 참조하라.

그림 9-3. 헬스장에 가지 않고도 신체 건강을 유지할 수 있는 다양한 방법이 있다. 필자는 무술과 달리기를 했고, 지금은 산길에서 산악자전거 타기를 좋아한다. 가끔 밤에 라이딩을 하는데, 정말 멋지다. 사슴과 코요테 같은 야생 동물이 있다. 게다가 신선한 공기 속에서 야외에 있는 것도 좋다. 당신에게 영감을 주는 것을 찾아라. 그러면 신체뿐만 아니라 정신과 영혼도 건강하게 유지할 수 있을 것이다.
출처: 사진 72910200 Bicycle Rider © Bogdan Hoda Dreamstime.com

신체 건강을 유지하는 데에는 다양한 방법이 있다는 것을 알 수 있다. 자신에게 재미있는 것을 찾아서 꾸준히 하라. 그리고 프로그램을 일관되게 유지하면서 생활 방식의 일부가 되도록 하라. 필자가 건강 관리에 성공한 건 그것이 필자의 삶에 필수적인 부분이 된 후에야 가능했다.

매주 산악자전거를 타고 산길을 달리거나, 비가 오면 일주일에 네 번 헬스장에 간다. 일주일에 두세 번만 하는 다른 루틴으로 시작할 수도 있다. 중요한 것은 운동하는 날을 거르지 않는 것이다. 이것은 미끄러운 경사로와 같아서 한 번 거르기 시작하면 두 번 거르고 세 번 거르게 되기 때문이다. 다시 말하지만, 일관성이 핵심이다.

2. 감정적 건강

트레이더와 투자자는 감정적 건강을 관리하는 것이 중요하다. 감정이 수익성에 큰 영향을 미치기 때문이다. 과도한 분노, 두려움, 탐욕 등 지나친 감정은 당신의 열정을 꺾고, 최종 수익에 영향을 미칠 수 있다.

강한 감정적 근육을 키우는 방법은 다음과 같다.

- 인지 재구조화
- 웃음 치료

내면을 들여다보고 감정적 건강에 집중할 시간을 가지면 감정적 근육을 강화할 수 있다. 매매에서 감정이 혼란스러울 때 다음 전략을 실험하여 어떤 전략이 가장 도움이 되는지 확인하라.

인지 재구조화

이 전략은 부정적인 생각을 없애는 데 도움이 된다. 생각이 활력을 얻으면 감정이 생기므로 생각을 바꾸면 감정도 바꿀 수 있다. 기본적으로 목표는 우리가 인식하거나 인식하지 못할 수도 있는 습관으로 발전한 부정적인 자기 대화를 없애는 것이다. 일반적으로 자기 대화의 공허함을 채우기 위해 대체 습관, 즉 긍정적인 자기 대화를 고안하는 것이 중요하다.

작동 원리는 다음과 같다.

1. 부정적인 자기 대화 파악하기: 자기 대화를 듣고 가장 흔한 주제가 무엇인지 적는다. '일출 매매 일지'에 쓰면 이 부정적인 자기 대화가 더 잘 드러날 것이다(일지에 대한 자세한 내용은 제8장을 참조하라). 다음은 부정적인 자기 대화의 예다. "내게는 아무것도 소용없어. 아무도 날 좋아하지 않아. 난 패배자야. 내 미래는 암울해."

2. 부정적인 자기 대화 대체하기: 부정적인 것을 식별할 수 있게 되면, 그 대신 자신에게 말할 수 있는 반대되는 긍정적인 자기 대화 확언이나 격언으로 대체하는 것이 좋다. 다음은 긍정적인 자기 대화의 예다. "모든 것이 나에게 잘 맞는다. 모두가 나를 좋아한다. 나는 승리자다. 내 미래는 밝게 빛날 거야."

3. 부정적인 자기 대화에 빠진 자신을 발견하라: 정기적으로 생각에

집중하고, 부정적인 자기 대화에 빠진 자신을 발견했을 때는 의식적으로 부정적인 생각을 긍정적인 생각으로 바꿔라. 시간이 지나면서 부정적인 자기 대화가 사라지는 것을 알게 될 것이다.

일반적으로 긍정의 세계에서는 단어를 소리 내어 말하거나, 속으로 조용히 말하거나, 둘 다 하는 것이 중요하다. 그리고 지금 당장 사실인 것처럼 말하는 것이 중요하다. 처음에는 불편할 수 있지만, 계속 반복하다 보면 시간이 지나면서 쉬워진다. 부정적인 에너지를 긍정적인 에너지로 대체하는 걸로 생각하라. 그것이 전부다.

긍정의 말과 격언이 모든 것을 완벽하게 치유할 수는 없지만, 부정적인 에너지를 줄이고 뇌를 재구성하는 데 효과적이다. 기억하라, 당신의 생각이 실제로 현실을 만든다.

웃음 치료

믿거나 말거나, 웃음 치료는 실제로 존재한다! 건강한 유머 감각만 있으면 충분하다. 건강한 유머 감각의 결과는 웃음이므로 웃음 치료라는 아이디어는 살펴볼 가치가 있다.

아마도 웃음의 가치를 처음으로 크게 깨달은 사람은 1970년대에 생명을 위협하는 질병과 싸웠던 노먼 커즌스일 것이다. 그는 '웃음 요법'이라 불리는 방법을 통해 질병을 치료할 수 있었다.

웃음은 차단제 역할을 한다. 방탄조끼처럼, 질병으로 인해 당신을 공격할 수 있는 부정적인 감정의 파괴로부터 당신을 보호하는 데 도움이 된다.

—노먼 커즌스,《질병의 해부학(Anatomy of an Illness)》저자

어떤 사람들은 웃음이야말로 최고의 약이라고 부르기도 한다. 웃음이 수많은 놀라운 효능을 제공한다는 사실이 과학적으로 입증되었기 때문이다.

웃음은 다음과 같은 자연스러운 신체적 이점이 있다.

- 뇌에서 세로토닌, 엔도르핀, 옥시토신, 도파민과 같은 행복을 주는 뇌 화학 물질 수치 증가
- 산소 흡수를 늘리고 혈액 순환을 촉진하여 스트레스 호르몬인 코르티솔 수치 감소
- 항체를 증가시켜 감염과 질병 퇴치에 도움을 주는 면역 체계 개선
- 혈압 저하
- 천연 아편제이자 의약품보다 더 효과적인 엔도르핀을 분비하여 통증 완화
- 대뇌피질이 웃음 후 부정적인 생각의 전달을 차단하는 전기 자극을 방출하여 불면증 극복
- 감정 회복력 향상

혼자 있을 때보다 다른 사람과 함께 있을 때 웃음이 30배 더 많이 난다는 것을 알고 있는가? 웃음은 전염성이 있다. 다른 사람이 웃는 소리를 들으면 나도 웃을 가능성이 훨씬 크다. 따라서 웃음 치료의 개념 중

하나는 자신을 고립시키지 않는 것이다. 이는 하루 종일 컴퓨터 화면에 매달리는 트레이더와 투자자들 사이에서 흔히 볼 수 있는 일이다.

심층적인 웃음 치료 프로그램에 가입하라고 제안하는 것은 아니지만, 보다시피 웃음에는 이점이 많다. 매매와 투자에서 손실과 하락이 있을 때, 그것을 너무 심각하게 받아들이지 않는 것이 중요하다. 상황을 웃어넘기고, 심지어 자신을 비웃을 수 있는 능력이 당신의 어깨에서 세계의 무게를 덜어줄 수 있음을 발견할 수 있다.

그것은 다른 유형의 훈련들과 마찬가지로 유머 감각을 발휘하는 문제다.

> 웃음은 내부적인 운동의 한 형태로, 내부 장기를 움직이고 호흡을 강화한다. 또한 큰 기대를 불러일으키는 중요한 역할을 한다.
> —노먼 커즌스, 《질병의 해부학》 저자

더 성공적인 매매와 투자를 위한 처방전은 매일 유머를 찾고 정기적으로 마음껏 웃으라는 것이다. 재미있는 영화를 보고, 당신을 웃게 만드는 사람들과 어울리고, 웃지 않는 사람들은 피하라.

3. 정신적 건강

정신적 건강은 신체적 건강이나 정서적 건강과는 다르다. 이것은 우리의 정신을 날카롭게 유지하는 능력으로, 이는 필수적이다.

정신적으로 건강한 상태를 유지하려면 다음 영역에 집중하라.

- 기억력
- 정보 처리 속도
- 반응 속도
- 학습 능력
- 비판적 사고
- 문제 해결 능력
- 집중력과 집중력 유지 능력

여러분은 이미 자신의 정신적 건강을 최상의 상태로 유지하는 균형 잡힌 삶을 살고 있을 수도 있다. 하지만 그렇지 않다면, 우리는 뇌의 능력을 훈련하는 몇 가지 방법을 제안할 수 있다. 사용하지 않으면 잃어버리기 때문이다!

다음과 같은 방법으로 정신적 건강을 개선하라.

- 신체적 운동
- 명상
- 가공되지 않은 건강한 음식 섭취
- 밤에 숙면 취하기
- 체스, 카드 게임, 십자말풀이, 직소 퍼즐 등과 같은 게임 하기
- 새로운 것 배우기
- 반대쪽 손 사용하기

- 사람들과 어울리기

흥미롭게도 신체적 운동, 명상, 건강한 식사 그리고 좋은 수면은 정신적 능력을 최상의 상태로 유지하는 훌륭한 방법으로 여겨진다. 이것들은 신체적 건강과 감정적 건강에도 도움을 주기 때문에 일석삼조(一石三鳥)의 이점이 있다.

당신이 먹는 것이 당신이다

좋은 음식과 영양은 건강 관리의 모든 영역에 도움이 된다. 가공식품은 우리 몸을 독소로 가득 채우고, 대부분 장기적으로 해로운 방부제를 사용하기 때문이다. 지금은 그 어느 때보다 우리 몸에 무엇을 넣는지 주의하는 것이 중요하다.

당신이 먹는 것과 건강 사이의 직접적인 상관관계는 큰 비밀이 아니다. 놀랍게도, 아니면 당연하게 느껴질 수도 있지만, 많은 식품이 일상적인 질병의 치료제로 사용된다는 사실을 알게 될 것이다. 실제로 많은 약물이 자연에서 유래된 것이지 화학 물질이 아니다.

중요한 점은 음식이 우리에게 에너지를 공급할 뿐만 아니라, 우리를 치유하고 건강을 유지시켜준다는 것이다.

다음은 건강한 식생활을 위한 몇 가지 팁이다.

- 가공식품, 포화지방 음식, 튀긴 음식 피하기

- 하루에 30g 불포화지방 섭취
- 하루에 다섯 번 과일과 채소 섭취
- 매주 서른 가지 이상의 식물성 식품을 섭취하는 것을 목표로 다양한 식품 섭취
- 하루에 28g의 섬유질 섭취
- 설탕이 많이 들어간 탄산음료, 사탕, 간식 섭취 줄이기
- 소금 사용량 줄이기
- 식단에 좋은 단백질 포함하기
- 탄수화물 섭취를 하루 총열량의 30%로 제한
- 권장되는 하루 열량 섭취량은 일반적으로 2,000칼로리이지만 온라인에 있는 다양한 칼로리 계산기를 사용하면 더 구체적인 숫자를 확인할 수 있음

체중 감량에 집중했을 때 필자의 루틴은 매우 엄격했다. 매주 단식하는 날이 있었고, 탄수화물과 전체 열량 섭취를 낮췄다. 이제 체중이 정상화되었으므로 균형과 음식의 질이 더 중요하다.

온라인의 많은 자료가 여러분의 필요에 맞는 건강한 식단을 맞춤 설정하는 데 도움이 될 것이다. 필요하다면 영양사의 도움을 받을 수도 있다. 그러나 무엇보다 중요한 것은 상식과 균형을 활용하는 것이다. 그것이 가장 좋은 방법이다.

좋은 잠 자기

신체적·감정적·정신적으로 건강을 유지하는 또 다른 중요한 방법은 깊은 잠을 자는 것이다. 그러면 더 명확한 사고를 하고, 실수를 줄이고, 더 나은 결정을 내릴 수 있다. 게다가 뇌 기능을 개선하여 더 많이 배우고 기억할 수 있다. 반사 신경이 더 빨라지고 집중력이 더 예리해질 것이다.

좋은 잠을 자면 다음과 같은 이점이 있다.

- 스트레스 감소
- 면역 체계 개선
- 더 많은 것을 배울 수 있도록 뇌 기능이 향상됨
- 조직 복구 및 근육 성장을 자극함
- 기분을 개선하고 과민성을 최소화
- 식욕 호르몬에 긍정적인 영향을 미쳐 체중 유지를 더 쉽게 해줌
- 수면 중 심장과 혈관을 회복시킴

수면은 각성 상태, 얕은 수면, 깊은 수면 그리고 렘수면(REM, rapid eye movement, 급속 안구 운동 수면 - 옮긴이)의 네 가지 단계로 구성된다. 이러한 단계는 뇌와 신체가 회복하고 발달할 수 있도록 해주기 때문에 중요하다. 깊은 수면과 렘수면을 충분히 취하지 못하면 건강과 정서적 문제가 발생할 수 있다. 그러나 수면의 질을 개선하면 엄청난 효과를 볼 수 있다.

더 깊은 잠을 자는 다음의 여러 가지 방법이 있다.

- 낮 동안 충분한 신체 활동을 한다.
- 특히 햇빛을 포함한 일광 노출을 늘려 생체 리듬을 개선한다.
- 저녁에 카페인 섭취를 줄인다.
- 취침 시간과 기상 시간을 고정하여 규칙적인 수면 습관을 만든다.
- 음악 감상, 책 읽기 또는 가벼운 스트레칭을 통해 30분간 마음을 진정시킨다.
- 잠자리에 들기 전에 명상, 심호흡, 마음 챙김과 같은 이완 요법을 시도한다.

이것은 수면의 양에 대한 것이 아니라, 수면의 질에 대한 것이다. 매매와 투자를 할 때는 충분한 수면을 취하는 것이 중요하다. 이것이 결과에 상당한 영향을 미칠 수 있다.

동기부여

그럼 건강 관리 프로그램을 시작하고 계속할 동기를 부여하려면 어떻게 해야 할까? 우리는 모두 때때로 약간의 추가적인 동기부여를 사용할 수 있다. 동기부여 강사들이 올바른 방향으로 나아갈 수 있도록 도와준다.

1980년대에 차를 운전하면서 토니 로빈스의 카세트테이프를 들었던 기억이 난다. 그 테이프는 올바른 식습관부터 긍정적인 마음가짐까지 모든 것을 생각하게 했다. 1990년대에 뉴욕으로 그를 만나러 가기도 했다. 솔직히 말해서, 그는 필자에게 동기부여를 했고, 그것은 좋은 일이었다.

반면에 당신은 이미 동기부여를 받아 그러한 도움이 필요하지 않을 수도 있다. 하지만 오늘날 가장 인기 있는 동기부여자에게 관심이 있다면, 다음의 몇 사람을 찾아보기 바란다.

- 토니 로빈스: 두려움을 극복하고, 소통을 강화하고, 건강을 유지하는 데 도움이 된다. "잘못될 수 있는 것에 대한 두려움을 멈추고, 무엇이 제대로 될 수 있는지에 대해 흥분하기 시작하라."
- 디팩 초프라: 치유, 영성, 개인 개발 및 권한 부여에 도움이 된다. "부정적인 감정은 환영받지 못하는 손님과 같다. 문 앞에 나타났다고 해서 머물러야 할 권리가 있는 것은 아니다."
- 게리 바이너척: 비즈니스 전략, 콘텐츠 제작, 개인 브랜딩에 도움이 된다. "거울을 들여다보며 스스로에게 물어보라. '인생의 나머지 기간에 매일 무엇을 하고 싶은가?' …… 그런 다음 실행에 옮겨라."

이것은 결코 완벽한 목록이 아니지만, 시작점이 될 수 있다. 체중 감량부터 영적 치유에 대한 긍정적인 태도에 이르기까지 모든 것을 전문으로 하는 동기부여 전문가들이 있다. 특정한 것에 관심이 있다면 온라인 검색을 통해 다양한 사람들을 찾아 선택할 수 있다.

항상 동기를 부여하고 건강을 유지하라!

제10장

두려워할 것 없음

아마도 두려움은 트레이더와 투자자의 가장 큰 도전 과제일 것이다. 명확히 하자면, 경험이 부족한 트레이더나 투자자에게는 더 자주 해당한다. 금융시장에서 경험을 쌓고 성공을 거두면 자신감과 기술이 생기고, 두려움도 사라진다.

두려움은 의심할 여지 없이 강력한 힘이고, 인간의 가장 강력한 생존 메커니즘이다. 하지만 그 귀중한 특성에도 불구하고, 불합리한 두려움이 수많은 트레이더와 투자자를 파괴했다.

우리가 두려워해야 할 것은 두려움 그 자체뿐이다

물론 1930년대 대공황 시기에는 1929년 주식시장 폭락이 일으킨 과도한 실업으로 미국에서 두려움이 만연했다.

> 이 위대한 국가는 지금까지 견뎌온 대로 견뎌내고, 부활하고 번영
> 할 것입니다. 그러므로 우선, 우리가 두려워해야 할 것은 두려움
> 그 자체뿐이라는 확고한 신념, 즉 두려움은 후퇴를 진격으로 전환
> 하는 데 필요한 노력을 마비시키는 이름 없고 비이성적이며 정당
> 화되지 않은 테러라고 단언하겠습니다. 우리의 가장 큰 과제는 사
> 람들을 일하게 하는 것입니다. 현명하고 용감하게 대처한다면 해
> 결 불가능한 문제는 아닙니다.
> —프랭클린 D. 루스벨트, 미국의 제32대 대통령

루스벨트의 연설은 1929년 미국에 찾아온 경제적 어려움에 대한 선
전포고였다. 그는 두려움을 "후퇴를 진격으로 전환하는 데 필요한 노
력을 마비시키는 테러"라고 표현했다.

매매와 투자에서의 두려움은 루스벨트가 암시한 두려움과 비교되지
않을 수 없다. 두려움이 방치되면 공포가 될 수 있고, 이는 손실을 승리
로 전환하려는 노력을 마비시킬 수 있다. 공포에 압도되면 명확하게 생
각하는 일이 불가능하다.

루스벨트가 연설에서 "우리가 두려워해야 할 것은 두려움 그 자체
뿐"이라고 계속해서 말한 이유다. 그림 10-1을 보라. 우리는 이것으로
부터 배울 수 있다. 우리의 매매와 투자에서 우리가 정말로 두려워해야
할 것은 두려움 그 자체와 그에 따른 마비뿐이다.

루스벨트의 전략에서 또 다른 중요한 교훈은 일에 매진하고 문제를

> ## 우리가 두려워해야 할 것은, 두려움 그 자체뿐이다.
>
> —프랭클린 D. 루스벨트

그림 10-1. 두려움—대공황 기간인 1933년 대통령 취임 연설에서 따온 이 인용문은 트레이더와 투자자에게 매우 유용하다.

용기 있게 대처하는 것이다. 계좌에서 손실이 쌓이는 것을 지켜보며 멍하니 앉아 있는 것만으로는 어떤 문제도 해결되지 않는다. 용기와 문제를 해결하려는 행동이 필요하다. 손실과의 전쟁에서 이기고 싶다면 용기와 행동이 필요하다.

두려움을 명확히 하라

극단적으로 표현하면, 두려움은 공포증이 된다. 의사들은 수백 가지 공식적인 공포증을 식별했으며, 각각 특정한 치료 프로토콜을 가지고 있다.

흔한 공포증 열 가지를 소개하면 다음과 같다.

- 불결 공포증(Mysophobia): 세균이나 먼지에 대한 두려움
- 비행 공포증(Aerophobia): 비행에 대한 두려움
- 고소 공포증(Acrophobia): 높은 곳에 대한 두려움

- 뱀 공포증(Ophidiophobia): 뱀에 대한 두려움

- 거미 공포증(Arachnophobia): 거미에 대한 두려움

- 어둠 공포증(Nyctophobia): 어둠에 대한 두려움

- 개 공포증(Cynophobia): 개에 대한 두려움

- 광장 공포증(Agoraphobia): 사람이 많은 곳에 대한 두려움

- 폐소 공포증(Claustrophobia): 작은 장소에 대한 두려움

- 천둥 공포증(Astraphobia): 천둥과 번개에 대한 두려움

이런 흔한 두려움이나 공포증 가운데 일부를 갖고 있을 수도 있지만, 아마도 그것들이 당신의 매매와 투자를 어렵게 만들지는 않을 것이다. 재정적 성공을 방해하는 두려움은 그렇게 흔하지는 않지만, 그만큼 해결하기 어렵다.

많은 사람들이 트레이더와 투자자에게 가장 흔한 두려움은 실패에 대한 두려움이라고 믿는다. 필자가 나열한 여덟 가지 두려움 중에서 1위는 실패에 대한 두려움이다.

> 실패를 두려워하지 마라. 실패가 아니라, 낮은 목표가 죄다. 위대한 시도에서 실패하는 것도 영광스러운 일이다.
>
> —브루스 리, 무술가이자 배우

높은 목표를 세우고 실패하는 데는 명예가 있다. 그리고 토머스 에디슨이 전구가 처음 나올 때까지 1만 개의 시제품을 만든 것처럼 절대로 포기하지 않는다면 결국 승리하게 된다. 전쟁에서 이기면 전투에서 지

는 것은 괜찮다. 좋아, 두려움과 공포증을 명확히 파악해보자.

　다음은 재정적으로 성공하는 것을 방해하는 여덟 가지 두려움과 공포증이다.

1. 실패 공포증(Atychiphobia)—실패에 대한 두려움: 이 두려움은 스스로 이루어지는 예언이 될 수 있으며, 실패에 관한 생각에 집중하고(심지어 집착하고) 그 탓에 실패를 현실로 만든다. 실패에 관한 생각을 성공에 관한 생각으로 대체해야 한다.

2. 성공 공포증(Achievemephobia)—성공에 대한 두려움: 성공의 상승 잠재력을 제한하며, 환경적 편견으로는 성공한 사람들이 나쁘다는 것, 또는 정상에 오르는 것이 외롭다는 것, 버림받을까 두려워하는 것이 있을 수 있다. 작은 승리부터 시작하여 점차 성공에 익숙해지는 단계적 접근법을 통해 더 큰 성공으로 나아간다. 죄책감 없이 성공하는 것은 괜찮다.

3. 변화 공포증(Metathesiophobia)—변화에 대한 두려움: 인간은 어떤 유형의 변화에도 불편함을 느낀다. 공포증 수준으로 치닫는 경우, 어려움을 겪는(혹은 손실을 보는) 트레이더와 투자자에서 성공적인 트레이더와 투자자로 변신하기 위해서는 용기가 필요하다. 작은 승리부터 시작하여 점차 더 큰 승리로 나아가는 단계적 접근법이 가장 효과적이다.

4. 불완전 공포증(Atelophobia)—실수에 대한 두려움: 완벽주의자들은 실수를 두려워해 그 자리에서 멈춘 채 앞으로 나아가지 못할 수 있다. 매매와 투자는 본질적으로 위험을 수반하며 실수는 사업

비용의 일부다. 손실이 발생하면 긍정적인 생각으로 두려움을 극복하라.

5. 직장 공포증(Ergophobia)—일에 대한 두려움: 반드시 게으른 것은 아니지만, 노력을 기울이고도 보상받지 못할 위험에 대한 우려가 있다. 재정적 결과와 상관없이 매매와 투자 과정 자체를 즐기는 데 집중하라.

6. 빈곤 공포증(Peniaphobia)—가난해지는 것에 대한 두려움: 이 공포증은 부유한 사람과 가난한 사람 모두에게 영향을 미칠 수 있다. 이들은 위험에 대한 내성이 없으므로 매매와 투자를 하기 어렵다. 이러한 두려움을 완화하기 위해서는 위험 관리에 집중하라.

7. 처벌 공포증(Enosiophobia)—비판에 대한 두려움: 자아가 극도로 예민해서 과거의 실패로부터 배우는 것을 방해한다. 부정은 건설적인 비판(심지어 자기비판)이 성과를 개선하지 못하도록 방해하는 것이다. 분노, 불만, 불편함 없이 자기 평가를 하고 비판을 수용할 용기를 기르라.

8. 미지 공포증(Xenophobia)—알 수 없는 것에 대한 두려움: 이러한 두려움은 통제할 수 없고, 알 수 없는 본질 탓에 예측할 수 없으므로 발생한다. 여정의 모험과 미지의 것을 받아들이고, 통제하려는 욕구를 버려라.

이 여덟 가지 두려움은 각각 우리의 정신에 고유한 영향을 미칠 수 있다. 어떤 두려움이 우리를 괴롭히는지는 우리의 재정 심리에 영향을 미칠 수 있다. 의심할 여지 없이 우리는 가장 흔하거나 가장 강력한 두려움이 무엇인지에 대해 논쟁할 수 있다.

> 인류의 가장 오래되고 강한 감정은 두려움이며, 가장 오래되고 가장 강한 종류의 두려움은 미지의 것에 대한 두려움이다.
>
> —러브크래프트, 《문학 속 초자연적 공포(*Supernatural Horror in Literature*)》의 저자

러브크래프트는 1920년대에 스티븐 킹과 같은 현대 작가들에게 영감을 준 공포 소설을 썼다. 그는 두려움을 유발하는 몇 가지 방법에 대해 알고 있었다. 가장 강력한 두려움은 미지의 것에 대한 두려움이라고 말한 것이 흥미롭다.

> 사람들은 자신의 고통을 놓아버리는 데 어려움을 느낀다. 알 수 없는 것에 대한 두려움으로 인해, 그들은 익숙하다는 이유로 고통을 선호한다.
>
> —틱낫한, 승려

러브크래프트와 틱낫한은 미지의 것에 대한 두려움의 힘을 인정하는 반면, 《생각하라 그러면 부자가 되리라(*Think and Grow Rich*)》(와일드북, 2021)의 저자인 나폴레온 힐과 같은 사람들은 성공을 방해하는 여섯 가지 두려움을 나열하면서 미지의 것에 대한 두려움은 포함시키지 않았다.

나폴레온 힐이 《생각하라 그러면 부자가 되리라》에서 나열한 여섯

가지 두려움은 다음과 같다.

- 빈곤에 대한 두려움
- 비판에 대한 두려움
- 건강 악화에 대한 두려움
- 사랑의 상실에 대한 두려움
- 노령에 대한 두려움
- 죽음에 대한 두려움

힐은 두려움을 마음의 상태로 인식하고 이를 긍정적인 대안적 사고로 대체함으로써 두려움의 여섯 가지 유형을 따돌리는 법을 배워야 한다는 확고한 신념을 갖고 있었다.

> 두려움은 단지 마음의 상태일 뿐이다.
> ―나폴레온 힐,《생각하라 그러면 부자가 되리라》의 저자

두려움을 극복하는 가장 좋은 방법 중 하나는 두려움을 명확히 파악하는 것이다. 그리고 나폴레온 힐이 제안했듯이, 두려움을 긍정적인 대안적 사고로 대체하라. 미지의 것에 대한 두려움을 포함하여 재정적 성공을 방해할 수 있는 여덟 가지 두려움과 공포증 목록을 살펴보고, 그 중 당신에게 해당하는 것이 있는지 확인하라.

두려움을 명확히 파악하면 두려움과 마주하고, 관리하고, 궁극적으로 극복할 수 있다.

놓치는 것에 대한 두려움-포모 증후군

매매 전략에 따른 높은 확률의 진입 시점이 보이지 않는 상황에서 진입 조건을 찾는 데 어려움을 겪어본 적이 있는가? 찾고 탐색하고 기다리고 있지만 아무것도 나타나지 않는다. 그래서 당신은 없는 진입 조건을 억지로 만들어내며 시장에 진입하려고 한다. 단지 시장에 참여하기 위해서, 게임에 참여하기 위해서, 놓치지 않기 위해서.

그러나 때로는 매매하지 않는 것이 가장 좋은 매매일 수 있다. 즉 시장에서 아무것도 하지 않고 나가는 것이 나쁜 매매나 투자에 뛰어들어 돈을 잃는 것보다 더 낫다. 하지만 우리는 모두 그런 경험을 했고, 참을성을 잃기 쉽다.

이런 상황을 설명하는 새로운 용어가 FOMO(Fear Of Missing Out, 소외 불안 증후군, '포모 증후군'이라고도 한다 – 옮긴이)다. 너무 새로운 용어라 진단하고 치료할 수 있는 공식적인 의학적 정의가 없지만 스트레스, 불안, 우울증을 유발할 수 있다.

1996년 마케팅 전략가인 댄 허먼 박사에 의해 처음 식별되었으며, 이제는 메리엄-웹스터(Merriam-Webster's dictionary) 사전에 실릴 정도로 널리 사용되고 있다. 허먼은 이 주제에 관한 광범위한 연구를 수행했고, 2000년에 이 주제에 대한 첫 학술 논문을 발표했다.

그의 초기 연구는 주로 소셜 미디어에 초점을 맞추었다. 인터넷이 생기기 전에는 포모 증후군과 비슷한 '존스네 따라잡기'라는 오래된 관련 현상이 있었다.

이 상태는 자신의 삶을 더 좋게 만들 수 있는 정보, 사건, 경험 또는 삶의 결정을 놓치고 있다는 불안감을 포함한다. 또한 자신이 '존스 가족'만큼 뛰어나지 않다는 불안감을 만들어낼 수 있으며, 이는 어떤 식으로든 '존스 가족'을 따라잡으려는 경쟁 본능을 유발한다.

이런 종류의 두려움은 사회적 압력으로 인식되어 잘못된 재정적 결정을 내리게 할 수 있다. 또한 시장을 끊임없이 지켜보고 가능한 한 많은 온라인 금융 그룹에 가입하여 아무것도 놓치지 않으려는 강박적인 욕구로 이어질 수 있다.

그리고 좋은 진입 전략이 없더라도, 그저 시장의 움직임을 놓치지 않기 위해 포지션을 취할 수 있다. 다시 말하지만, 때로는 매매가 없는 것이 가장 좋은 매매다.

다른 트레이더와 투자자들이 어떻게 지내는지, 그리고 자신이 뭔가를 놓치고 있는지 걱정하는 것은 불필요한 스트레스로 이어질 수 있음을 유념하라. 당신의 방법과 과정에 에너지를 집중하고 차분하게 인내심을 가져라.

방아쇠를 당기는 것에 대한 두려움

포모 증후군의 반대는 방아쇠를 당기는 것에 대한 두려움이다. 이는 모든 별이 일렬로 정렬되고 진입 조건이 완벽할 때도 발생할 수 있다. 아마도 이전 매매나 투자가 실패했고, 이번 매매도 같은 결과가 나올까봐 두려워할 수도 있다. 아니면 본능적으로 위험 회피적일 수도 있는데, 이는 모든 진입 신호에 두려움을 불러일으킨다.

포기하는 것에 대한 두려움

여러 증권사에서 수백만 건의 매매를 집계한 통계를 공개했는데, 이로부터 "90%의 활발한 트레이더가 돈을 잃는다"는 결과가 나왔다.

실제 데이터로 뒷받침되는 또 다른 흥미로운 통계도 있다. 트레이더는 50% 이상의 매매에서 성공한다. 그러나 패배한 매매에서 보는 손실이 승리한 매매에서 얻는 수익보다 훨씬 크기 때문에, 전체적으로는 더 많은 돈을 잃게 된다.

이제 우리의 다음 두려움에 관해 이야기해보겠다.

포기하는 것에 대한 두려움, 혹은 틀렸음을 인정하는 것에 대한 두려움. 통계는 트레이더가 수익을 내는 매매보다 손실을 보는 매매를 더 오래 유지하는 경향이 있음을 보여준다.

왜?

간단한 답은 '자존심'이다. 자신이 틀렸다는 것을 인정하기란 쉽지 않지만, 그 대가가 무엇일까? 경험 많은 트레이더는 손실을 내는 매매를 과감하게 포기하는 능력을 익혔으며, 후회나 미련을 갖지 않는다. 그들의 자존심은 좀처럼 흔들리지 않는다. 반면에 경험이 부족한 트레이더는 손실을 내는 매매가 반전되기를 바라며 끝까지 붙잡으려는 경향이 있다.

얻은 교훈: 수익을 내는 매매는 유지하고, 손실을 보는 매매는 포기하라. 자존심은 문밖으로 내다 버려라.

합리적인 두려움인가, 비이성적인 두려움인가?

두려움의 원인은 다양하고 복잡하다. 두려움과 우리의 개인적 관계를 이해하는 것이 두려움의 힘을 분산시키는 시작이다. 하지만 더 깊이 들어가기 전에, 우리의 두려움이 합리적인지 혹은 비이성적인지 판단해야 한다.

예를 들어 새끼를 보호하고 있는, 몸무게가 1,000파운드(약 450㎏)가 넘는 갈색곰이 숲속에서 당신을 공격할 수도 있다. 이건 정말 두려워해야 할 이유가 있다. 곰은 치명적인 위협이기 때문에 이 두려움은 합리적이다. 반면에 아이가 어둠을 두려워하고 불이 꺼졌을 때 심한 공황 발작이 일어난다면, 그것은 두려워할 진짜 이유가 아니다. 이 두려움은 비이성적이다.

물론 둘 다 두려움의 진정한 감정을 느끼며, 그와 관련된 모든 반응을 경험한다. 먼저 코르티솔이 분비되고 아드레날린이 분비되기 시작되면, 동공이 확장되고 호흡이 빨라지며 심박수와 혈압이 상승하는데, 아마 손바닥에 땀이 나고 입이 마르는 증상도 있을 수 있다.

이러한 증상은 뇌의 대뇌반구에 있는 편도체가 작동하여 두려움을 유발하는 것이다. 뇌는 위협이 실제인지 아닌지와 상관없이 우리를 안전하게 유지할 방법에 관한 결정을 내린다.

뇌는 싸우기, 도망가기, 얼어붙기, 아첨하기 등 네 가지 반응 중 하나를 선택한다. 우리는 곧 그것에 대해 조금 더 자세히 다루겠지만, 지금은 우리의 금융 활동에서 두려움이 합리적인지 아닌지를 어떻게 판단할 수 있을까?

합리적인 두려움

숲에서 당신을 공격하는 1,000파운드 갈색곰에 대한 앞의 예는 합리적인 두려움이다. 그것은 문자 그대로 생사가 엇갈리는 상황이며, 옛날에 동굴에서 살던 사람이 느꼈을 것과 같은, 아드레날린이 분비되기 시작하고 심장이 뛰는 모든 반응이 어우러진 원초적인 두려움을 불러일으킨다.

하지만 오늘날 문자 그대로의 생사가 걸린 사건은 덜 흔하므로, 지금 그런 종류의 두려움을 일으키는 것이 무엇인지 따져봐야 한다. 어쩌면 재정적 생사가 동일한 반응을 불러일으키지 않을까? 나는 그렇게 생각한다.

예를 들어 누군가가 금융시장에서 매매하고 투자를 하면서 그가 어떠한 위험 관리도 하지 않고, 손절매도 하지 않으며, 다음 달 임대료와 식비에 쓸 예정이던 돈을 사용하고 있다고 가정해보자.

그의 포지션은 정말 빠르게, 매우 빠르게 그에게 불리한 쪽으로 돌아가고, 그의 심장은 쿵쾅거리고, 그는 이 포지션 하나로 모든 돈을 잃을까 봐 두려워한다. 그래, 집세와 식비다. 본질적으로 그것은 1,000파운드짜리 곰의 공격과 같다. 먹을 음식도 없고 머리 위에 지붕도 없다면, 그것은 생존과 죽음의 문제와도 같기 때문이다.

이 경우에는 두려움이 합리적이다.

매매와 투자 접근 방식은 합리적이지 않다. 하지만 두려움은 합리적이다. 이 예에서 앞으로 임대료와 식비로 매매하지 않는 것 외에는 두려움에 대해 할 수 있는 일이 많지 않다. 그리고 다음에는 위험 관리와 손절매를 꼭 사용하라. 덧붙여, 실제 돈으로 매매하기 전에 교육을 받는 것도 나쁘지 않은 생각이다.

이 예에서 흥미로운 점은 금융시장에서 임대료와 식비(위험을 감수할
여유가 없는 돈)를 사용하는 사람은 누구나 도박을 하는 마음가짐을 갖
기 쉽다는 것이다. 롤러코스터를 타는 것과 흡사한, 승리할 때의 상승
과 패배할 때의 하락에서 오는 전율과 아드레날린에 끌리는 매력이나
중독이 있다.

승리와 패배의 아드레날린에 끌리고, 그저 게임에 참여하는 것만으
로도 아드레날린이 솟구치는 것을 즐긴다면, 당신이 올바른 이유로 시
장에 참가하고 있는지 생각해보라.

비이성적 두려움

앞서 언급했던 다른 예에서, 어린이는 어둠을 두려워하고 불이 꺼지
면 심한 공황 발작을 경험한다. 그것은 두려워할 진짜 이유가 아니다.
그것은 비이성적인 두려움이다.

트레이더나 투자자에게 있는 비이성적인 두려움의 예로는 그들이
시장에 자금을 투자하고 있으며, 위험을 감당할 수 있는 돈을 사용하고
있고, 검증된 우위를 가진 시스템을 사용하고 있으며, 최대 2%의 손실
만 발생할 수 있도록 손절매를 설정해놓고도 여전히 심한 공황 발작을
겪는 경우다. 또는 매매를 너무 일찍 종료하여 더 많은 이익을 얻을 기
회를 놓치는 경우다.

이 경우의 두려움은 비이성적이다.

또 다른 예를 들어보자면, 매매를 시작하고 초기에 작은 가격 변동
으로 인해 포지션을 반대 방향으로 움직이는 경우인데, 사실 이런 가

격 변동은 매우 일반적인 현상이다. 그런데도 갑자기 두려운 느낌이 들기 시작한다. 문제는 시장이 직선으로 움직이지 않고 지그재그로 움직이는데, 이는 정상적인 현상이라는 것이다. 그러므로 당황할 필요가 없다. 손절매 가격에 도달하지 않는 한, 포지션을 정리하지 마라. 이 경우에는 두려워할 이유가 없다. 다행히도, 경험이 쌓이면 두려움의 고통은 줄어들 것이다.

이 이야기의 교훈은 모든 것을 제대로 했음에도 불구하고 여전히 과도한 불안, 두려움 또는 공황을 겪는다면, 그 안에 어떤 문제가 발생하고 있음을 의미한다는 것이다. 그때가 바로 자신의 두려움을 명확히 하고 그것을 관리하는 데 집중해야 할 때다. 그림 10-2를 참조하라.

F ALSE
E VIDENCE
A PPEARING
R EAL

그림 10-2. 거짓 증거가 진짜처럼 보이면(False Evidence Appearing Real) 두려움(FEAR)이라는 단어가 만들어진다. 때때로 비이성적인 두려움의 원인은 거짓 증거나 왜곡된 인식일 수 있다. 금융시장에서 두려움을 경험할 때마다 두려움이 합리적인지 비이성적인지 확인한 다음 그에 따라 행동하라('FEAR'라는 단어의 각 글자를 이용해 두려움의 본질을 설명함-옮긴이).

전부가 아니면 안 된다는 두려움

여러분을 무력화할 수 있는 또 다른 두려움은 "전부가 아니면 아무 것도 아니다"라는 두려움이다. 이것은 비이성적인 두려움과 동일하지만, 약간 뒤틀린 점이 있다. 이런 종류의 두려움에는 중간 지대가 없다. 당신의 마음속에서 당신은 크게 이기거나 크게 지고 있는 것밖에 없다. 당신은 흑백의 세상에서 살고 있다. 반응은 더 과장되고 강조되어 있다.

예를 들어 당신이 특정 포지션을 취하고 있었고, 손절매가 발동되어 손실로 매매를 종료하게 된다. 하지만 그 손실은 작다. 문제는 "전부가 아니면 아무것도 아니라는 두려움"을 느낄 때 작은 손실은 존재하지 않는다는 것이다. 대신에 작은 손실은 감정적으로 통제 불능 상태가 될 정도로 과장된 반응을 일으킨다. 두려움은 모든 것이 망하고 계정은 0이 되며, 당신이 파산하리라는 것이다. 두려움은 당신이 통제 불능 상태에 빠져 도박을 하고 있다는 것이다.

하지만 현실은 그것이 정상적인 손실, 정상적인 손익 하락이며, 당신의 뛰어난 위험 관리 덕분에 잘 관리되고 있다는 것이다. 그리고 이런 종류의 손실은 사업을 하다 보면 누구나 겪는 일로서 충분히 예상할 수 있는 것이다.

이것을 주시하고, 다시 경험한다면 그것을 명확히 파악하고 관리하도록 노력하라. 기억하라, 그것이 세상의 끝이 아니다. 현실을 객관적으로 바라봐야 한다.

두려움에 대한 네 가지 반응

두려움을 느낄 때 우리는 아드레날린 분출, 심박수와 혈압 상승, 가쁜 호흡 등 다양한 증상을 경험한다. 뇌의 대뇌에 있는 편도체는 공포 반응을 생성하는 역할을 한다. 기본적으로 뇌는 우리를 안전하게 지켜줄 결정을 내린다. 두려움에 대한 반응은 다음의 네 가지가 있다.

싸우기, 도망가기, 얼어붙기, 아첨하기.

1. 투쟁 반응: 뇌는 당신이 위험을 물리침으로써 위험을 막으려 한다. 이것은 언어적 혹은 신체적 공격일 수 있으며 강렬한 분노를 동반한다. 높은 에너지.

2. 도피 반응: 당신이 위험을 물리칠 수 없다고 느낀다면, 뇌는 당신이 도망가거나 숨도록 결정하여 도피 반응을 유발할 수 있다. 높은 에너지.

3. 정지 반응: 뇌는 당신을 마치 불빛에 노출된 사슴처럼 기능을 정지시키고, 얼어붙게 하며, 조용히 있게 하는 결정을 내린다. 처리 속도가 느려져 말하거나 합리적인 결정을 내리기 어렵다. 이론에 따르면, 이 반응은 위험이 지나갈 때까지 위험(예를 들어 곰)에 대해 우리를 보이지 않게 하는 원초적인 전략이다. 낮은 에너지.

4. 아첨 반응: 뇌는 당신이 두려움 반응을 유발하는 것이 무엇이든 그것을 기쁘게 하려고 시도함으로써 그것이 해를 끼치지 않도록 한다. 위협을 달래고, 자신의 필요를 버리고 다른 사람의 필요를 충족시킨다. 낮은 에너지.

일반적으로 대부분의 사람들은 두려움에 대한 투쟁-도피 반응만을 언급할 것이다. 하지만 생각해보면, 얼어붙고 아첨하는 반응도 매우 흔하다. 당신 혼자만이 두려운 매매와 투자 상황에서 뇌가 당신에게 무엇을 하라고 지시하는지 알 수 있다. 이러한 반응이 시작될 때 일기나 매매 카드를 사용해 기록하라.

금융시장 트라우마로 고통받고 있는가?

만약 당신이 이미 금융시장에서 상당한 손실을 보았다면, 그것은 당신에게 감정적 각인을 남겼을 수 있다. 손실이 너무 커서 충격적이었다면, 당신은 실제로 인지하지 못할 수도 있는 일종의 외상 후 스트레스 장애(PTSD)를 겪을 수도 있다

매매와 투자가 이런 트라우마적 경험과 연관되면, 뇌는 장래의 매매에서 손실을 보거나 시장이 반대로 움직이리라 예상하게 된다. 현재의 손실이 그때보다 훨씬 작더라도 정상적인 작은 손실이 이전의 트라우마적 손실에서 경험했던 것과 유사한 양의 두려움을 유발할 수 있다.

매매에서 위험을 완전히 제거할 수는 없으므로, 작은 위험조차 감내하지 못하는 행동은 당신에게 불리하게 작용한다. 방아쇠를 당기는 데 머뭇거리거나, 좋은 매매를 유지하여 이익을 더 키우는 것이 불가능해진다.

과거에 트라우마적 손실과 같은 짐이 있다면, 두려움을 줄이기 위해 뇌를 재프로그래밍해야 한다. 그 첫 번째 단계는 뇌가 과거에 경험한

재정적 트라우마의 영향을 받는다는 사실을 아는 것이다. 다음으로 '건강 관리' 장에서 다룬 인지 재구조화를 시도하라. 그런 다음 이 장의 후반에 나열된 두려움을 줄이는 팁을 사용하라. 과거의 트라우마는 극복할 수 있다.

안전지대에 갇히기

때로 우리는 익숙하다는 이유로 편안한 구역에 갇히기도 한다. 미지의 것에 대한 두려움과 마찬가지로, 한 번도 시도해본 적이 없는 것을 시도하려면 용기가 필요하다. 크게 실패할까 봐 두려울 수 있지만, 성공할 가능성의 설렘도 있다. 그림 10-3을 참조하라.

용기를 내어 도전해보자!

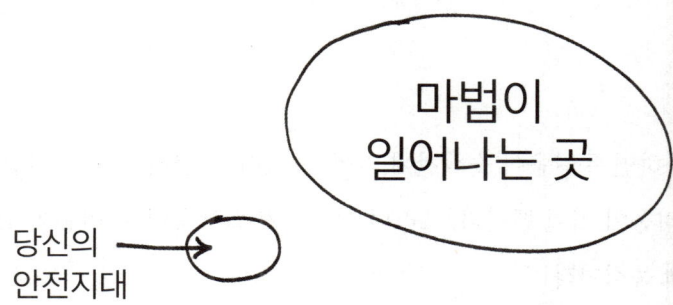

그림 10-3. 두려움은 우리가 안전지대에서 벗어나는 것을 막을 수 있지만, 안전지대를 벗어나지 않는다면 결코 성장하지 못할 것이다. 안전하게 행동하는 것은 누구에게도 진정한 가치를 창출하는 데 도움이 되지 않았다. 용기를 내어 위험을 감수하고, 편안한 구역을 벗어나, 꿈을 이루어라.

두려움을 줄이는 팁

앞에서 이미 나왔었다. 루스벨트가 말했듯이, "두려워할 것은 두려움 그 자체뿐이다". 당신은 더 많은 것을 경험하면서, 작은 승리와 더 큰 승리로 당신의 두려움은 사라질 것이다. 그동안 몇 가지 시도되고 검증된 전략은 당신이 지금 경험하고 있을지도 모르는 두려움을 관리하는 데 도움이 된다.

필자가 가장 좋아하는 팁은 생산적이고 활동적으로 지내라는 것이다. 그래서 다음 목록의 첫 번째로 올려놓았다.

> 무위는 의심과 두려움을 낳는다. 행동은 자신감과 용기를 낳는다. 두려움을 극복하고 싶다면 집에 앉아 생각하지 말고, 나가서 바쁘게 움직여라.
>
> ─ 데일 카네기, 《인간관계론(How to Win Friends and Influence People)》의 저자

행동하면 두려움이 순식간에 바뀔 수 있다. 가만히 앉아서 걱정만 하면 두려움이 커질 뿐이다. 그러니 카네기가 말했듯이, 두려움이 있다면 바쁘게 움직여라!

두려움을 줄이기 위한 몇 가지 팁은 다음과 같다.

- 생산적이고 활동적인 삶을 유지하라.
- 당신이 가지고 있는 두려움을 식별하고 명확히 하라.

- 매일 '일출 매매 일지'를 작성하라.
- 구체적인 규칙을 담은 세부적인 계획을 문서로 작성하라.
- 하나의 전략을 찾아 숙지하라.
- 안전하고 위험 없는 시뮬레이션 트레이딩 환경에서 모의 투자를 하라.
- 승리한 매매와 패배한 매매를 모두 재검토하라.
- 자신감을 키워라.
- 매매 및 투자 규모를 줄여라.
- 두려움이 너무 클 때는 모니터에서 멀어져라.
- 처음에는 작은 승리를 목표로 삼고, 이를 바탕으로 키워나가라.
- 자신을 교육하라.
- 현재 순간에 머물면서, 미래에 대한 비생산적인 두려움과 과거에 대한 비생산적인 죄책감을 피하라.

두려움을 느낄 때, 스스로에게 "이것이 합리적이며 실제적인 위협에 대한 반응일까? 아니면 비이성적이며 상상된 위협에 대한 반응일까?" 라고 물어보라. 두려움을 느낀다는 것은 매매 및 투자 기법을 신뢰하지 않거나 믿지 않는다는 의미일 수 있다. 이 경우, 자신이 준비되어 있다는 확신을 얻기 위해 시뮬레이션 트레이딩 환경에서 시스템을 다시 테스트해야 한다.

당신은 지금 흥미진진한 여정을 걷고 있다는 사실을 기억하라. 성장통으로 떠오르는 두려움을 생각해보라. 그리고 평생 지속될 기술을 개발하고 있다는 것을 알고 있으라.

이 여정이 당신에게 얼마나 흥미진진한지 기억하고, 그것을 받아들여라. 두려움이 생기면 그것이 성장을 위한 고통이라고 생각하라. 그리고 당신이 평생 지속될 기술을 구축하고 있다는 것을 명심하라.

용기를 가져라!

의심할 여지 없이, 두려움에 맞서는 데는 용기가 필요하다. 재미있는 일은 아니다. 그러나 보상은 당신이 등에서 원숭이를 떼어내거나, 적어도 원숭이를 관리할 수 있다는 것이다.

> 용기란 두려움이 없는 것이 아니라, 두려움에 맞서고 극복하는 것이다.
>
> ─마크 트웨인,《톰 소여의 모험》의 저자

당신은 두려움에 맞서고 궁극적으로 극복할 수 있다. 결국 당신의 매매와 투자가 번창할 뿐만 아니라, 당신이 하는 모든 일에서 더 큰 자유를 찾을 것이다.

필요한 것은 사랑뿐이다

금융시장에 있을 때 두려움을 느낀다면 뭔가 잘못된 것이 있다. 당신이 무모해서 그럴 만한 두려움을 느끼거나, 경험이 부족해서 아직 감정을 제어하지 못하거나 둘 중 하나다. 결국, 실수를 하더라도 자신을 좋아해야 한다. 어느 노래에서 "필요한 것은 사랑뿐"이라고 말했듯이 말이다.

Love, love, love.

There's nothing you can do that can't be done.

Nothing you can sing that can't be sung.

Nothing you can make that can't be made.

No one you can save that can't be saved.

Nothing you can do, but you can learn how to be you in time.

It's easy. All you need is love.

사랑, 사랑, 사랑.

불가능한 일은 당신이 할 수 없어요.

부를 수 없는 노래는 당신이 부를 수 없어요.

만들 수 없는 걸 당신이 어떻게 만들겠어요.

구할 수 없는 걸 당신이 어떻게 구하겠어요.

당신이 할 수 있는 일은 없지만, 시간이 지나면 당신의 참모습을 발견할 거예요.

어렵지 않아요. 필요한 것은 사랑뿐이에요.

—폴 매카트니와 존 레넌, 비틀스

진부하게 들릴지 몰라도 사실이다. 재정적 손실, 실수 그리고 손절매에 대해 스스로를 꾸짖는 사람들은 자신을 좋아하지 않는 사람들이다.

그리고 두려움은 종종 과도한 자기비판, 자기혐오, 의심에서 비롯된다.

그러니, 특히 아직 배우는 동안은 좀 더 여유를 가져라. 그러면 수익, 학습 속도, 과정의 즐거움에 큰 도움이 될 수 있다는 것을 알게 될 것이다.

3단계

위험 관리를
구현하라

제11장

위험 관리의 핵심 요소

왜 위험 관리가 필요한가?

일반적으로, 경험이 많은 트레이더는 금융시장의 삶과 죽음의 측면을 이해한다. 그들은 실제로 파산의 위험이 존재한다는 사실을 알고 있다. 그들은 '왜?'라는 질문에 대한 답을 알고 있으며, 위험 관리가 필요하다는 것을 굳게 믿는다.

아마도 그것을 직접 경험해보았기 때문일 것이다. 아마도 그들이 쓰러져서 다시 일어나야 했기 때문일 것이다. 아마도 그들에게는 금융시장에서 살아남기 위한 '잡아먹히거나 잡아먹는' 것과 같은 필사적인 현실이 익숙하기 때문일 것이다. 이유가 무엇이든, 전문가들은 모든 매매에서 위험 관리를 철저히 사용하며, 이것이 그들이 장기적으로 수익성을 유지하는 방법이다.

왜 그런가?

전문 트레이더와 달리 경험이 부족한 트레이더는 훌륭한 매매에 필요한 것은 적절한 진입 시점만 알면 된다는 순진한 환상을 가지고 시장에 뛰어드는 경향이 있다. 그들은 마법의 총알, 완벽한 매매 시스템, 투자의 성배를 찾는다.

그들은 잠재적인 하락 가능성에 대해선 생각하지 않는다. 그들은 잠재적인 상승 가능성에만 집중한다. 그리고 항상 성공하는 매매 시스템을 찾고 있다.

보통의 경우라면 나는 이런 낙관주의에 박수를 보냈을 것이다.

물론 매일같이, 모든 시장 주기에서, 무슨 일이 있어도 현금인출기처럼 작동하는 완벽한 승리의 매매 시스템을 갖는 건 좋은 일이다. 버튼만 누르면 빠르게 부자가 될 수 있다.

하지만 금융시장에서의 매매와 투자는 다른 이야기다. 아무리 잘해도, 항상 손실이 나는 매매와 투자가 있을 것이다. 그리고 완벽한 시스템은 없다. 좋은 소식은, 효과적인 위험 관리를 구현하면 완벽한 시스템이 필요 없다는 것이다.

질문

왜 위험 관리가 필요한가?

답변

- 그것은 당신이 틀렸을 때 당신을 보호한다. 그리고 당신은 언젠가

틀릴 것이다.

- 손실을 최소화하고 수익은 그대로 이어갈 수 있다.
- 스트레스 수준을 줄여주고, 이는 결국 비용이 많이 드는 거래 실수를 줄여준다.
- 마음이 편안해져서 밤에 깊은 잠을 잘 수 있다.
- 계획의 일부로서 위험 관리를 포함해 실제 사업을 운영할 수 있다.
- 투자의 마음가짐을 도박꾼에서 전문 투자자의 것으로 바꿔준다.
- 매매 및 투자에 따른 매우 현실적인 위험이 통제된다.

우리는 모두 이 주제에 대해 각자의 견해를 갖고 있으므로 이 질문에 대한 답변을 자유롭게 추가할 수 있다.

위험 관리를 구현하면 장기적으로 수익성을 가질 가능성이 훨씬 높아진다. 위험 관리가 없다면 기본적으로 라스베이거스의 카지노에서 도박을 하는 것과 다를 바 없는데, 카지노에서는 항상 하우스가 돈을 번다. 위험 관리를 사용하면 나머지 무리와 차별화되고 성공으로 가는 길에 오를 수 있다.

거래에서의 여섯 가지 위험

금융시장에서의 매매와 투자에는 삶 자체와 마찬가지로 다양한 유형의 위험이 있다. 그리고 각 유형의 위험에 대해 가능한 한 손실을 최소화하기 위한 전략을 구현해야 한다.

인생에서 우리는 승객이든 운전자이든 자동차에 탈 때마다 위험을 감수한다. 그 위험을 통제하기 위해 안전띠, 에어백, 속도 제한, 도로교통법, 책임보험과 종합보험 같은 예방 조치를 취하고 운전자의 판단력이 알코올 등에 의해 손상되지 않도록 한다. 이러한 예방 조치는 위험을 없애기 위한 것이 아니라, 줄이기 위한 것이다.

재정적 위험도 마찬가지다. 우리의 자금 관리 계획은 자본의 일부 또는 전부를 잃을 위험을 없애는 것이 아니라 줄이는 것을 목적으로 설계되었다.

매매 및 투자의 여섯 가지 주요 위험은 다음과 같다.

1. 매매 위험
2. 시장 위험
3. 레버리지 위험
4. 유동성 위험
5. 오버나이트 위험
6. 변동성 위험

이 여섯 가지 위험 각각에는 거기에 맞는 다른 전략이 필요하다. 나중에 필요한 전략을 다루겠지만, 지금은 여러분의 마음에 씨앗을 심어보자. 모든 위험을 주의 깊게 관찰하고 다르게 생각하자.

지금 당장 시작하라!

시간이 가장 중요하다. 위험 관리 프로토콜이 아직 마련되지 않았다면, 모든 것을 멈추고 지금 당장 그것을 구현하는 데 집중하라. 내일이 아니고, 다음 주가 아니고, 여유 시간이 생길 때가 아니라, 지금 당장 시작하라.

그러지 않는다면, 당신은 단 한 번의 매매로 재정적 파멸에 직면할 수 있다. 시장은 매우 빠르고 강력하며, 우리의 약점을 찾아내는 재주가 있다.

때때로 금융시장에 새로 뛰어든 사람에게 일어날 수 있는 최악의 사건은 위험 관리 계획이 마련되기 전에 몇 번의 큰 승리를 할 정도로 운이 따르는 경우인데, 이는 새로 뛰어든 사람에게 거짓된 안도감과 자신감을 심어준다.

종종 그다음에 일어나는 일은, 시장이 트레이더에게 엄청나고 예상치 못한 손실을 안겨주는 것이다. 당신은 이미 큰 손실을 경험했을 수도 있다. 꽤 흔한 일이다. 손실에서 교훈을 얻는다면 좋은 일이다. 당신은 그것을 힘든 경험의 학교에서 배운 것으로 생각할 수 있다. 결국 우리를 죽이지 않는 것은 우리를 더 강하게 만든다.

생존을 위한 열두 가지 위험 관리 기본 원칙

트레이딩 초보자이든 노련한 베테랑이든, 몇 가지 위험 관리의 기본 원칙을 지켜야 한다. 언제나 그리고 주저함 없이.

지난 20년 동안 트레이더를 가르치면서 필자는 이미 자금 관리의 핵심 요소를 알고 있는 가장 경험이 많은 트레이더조차도 때때로 기억상실증에 걸리는 경우가 있다는 것을 발견했다.

일반적으로 이 기억상실은 연달아 이익을 거둔 후에 발생한다. 자신감이 그들을 지배한다. 그들은 자신이 너무 뛰어나기 때문에, 그 번거로운 위험 통제 규칙이 필요 없다고 생각한다. 그런 생각을 이해할 수 있을 것이다.

이것을 언급하는 이유는 초보자이든 혹은 경험이 많든, 특히 이익을 거두는 때보다 손실을 보는 경우가 많다면 수시로 기본 원칙을 검토하는 것이 중요하기 때문이다.

생존을 위한 열두 가지 위험 관리 기본 원칙

1. 위험 관리가 필요하다고 믿어야 한다.
2. 규칙을 적어두고, 언제나 그 규칙을 고수해야 한다.
3. 작은 손실(또는 실수)이 거대한 손실로 이어지지 않도록 한다.
4. 항상 모든 매매 포지션에 손절매를 설정한다.
5. 매매 포지션에 진입하기 전에 손절매 가격을 설정한다.
6. 매매 포지션을 취한 후 손절매 가격에 도달하면 즉시 매매 포지션을 정리한다.
7. 각 매매 포지션에 대한 최적의 매매 규모를 계산한다.
8. 수익과 손실을 매일 꼼꼼히 기록한다(이렇게 하면 정직함을 유지할 수 있다).

9. 항상 현재 자신의 승률과 매매 보상 비율을 알아야 한다.

10. 실제 돈으로 매매하기 전에 수익성 있는 규칙이 생길 때까지 모의 투자를 한다.

11. 자신이 아무리 뛰어나더라도 모든 매매나 투자가 성공하는 것은 아니라는 사실을 받아들여야 한다.

12. 스트레스나 불안 없이 완전히 집중된 상태인 '트레이더의 마음가짐'을 추구하고 달성한다.

이제 열두 가지 기본 원칙이 무엇인지 알았으니, 다음 단계는 자신에게 맞는 맞춤형 시스템을 구축하여 실행하는 것이다.

1페니를 절약하면 1페니를 번다

벤저민 프랭클린은 "절약한 1페니는 벌어들인 1페니"라고 말했다.

재미있는 사실

이것은 그가 말한 것으로 자주 인용되는 격언 중 하나이지만, 실제로 그가 이런 말을 한 적은 없다. 프랭클린은 1737년《가난한 리처드 연감(*Poor Richard's Almanac*)》(프랭클린이 리처드 손더스라는 이름으로 편찬한 연감, 곳곳에 금언·경구가 들어 있다 – 옮긴이)에서 다음과 같은 말을 했다. "1페니를 절약하면 2페니를 얻는 것과 같다." 그리고 프랭클린의 연감이 출간되기 한 세기 전인 1640년 시인 조지 허버트는《기이한 속담(*Outlandish*

Proverbs)》에 다음과 같은 구절을 썼다. "1페니를 아끼면 두 배를 얻는다." 즉 한 푼도 쓰지 않고 절약하면 '1페니를 잃지 않고' 그 대신 '1페니를 얻는' 셈이 된다. 따라서 당신은 두 배로 부유해진 셈이다. 수학적으로 완벽하지는 않지만, 아이디어는 이해할 수 있다. 그림 11-1을 참조하라.

그림 11-1. 1페니를 저축하는 데 집중하는 것은 새로운 아이디어가 아니다. 결국 저축하는 페니(또는 금융시장에서 잃지 않는 페니)는 조지 허버트가 1640년에 출판한 《기이한 속담》에서 말했듯이 "두 번 얻은" 페니이기 때문이다.

더 많은 자본을 '얻는 것'(또는 1페니를 버는 것)만 생각하는 것보다 자본을 '잃지 않는 것'(또는 1페니를 절약하는 것)에 집중하는 것이 중요하다. 이것은 초보 트레이더가 문제에 빠지는 부분인데, 논리적으로는 가능한 한 많은 페니를 '이기는 것' 또는 '버는 것'보다 더 중요한 것은 없기 때문이다. 전설적인 폴 튜더 존스가 바로 그렇게 말하는 그림 11-2를 참조하라.

> **나는 항상 돈을 잃는 것에 대해 생각한다.**
> **돈을 버는 데 집중하지 말고,**
> **가진 것을 보호하는 데 집중하라.**
>
> —폴 튜더 존스

그림 11-2. 가진 것을 보호하라—전설적이고 성공적인 트레이더의 이 인용문이 모든 것을 말해준다. 가진 것을 보호하는 데 집중하라.

트레이딩에 현실이 있다: 손실을 보는 매매가, 손실을 보는 구간이 있을 것이다

이 책의 다음 장에서는 전문 투자자처럼 손실을 보는 매매 포지션을 관리하는 방법을 보여줄 터인데, 그렇게 하면 하루가 끝날 때 더 큰 수익이 있을 것이다. 손실을 보는 매매 포지션을 정리하고 수익을 내는 매매를 유지하는 방법을 배우게 될 것이다. 그리고 전략적 계획이 수립되면 돈을 잃는 부분이 통제되기 때문에 밤에 편안한 잠을 잘 수 있다.

여기서 중요한 이야기로 넘어가겠다. 필자의 트레이딩 경력 초기에는 밤에 잠을 이루지 못하게 만든 AMAT(나스닥에 상장된 어플라이드 머티어리얼즈 - 옮긴이) 매매가 하나 있었다.

그냥, 잘 끝나지 않았다고만 말하고 싶다. 그 고통스러운 매매는 두 번 다시 그런 일을 겪지 않으려고 레이저 빔처럼 집중하도록 만들었다. 필자는 아무리 값이 비싸도 손에 넣을 수 있는 모든 위험 관리 책을 집어 들었다. 매일 그 책들에 나와 있는 방법과 공식을 공부하는 데 바쳤고, 수학은 말로 표현하기 어려울 만큼 복잡했다.

마침내, 내가 해야 할 일이 너무나 분명해져서 절대로 뒤돌아보지 않았다. 이 책에서 여러분이 보게 될 방법을 사용하기 때문에 고통은 반복되지 않는 먼 기억이다. 그래서 그 악몽 같은 매매는 전화위복이었을지도 모른다.

만약 여러분이 아직 통제 불능의 손실 거래라는 고통을 경험하지 못했다면, 다음 몇 장들이 그런 종류의 고통으로부터 여러분을 구해줄 수 있기를 바란다. 그리고 금융시장이 얼마나 힘든 곳인지 이미 배웠다면 앞으로 자신을 보호할 수 있는 간단한 전략을 발견할 것이다.

이 이야기의 교훈은 트레이더로서 우리는 '1페니를 아끼고', 돈을 잃는 부분을 통제하는 법을 배워야 한다는 것이다. 결국 이것은 (더 중요하지는 않더라도) '1페니를 버는' 법을 배우는 것만큼 중요하다. 이제 그 돈을 아껴보자!

제12장

승률과 보상 비율

전체 자금 관리 및 위험 관리 계획의 기초는 승률과 보상 비율을 아는 것에서 시작된다. 이 비율을 알면 각 거래에서 얼마나 위험을 감수할지 결정하는 데 도움이 된다. 이 비율은 주어진 순간에 현재 자신의 성공과 성과가 어느 정도인지를 정확히 알려준다. 만약 이들 수치를 계산하고 있지 않다면 지금이 바로 시작할 때다.

매우 기본적인 수준에서 이들 비율을 계산하려면 꼼꼼한 매매 기록을 유지해야 한다. 이 책의 제15장에서는 즉시 사용할 수 있는 포괄적인 기록 보관 시스템이 포함되어 있다. 원장과 게시 카드를 인쇄하고 빈칸을 채우면 된다.

승률 공식

당신의 승률은 승리한 매매의 비율과 승리할 확률에 기반한다. 예를 들어 승률이 60%라면, 거래 중 60%에서 승리(이익)하고 40%에서 패배(손실)하는 것을 의미한다.

더 많이 승리하는 매매가 있을수록 좋지만, 매매에서 100% 승리할 수는 없다. 이 수치는 매일 변동할 수 있으며, 시장 주기가 바뀌었는지 또는 정상적인 손실 구간을 지나가고 있는지 확인하기 위해 지속적으로 관찰하는 것이 중요하다.

승률 공식

$$\frac{\text{승리한 매매의 횟수}}{\text{전체 매매 횟수}} = \text{승률}$$

승률 예시

$$\frac{60}{100} = 0.60 = 60\% \text{ 승리 매매}$$

승률 백분율 예시

$$0.60 \times 100 = 60\% \text{ 이익 매매}, 40\% \text{ 손실 매매}$$

(백분율을 구하려면 승률에 100을 곱한다.)

보상 비율 공식

이 비율은 당신이 잃는 1달러에 대해 얼마나 많은 달러를 벌고 있는지 알려준다. 이 비율이 높을수록 좋다. 만약 당신이 잃는 1달러에 대해 3달러를 벌고 있다면(3:1), 잘하고 있는 것이다.

1달러를 잃을 때마다 1달러를 벌고 있다면(1:1) 손익분기점에 도달한 것이므로 이 비율을 어떻게 개선할 것인지 결정해야 한다. 때로는 포괄적인 위험 및 자금 관리 시스템을 통해 손익분기점에 머물거나 손실을 보는 매매 시스템을 해결할 수 있다.

보상 비율 공식

$$\frac{\text{평균 수익 거래 금액}}{\text{평균 손실 거래 금액}} = \text{보상 비율}$$

보상 비율 예시

$$\frac{300\text{달러}}{100\text{달러}} = 3:1$$

파산 위험

파산 위험(ROR, risk of ruin)은 트레이더가 너무 많은 자본을 잃어 손실을 회복하는 것이 불가능한 확률이다. 트레이더의 계정은 재정적으로 파산할 것이다.

이것이 바로 우리가 처음부터 위험 관리 계획을 사용하는 이유다. 개인적으로 거래 계좌를 잃을 뻔한 적이 얼마나 많았는지에 따라 다르지만, 우리 대부분은 많은 돈을 잃었을 때의 정서적, 재정적 피해를 이해한다.

여기서 파산 위험표에 대해 알아보자. 표 12-1은 나우저 발사라(Nauzer Balsara) 교수의 10% 파산 위험표의 일부이며, 승률과 보상 비율 간의 상관관계가 트레이더가 몰락할 가능성을 어떻게 결정하는지 보여준다.

자본의 10% 위험 노출로 인한 파산 위험 확률	보상 비율 1:1	보상 비율 2:1	보상 비율 3:1	보상 비율 4:1	보상 비율 5:1
승률 30%	100.0%	100.0%	27.7%	10.2%	6.0%
승률 40%	100.0%	14.3%	2.5%	1.3%	0.8%
승률 50%	99.0%	0.8%	0.2%	0.1%	0.1%
승률 60%	1.7%	0.0%	0.0%	0.0%	0.0%

표 12-1. 자본의 10%를 위험에 노출했을 때의 파산 위험 확률
0.0%의 확률은 자본이 전액 손실될 확률은 낮지만, 전혀 불가능한 것은 아니라는 것을 의미한다.
출처: 이 표의 계산은 나우저 발사라 교수가 준비했다. 파산 위험에 대한 추가 계산 및 참조표는 그의 책《선물 트레이더를 위한 자금 관리 전략(Money Management Strategies for Futures Traders)》(John Wiley & Sons, 1992, 18페이지부터)을 참조하라.

표 12-1을 자세히 살펴보면 파산 위험은 전적으로 승률과 보상 비율, 그리고 얼마의 자본을 위험에 노출하는지에 따라 달라진다는 것을 쉽게 알 수 있다.

파산 위험은 트레이더와 투자자에게
명백한 현재의 위험이다

다음으로 표 12-2는 보상 비율과 위험에 노출하는 자본의 비율을 똑같이 유지하면서 승률을 30%에서 60%로 바꾸는 것만으로, 파산 위험의 확률을 100%에서 0%로 낮출 수 있음을 보여준다.

파산 위험 확률 100%	파산 위험 확률 0%
승률 30%, 보상 비율 2:1	승률 60%, 보상 비율 2:1

표 12-2. 자본의 10%가 위험에 노출되어 있고 승률만 변했을 때 승률과 보상 비율의 관계
0.0%의 확률은 자본이 전액 손실될 확률은 낮지만, 전혀 불가능한 것은 아니라는 것을 의미한다.
출처: 이 표의 계산은 나우저 발사라 교수가 준비했다. 파산 위험에 대한 추가 계산 및 참조표는 그의 책《선물 트레이더를 위한 자금 관리 전략》(18페이지부터)을 참조하라.

마지막으로, 표 12-3에서는 승률과 위험에 노출하는 자본의 비율을 동일하게 유지하면서 보상 비율을 1:1에서 5:1로 변경하는 것만으로, 파산 위험의 확률을 100%에서 거의 0%로 낮출 수 있음을 보여준다.

파산 위험 확률 99%	파산 위험 확률 0.1%
승률 50%, 보상 비율 1:1	승률 50%, 보상 비율 5:1

표 12-3. 자본의 10%가 위험에 노출되어 있고 승률만 변했을 때 승률과 보상 비율의 관계
0.0%의 확률은 자본이 전액 손실될 확률은 낮지만, 전혀 불가능한 것은 아니라는 것을 의미한다.
출처: 이 표의 계산은 나우저 발사라 교수가 준비했다. 파산 위험에 대한 추가 계산 및 참조표는 그의 책《선물 트레이더를 위한 자금 관리 전략》(18페이지부터)을 참조하라.

파산 위험 방정식의 세 변수

파산 위험의 세계를 탐험하면서 우리는 많은 변수를 발견했다. 우리가 통제할 수 있는 것, 즉 위험에 노출하는 자본의 비율을 통제함으로써 우리는 파산 위험을 피하는 데 더 가까워질 수 있다.

파산 위험 방정식의 세 변수

- 승률: 고정된 변수, 이 값은 조정할 수 없다.
- 보상 비율: 고정된 변수, 이 값은 조정할 수 없다.
- 위험에 노출하는 자본의 비율: 유연한 변수, 이 값은 조정할 수 있다.

발사라와 빈스(Vince)의 작업을 공부한 후, 그들이 수학의 천재라는 것은 분명해졌고, 실제 파산 위험 공식, 표, 계산에 대한 무거운 짐을 그들에게 넘길 수 있어 기쁘다. 안심하라, 여러분도 할 수 있다.

여러분이 해야 할 일은 여기서 필자가 단순화한 큰 그림의 개념을 이해하는 것뿐이며, 이를 여러분의 자금 관리에 더 빨리 적용하여 지금 당장 위험을 통제함으로써 이익을 얻을 수 있다.

행복한 커플

승률과 보상 비율은 상호 배타적이지 않다. 이 둘은 밀접하게 연결되어 있다. 둘이 함께 전체 이야기를 전달한다. 당신의 승률과 보상 비율이 서로 연결되어 있다는 사실을 깨닫는 순간, 이해의 세계가 열린다. 승률과 보상 비율 간의 균형을 존중하는 것이 중요하다.

제럴딘(Geraldine)은 "당신이 보는 것이, 바로 당신이 얻는 것이다!(WISIWYG, What you see is what you get!)"라고 말했다.

승률과 보상 비율에서 당신이 보는 것이 바로 당신이 얻는 것이다. 당신은 마법의 지팡이를 휘둘러 그것들을 마음대로 조정할 수 없다. 이 두 변수가 변하는 유일한 방법은 당신의 기술이나 능력치가 변할 때뿐이다.

예를 들어 당신의 기술이 향상되면, 승률과 보상 비율이 향상될 가능성이 높다. 또는 갑작스러운 시장 주기 변화가 발생하고 당신의 현재 매매 규칙이 새로운 시장 주기에서 제대로 작동하지 않는다면, 승률과 보상 비율이 손상될 가능성이 높다.

그런 경우가 아니라면, 이 둘은 항상 고정되어 있고 일정하다.

플립 윌슨(Flip Wilson)은 1970년대 코미디 쇼에서 가장 인기 있는 캐릭터인 제럴딘으로 출연할 때, "당신이 보는 것이, 바로 당신이 얻는 것이다"라는 대사를 만들어냈다. 제럴딘의 유명한 말은 '위지위그(WYSIWYG)'(What You See Is What You Get, 모니터 화면에 보이는 그대로 출력으로 얻을 수 있는 것, 즉 화면에 보이는 이미지가 그대로 프린터로 인쇄되는 기능 - 옮긴이)라는 약어로 발전했으며, 컴퓨터 프로그래밍에서 흔히 사용된다.

위지위그 개념으로 승률과 보상 비율을 생각해보자. 당신은 그 숫자를 바꿀 수 없다. 그것들은 있는 그대로다. 당신이 보는 것이 당신이 얻는 것이다.

반면, 위험에 노출하는 자본의 비율은 고정된 변수가 아니다. 당신의 필요와 매매 계획에 맞게 매매 규모와 위험에 노출하는 자본을 변경할 수 있다.

위험에 노출하는 자본이나 매매 규모를 줄이면 파산 위험이 감소하기 때문에 이것은 강력한 사실이다. 당신은 각 매매에서 위험에 노출하는 자본의 양을 완전히 통제할 수 있다. 그리고 그것은 당신이 운전석에 앉는다는 뜻이다.

깨달음을 얻는 순간

위험 관리와 자금 관리의 중요성을 진정으로 이해할 때가 바로 깨달음을 얻는 순간이다.

위험을 관리하는 첫 번째 방법의 하나는 매매 규모와 위험에 노출하는 자본의 양을 통제하는 것이다. 그 방법은 매우 간단하지만, 많은 트레이더가 이를 놓치고 있다.

> 초보 트레이더는 5~10배 더 큰 규모로 매매한다. 그들은 1~2%의 위험을 감수해야 할 매매에서 5~10%의 위험을 감수하고 있다.
> —브루스 코브너, '시장의 마법사들' 중 한 명

코브너의 관찰은 정확하게 맞아떨어졌다. 초보 트레이더와 투자자들은 일반적으로 최적의 매매 규모를 계산하는 것이 얼마나 중요한지에 대해 잘 알지 못한다. 그들은 너무 큰 규모로 매매하고 그것을 알지도 못한다. 다시 말하지만, 위험에 노출하는 올바른 자본 규모를 결정하는 유일한 방법은 항상 현재의 승률과 보상 비율 지표를 아는 것이다.

필자는 이러한 진실이 자신의 최종 이익에 얼마나 큰 영향을 미치는지 학생들이 깨닫고, 매매 규모와 계획을 간단히 약간만 조정했더라면 이전의 큰 손실을 피할 수 있었을 것이라는 사실을 깨닫는 "아하!" 순간을 경험하는 모습을 여러 번 보았다.

10%의 자본 위험은 방 안의 코끼리

더 나아가기 전에 발사라 교수의 파산 위험(표 12-1)에서 위험에 노출하는 10% 자본이라는 '방 안의 코끼리'에 대해 이야기해보겠다. 자본의 10%를 위험에 노출하는 것은 어리석은 행동이며, 마음이 약한 사람이나 초보 트레이더가 해서는 안 될 행동이다. 어떤 사람들은 10% 자본을 위험에 노출하는 것을 완전히 무모하다고 생각할 수도 있다. 그림 12-1을 참조하라.

> ### 위험에 노출하는 자본의 크기가 커질수록, 파산에 이를 가능성이 높아진다.
>
> —베넷 맥도웰

그림 12-1. 위험에 노출하는 자본—'너무 큰' 매매 위험이 발생할 것을 고려하라. 자신의 현재 승률과 보상 비율에 따라 매매 규모와 위험에 노출하는 자본의 크기를 통제하라.

발사라의 표는 승률, 보상 비율 및 위험에 노출하는 자본 간의 관계를 설명하는 데 매우 유용하지만, 이 표는 전문 트레이더를 고려하여 작성되었다는 점을 명심해야 한다.

위험에 노출하는 자본의 좀 더 보수적인 양은 1% 또는 2%다. 이 정도 비율이 평균적인 트레이더에게 더 적절한 값이다.

최적의 f 공식

이 공식은 위험에 노출하는 자본의 최적 분율(f)을 계산한다. 최적의 f 공식은 1940년대 초 벨연구소의 존 켈리 주니어에 의해 처음 개발되었으며, 켈리 공식이라고도 불린다. 에드워드 소프는《도박의 수학(*The Mathematics of Gambling*)》에서 고정 분수 공식에 평균 보상 비율 A와 평균 성공 확률 p를 고려하여 수정했다.

발사라는《선물 트레이더를 위한 자금 관리 전략》에서 다음과 같이 매매에서 위험에 노출하는 자본의 최적 비율 f를 결정하는 공식을 정의했다.

최적의 f 공식

$$f = \frac{[(A+1) \times p] - 1}{A}$$

이 공식에서는 다음의 정의가 적용된다.

- f는 한 매매에서 위험에 노출할 수 있는 최적의 비율(백분율)이다.
- A는 평균 보상 비율(1달러의 손실로 얻을 수 있는 달러)이다.
- p는 평균 승률(성공할 확률)이다.

최적의 f 예시

- f는 미지의 값(한 번의 매매에서 노출할 수 있는 최적의 위험 비율)
- A는 평균 보상 비율로 2:1이다.
- p는 승률로 평균 35%의 승리 비율이다.

$$f = \frac{[(2+1) \times 0.35] - 1}{2} = \frac{1.05 - 1}{2} = \frac{0.05}{2} = 0.025 = 2.5\%$$

최적의 f 백분율 예시

f의 값으로 0.025가 나오는데, 이는 2.5%가 이 정도의 성과 데이터와 최적의 f 공식에 기반하여 당신이 매매에서 위험에 노출할 수 있는 계좌 전체 규모 대비 최적 비율임을 의미한다(백분율 값을 얻으려면 최적의 f 결과에 100을 곱한다).

최적의 f 공식 결과를 파산 위험표와 비교

각 매매에서 위험에 노출하는 자본의 양은 승률과 보상 비율에 따라 두 가지 방법으로 계산할 수 있다.

1. 파산 위험표

2. 최적의 f 공식

이 두 가지 방법은 서로 다른 결과를 낳는다는 점을 이해하는 것이 중요하다. 최적의 f 공식의 결과는 0%의 파산 위험을 위한 것보다 더 높은 위험 노출 비율을 제공한다.

다음의 예를 살펴보자.

- f는 미지의 값(한 번의 매매에서 노출할 수 있는 최적의 위험 비율)
- A는 평균 보상 비율로 2:1이다.
- p는 승률로 평균 40%의 승리 비율이다.

최적의 f 공식은 다음과 같다.

$$f = \frac{[(2+1) \times 0.40]-1}{2} = \frac{1.2-1}{2} = \frac{0.2}{2} = 0.10 = 10\%$$

백분율 값을 얻으려면 최적의 f 결과에 100을 곱한다.

이 예에서 최적의 f 공식은 보상 비율이 2:1이고 승률이 40%인 트레이더의 경우, 전체 자본 대비 위험의 최적 비율이 10%인 것으로 계산된다.

표 12-1을 참조하면, 이 시나리오에 대한 발사라 교수의 계산은 파산 위험을 14.3%로 제공하는데, 이는 작은 위험이지만 파산할 가능성이 확률적으로 0%는 아니다. 표 12-4는 최적의 f 공식과 파산 위험표

의 접근 방식을 비교하는 방법을 시각화하는 데 도움이 된다.

최적의 f 공식을 사용할 때는 파산 확률이 0%인 위험 노출 비율을 계산하지 않는다는 점을 이해해야 한다. 이것은 파산 위험표를 사용할 때보다 더 공격적인 접근 방식이다.

파산 위험, 표 12-1의 결과	최적의 f 공식 결과
14.3%의 파산 위험 확률	0%의 파산 위험 확률
위험 노출 비율 14%	위험 노출 비율 10%
승률 40%	승률 40%
보상 비율 2:1	보상 비율 2:1

표 12-4. 파산 위험표와 최적의 f 공식은 동일한 매개변수로 계산될 경우, 파산할 위험에 대해 다른 확률을 나타낸다.

0.0%의 확률은 자본이 전액 손실될 확률은 낮지만, 전혀 불가능한 것은 아니라는 것을 의미한다.

제13장

중요한 것은 매매 규모

최적의 매매 또는 투자 규모를 계산하는 것이 종종 간과된다. 트레이더는 때때로 자동 무릎 반사와 같은 반응을 보이며, 100주 또는 10주 등 모든 거래에서 대략적인 수의 주식 또는 계약을 선택한다.

매매를 가르칠 때, 트레이더가 항상 같은 수량으로 매매한다거나, 혹은 반올림된 수량으로 매매한다고 말한다면 그것은 위험 신호다. 그것은 그들이 정확한 진입 시점에 맞는, 정확한 초기 손절매에 맞는, 그리고 현재의 성과 통계를 고려한 최적의 매매 규모를 계산하지 않고 있음을 의미한다.

우리는 앞으로 손절매 청산에 대해 다루겠지만, 트레이더가 자신의 지갑 사정에 맞춰 손절매 청산 가격을 설정하는 것도 또 다른 위험 신호다.

시장은 당신이 위험을 얼마나 감당할 수 있는지에 관심이 없다. 현재 시장의 지지와 저항의 역학에 따라 손절매 청산을 정하는 것이 중요하다. 이러한 시장 역학은 끊임없이 변한다.

예를 들어 시장에서 당신이 감당할 수 있는 손실, 즉 손실이 100달러가 되는 가격에 손절매 청산을 설정해서는 안 된다. 이것은 현재의 시장 역학을 고려하지 않기 때문에 의미 있는 가격이 아니다.

다음 장에서는 손절매 청산을 설정하는 방법에 대해 자세히 살펴볼 것이다.

위험을 통제할 때, 세 가지 변수를 통제할 수 있다

이 세 가지 변수는 모두 유연하여, 고정되어 있거나 일정하지 않다. 즉 모든 매매에 대해 세 가지를 모두 계산하는 방법을 결정하는 계획과 일련의 규칙이 필요하다.

통제 계획을 세울 수 있는 세 가지 변수는 다음과 같다.

- 진입 가격(어떤 가격에 진입할 것인가)
- 손절매 청산(어떤 가격에 청산할 것인가)
- 규모(주식 수 또는 계약 수)

우리가 이러한 변수를 통제할 계획을 세울 것임에 유의하라. 우리는 매매 진입 가격과 매매 규모를 완전히 통제할 수 있다. 매매 청산은 우리가 통제할 계획은 할 수 있는 것이지만, 시장 유동성과 같은 요인으로 인해 실제 청산은 시장의 여건에 따라 달라진다. 이 점을 명심해야 한다.

매매 규모와 적절한 설정

〈골디락스와 곰 세 마리〉 이야기에서처럼, 우리는 너무 뜨겁지도, 너무 차갑지도 않고 딱 적당한 온도의 죽을 원한다. 매매 규모에 관해서도 우리는 너무 작지도, 너무 크지도 않고 딱 적당한 규모를 원한다.

　매매 규모가 너무 작으면, 우리가 옳을 때도 이익을 극대화하지 못하게 된다. 반대로 매매 규모가 너무 크면 우리가 틀렸을 때 전체 계정이 사라질 수 있으므로 주의해야 한다. 그렇다면 어떻게 딱 맞는 규모로 매매할 수 있을까? 다음 예제를 통해 그 방법을 확인할 수 있다.

　다음 공식과 예제를 올바르게 이해하려면 아래와 같은 거래 정보가 필요하다.

1. 진입 가격
2. 초기 손절매 청산 가격
3. 위험에 노출하는 자본 비율
4. 매매 수수료 비용
5. 계좌 규모

위험에 노출하는 자본의 적절한 비율은 얼마인가?

출발점으로, 이 장의 예시에서는 위험에 노출하는 자본의 비율로 2%를 사용할 것이다. 만약 당신이 좀 더 경험이 많다면 더 높은 비율을 위험에 노출할 수 있다. 하지만 경험이 적다면 더 낮은 비율을 위험에 노출할 수 있다.

전체 자본 대비 위험에 노출하는 자본의 정확한 비율을 결정하려면 제12장을 참조하라. 현재 승률과 보상 비율을 알면, 위험에 노출하는 자본의 비율을 계산하기 위해 다음 중 하나를 사용한다.

- 파산 위험표
- 최적의 f 공식(켈리 공식이라고도 함)

전체 자본의 어느 정도를 위험에 노출할지 결정한 후에도 테스트가 필요하다는 점을 명심하라. 이 변수는 고정되지 않으며 위험 허용 범위에 따라 조정할 수 있다. 개인의 매매 심리를 보완하기 위해 이를 늘리거나 줄일 수 있다.

위험 노출 금액 공식

올바르게 하기 위한 첫 번째 단계는 매매에서 얼마나 많은 금액을 위험에 노출할 것인지 결정하는 것이다. 이는 두 가지 요인, 즉 계좌 규모와 위험에 노출하는 자본의 비율에 따라 결정된다. 이 예에서는 위험에 노출하는 자본의 비율로 2%를 사용한다.

위험 노출 금액 공식

계좌 규모 × 위험에 노출하는 자본의 비율 = 위험 노출 금액

위험 노출 금액 예시

$$25,000달러 \times 2\% = 500달러$$

그리 어렵지 않다. 아주 쉽다. 이제 다음 공식으로 넘어가자.

매매 규모 공식 - 레버리지 미사용

두 번째 단계는 매매할 주식의 수나 계약의 수를 계산하는 것이다. 이는 위험 노출 금액, 수수료 비용, 진입 가격 및 초기 손절매 가격의 네 가지 요인에 따라 결정된다.

매매의 세부 사항

- 계좌 규모: 25,000달러
- 2%의 위험 노출 자본: 위험 노출 금액 500달러
- 마이크로소프트 매매 진입 가격: 주가 60달러
- 마이크로소프트 초기 손절매 청산: 주가 58.50달러

- 진입과 청산의 차이: 1.50달러
- 매매 수수료: 왕복 80달러
- 최대 매매 규모: 280주

매매 규모 공식

$$\frac{[\text{위험 노출 금액} - \text{수수료}]}{\text{진입과 청산의 차이}} = \text{매매 규모}$$

레버리지를 사용하지 않는 매매 규모 예시

$$\frac{[500\text{달러} - 80\text{달러}]}{1.5\text{달러}} = 280\text{주}$$

매매 규모 공식 - 레버리지 사용

레버리지를 사용하면 위험이 증가하므로 최적의 매매 규모를 계산할 때 반드시 고려해야 한다. 이 매매 예시는 레버리지와 매매 규모를 함께 관리하는 방법을 명확히 하는 데 도움이 될 것이다.

매매의 세부 사항

- 계좌 규모: 50,000달러
- 증거금 비율: 150%(매매를 위해 사용할 수 있는 자본이 자기자본의 150%)
- 계좌 규모(레버리지 사용): 75,000달러

- 2%의 위험 노출 자본(50,000달러 기준): 위험 노출 금액 1,000달러
- IBM 매매 진입 가격: 주가 91.49달러
- IBM 초기 손절매 청산: 주가 90.23달러
- 진입과 청산의 차이: 1.26달러
- 매매 수수료: 왕복 51.22달러
- 최대 매매 규모: 753주

매매 규모 공식

$$\frac{[\text{위험 노출 금액} - \text{수수료}]}{\text{진입과 청산의 차이}} = \text{매매 규모}$$

레버리지를 사용한 매매 규모 예시

$$\frac{[1,000\text{달러} - 51.22\text{달러}]}{1.26\text{달러}} = 753\text{주}$$

진입 가격과 청산 가격 사이의 거리

초기 손절매 청산 가격이 진입 가격에서 더 멀리 떨어져 있을수록 위험의 양이 더 커진다. 이것은 이해해야 할 중요한 개념이며, 그림 13-1은 이를 시각화하는 데 도움이 될 것이다.

차트에서 위험이 어떻게 보이는지 시각화할수록 해당 위험을 통제하고 관리하는 것이 점점 더 쉬워진다. 이를 통해 차트에서 진입 가격

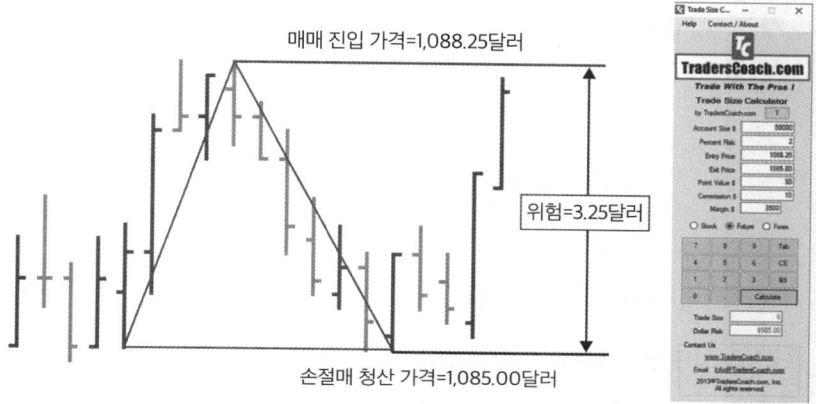

'매매 규모' 계산 - S&P E-MINI 선물

매매 진입 가격=1,088.25달러

위험=3.25달러

손절매 청산 가격=1,085.00달러

그림 13-1. 진입 가격과 손절매 청산 가격 사이의 차이는 당신이 부담하게 될 위험의 양이다. S&P E-mini에서 위험의 양이 3.25달러임에 주목하라. 각 매매에 대한 위험의 양을 차트에 시각화하는 것이 중요하며, 이를 통해 위험 관리가 더 쉬워진다.

과 청산 가격 사이의 거리에 대한 또 다른 측면을 살펴볼 수 있다.

질문

그림 13-1에서처럼 진입 가격과 청산 가격 사이의 차이가 3.25달러보다 크고 다른 모든 변수가 동일하다면, 당신의 매매 규모는 커질까, 아니면 작아질까?

답변

매매 규모가 작아진다.

왜냐하면 진입 가격과 청산 가격 사이의 차이가 클수록 위험 금액이 커지기 때문이다. 이 예시에서 위험을 관리하는 방법은 더 큰 위험을 고려하여 매매 규모를 줄이는 것이다. 그리고 물론, 최적의 매매 규모를 계산하는 가장 좋은 방법은 이 장에서 제공한 매매 규모 공식을 사용하는 것이다.

매매 규모와 위험 심리

트레이더가 상대적으로 작거나 평균적인 규모의 계좌에서 큰 수익을 올리고 있다면, 그들은 일반적으로 합리적인 자금 관리를 하지 않고, 건강한 위험 심리를 갖추지 못한 상태일 가능성이 크다.

그들은 비정상적으로 큰 매매 규모로 인해 엄청난 위험에 노출될 가능성이 높고, 레버리지를 사용하고 있을 가능성이 있다. 이런 경우, 그들은 운이 좋아서 횡재했을 수도 있다.

파산 위험 확률의 관점에서 볼 때, 이런 식으로 매매를 계속하다 보면 큰 손실이 이익을 압도하리라는 것은 시간문제임을 알 수 있다.

매매 규모의 심리학은 모든 매매의 결과를 알 수 없다는 사실을 인정하고 믿는 순간부터 시작된다. 그렇게 믿으면 "나는 얼마만큼의 손실을 감당할 수 있으며, 파산의 위험에 빠지지 않을 수 있을까?"라고 스스로에게 묻게 된다.

스스로에게 이런 질문을 던지면, 매매에 들어가기 전에 매매 규모를 조정하거나 손절매 청산 가격을 더 엄격하게 설정할 것이다. 대부분의 상황에서 가장 좋은 방법은 매매 규모를 조정하고 현재의 시장 역학에 따라 손절매 가격을 설정하는 것이다.

계좌의 손실 구간 동안, 위험 관리와 매매 규모는 더욱 중요해진다.

전문 트레이더들은 자신의 매매 시스템을 테스트하여 연속적인 손실이 얼마나 발생할 수 있는지, 그리고 그 시스템에 대한 통계적 확률, 즉 손실 기간에 대한 통계적 확률을 알고 있다.

이러한 지식 덕분에 그들은 거래를 포기하거나 복수하는 매매를 통해 시장에 보복하려는 유혹을 극복할 수 있다. 그들은 균형을 유지하고 미래에 잘 관리된 매매의 혜택을 누릴 가능성이 더 높다. 이러한 위험 심리학과 자신감을 가지려면 시간과 경험이 필요하다.

> 매매가 잘 안 될 때는 매매 규모를 줄이고, 매매가 잘될 때는 매매 규모를 늘려라.
>
> —폴 튜더 존스

현재의 승률과 보상 비율 그리고 성과 통계를 항상 파악하는 것이 중요하다. 이러한 통계는 시간이 지남에 따라 바뀌고, 오르내릴 수 있다. 통제할 수 없는 요인이 성과에 영향을 미칠 수 있다는 점을 명심하라. 당신의 건강, 변화하는 시장의 변동성, 예상치 못한 삶의 사건 등이 그것들이다.

시장의 마초처럼 행동하기

폴 튜더 존스의 훌륭한 인용문이 있다. 그림 13-2를 보라. 그는 시장에서 마초처럼 행동하지 않도록 조심하라고 이야기한다. 여기서 우리는

> **첫째, 시장에서 마초처럼 행동하지 마라.**
> **둘째, 절대로 과도한 매매를 하지 마라.**
>
> —폴 튜더 존스

그림 13-2. 마초—자신의 자산, 계좌 규모, 기술 수준에 비해 너무 공격적으로 매매하면 재앙으로 이어질 수 있다. 적절한 매매 규모를 계산하면 너무 큰 규모로 매매하지 않아 지속적인 성공 가능성이 높아진다.

자아에 대한 중요한 주제로 넘어간다.

당연하게도, 이것은 여성에게도 해당하지만, 일반적으로 남성은 여성보다 "마초처럼 행동"할 가능성이 더 높은 것으로 보인다.

트레이더가 마초처럼 행동하는 함정에 빠질 수 있는 시나리오는 여러 가지가 있다. 여기에는 다음 사례들이 포함되지만, 이것에 국한되는 것은 아니다.

- 비현실적인 자신감을 가진 초보 트레이더
- 연속적인 손실 이후의 복수를 위한 매매
- 무지와 위험 관리 부족

시장은 우리의 약점을 찾아내고 그것을 드러내는 신비한 능력이 있다. 빠르고 극적인 손실은 나쁜 매매 심리, 위험 통제 부족, 검증된 매매 규칙의 부재와 같은 문제를 도드라지게 비출 것이다. 따라서 폴 튜더 존스가 말했듯이, "시장에서 절대로 마초처럼 행동하지 마라".

언제 매매 규모를 절반으로 줄이는가?

당신의 위험 관리 전략에 추가할 수 있는 효과적인 방법 중 하나는 매매 규모를 가끔 절반으로 줄이는 것이다. 때때로 시장 진입을 위한 조건들이 가능성 있어 보이지만, 필자가 자주 말하듯이 "모든 조건이 완벽히 갖춰지지는 않았지만" 충분히 많은 조건이 충족되어 매매를 시도할 만한 상황이 있다. 즉 좋은 매매로 보이기는 하지만, 100% 확신이 들지는 않는 상황이다.

매매 규모를 절반으로 줄여야 하는 경우는 다음과 같다.

- 엘리엇 파동 계수가 예상만큼 명확하지 않을 때
- 다중 타임프레임 분석을 사용할 때, 한 차트가 다른 차트와 일치되지 않지만, 여전히 유망한 시장 진입 조건이 존재할 때
- 높은 확률의 피보나치 목표 구역을 놓친 되돌림 이후 충동파 엘리엇 파동을 매매할 때
- 추세가 충분히 진행된 이후 뒤늦게 시장에 진입할 때

매매 규모를 절반으로 줄이면 위험이 감소하므로, 모든 조건이 완벽히 갖춰지지 않은 경우에도 매매할 수 있게 해준다.

제14장
손절매 청산 전략

매매 위험을 통제하는 가장 좋은 방법은 손절매 청산 주문을 설정하는 것이다. 손절매 청산은 위험을 관리하는 데 사용되는 실용적인 도구이며, 올바른 전략을 개발하는 것은 예술이다.

한편 우리는 너무 엄격한 나머지 시장에서 끊임없이 밀려나고 휘둘리게 되는 손절매를 설정하고 싶지는 않다. 다른 한편으로는, 너무 느슨해서 너무 많은 위험을 감수해야 하고 결과적으로 매우 작은 매매 규모가 강제되는 손절매도 원하지 않는다.

해결책은 이 두 가지 목표의 균형을 이루고 시장 역학에 기반한 접근 방식을 찾는 것이다. 손절매 전략은 현재 시장 역학과 변동성의 정상적인 움직임과 흐름에 따라 매매가 숨을 쉴 수 있도록 설계되어야 한다.

손절매의 필수 요소

효과적인 손절매 전략을 개발하려면 약간의 정교함이 필요하다. 매매 진입 규칙과 마찬가지로 시장 주기의 변화에 따라 손실 방지 전략을 조정해야 할 수도 있다. 시장 주기와 관계없이, 몇 가지 규칙은 항상 적용된다.

항상 적용되는 필수적인 손절매 청산 전략은 다음과 같다.

- 언제나 모든 매매에 대해 손절매를 설정한다.
- 매매가 진행되는 동안 발생할 수 있는 감정적 실수를 피하기 위해 시장에 진입하기 전에 손절매를 설정한다.
- 매매 중에 손절매 가격에 도달하면 즉시 청산하고, 두고두고 의심하지 않는다.
- 복수를 위한 매매를 피하고자 매매가 중단되었을 때 감정을 조절하도록 노력한다.
- 모든 매매에서 돈을 벌 수 있는 것은 아니며, 손절매는 단순히 사업의 비용일 뿐이라는 사실을 받아들인다.
- 자신의 재정 형편에 맞는 임의의 금액으로 손절매 가격을 정하는 것이 아니라, 지지선과 저항선 등 현재의 시장 역학을 활용해 손절매 가격을 설정한다.

매매에서의 여섯 가지 위험

매매에는 다양한 위험이 따르며, 각각의 위험마다 다른 전략이 필요하다. 효과적인 자금 관리 시스템은 가능한 한 많은 이런 위험을 통제하도록 설계되었다.

당신의 자금 관리 시스템은 다음과 같은 위험으로부터 당신을 보호하는 데 도움이 된다.

1. 매매 위험: 개별 매매에 대한 계산된 위험은 매매 규모를 변경하여 조정된다.

2. 시장 위험: 시장에 참여함으로써 발생하는 고유한 위험을 시장 위험이라고 하며, 우리는 이러한 유형의 위험을 전혀 통제할 수 없다. 여기에는 갑작스러운 시장 붕괴를 일으키는 세계적 사건을 포함하여 이에 국한되지 않는 가능한 모든 위험이 포함된다. 이러한 이유로 자신의 전체 자산 중 10% 이상을 매매하지 않는 것이 가장 좋다.

3. 레버리지 위험: 이는 거래 계좌에 있는 금액보다 더 많은 돈을 잃을 위험이 포함된다. 레버리지를 사용하기 때문에 매매가 우리에게 불리하게 돌아가면 증권사에 빚질 수 있다.

4. 유동성 위험: 우리가 매도하고 싶을 때 매수자가 없다면, 유동성 위험의 불편함을 경험하게 된다. 이런 불편함에 더해, 이러한 종류의 위험은 가격이 갑자기 하한가로 떨어질 때 벗어날 방법이 없으므로 비용이 많이 들 수 있다. 엔론(Enron)의 주주들은 2001년

회사가 파산을 선언하면서 이를 경험했다. 유동성 위험은 시장 위험 사건으로 인해 발생하거나 악화할 수도 있다.

5. 오버나이트 위험: 하루 이상 포지션을 유지하는 트레이더에게 이 유형의 위험은 시장이 마감한 이후 밤사이에 일어날 수 있는 일이 포지션의 가치에 극적인 영향을 미칠 수 있다는 우려를 제기한다. 장이 시작되자마자 전날 종가에서 엄청나게 벌어진 가격에 갭을 형성하는 당일 시가가 만들어질 가능성이 있다. 이런 갭 발생은 계좌의 가치에 부정적인 영향을 미칠 수 있으며, 이미 존재했던 손절매 청산 가격을 무의미하게 만들 수 있다.

6. 변동성 위험: 요동치는 시장은 매매를 반복적으로 중단하여 상당한 손실 기간을 초래할 수 있다. 변동성 위험은 손절매 청산 설정이 시장과 일치하지 않고 현재의 가격 변동에 대처할 수 없을 때 발생한다.

손절매 청산 전략

손절매 청산을 어디에 설정할 것인가에 관한 주제는 일반적으로 매매 시스템이라는 제목 아래에 속한다. 청산은 진입과 함께 신중하게 조정되어야 하며, 이 매매 기술은 경험과 함께 발전한다.

손절매 선택은 종종 자금 관리와 별개의 주제로 간주된다. 하지만 손절매는 위험 통제의 필수적인 부분이므로, 이 논의의 일부로 손절매 이론의 개요를 제공하는 것이 중요하다. 그림 14-1을 보라.

그림 14-1. 매매 위험을 통제하는 훌륭한 방법은 수행하는 모든 매매에서 방아쇠를 당기기 전에 손절매 청산을 설정하는 것이다.

다음의 손절매 청산은 좋은 출발점이다.

- 최초 손절매: 매매 시작 시 설정된 첫 번째 청산 가격. 초기 손절매는 매매 규모를 계산하는 데에도 사용된다. 시장이 이 손절매 가격을 넘어서는 갭을 형성하지 않고, 그 가격에서 시장을 빠져나갈 만큼 충분한 유동성이 있는 경우라면 이 가격에서 청산하는 것이 현재 매매에서 예상할 수 있는 가장 큰 손실이다.
- 추적 손절매: 가격이 올라가면서 손절매 가격도 함께 올라간다. 이 손절매는 시장이 매매에서 원하는 방향으로 움직일 때 이익을 보존한다. 그림 14-2에서 강세 시장에서 시장이 상승함에 따라 손절매 가격이 각 삼각형의 바닥으로 상승하는 것을 볼 수 있다. 마침내 추세가 끝나면, 시장이 마지막 강세 삼각형의 아래로 반전되면서 매매가 청산된다.
- 저항 손절매: 이것은 추세에서 사용되는 추적 손절매의 한 형태

로, 추세 내에서 역추세로의 반전 바로 아래에 설정된다.

- 3봉 추적 손절매: 이것은 시장의 추세가 모멘텀을 잃고 있고 추세 반전이 예상될 때 사용된다.
- 1봉 추적 손절매: 가격이 수익 목표 구간에 도달하면 이 손절매를 사용한다. 돌파 시장이 있고 수익을 확보하고 싶을 때도 사용할 수 있다. 시장이 3~5개의 봉에서 당신에게 유리한 쪽으로 강하게 움직인 후에 사용한다.
- 추세선 손절매: 상승 추세에서는 저점을 연결한 추세선 아래에, 하락 추세에서는 고점을 연결한 추세선 위에 사용한다. 봉의 종가 가 추세선의 반대쪽으로 마감될 때 시장을 빠져나온다.

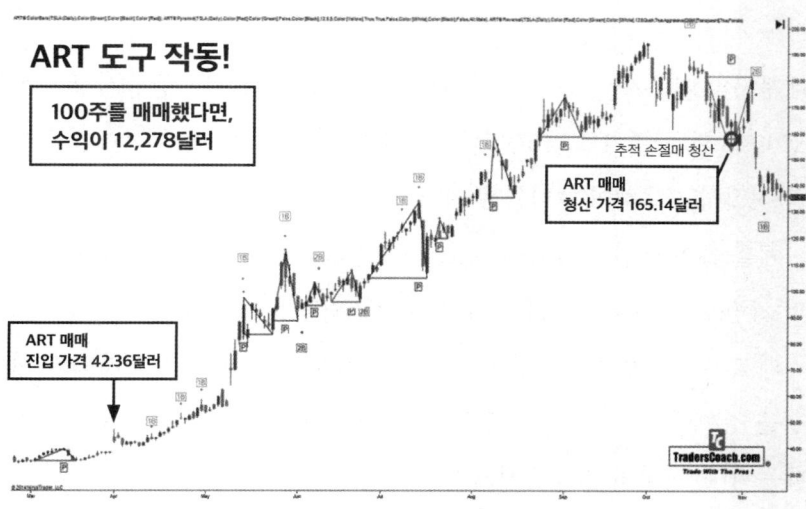

그림 14-2. 추적 손절매 청산은 수익을 확보하는 데 유용하다. 이 상승 추세에서 시장 가격이 상승함에 따라, 손절매 가격은 각 삼각형의 하단을 따라 올라가며, 추세가 끝나고 거래가 청산 되어 이익으로 마감될 때까지 계속된다. 여기서 사용되는 매매 시스템은 www.traderscoach.com 의 'ART' 시스템이다.

- 회귀 채널 손절매: 일반적인 추세선 손절매와 유사하지만, 회귀 채널은 추세의 고점과 저점 사이에 좋은 채널을 형성하며 일반적으로 추세 채널의 폭을 나타낸다. 손절매 가격은 상승 추세에서는 채널의 저점 아래에, 하락 추세에서는 채널의 고점 위에 배치된다. 손절매 청산이 되려면 채널 바깥쪽에서 종가가 형성되어야 한다.

주의: 모든 매매가 이익을 보는 것은 아니며, 손절매 청산은 작은 손실이 큰 손실로 커지는 것을 막는 데 도움이 된다.

네 개의 주요 시장 주기

대부분의 기후가 어느 정도 사계절을 갖고 있는 것처럼, 금융시장도 서로 다른 환경 주기를 갖고 있다. 즉 변화하는 주기를 빠르게 파악한 다음 적절히 적용해야 한다는 뜻이다.

예를 들어 당신이 뉴욕에 살고 있다면, 2월에 반바지와 티셔츠, 슬리퍼 차림으로 5번가를 여유롭게 산책할 가능성은 거의 없다.

왜 그럴까? 왜냐하면 당신이 그곳에 잠시라도 살았고 그 지역의 계절을 경험했다면, 2월이 상당히 추울 거라는 사실을 알고 있을 것이기 때문이다. 적절하게 적응하려면 두꺼운 겨울 코트와 장갑, 스카프, 귀마개를 착용하고 싶을 것이다.

시장도 마찬가지다. 당신은 '잠시 그곳에 살았고' 다양한 시장 주기를 경험했으므로, '무엇을 입어야 하는지' 또는 어떻게 적용해야 하는지 알 수 있고, 각 매매에서 편안함을 느낄 수 있다.

2월에 겨울 코트를 입어야 한다는 것을 아는 대신, 박스권에 갇힌 시장에선 너무 자주 손절매 청산을 하지 않도록 규칙을 적용해야 한다는 사실을 알고 있다. 또는 수익을 확보하기 위해 적시에 포지션을 정리할 수 있도록 강세장이 약세장으로 바뀌는 것을 눈치채야 할 수도 있다.

네 개의 중요한 시장 주기는 다음과 같다.

1. 추세 시장: 금융시장은 위(상승) 또는 아래(하락) 중 한 방향으로, 지속적으로 움직이고 있다.
2. 박스권 시장: 수렴 시장 또는 횡보 시장이라고도 알려진 박스권 시장은 시장이 식별할 수 있는 저항선과 지지선 사이의 가격대에 갇혔을 때 발생한다. 차트에서는 횡보하는 수평 채널처럼 보일 것이다.
3. 돌파 시장: 시장이 최소 20개 가격 막대 동안 수렴한 후 가격 움직임에 급격한 변화가 있을 때 이를 돌파 시장이라고 한다. 이는 위(상승) 또는 아래(하락) 중 하나로 돌파한다.
4. 조정 시장: 장기 시장 추세 중에 가격이 일시적이고 단기적으로 급격하게 반전하는 현상으로, 조정이라고도 한다.

시장 주기를 잘못 식별하면 비용이 많이 들 수 있다. 예를 들어 시장이 새로운 추세에 진입했다고 판단했지만 실제로는 조정 중이라면, 매매에 진입하자마자 즉시 손절매 청산을 할 수도 있다.

이런 이유로 시장 경험은 최고의 스승이다. 당신의 필수적인 행동 계획은 끊임없는 관찰이어야 한다. 이를 통해 시장 주기를 읽는 능력을 지속적으로 향상하게 될 것이다.

주의: 현재 어떤 시장 주기에 있는지 아는 것이 더 나은 손절매 시점을 계산하는 데 도움이 될 것이다.

모든 손실의 어머니

손실을 작게 정리하고 이익을 크게 키우는 것은, 매매 성공 제1의 규칙으로 여겨진다. 그리고 손절매 청산을 설정하는 것은 손실을 작게 유지하는 가장 좋은 방법 중 하나다.

> 작은 손실도 감수하지 못하면, 조만간 엄청난 손실을 보게 될 것이다.
> —에드 세이코타, 상품 트레이더이자 '시장의 마법사들' 중 한 명

문제는 때때로 트레이더가 손절매 청산을 고수하지 못한다는 것이다. 그림 14-3을 보라. 트레이더가 이런 어려움을 겪는 이유는 무엇일까? 종종 손실을 조금도 견딜 수 없기 때문이다. 또는 자신의 판단이 틀렸다는 것이 부정적이고 참을 수 없다고 여겨지기 때문이다. 손절매 청산이 무시되는 이유가 무엇이든, 이런 일이 발생했을 때 이를 인정하는 것이 중요하다.

궁극적으로 이런 경우는 매매 심리가 성숙하지 않았을 때 발생한다.

> ## 작은 손실을 감수할 수 없다면,
> ## 조만간 모든 손실의 어머니가 될 것이다.
>
> **—에드 세이코타**

그림 14-3. 작은 손실을 감수하라—투쟁은 현실이다. 트레이더는 작은 손실을 감수하는 능력을 단련해야 하며, 그렇게 할 수 없다면 매매 심리를 개선해야 한다.

작은 손실을 감수하는 법을 배우지 못하면, 매매와 투자에서 절대로 성공할 수 없다.

위험 없이는 기회도 없다

필자를 아는 사람이라면 누구나 필자가 "위험 없이는 기회도 없다"라고 말하는 것을 백만 번은 들었을 것이다.

필자가 그토록 위험 관리에 열정적인 이유가 바로 그것이다. 위험 통제에 숙달하고 효과적인 손절매 청산을 설정하는 방법을 배우면 금융 시장에서 매일 엄청난 기회를 누릴 수 있다.

제15장

트레이더의 매매 기록 양식

이들 기록 보관 양식은 1990년대 뉴욕 시절로 거슬러 올라간다. 당시 필자는 매매와 투자에 맞춤화된 기록 보관 시스템을 찾고 있었다. 시중에는 아무것도 없었다. 그래서 아내 진(Jean)의 도움을 받아 필자의 매매를 거시적 기준과 미시적 기준으로 살펴볼 수 있는 시스템을 만들었다.

'거시적' 큰 그림은 주간, 월간, 연간 원장에 누적된 결과를 보여준다. 그리고 '미시적' 근접 그림은 일별 원장과 개별 매매 기록 카드에서 분 단위 결과를 보여준다.

이 접근 방식을 통해 거시적 수준에서 조감도로 필자의 강점과 약점을 파악할 수 있었다. 그런 다음 미시적 수준으로 확대하여 무엇이 효과가 있고 무엇을 계속 반복해야 하는지 더 깊이 이해할 수 있었다. 게다가 상황이 좋지 않을 때를 발견하고 정확한 매매 기록 카드를 식별하여 전략을 조정하는 방법을 결정하는 데 도움이 되었다.

이 장은 손익 기록의 중요성에 대해 다룬다. 이러한 통계는 투자 수익률(ROI)을 파악하는 데 유용하며, 이것이 바로 이 비즈니스의, 그리고 모든 비즈니스의 핵심이다.

당신은 일관된 이익을 얻기 위해 투자를 하고, 그 과정에서 시간과 돈을 걸고 있다. 중요한 것은 당신의 이익을 글자 그대로 일관되게 만드는 것이다. 기록 보관 시스템을 만들면 매매와 투자에서 일관된 이익률을 유지할 가능성이 높아진다.

지금 당장 매매 기록 보관을 시작하라

매매 및 투자 실적을 기록하도록 특별히 설계된 기록 보관, 회계 기록 양식을 구축하지 않았다면, 지금이 바로 시작할 때다. 모든 성공적인 사업은 매일 실적을 기록하며, 이는 매매와 투자의 경우에도 마찬가지다.

> 완전한 데이터, 팩트, 지식을 가지고 있을 때 좋은 판단을 내리는 것은, 리더십이 아니라 기록이다.
> ─디 호크, 비자(VISA) 신용카드협회 설립자이자 CEO

비자 신용카드협회 설립자이자 CEO인 디 호크는 이러한 기록과 분석이 완벽한 데이터와 지식을 제공한다는 사실을 알고 있다. 정확한 데이터와 지식은 모든 사업이 성공하고 시간이 지나도 그 성공을 유지하는 유일한 방법이다.

　시작하는 데 도움이 되도록, 필자가 1990년대에 사용하기 시작했고 오늘날에도 여전히 사용하는 정확한 원장과 기록 카드를 소개한다. 이것은 당신이 심리와 전략에 대한 메모를 잊어버리기 전에 떠오르는 즉시 적어둘 수 있게 해주는 수동 필기 방식이다. 이러한 통찰력의 보석은 향후 당신의 매매 성과를 개선하는 방법을 밝힐 수 있다.

　다음과 같은 양식이 포함된다.

1. 연간 매매 원장, 앞면, 그림 15-1

2. 월간 매매 원장, 앞면

3. 주간 매매 원장, 앞면

4. 일일 매매 원장, 앞면

5. 일일 워크시트, 앞면

6. 매매 노트, 모든 원장의 뒷면

7. 매매 기록 카드(선물), 앞면

8. 매매 기록 카드(주식), 앞면, 그림 15-2

9. 매매 기록 카드(옵션), 앞면

10. 모든 기록 카드의 뒷면

　이 양식은 오랜 세월 동안 필자에게 큰 도움이 되었고, 여러분도 올바른 길로 인도할 것이다. 양식을 구하고 싶으면 support@traderscoach.com으로 이메일을 보내 PDF 파일을 요청하면 된다. 우리가 보내주는 PDF 파일을 이용해 고해상도로 양식을 인쇄할 수 있다.

TradersCoach.com
"The Trader's Assistant" — A Trade Posting and Record Keeping System

YEAR OF LEDGER

ANNUAL TRADE LEDGER

MONTH	# TRADES	# WINNING	# LOSING	GROSS $ P/L	COMMISSION $	NET $ P/L	RUNNING NET $ P/L
JANUARY							
FEBRUARY							
MARCH							
APRIL							
MAY							
JUNE							
JULY							
AUGUST							
SEPTEMBER							
OCTOBER							
NOVEMBER							
DECEMBER							
TOTALS:							

| LARGEST WINNING TRADE OF THE YEAR: | $ | | LARGEST WINNING TRADE POSTING CARD #: | | | AVERAGE WINNING TRADE OF THE YEAR: | $ |
| LARGEST LOSING TRADE OF THE YEAR: | $ | | LARGEST LOSING TRADE POSTING CARD #: | | | AVERAGE LOSING TRADE OF THE YEAR: | $ |

NOTES:

....
....
....
....
....
....
....
....

Re-order online through www.traderscoach.com or call (858) 695-1985

111802   Copyright © 2002 by **TradersCoach.com, Inc.**

그림 15-1. 연간 매매 원장, 앞면. TradersCoach.com의 Trader's Assistant 제공

TRADE POSTING CARD   □ DAY   □ POSITION   111802
                                                                TRADE   TRADE

STOCKS   SYMBOL [ ][ ][ ][ ]   **CLOSE DATE** [ ][ ] - [ ][ ] - [ ][ ]

□ LONG   □ SHORT   TRADING TIME FRAME_____
  POSITION   POSITION

CARD#_____   COMPANY NAME_____
□ **ASSET FOR OPTION**   □ **LONG TERM INVESTMENT**   □ **SHORT TERM SPECULATION**   □ **BOTTOM FISHING**

BOUGHT   □ OPEN   □ CLOSE

Shares_____ Price Per Share $_____ Amount Paid $_____ Commission $_____
                                                          (price per share x shares)

Date [ ][ ] - [ ][ ] - [ ][ ] Time [ ][ ] : [ ][ ] AM/PM   **TOTAL PAID** $_____
                                                                              (amount paid + commission)

SOLD   □ OPEN   □ CLOSE

Shares_____ Price Per Share $_____ Amount Recd $_____ Commission $_____
                                                          (price per share x shares)

Date [ ][ ] - [ ][ ] - [ ][ ] Time [ ][ ] : [ ][ ] AM/PM   **TOTAL RECD** $_____
                                                                              (amount received - commission)

PROFIT/LOSS   Subtotal P/L $_____   Total Commission $_____   **NET P/L** $_____
                          (amount received - amount paid)   (bought comm + sold comm)   (total received - total paid)

ACCOUNT   Brokerage_____   Account #_____

To reorder cards: Email your order to TradersCoach.com, or call (858) 695-1985.   Copyright©2002 **TradersCoach.com, Inc.**

그림 15-2. 매매 기록 카드(주식), 앞면. TradersCoach.com의 Trader's Assistant 제공

Trader's Assistant의 기록 보관 양식은 PDF로 제공되며, 무료로 인쇄할 수 있는 양식입니다

이 책을 구매한 것에 대해 감사드리며, 이 양식들을 고해상도로 출력할 수 있는 PDF 파일을 제공해드릴 수 있게 되어 기쁩니다. PDF 파일은 다음 두 가지 방식으로 구할 수 있습니다.

1. 이메일로 요청: support@traderscoach.com으로 이메일을 보내주세요. 이름과 이메일 주소를 알려주시면 파일을 보내드립니다. 간혹가다 이메일이 스팸 메일로 분류되는 경우가 있습니다. 파일을 받지 못한 경우, 이메일을 다시 보내주시면 파일을 다시 보내드립니다.

2. 웹사이트를 통한 요청: https://www.traderscoach.com/book/에 접속하시면 파일에 대한 접근 링크를 찾을 수 있습니다.

귀하의 기록 보관 및 분석을 도울 수 있기를 기대합니다. 시작하기 위한 첫걸음을 내딛는 것이 가장 중요합니다. 첫걸음을 내디딘 것을 축하합니다!

결과를 기록하는 이유는 무엇인가?

수익과 손실 성과를 기록하는 시스템을 구축함으로써 얻을 수 있는 이점은 무한하다. 처음에는 규율이 첫 번째 이점이고, 수익과 손실 결과 및 기타 중요한 통계를 기록할 때 만들어진 규율은 일상적인 성공으로 이어질 것이다.

결과를 평가하여 기계를 미세 조정하면 시스템 규칙을 따르기가 더 쉬워진다. 전반적으로 더 규율 있게 되고, 의심이 줄고 시스템에 대한 확신이 커질 것이다. 이는 영구적인 과정이며, 끝없는 이점은 시간이 지나면서 드러날 것이다.

현재 중요 통계를 담은 매매 성과표

병원에 가면 의사나 간호사들이 끊임없이 당신의 '활력 징후' 수치를 기록하는 사실을 알고 있는가? 그 이유는 활력 징후를 통해 당신의 건강에 가장 적합한 처방과 진단을 결정할 수 있기 때문이다.

여러분은 앞으로 다음과 같은 재정적 중요 통계를 기록해야 한다.

1. 승률
2. 보상 비율
3. 가장 큰 수익을 낸 매매
4. 가장 큰 손실을 본 매매
5. 수익을 낸 매매의 평균 수익
6. 손실을 본 매매의 평균 손실
7. 손실 구간의 최대 손실 비율
8. 손실 구간의 평균 손실 비율
9. 수익과 손실의 발생 비율
10. 총수익과 총손실의 비율

그림 15-3에서 볼 수 있는 이러한 매매 성과표 통계는 과거 데이터를 제공하여 자금 관리 시스템과 매매 시스템을 조정하여 끊임없이 변동하는 시장 상황에 적응할 수 있도록 해준다.

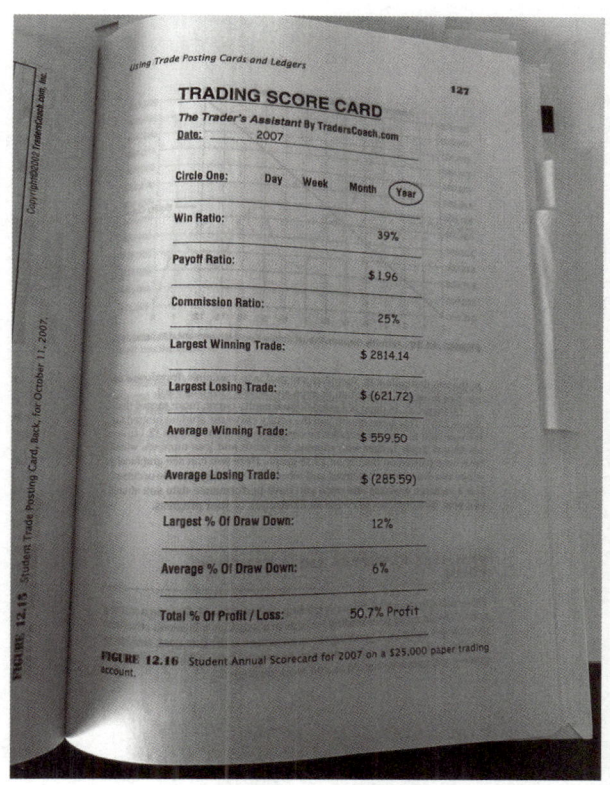

그림 15-3. 베넷 맥도웰의《트레이더의 자금 관리 시스템(*A Trader's Money Management System*)》127페이지에 있는 학생의 매매 성과표. 이 연간 매매 성과표에서 학생이 연간 50% 이상의 수익을 냈지만, 승률과 보상 비율 증가 측면에서 개선의 여지가 있음을 알 수 있다. 매매 성과표는 당신의 성과를 한눈에 볼 수 있게 해줌으로써, 어떤 부분을 개선해야 할지 쉽게 파악할 수 있도록 돕는다.

베넷 맥도웰의 《트레이더의 자금 관리 시스템》

트레이더의 기록 보관 양식을 사용하는 방법과 매매 및 투자의 약점을 진단하고 이를 수정하기 위해 결과를 분석하는 방법에 대해 더 자세히 알고 싶다면 다음의 책이 반드시 도움이 된다.

- 제목: 트레이더의 자금 관리 시스템(A Trader's Money Management System), 수익을 보장하고 위험을 피하는 방법(그림 15-4)
- 저자: 베넷 맥도웰
- 출판사: 존 와일리 앤드 선스(John Wiley & Sons, Inc.)

그림 15-4. 베넷 맥도웰이 저술하고 존 와일리 앤드 선스에서 출판한 《트레이더의 자금 관리 시스템》.

이 책 제12장은 필자의 학생 중 한 명이 자신의 매매 기록 카드를 기꺼이 공유해준, 자세히 작성된 실제 매매 원장과 기록 카드가 포함되어 있어 특히 유용하다. 2만 5,000달러로 시작한 그의 손익 그래프는 2만 9,000달러까지 올라갔다가 2만 7,000달러까지 내려갔고, 최종적으로 12개월 동안에 3만 6,000달러 이상까지 올라갔다. 그림 15-5를 참조하라.

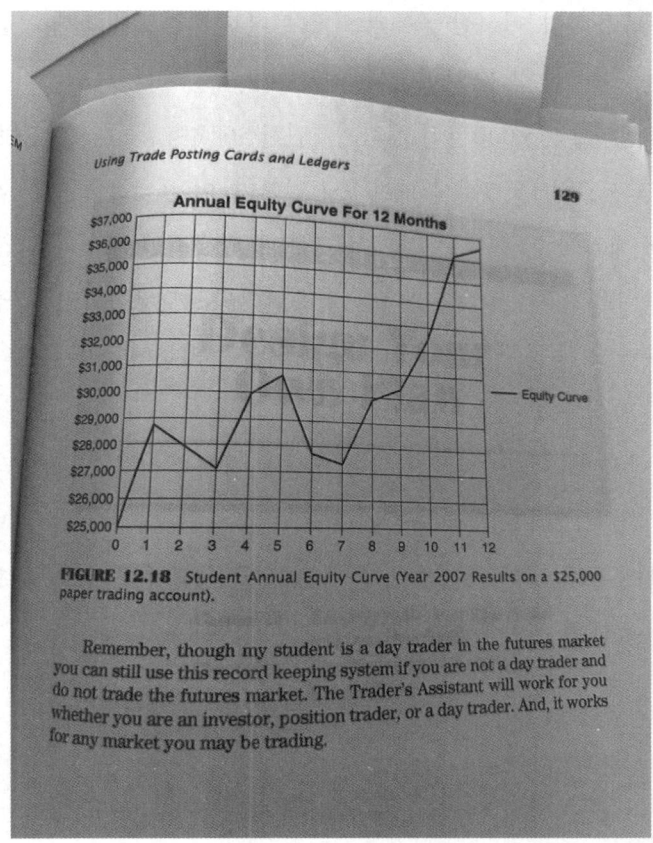

Annual Equity Curve For 12 Months

— Equity Curve

FIGURE 12.18 Student Annual Equity Curve (Year 2007 Results on a $25,000 paper trading account).

Remember, though my student is a day trader in the futures market you can still use this record keeping system if you are not a day trader and do not trade the futures market. The Trader's Assistant will work for you whether you are an investor, position trader, or a day trader. And, it works for any market you may be trading.

그림 15-5. 베넷 맥도웰의 《트레이더의 자금 관리 시스템》 129페이지에 있는 한 학생의 자산 곡선 그래프. 이 자산 곡선 그래프를 관찰하면 손실 구간이 있지만 효과적인 자금 관리를 통해 1년 만에 계좌에서 50%의 누적 이익을 거두었음을 알 수 있다. 모든 매매 시스템에는 손실 구간이 있으며, 중요한 것은 자금 관리 시스템으로 그 손실 구간을 통제하는 것이다.

그의 매매 성과표(그림 15-3 참조)를 보면 2만 5,000달러의 계좌에서 50% 이상의 이익을 거두었다. 하지만 매매 성과표는 그의 승률이 39%에 불과하고 보상 비율이 대략 2:1이므로 개선할 여지도 많다는 사실을 보여준다. 각 매매 기록 카드 뒷면에 적힌 그의 심리와 전략에 대한 통찰은 유용하며, 이러한 종류의 사후 분석과 재검토를 통해 어떻게 이익을 얻을 수 있는지를 보여준다.

이 학생의 2만 5,000달러 계좌가 1년간 50% 이상 증가한 통계는 그림 15-3과 그림 15-5에서 보여주고 있으며, 이는 낮은 금리를 제공하는 은행 계좌에 돈을 넣는 것과 비교할 때 적극적인 매매가 훨씬 인상적인 수익을 가져다줄 수 있음을 입증한다. 또한 성공적인 적극적 매매는 과거 50년 동안 연평균 10%의 수익률을 기록했던 대부분의 매수 후 보유 방식을 능가할 수도 있다.

여기에서 보여준 이익을 얻기 위해서는 매매 심리와 자금 관리에 정통해야 한다. 그리고 적극적인 매매와 투자는 매수 후 보유하는 방식이나 은행에 돈을 넣어두는 것보다 더 많은 일을 해야 한다. 성공했을 때 잘한 일에 대한 대가를 받을 수 있는 것은 그 때문이다.

회계는 비즈니스의 언어다

어떤 이들은 회계를 지루하다고 생각할 수도 있지만, 회계는 모든 성공적인 사업의 기반이며 워런 버핏만큼 이 사실을 더 잘 아는 사람은 없다(그림 15-6).

인생은 숫자 게임이고, 사업도 숫자 게임이며, 금융시장에서 돈을 버는 것 역시 숫자 게임이다. 이 사실을 피할 수는 없다. 어떤 방식이 되었든 지속적으로 성공하려면, 어떤 전략이 효과가 있는지 혹은 없는지를 확인하기 위해 숫자를 분석해야 한다.

> # 회계는 비즈니스의 언어다.
>
> —워런 버핏

그림 15-6. 회계 언어—자신을 유능한 트레이더이자 투자자라고 생각하는가? 즉 비즈니스 언어에 능통한가? 이 언어는 숫자와 거래 회계에 기반한다. 비즈니스 언어에 능통하면 일관된 수익성을 달성하는 데 한 걸음 더 가까워진다.

두 남자 이야기: 헨리 포드와 제임스 쿠젠스

여기서 헨리 포드와 포드 자동차에 대한 흥미로운 이야기가 떠오른다. 포드 자동차의 회계사이자 사업 관리자인 제임스 쿠젠스가 아니었다면 우리는 헨리 포드에 대해 들어보지도 못했을 것이기 때문이다. 그림 15-7을 참조하라.

필자는 여러분이 제임스 쿠젠스에 대해 들어본 적이 없을 거라고 확신하는데, 이는 회계사와 경영자들이 명예를 거의 얻지 못한다는 것을 보여준다. 하지만 그들은 회사가 파산하지 않도록 하고, 창업자와 리더가 큰 명예와 부를 얻을 수 있게 해주는 책임을 지고 있다.

실제로 진정한 창조적 혁신가인 헨리 포드는 회계사와 사무직 직원을 좋아하지 않았다. 포드가 생각하기에, 그들은 포드 자신을 느리게 하고 포드 자신의 방식을 억제하는 이들이었다. 포드는 아름다운 자동차의 로맨스와 열정에 몰두하는 것을 선호했다. 때때로 그는 '이익'을 창출하는 귀찮은 세부 사항을 잊곤 했다.

그림 15-7. 헨리 포드는 1903년에 포드 자동차를 설립했다. 이 상징적인 포드 로고가 오랜 세월 동안 지속될 수 있었던 것은 포드 자동차의 회계사이자 사업 관리자였던 제임스 쿠젠스의 공이 컸다. 쿠젠스는 항상 숫자에 주의를 기울여 회사가 재정적 재앙에 빠지지 않도록 했다.
출처: ID 126457248 © Mkopka Dreamstime.com

포드와 트레이더 및 투자자인 우리의 사업 사이에 유사점이 보이는가? 처음에는 매매와 투자에 대한 열정이 때때로 '이익'을 창출하는 귀찮은 세부 사항에서 주의를 돌렸다는 것을 인정할 수 있다.

어느 시점이 되자 포드는 급여를 지급할 돈이 없었고, 직원들은 급여를 받지 못했다. 그때 제임스 쿠젠스가 포드의 명령을 어기고 포드가 검사하고 승인하기도 전에 50대의 자동차가 가득 실린 열차를 출발시켰다.

포드는 완벽주의자인 자신의 승인 없이 자동차가 배송되었다는 사실을 알았을 때 격노했다. 하지만 회계사가 자동차를 배송한 덕분에 얼마나 많은 돈을 벌었는지 알았을 때 포드는 놀랐고 기뻐했다.

쿠젠스가 없었다면 포드는 역사가 기억하는 선구자가 될 수 없었을 것이다. 쿠젠스는 큰 그림을 볼 수 있었기 때문에 포드의 생존에 결정적인 역할을 했다. 쿠젠스는 어떤 우선순위가 중요한지, 그리고 사업에

서 어떤 단계를 밟아야 하는지, 또한 파산하지 않으려면 어떤 조처를
해야 하는지를 명확히 알고 있었다.

이는 트레이더이자 투자자인 여러분에게도 마찬가지다.

제16장
가장 따르기 어려운 규칙

모두가 따라야 하는 첫 번째 보편적 규칙부터 시작하겠다. 그림 16-1을 참조하라. 어떤 사람들은 이 규칙을 따르기가 가장 어렵다고 말한다. 그러나 이 규칙을 준수하지 않으면 결국 실패로 이어질 수 있다. 이 규칙은 당신에게 규율을 가르치고, 시장에서 당신에게 더 큰 힘을 줄 것이다.

규칙 1: 규칙을 따르라.

—베넷 맥도웰

그림 16-1. 첫 번째 규칙—이번 장에서 얻지 못하더라도, 설령 손실 구간을 지나고 있거나 상황이 잘 풀리지 않을 때도 규칙을 고수할 만큼 충분한 규율을 갖는 것이 얼마나 중요한지 이해해야 한다.

규칙 1: 규칙을 따르라

본성적으로 반항적이지 않더라도 규칙을 어기려는 유혹은 현실적이다. 이 유혹은 우리의 심리에 뿌리를 두고 있다. 순간의 열기 속에서 실시간 매매 포지션이 예상치 못한 방향으로 움직일 때, '규칙을 교묘히 피하고 싶은' 충동이 생길 수 있다.

"나는 지금 규칙을 어기는 게 아니야. 아니, 더 나은 접근 방식을 시도하고 있는 거야"라고 말하면서 이를 정당화할 수도 있다. 하지만 현실적으로 규칙을 정교하게 다듬을 수 있는 유일한 시기는 실제로 매매하는 중이 아니라 테스트할 때다.

현재 규칙의 성과를 평가할 때 '더 나은 방법'을 발견했다고 생각된다면, 그것을 테스트해보라. 새로운 접근 방식이 실제로 결과를 개선하는지 확인하고, 그것이 당신에게 더 큰 이점을 제공한다는 사실을 스스로 증명하라. 그러면 그 결과로 자신감이 높아질 것이다.

당신이 원래 천성적으로 규칙을 어기는 사람이라면, 자신의 개인적 심리를 잘 알아야 한다. 당신은 그 경향을 억제하고 다른 곳으로 흘려보내야 할 것이다.

시장에서의 심리가 강화됨에 따라 규칙을 어기려는 충동은 줄어들고 결국 사라질 것이다. 이는 반복적으로 규칙을 따름으로써 그것이 습관화되어 자연스럽게 행동으로 이어지는 데에서 비롯된다. 또한 진행 상황과 점점 수익이 늘어나는 손익 그래프를 보면서 규칙에 대한 확신이 커질 것이다.

나는 항상 신문에 매매 규칙을 알려줘도 아무도 따르지 않을 것이라고 말한다. 핵심은 일관성과 규율이다. 거의 모든 사람이 우리가 가르친 것의 8할 정도는 되는 좋은 규칙 목록을 만들 수 있다. 하지만 그들이 할 수 없는 것은 상황이 나빠질 때조차 그 규칙들을 고수할 자신감을 갖는 것이다.

—리처드 데니스, '시장의 마법사들' 중 한 명이자
터틀 트레이딩 실험(Turtle Trading Experiment)의 공동 창시자

잭 슈웨거는 《시장의 마법사들(Market Wizards)》에서 상품 트레이더인 리처드 데니스를 인터뷰했는데, 데니스는 그의 파트너인 윌리엄 에크하르트와 함께 터틀 트레이딩이라고 알려진 실험을 수행했다.

그는 싱가포르에 갔을 때 방문한 거북 농장에서 영감을 받아 농장에서 자란 거북만큼 빠르고 효율적으로 트레이더를 키울 수 있다고 판단한 후 학생들을 '터틀(거북)'이라고 불렀다. 그림 16-2를 보라.

1983년부터 1988년까지 실시된 이 실험은 입증된 추세 매매 규칙과 약간의 훈련을 제공하면 누구나 매매 방법을 배울 수 있음을 증명하기 위해 설계되었다. 놀랍게도, 교육 기간은 단 2주에 불과했다.

실험은 큰 성공을 거두었고, 데니스가 발견한 것은, 명확한 일련의 규칙이 주어졌을 때 20명의 최종 터틀 트레이더 모두가 4년 동안 연평균 100%의 이익을 내며 매우 성공적이었다는 사실이었다.

그림 16-2. 리처드 데니스와 윌리엄 에크하르트는 1983년 유명한 터틀 트레이더 실험을 시작하여 성공적인 트레이딩이 가르칠 수 있는 것인지에 대한 오랜 논쟁을 종결지었다. 결과적으로 데니스가 옳았으며, 그들의 실험은 성공적인 트레이딩을 가르칠 수 있다는 것을 증명했고, 그들의 학생들은 4년 동안 연평균 100%의 수익률을 기록했다.
출처: 사진 22527429 © Woo Bing Siew, Dreamstime.com

트레이더와 투자자에게 일련의 규칙을 제공하고 성공하도록 훈련시킬 수 있을까?

여러분은 아마도 터틀 트레이더에 관한 이야기를 들어보았을 것이다. 그들은 경험이 없고 다양한 배경을 가진 사람들이 검증된 트레이딩 규칙을 제공받고 훈련을 받으면 매우 성공적인 트레이더가 될 수 있다는 것을 증명했다.

저에게는 고등학생 때부터 친구로 지내온 동료가 있습니다. 우리는 여러분이 상상할 수 있는 모든 것에 대해 철학적 의견 불일치를 겪었습니다. 이러한 논쟁 중 하나는 성공적인 트레이더의 기술을 일련의 규칙으로 축소할 수 있는지 — 그것은 저의 관점이었습니다 — 아니면 누군가를 훌륭한 트레이더로 만드는 형언할 수 없고 신비로우며 주관적인, 즉 직관적인 무언가가 있는지 여부였습니다.

이 논쟁은 오랫동안 이어져왔고, 아마도 저는 쓸데없는 추측에 약간 좌절하고 있었던 것 같습니다. 마침내 저는 "이 논쟁을 확실히 해결할 방법이 있네. 사람들을 고용하고 훈련시켜서 무슨 일이 일어나는지 보자"라고 말했습니다.

그도 동의했습니다.

그것은 지적인 실험이었습니다. 우리는 그들을 최대한 잘 훈련시켰습니다. 나는 그것이 실험을 제대로 하는 방법이라고 생각했습니다. 시장에 대해 내가 아는 모든 것을 체계화하려고 노력했습니다. 우리는 그들에게 확률, 자금 관리, 매매에 대해 조금 가르쳤습니다. 결국 내가 옳았습니다. 자화자찬하려고 하는 말은 아니지만, 그것이 얼마나 잘 통하는지 보고는 나조차도 놀랄 정도였습니다. 무서울 정도로 잘 통했습니다.

—리처드 데니스, '시장의 마법사들' 중 한 명이자

'터틀 드레이딩 실험'의 공동 창시자

출처: 잭 슈웨거, 《시장의 마법사들》(1989, 뉴욕 금융 연구소)

1983년, 리처드 데니스와 윌리엄 에크하르트는 몇몇 주요 경제신문에 대형 인쇄 광고를 게재하며 터틀 트레이더 10명을 고용하겠다는 의도를 밝혔다. 1,000명의 지원자 중에서 80명을 면접한 후, 21명의 남성과 2명의 여성을 선발하여 시카고에서 2주 동안 훈련시켰다. 학생들은 각자 10만 달러의 소액 계좌로 시작해 성과에 따라 금액을 늘렸다. 증액된 금액은 50만 달러에서 200만 달러까지 다양했다.

총 23명 중 3명은 실적이 좋지 않아 탈락했다. 나머지 20명은 매우 잘해서 4년 동안 연평균 100%의 수익을 냈다(이 수치는 잭 슈웨거가 《시장의 마법사들》에 담은 리처드 데니스와의 인터뷰에서 발췌한 것이다).

20명의 트레이더가 매년 이익금의 15%를 가져가고 데니스와 에크하르트가 나머지 85%를 가져갔다고 하니, 터틀 트레이더들이 전체적으로 매우 잘 해냈다는 데는 모두 동의할 수 있다. 그들의 계좌는 데니스와 에크하르트가 전액 자금을 조달했다는 점을 고려할 때, 이들은 자신의 자본을 전혀 위험에 노출하지 않았다.

다시 말하지만, 이 실험은 엄청난 성공이었다. 1983년의 터틀 규칙이 오늘날에도 여전히 통하는지에 관한 논쟁이 계속되고 있다. 그것을 확실히 알아내는 유일한 방법은 직접 테스트하는 것이다. 1983년 데니스와 에크하르트와 맺은 터틀 트레이더의 계약이 1993년에 종료되면서, 터틀 트레이더 중 일부가 규칙을 대중에게 공개했다.

터틀 규칙과 전략에 대한 자세한 내용은 원조 터틀 트레이더 중 한 명이 쓴 다음 책을 참조하라.

- 제목: 터틀의 방식: 평범한 사람을 전설적인 트레이더로 만든 비밀
- 저자: 커티스 페이스(Curtis M. Faith)
- 출판사: 맥그로힐(McGraw Hill)

페이스의 책은 N의 정의와 구현, '단위'의 계산 등과 관련된 규칙들의 중요한 뉘앙스를 설명한다(터틀 트레이딩 시스템에서 'N'은 일반적으로 Average True Range, 즉 ART를 의미하며, 이는 시장의 변동성을 측정하는 데 사용된다. 또한 '단위'는 각 매매에 할당되는 자본의 양을 결정하는 데 사용되며, 이는 위험 관리의 핵심 요소다-옮긴이) 물론 오늘날 인터넷의 힘으로 '터틀 트레이더'를 검색하면 다양한 무료 유튜브 동영상과 PDF 파일이 제공되어 정확한 규칙과 실행 방법에 대해 보다 구체적인 정보를 얻을 수 있다.

이야기의 교훈: 평범한 모든 사람에게도 성공적인 매매와 투자를 가르칠 수 있다.

원조 트레이딩 사기꾼, 닉 리슨

역사상 가장 악명 높은 트레이딩 사기꾼은 규칙을 만들거나 규칙을 따르는 것에 전혀 관심이 없었다. 안타깝게도 그는 자신과 주변 사람들에게 엄청난 고통을 안겨주었다.

이 악명 높은 트레이딩 사기꾼의 이름은 닉 리슨이다.

종종 현실은 허구보다 더 기이하고, 우리에게 미래의 위험을 피하는 교훈을 준다. 물론 우리가 자신의 실수와 역사의 실수로부터 배우지 못한다면, 우리는 그 실수를 반복할 운명에 놓일 것이다.

1995년 2월 베어링스 은행(Barings Bank)의 붕괴를 초래한 것으로 악명을 떨친 닉 리슨의 실화도 이와 같다. 베어링스는 붕괴하기 전까지

233년 동안 운영된, 세계에서 가장 오래된 은행이었다. 실제로 나폴레옹 전쟁에 자금을 지원했고, 은행의 고객 중에는 여왕도 있었다. 그림 16-3을 참조하라.

은행의 젊은 트레이더인 리슨은 1992년부터 1995년까지 단 3년 만에 작은 손실이 13억 달러(6억 파운드)로 급증하도록 만들었다. 그 수치를 오늘날의 가치로 환산한다면 어떨지 상상해보라.

자신의 두려움, 탐욕, 부인 그리고 위험 통제의 부재는 그가 (지금은 유명한 그의 88888 계정에서) 손실을 은폐하도록 몰아갔고, 그동안 그는 필사적으로 매매를 통해 손실을 회복하려고 노력했다. 그는 자신이 속한 부서의 매매 활동에 자금을 대기 위해 어떤 것도 마다하지 않았다.

> 론 베이커(Ron Baker)와 리처드 호건(Richard Hogan)의 서명을 위조하는 데 사용한 종잇조각과 풀을 보았다. 내가 한 일을 믿을 수가 없었다…… 가위와 풀, 종이, 팩스 기계로 나는 5000만 파운드를 만들어냈다.
>
> —닉 리슨, 원조 트레이딩 사기꾼

리슨의 거짓말과 기만보다 더 놀라운 것은 베어링스의 고위 경영진이 그의 기만에 대해 무지했고, 그런 재앙을 막기 위한 간단한 견제와 균형 장치를 구현하지 않았다는 점이다. 그들 자신의 탐욕과 무능함 때문에 분명히 드러나고 해결할 수 있었던 눈에 띄는 불일치를 보지 못한 것이었다.

그림 16-3. 《타임》지 표지에 실린 최초의 트레이딩 사기꾼 닉 리슨은 1995년 2월 베어링스 은행을 무너뜨리면서 역사에 이름을 올렸다. 그가 입힌 13억 달러의 손실로 세계에서 가장 오래된 은행은 더 이상 존재하지 않게 되었다.
출처: 1995년 3월 13일《타임》지 표지

트레이딩 사기꾼을 소재로 만든 영화

아직 보지 않았다면, 닉 리슨의 실화를 다룬 영화가 있으니 보기 바란다.

제목: 겜블(Rogue Trader)

스튜디오: 미라맥스(Miramax)

상영 시간: 1시간 41분

출연: 이완 맥그리거(Ewan McGregor)

감독: 제임스 디어든(James Deaden)

이 영화(그리고 영화의 원작인 닉 리슨의 1996년 책)는 매매가 잘못되어 매우 나쁜 상황에 처했을 때의 감정을 경험한 모든 트레이더에게 심야 스릴러와 같다. 아마존의 한 리뷰어는 자신이 매매로 생계를 유지하며 위험 관리의 중요성을 상기하기 위해 매년 이 영화를 한 번씩 본다고 말했다. 그 정도까지 할 필요는 없고, 한 번쯤 보는 것으로 충분하다. 하지만 이 영화는 그 요점을 확실히 전달한다.

극복할 수 없는 모든 큰 손실은 작은 손실로부터 시작된다는 점을 기억하라. 눈덩이 효과를 조심해야 한다. 일탈 행동의 탄력이 한번 붙으면 되돌리거나 통제하기 어렵기 때문이다.

이야기의 교훈: 사기꾼이 되지는 말자.

누구에게 책임이 있으며 어디에서 지원을 받는가?

원조 트레이딩 사기꾼 닉 리슨에게서 배울 점이 있다면, 견제와 균형과 진정한 책임감이 트레이더와 투자자로서 우리의 생존을 보장하는 데 큰 도움이 된다는 것이다. 우리가 독립적인 사업가가 되려면 의식적으로 일종의 '감독' 권한을 가진 지원 인력이나 팀을 구성해야 한다.

지원을 요청하여 책임감을 구현하라.

- 바람잡이
- 트레이딩 동료

- 배우자 또는 친구
- 매매 파트너
- 회계사 또는 회계원
- 트레이딩 코치
- 소규모 트레이딩 그룹(온라인 또는 오프라인)

문제에 너무 가까이 있으면 해결책을 찾기 어렵다. 그럴 때 외부 누군가의 지원이 도움이 될 수 있다. 당신의 의견을 들어줄 사람을 찾고, 나쁜 행동으로 이어질 수 있는 고립을 제거하라. 건강한 책임감은 규칙을 어기려는 유혹을 이겨내는 데 도움이 될 것이다.

당신의 지원자 또는 팀은 다음을 수행해야 한다.

- 규칙을 준수했는지 확인한다.
- 엄격하면서도 지지하는 태도를 보인다.
- 당신이 실수했을 때 비판하지 않는다.
- 문제에 대한 단서와 해결책을 제시한다.
- 신뢰할 수 있어야 한다.

기본적으로 우리는 스스로 정한 규칙을 준수하고 정상 궤도에 오를 수 있도록 정기적으로 상태를 확인하고 책임감을 가질 수 있는 사람이 필요하다. 그리고 도움이 필요할 때는 주저하지 말고 도움을 요청하라. 장기적으로 고립된 상태에서 일하는 것은 당신의 성과를 저해할 것이다.

위험한 사람 피하기

사람이나 팀을 선택할 때 부정적인 영향을 주고 당신의 목표를 지지하지 않는 사람은 피하라. 부정적인 에너지는 목표 달성에 역효과를 낼 뿐이다. 적절한 사람을 찾을 때까지 혼자 하는 것은 괜찮지만, 우선순위를 정하라. 우주는 우리에게 필요한 것을 적절한 시기에 전달하는 놀라운 방법을 가지고 있다.

배우자에 관한 한마디: 때때로 그들은 두려워할 수 있다. 필자의 학생 중 많은 사람이 이에 대해 우려를 표명했다. 당신의 계획에 항상 배우자를 동참시키는 것이 좋다. 가능하다면 배우자를 약간 교육하는 것도 도움이 될 수 있다. 이것이 사업이며 당신이 잘 생각한 계획을 만들고 있다는 것을 배우자가 이해한다면, 배우자를 설득하는 데 도움이 될 수 있다. 또한 모의 매매와 테스트를 할 때 결과를 보여주고 동참하게 하라. 모든 것이 실패할 경우, 두려움이나 부정적인 것에서 자신을 분리하고 경계를 설정하는 방법을 만들어라.

제17장
금융시장 이해하기

금융시장과 그것이 작동하는 방식은 끊임없이 변화하기 때문에 이를 이해하려면 지속적인 교육이 필요하다. 새로운 기술 발전과 새로운 지정학적 구조가 시장에 도입될 때마다 시장은 적응하고 변화할 것이다. 이러한 변화는 매매 시스템 규칙에 영향을 미칠 수 있으므로, 변경 사항을 인지하고 필요에 따라 규칙을 조정해야 한다.

지금 여기에 쓰인 내용은 몇 달, 몇 년이 지나면서 틀림없이 바뀔 것이므로, 언제나 시장의 최신 동향을 주시할 준비가 되어야 한다. 오늘날의 새로운 경제 발전과 과거의 단순한 물물 교환을 비교하면 다음과 같은 최근의 발전들이 있다.

- 전자 시장이 전통적인 공개 호가 거래장을 대체했다.
- 외환 시장과 외환 통화 시장은 1970년대에 형성되기 시작했으며,

지금은 주말을 제외하고 하루 24시간 거래된다. 현재 가장 크고 유동성이 풍부한 시장으로, 일일 거래량은 미국 달러로 7.5조 달러에 달한다.

- 상장지수펀드(ETF)는 1993년에 도입되어 인기 있는 투자 및 매매 수단이 되었다.
- 1999년 유로화 도입으로 당시 유럽 15개국에서 사용하던 기존의 통화가 대체되었다.
- 미국 시장에서는 2000년에 분수로 표기되던 가격이 십진법으로 대체되었다.
- 컴퓨터 기술은 끊임없이 발전하고 있으며, 개인 트레이더와 투자자는 더 빠르고 강력한 컴퓨터를 사용한다.
- 암호화폐는 2009년에 처음 등장했으며, 새로운 거래 시장을 형성했다.
- 모든 시장에서 24시간 연중무휴 거래가 눈앞에 다가오고 있다.

오늘날의 세상에서 우리는 1929년 대공황이 시작될 때는 없었던, 새롭고 신나는 발전과 기회를 가지고 있다. 앞으로 100년 후에 우리가 무엇을 가질지 누가 알겠는가? 금융 환경은 새로운 어휘에 맞춰 완전히 달라질 수 있다.

출발점으로 거슬러 올라가면, 금융은 주로 물물 교환 시스템으로 구성되었었다. 요즘의 매매는 대개 서류나 광섬유 케이블을 통해 이루어지는데, 직접 만나서 살아 숨 쉬는 소를 몇 가마의 곡물과 교환하는 것과는 대조적이다.

물물 교환은 본질적으로 금융시장의 시작이었다. 매매가 이루어지고 있었고, 유동성(또는 그 부족)은 현대 시장에서와 마찬가지로 존재했다. 오늘날의 기술과 컴퓨터의 정교함과 주문이 거치는 많은 채널은 모든 것의 본질을 바꾸지 않는다.

매수자와 매도자는 가격에는 동의하지만, 가치에는 동의하지 않는다

여전히 같은 상황인데, 거래의 한쪽에는 매수자가 있고 다른 쪽에는 매도자가 있다. 그리고 이 점이 중요한데, 매수자와 매도자는 모두 가격에는 동의하지만, 가치에 대해서는 의견이 다르다. 농부와 목장주는 상품을 교환한다. 그들은 사고, 파는 것이다. 그들은 얼마로 교환할지에 대해서는 동의했지만, 교환하는 품목의 가치에 대해서는 의견이 다르다. 그들은 각자 한 가지 상품의 잉여분을 가지고 있었고, 그것을 다른 무언가와 교환할 의향이 있었다.

필자의 학생 중 다수는 거래에서 두 당사자가 가치에 대해 의견이 다르다는 생각에 어려움을 겪었다. 두 사람 모두 공정한 거래에 동의한다면 어떻게 그럴 수 있을까? 그들은 가치가 동등하다고 생각하지 않는가? 따라서 가치에 동의하는 것이 아닌가? 그림 17-1을 참조하라.

다른 예를 들어 설명해보겠다. 매일 출근할 때 운전하는 자동차를 소유한 남자가 있다고 가정해보자. 이 차는 그가 갑자기 시력을 잃어 택시를 타고 출근하기 전까지는 그에게 가치가 있었다. 남자는 자신의 차

> # 매수자와 매도자는 가격에는 동의하지만,
> # 가치에는 동의하지 않는다.
> ### ─베닛 맥도웰

그림 17-1. 가치에 대한 의견 불일치―거래는 한 물건을 다른 물건으로 교환하는 단순하고 오랜 전통의 전제에 기반한다. 모든 거래에서 매수자와 매도자는 가격에 대해 동의한다. 그들의 의견이 다른 부분은 교환하는 물건의 가치에 대한 것이다. 남자가 여자에게 자동차를 1만 5,000달러에 팔 때, 그는 차보다 현금에 더 가치를 두고 여자는 현금보다 차에 더 가치를 둔다.

를 젊은 여성에게 팔기로 결심했고, 그들은 둘 다 1만 5,000달러에 합의했다.

그들은 가격에는 동의하지만, 거래하는 것의 가치에 대해서는 의견이 다르다. 남자는 더 이상 사용할 수 없으므로 가치를 두지 않는다. 그리고 여자는 현금보다 차가 더 필요하므로 통화에 가치를 두지 않는다. 사실 자동차는 그녀가 직장에 갈 수 있도록 해주어 지속적인 현금 흐름을 창출하는 데 도움이 된다. 가격에는 동의하지만, 거래하는 것의 가치에 대해서는 의견이 다를 때가 공정한 거래다.

금융 주문 처리 프로세스

매수 및 매도 주문의 세계에서 많은 참여자가 프로세스에 기여한다. 트레이더 또는 투자자가 주문을 시작한 순간부터 결제 회사가 확인하는 시점까지의 과정은 단 몇 초밖에 걸리지 않겠지만, 이를 느린 화면으로 보면, 정말 놀라운 일련의 사건들이다.

매수 및 매도 주문이 어떻게 처리되는지 알아보려면 단순화된 주문 흐름 프로세스 다이어그램인 그림 17-2를 살펴보라. 주식, 옵션, 선물, ETF, 외환 등 다양한 시장에 따라 프로세스가 달라질 수 있지만 기본적인 아이디어는 동일하다.

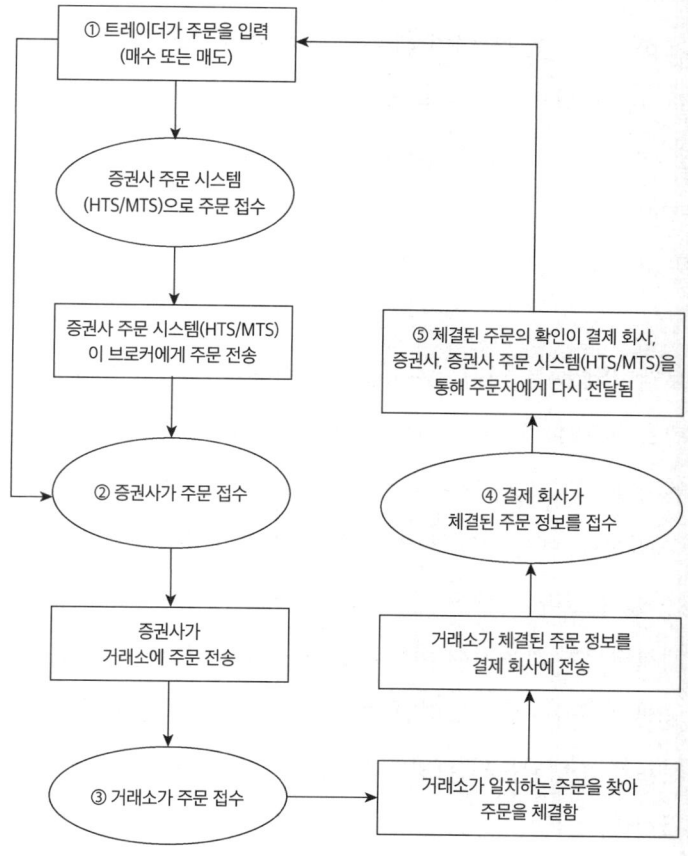

그림 17-2. 주문 흐름 다이어그램. 이 다이어그램은 거래가 주문된 시점부터 체결되고 청산되는 시점까지의 경로를 보여준다.

모든 참여자의 역할은 매수자와 매도자를 위한 시장 조성자 역할을 하고, 매수자와 매도자 모두에게 공정한 거래가 적절히 처리되도록 하는 것이다.

중요 참고 사항: 때로는 하나의 회사가 차트 분석 플랫폼, 증권사, 결제 회사의 역할을 모두 수행하는 경우가 있다. 이것의 한 예는 미국의 트레이드스테이션(TradeStation)인데, 이는 차트 분석 플랫폼도 있으면서 결제 회사 겸 증권사이기 때문이다. 이와 동일한 개념을 가진 다른 많은 회사들이 있으며, 그들은 보통 더 큰 회사다(한국에서는 결제 회사 또는 청산 회사와 유사한 역할을 한국거래소, 한국예탁결제원, 금융결제원 등이 수행함 – 옮긴이).

주문 처리에는 일반적으로 다음과 같은 5단계가 필요하다.

1. 트레이더 주문 입력: 투자자 또는 트레이더는 증권사 주문 시스템을 통해 매수 또는 매도 주문을 입력하거나, 어떤 경우에는 증권사에 직접 전화하여 주문을 시작한다. 다양한 유형의 주문을 할 수 있는데, 예를 들면 시장가 주문, 지정가 주문 또는 역지정가 주문 등이 있다. 선택된 주문 유형은 해당 주문이 어떻게 처리되고 체결되어야 하는지에 대한 중요한 지침을 전달하는 방식이다.

2. 증권사 주문 접수: 그러면 증권사가 주문을 받은 다음, 지시가 올바르게 수행되는지 확인한다. 증권사는 주문을 거래소에 직접 전달한다.

3. 거래소가 주문 접수: 그런 다음 거래소가 주문을 접수하고 일치하는 주문을 찾아 체결시킨다. 이렇게 체결된 주문 정보는 결제 회

사에 제공된다.

4. 결제 회사가 체결된 거래 정보를 접수: 결제 회사는 계좌 소유자 명의로 분리된 은행 계좌에 고객 자금을 보관하는 주체다. 결제 회사는 하루가 끝나면 거래를 청산하고 일일, 월간 그리고 연말 거래 명세서를 제공한다(일부 증권사들은 자체 결제를 하는데, 이는 주문 처리 과정에서 2번 항목과 4번 항목 모두를 책임진다는 의미다).

5. 트레이더는 체결되고 결제된 주문에 관한 확인을 받는다. 트레이더 또는 투자자는 결제 회사로부터 모든 거래에 관한 확인 명세서와 체결된 가격과 순 잔액을 받게 된다.

전 세계 여러 회사의 많은 직원들이 이 시스템을 원활하게, 또는 가능한 한 원활하게 운영하기 위해 협력하고 있다. 기본적으로 움직이는 부분이 많기 때문에, 확실한 것은 엄청난 노력이 들어간다는 사실이다.

거래할 주문 시스템, 증권사, 거래소를 선택할 때는 자신 및 자신의 재정 상태와 가장 잘 맞는 것을 결정하기 위해 숙제를 해야 한다.

온라인에서 확인할 수 있는 정보는 다음과 같은 것들이다.

- 계좌 잔액
- 주문 가격
- 주문 체결 및 취소
- 현재 매매 포지션
- 청산된 매매 포지션
- 매도, 매수, 환매수 등

- 주문 유형: 지정가, 역지정가, 시장가 등
- 스프레드, 매수 호가, 매도 호가
- 차트의 종목 기호, 간격 및 타임프레임
- 매도 포지션 또는 매수 포지션
- 체결 수량
- 미체결 수량
- 주문 시간 및 체결 시간
- 평균 가격

　명세서와 화면의 모양은 사용하는 증권사에 따라 다르며, 원하는 대로 매매 포지션에 진입하고 청산하는 데 필요한 정보를 찾을 수 있도록 사용하는 증권사의 시스템에 익숙해져야 한다.

　다른 것들과 마찬가지로 새로운 시스템을 익히는 데는 시간과 노력이 필요하다. 실제 매매를 시작하기 전에 모의 투자를 먼저 하거나, 작은 테스트 매매를 통해 경험을 쌓는 것이 좋다. 주문 입력 방식도 시스템마다 다르므로, 조작 오류가 발생할 가능성이 있다면 실제 계좌보다는 작은 샘플 매매나 모의 계좌에서 먼저 익숙해지는 것이 좋다.

　일단 본격적인 매매를 시작하면 다음으로 중요한 관심사는 매일 모든 계좌 명세서를 대조 확인하는 것이다. 주문 처리 시스템에 오류가 발생하면 즉시 해결해야 한다. 거래량과 이러한 거래를 처리하는 인력의 양에 따라 항상 오류의 여지가 있다.

　매달 은행 명세서와 신용카드 명세서를 대조하는 것과 같다. 문제를 즉시 파악하여 이의를 제기할 근거를 마련해야 한다. 게으르면 지게 된다. 자신의 주장을 증명하고 상황을 수정하며 상환을 요청할 근거가 줄어든다.

매매 주문 유형

주문 유형은 매매 및 투자 규칙의 일부이며 최종 이익에 영향을 미칠 수 있다. 다양한 종류의 주문 유형을 사용할 수 있으며, 모든 증권사가 모든 주문 유형을 제공하는 것은 아니다. 따라서 증권사에 문의하여 사용할 수 있는 주문 유형을 확인해야 한다. 주문할 때 주문 유형을 선택하는 목적은 여러 가지 목표를 달성하기 위한 것이다.

주문 유형을 선택하는 목적은 다음과 같다.

- 위험 제한
- 체결 속도 통제(가능한 한 빠르게, 혹은 그렇지 않게)
- 체결 가격 통제(특정 가격 여부)
- 체결되는 시간 통제(날짜 혹은 시간)
- 위에 있는 것들의 조합

시장 역학과 유동성에 따라 위에 명시된 목표를 달성하려는 시도가 가능하거나 불가능할 수 있다. 즉 원하는 속도와 가격으로 체결되지 않거나 전혀 체결되지 않을 수 있다. 이는 시장의 상황에 달려 있으며, 주문 유형을 선택하는 것은 단지 모든 매매의 결과를 제어하려는 시도일 뿐이다.

가장 일반적인 세 가지 주문 유형은 다음과 같다.

- 시장가 주문: 이것은 가장 간단하고 가장 일반적인 주문 유형으로, 주문 가격에 대한 통제를 허용하지 않으며 제한 없이 즉시 실행되는 매수 또는 매도 주문이다. 상대 매도자 혹은 매수자가 있는 한, 시장가 주문은 반드시 체결된다. 시장가 주문은 현재 시장 가격에서 체결 가격보다 체결의 확실성이 우선시될 때 사용된다.
- 지정가 주문: 매수 지정가 주문은 특정 가격 이하로 매수하는 주문이고, 매도 지정가 주문은 특정 가격 이상으로 매도하는 주문이다. 이를 통해 거래자는 매매가 실행되는 가격을 제어할 수 있지만, 주문이 체결되지 않을 수도 있다. 지정가 주문은 거래자가 체결의 확실성보다는 가격을 제어하고자 할 때 사용된다.
- 취소 주문: 이것은 이미 나간 기존 주문을 취소하는 주문이다.

때로는 단순하게 유지하는 것이 최선의 정책이며, 그런 경우 가장 일반적인 세 가지 주문 유형이면 충분하다. 가장 일반적인 세 가지 주문 유형 중 하나인 지정가 주문은 체결 가격을 제어한다.

신용거래와 레버리지 활용

증거금은 시장에서 상품을 매수하기 위해 자신의 자본 일부만 예치하고, 나머지 금액은 증권사로부터 차입하여 거래하는 방식에서 예치된 자본을 말한다. 이런 방식을 신용거래 혹은 신용매수라고 한다. 신용거래를 사용하면 이익과 손실이 모두 증폭되기 때문에 위험이 극적으로 증가할 수 있다. 즉 더 큰 이익을 얻을 가능성이 존재하지만, 그에 따른 대가로 더 큰 손실의 가능성도 함께 따른다.

또한 신용거래는 빌린 돈을 사용하는 데 대한 이자 지급과 같은 추가적인 위험에 노출된다. 게다가 마진 콜(margin call, 추가 증거금 요구)을 경험할 가능성도 있다. 이는 시장이 급격히 불리하게 움직일 경우, 트레이더가 증권사에 추가 자금을 즉시 채워 넣어야 하는 상황을 말한다.

신용거래를 보는 또 다른 관점은, 이를 완전한 부채로 인식하는 것이다. 기업의 세계에서는 부채 비율로 기업의 재무적 건전성을 판단한다. 일반적으로 부채가 너무 많으면 재무적으로 건강하지 못한 기업이 된다. 하지만 부채는 매매와 번영하는 기업 모두에서 성장과 확장을 가능하게 하는 긍정적인 도구가 될 수도 있다. 단지 사업을 하는 데 필요한 비용일 수도 있는 것이다.

예를 들어 부채를 도구로 사용하면 스무 살의 마크 저커버그가 처음 1,000달러를 투자받고 몇 달 후 1만 6,000달러를 받아 2004년에 페이스북(Facebook)을 출범시켰을 때처럼 세상을 바꿀 수 있는 새로운 스타트업 회사에 자금을 지원할 수 있다. 처음에 저커버그는 비율상 높은 위험과 부채를 감수한 것이다. 이러한 평가는 초기에 페이스북이 수익을 전혀 창출하지 못했기 때문이다.

물론 창업 후 불과 20년이 지난 지금, 페이스북(현재의 메타)의 시가총액은 1조 달러(1조 원이 아니고 1조 달러)의 시장가치를 보유하게 되었다.

이를 통해 그 결과가 어떻게 되었는지 알 수 있다.

궁극적으로 신용거래, 레버리지, 부채를 어떻게 처리할지는 신중하게 계산된 비즈니스 결정이어야 한다. 신용 사용의 장단점을 신중히 따져보고 얼마나 사용할지, 언제 사용할지를 결정해야 한다. 중요한 것은 위험과 그 위험을 관리하는 것이다.

무서운 마진 콜을 경계하라

경험 많은 트레이더와 투자자만 신용거래를 사용해야 한다는 것이 필자의 생각이다. 초보 트레이더가 이 도구를 사용하려면, 천천히 그리고 신중하게 판단해야 한다. 과도한 위험을 방지하기 위해 적절한 매매 규모를 계산하는 것이 중요하다.

유동성과 거래량의 중요성

유동성이란 자산이나 증권이 시장에서 가격에 영향을 미치지 않고 얼마나 쉽게 매수되거나 매도될 수 있는지를 나타내는 정도를 말한다. 자산의 가격에 영향을 미치지 않으려면 거래의 양쪽(매수자와 매도자)에서 균형이 이루어져야 하며, 이는 매수자와 매도자 모두에게 동시에 유동성을 제공한다.

거래량은 주어진 기간 동안 거래되는 주식 또는 계약의 총수를 말한다. 일반적으로 거래량이 많으면 유동성이 높다. 거래량은 시장 전체 시스템에 추가적인 압력을 가하는데, 거래량이 전례 없는 수준으로 갑자기 증가하면 기존 시스템이 과부하 상태에 빠질 수 있기 때문이다.

매수자와 매도자의 불균형이 있을 때, 예를 들어 2001년 엔론(Enron) 주가가 폭락하면서 시장에 매도자만 있고 매수자가 없을 때 주가는 통제 불능으로 갭 하락을 경험한다. 이런 종류의 사건은 시장에 매수자가 없으므로 매도자에게 유동성이 낮거나 전혀 없게 된다. 엔론 사태에 대해 들어본 적이 없다면, 구글에서 검색하는 것만으로도 유동성 부족이 얼마나 파괴적인지 알게 될 것이다.

대부분의 트레이더는 엔론 사례와 같이 유동성이 전혀 없는 시장에서 매매 포지션을 보유한 상황에 직면할 때까지 유동성의 중요성을 전혀 이해하지 못한다. 계좌의 파산을 피하려면 이런 가능성을 인식하는 것이 중요하다. 일부 위험 관리 기법은 낮은 유동성의 영향을 완화하는 데 유용하다.

유동성이 적거나 또는 전혀 없는 영향으로 최소화하는 방법은 다음과 같다.

1. 매매 포트폴리오를 다양한 업종으로 분산한다.
2. 순자산의 10%만 가지고 매매하면 전체 위험이 제한된다.
3. 거래량이 많아 유동성이 높은 것으로 알려진 시장과 거래 시간을 찾는다.

일반적으로 유동성은 주어진 날이나 시간 또는 분에 이루어지는 거래량에 반영된다. 어느 시간과 장소에서든 시장에서 활동하는 거래자의 수는 유동성의 양에 영향을 미친다.

예를 들어 S&P500 E-mini 선물 시장에서 유동성은 정규장 개장 시간에 높고 야간에는 낮다. 정규장 시간 이후에는 시장에 활동적인 트레이더가 적기 때문에 유동성이 낮다.

24시간 내내 거래되는 외환 시장에서는 주말에 시장이 닫히는 것을 제외하고는 하루 종일, 그리고 밤까지 유동성이 있다. 많은 올빼미 외환 트레이더들이 다른 사람들이 자고 있을 때 거래하느라 바쁘고, 이는 더 많은 유동성을 제공한다. 하지만 외환 시장에서 최고의 유동성은 거래 외환의 정규장 시간이 겹치는 동안 발생한다. 이에 대한 좋은 예는 런던과 뉴욕의 거래 시간이 겹칠 때다.

또한 외환 시장은 전 세계의 통화가 거래되는 글로벌 시장이다. 한 국가가 하루를 마감할 때 다른 국가는 이제 막 거래를 시작하는데, 이는 이 시장에서 24시간 거래가 활발하게 만든다.

유동성에 대해 한 가지 더 말하자면 투기자, 트레이더, 투자자, 시장 조성자는 모두 시장에서 유동성을 창출한다. 이 사람들은 예상되는 시장 가격의 상승이나 하락에서 이익을 얻으려고 한다.

그렇게 함으로써 그들은 유동성을 촉진하는 데 필요한 자본을 제공한다. 그들은 거래에서 이기는 쪽에 있을 때 스스로 수익을 창출한다. 본질적으로 그들의 이익은 세계가 금융시장에서 적절한 유동성을 유지하기 위해 지불하는 대가다.

변동성과 시장 갭

변동성이라는 용어는 시장에서 개별 금융 상품의 극적이고 단기적인 가격 변동을 말한다. 가격이 빠르게 하락하거나 상승하면 갭이 발생할 수 있다.

차트에서 갭(gap)은 가격이 위쪽이나 아래쪽으로 급격히 움직인 것처럼 보이며, 갭이 발생한 구간에는 가격 막대가 없이 빈 공간만 나타난다. 그림 17-3을 참조하라. 갭은 시장이 종료된 후, 다음 날 시장이 개장할 때 발생할 수 있다. 이는 시장이 열리지 않는 시간에 발생한 중요한 사건으로 인한 것일 수 있다. 갭은 추세의 시작, 중간, 끝에서도 흔히 발생한다.

시장의 갭과 변동성은 다음과 같은 이유로 생길 수 있다.

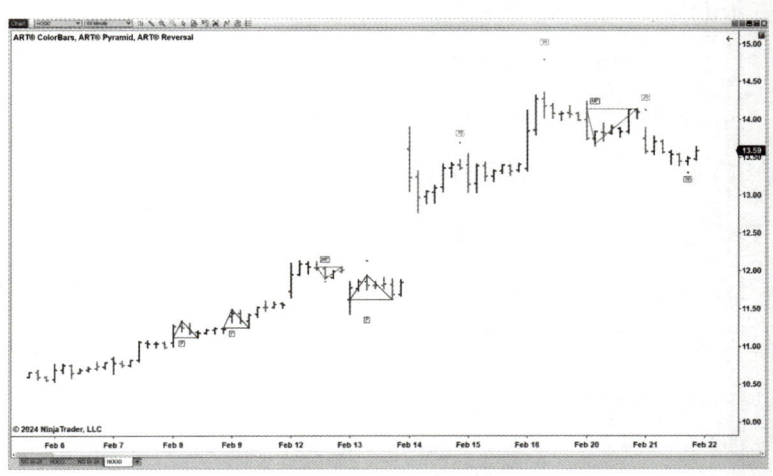

그림 17-3. 시장 갭 차트의 예시. 가격 막대가 없는 차트 중앙의 흰색 영역에 주목하라. 2월 14일 가격이 터무니없이 급등한 곳이 바로 갭이 발생한 곳이다.
출처: NinjaTrader. www.ninjatrader.com

- 1929년 대공황 때 발생한 것과 같은 전반적인 시장 붕괴
- 1995년 일본 대지진 등 세계적 재난
- 2001년 9월 11일과 같은 테러 공격
- 정치, 기업 또는 기타 사건에 대한 최신 뉴스
- 예정된 미국 연방준비제도 이사회 발표

일반적으로 트레이더들은 변동성을 좋아하는데, 이는 시장이 움직이는 시점이며, 시장의 방향을 정확히 예측할 때, 이익을 얻을 수 있기 때문이다. 시장의 움직임이나 변동성이 없다면, 트레이더는 시장이 어느 방향으로 움직이는지 정확히 알아낼 수 있는 능력을 활용할 수 없다. 그러면 자신들의 기술로 수익을 낼 기회가 주어지지 않는다.

아이러니하게도, 1929년 대공황으로 인한 폭락 당시 시장은 하락하는 방향으로의 엄청난 변동과 상승하는 방향으로의 엄청난 변동이 뒤섞인 모습을 보였다. 시장은 완벽한 직선으로 움직이지 않는다. 필자는 시장이 지그재그로 움직인다고 말하는 편인데, 이는 시장에 기복과 변동성이 있음을 의미하는 또 다른 표현이다.

1929년부터 1933년까지 매매를 했고 시장을 올바르게 읽을 수 있었다면 변동성 덕분에 엄청난 돈을 벌 수도 있었을 것이다. 가격이 큰 폭으로 하락했다가 상승하고 다시 하락하는 급격한 변동은 능숙한 트레이더에게 독특한 수익 기회를 제공한다.

매수 후 보유하는 중장기 투자자와 달리 트레이더는 시장의 변동성에서 이익을 얻는다. 반면, 일부 매수 후 보유하는 투자자는 시장이 정점으로 상승하여 맹목적인 행복감을 주는 단계에서 매수하는 경향이

있으며, 시장 주기의 바닥에서 절박한 공황 단계에서 매도하는 경향이 있는데, 이는 잘못된 시기에 하는 잘못된 일이다.

주요 참고 사항: 때때로 갭 상승 또는 갭 하락이 신중하게 설정한 손절매 청산 가격을 뚫고 지나갈 수 있다. 이러한 유형의 사건은 통제할 수 없으며 계획한 위험 금액보다 더 큰 손실을 보게 된다. 신속하게 대응하고, 트레이딩 심리가 흔들리지 않기 위해 반드시 인지하고 있어야 할 사항이다. 자신에게 불리한 방향으로 갭이 발생하더라도 침착함을 유지해야 한다.

그리고 그 반대의 상황에서, 당신에게 유리한 방향으로 갭이 발생할 때, 필자가 가장 좋아하는 접근 방식은 이익을 확보하고 불안을 줄이기 위해 포지션의 일부를 정리하여 수익을 확정하는 것이다. 이렇게 함으로써 나머지 매매 포지션을 계속 유지하는 것이 수월해진다.

매수 호가와 매도 호가, 스프레드, 체결, 체결 오차가 수익에 미치는 영향

'매수 호가', '매도 호가', '스프레드', '체결', '체결 오차'라는 용어는 수익성에 영향을 미칠 수 있다는 점에서 서로 연결되어 있다. 블로그나 트레이딩 관련 기사들을 읽다 보면, 이러한 용어들에 대한 많은 논의를 분명히 접할 것이다. 증권사가 체결 가격이 예상보다 나쁘다거나 스프레드가 너무 넓다는 비난이 넘쳐날 수 있다. 또 다른 사람들은 체결 오차가 수익을 망칠 수 있다고 말할 것이다.

실제로 모든 사람이 이야기하는 것은 매수-매도 호가 차이(스프레드)에 관한 것이며, 그것이 하루, 주, 월의 마지막 또는 연말의 수익성(또는 수익성 부족)으로 어떻게 이어지는지에 대한 것이다.

이 용어들에 대한 몇 가지 정의는 다음과 같다.

- 매수 호가/매도 호가: 매수 호가는 매수자가 자산에 대해 지불할 의향이 있는 최고 가격이다. 매수 호가와 매도 호가에서, 매수 호가는 매도 호가와 대조된다. 매도 호가는 매도자가 자산에 대해 매도를 수락할 의향이 있는 최저 가격이다.
- 스프레드: 매수 호가와 매도 호가의 차이를 스프레드라고 한다. 스프레드의 크기는 주로 각 자산의 유동성 차이 때문에 자산마다 다르게 나타난다.
- 체결: 매매가 나쁜 체결로 인식되는 데에는 세 가지 일반적인 이유가 있다. 1. 빠르게 움직이는 시장—증권사가 모든 것을 올바르게 수행할 수 있지만 빠르게 움직이는 시장에서는 시장 모멘텀이 너무 빨라 주문을 입력한 시간과 주문이 채워진 시간 사이에 시장이 이상적인 진입 가격에서 벗어날 수 있다. 2. 주문을 거래소에 전달하는 속도가 느림—증권사마다 주문 처리 기술의 차이로 인해 한 증권사가 다른 증권사보다 더 빠르게 주문을 처리할 수 있다. 3. 데이터 피드가 느림—이는 사용자의 주문 시스템 플랫폼에서 발생하며, 데이터 피드가 느리거나 정확하지 않을 때 나타난다. 이는 거래에 진입할 당시의 시장 상황에 대한 인식에 영향을 미치는데, 실제로는 정확하지 않거나 지연된 정보를 기반으로 판

단하게 되는 것이다. 따라서 체결이 빠르고 적절했더라도, 사용자가 보고 있던 데이터의 품질로 인해 체결에 대한 인식이 왜곡될 수 있다.

- 체결 오차: 이것은 매매의 예상 가격과 실제로 체결된 가격의 차이를 의미한다. 체결 오차는 주로 시장 변동성이 높은 시기에 시장가 주문이 사용되거나, 대규모 주문이 실행될 때 발생한다. 이는 원하는 가격 수준에서 예상된 체결 가격을 유지할 만한 매수 또는 매도 관심(유동성)이 부족할 때 종종 나타난다.

유동성이 낮으면 불완전한 체결이 더 자주 발생한다

일반적으로, 나쁜 체결과 체결 오차는 중장기 투자자나 포지션 트레이더보다는 단기 트레이더에게 더 큰 문제가 된다. 불완전한 체결은 언제나 좋지 않은 일이지만, 포지션 트레이더는 그로 인한 영향을 비교적 덜 받는다. 유동성이 낮은 시장에서는 불완전한 체결이 더 자주 발생할 수 있다.

"나는 속도에 대한 욕구를 느낀다"

영화 〈탑건(Top Gun)〉에서 톰 크루즈가 말했듯이, "나는 속도에 대한 욕구를 느낀다". 데이터 속도, 주문 실행 속도, 컴퓨터 속도는 모두 트레이더로 성공하는 데 중요한 요소다.

시스템 속도를 개선하기 위해 확인해야 할 영역은 다음과 같다.

- 좋은 메모리를 장착한 최신 컴퓨터
- 빠른 유선 인터넷 연결
- 컴퓨터 운영 체제를 최신 상태로 유지
- 차트 작성 소프트웨어를 최신 상태로 유지
- 빠른 실시간 데이터 피드
- 빠른 실행을 제공할 증권사

일반적으로 속도는 중장기 투자자가 성공하는 데 있어 그다지 중요한 요소가 아니다. 하지만 틱 차트와 1분 차트처럼 더 빠른 타임프레임 차트를 사용하는 단기 트레이더에게는 속도가 필수적이다. 기술은 매시간 변화하고 있으며, 당연하게도 기술이 최첨단일수록 더 빨리 변화할 것이다.

오래된 컴퓨터를 사용하고 있다면 트레이더가 필요로 하는 방대한 양의 데이터를 처리하는 데 방해가 될 수 있다. 차트가 느리게 로딩되는 경우 현재의 표준을 충족하도록 하드웨어를 업그레이드하는 것을 권고한다.

또한 '기술의 건강'이 최적의 작동 속도를 유지하는 데 매우 중요하다는 사실을 명심해야 한다. 예를 들어 트레이더가 차트 플랫폼 소프트웨어와 컴퓨터 운영 체제에서 업데이트를 소홀히 하는 경우가 많다. 이는 시스템의 기능에 큰 영향을 미칠 수 있다.

당신의 임무는 경쟁 우위를 제공할 수 있는 기술의 발전을 살피고, 더 빠른 기술의 이점이 이를 얻기 위한 비용을 정당화하는지 판단하는 것이다.

자신에게 맞는 최고의 증권사를 선택하는 방법

전 세계적으로 수많은 증권사가 있으며, 자신에게 가장 적합한 증권사를 선택하는 것이 어려울 수 있다. 각 증권사는 서로 다른 독특한 강점과 가격 모델을 가지고 있다. 여러분의 결정은 여러분의 필요 및 그와 관련된 비용에 따라 달라진다.

증권사를 선택할 때는 다음 여섯 가지 요소를 고려해야 한다.

1. 서비스: 증권사가 어떤 상품과 서비스를 제공하고, 그것이 당신이 요구하는 상품과 서비스에 적합한가? 증권사의 고객 지원 서비스는 좋은가?

2. 시장: 어떤 시장을 매매할 것인가, 그리고 증권사는 어떤 시장을 제공하는가? 그것들이 잘 일치하는가?

3. 비용: 수수료, 주문 시스템, 실시간 또는 종가 데이터 제공, 그리고 필요한 기타 제품 및 서비스와 관련된 비용은 무엇인가?

4. 계정 크기: 계좌를 개설하고 유지하는 데 필요한 최소 계좌 크기는 얼마인가?

5. 연결성과 호환성: 증권사가 자체적으로 양질의 주문 및 차트 시스

템을 제공하는가?

6. 실행 속도: 증권사가 보유한 주문 시스템의 품질은 어떻고, 증권사는 얼마나 빨리 주문을 처리할 수 있는가?

많은 트레이더와 투자자가 각기 다른 목적을 위해 몇 개의 다른 중개 계좌를 유지한다. 중개 계좌에 자금을 입금하면 증권사가 취급하는 시장에 대한 차트와 실시간 데이터를 무료로 제공받는 경우가 많다는 점에서 모든 장점을 최대한 활용할 수 있는 방법이다.

트레이더에 따라서는 한 곳에서 모든 필요를 충족시키는 하나의 증권사를 선택할 수 있다. 현재 자신의 상황에 따라 우선순위를 파악하고 거기에 맞는 증권사를 찾아야 한다.

언제든 우선순위와 증권사를 변경할 수 있다는 점을 기억하라. 그러므로 평생 한 증권사에 얽매여 있을 필요는 없다. 여러분과 시장은 모두 진화하고 있으며 아직 완성된 상태가 아니다. 최적의 포트폴리오 성과를 달성하기 위해 매년 자신의 필요를 재평가하라.

업무 공간 세팅

이제 금융시장을 이해했으니, 트레이딩을 시작할 업무 공간을 세팅할 시간이다. 정말 간단하며, 인터넷 연결이 좋은 곳이면 어디서든 작업할 수 있다.

업무 공간을 세팅하는 데 필요한 사항은 다음과 같다.

- 충분한 메모리와 성능을 갖춘 컴퓨터
- 모니터
- 비상용 전원 장치
- 전화
- 집중할 수 있는 조용한 공간
- 빠른 유선 인터넷 연결
- 증권사
- 차트 분석 플랫폼
- 차트에 데이터를 공급하는 업체
- 매매 기록 보관 시스템(수기로 작성)
- 교육 자료, 서적, 강좌
- 진입, 청산, 종목 탐색을 위한 매매 소프트웨어
- 책상, 편안한 의자, 책장, 적절한 조명

집중하고 시작할 수 있는 업무 공간을 마련했다면, 그곳을 편안하게 만들어야 한다. 영감을 줄 만한 사진이나 그림이 있다면 벽에 걸어도 좋다.

어떤 시장에서 매매할 것인가?

매매 또는 투자할 최고의 시장을 선택하는 데는 시간이 걸릴 수 있다. 결국에는 가장 좋아하는 시장을 정하고, 각각의 고유한 특성을 이해하게 될 것이다. 이를 통해 매매 및 투자 시스템을 효과적으로 구현하여 더 큰 수익을 창출할 수 있는 우위를 얻을 수 있다.

이번 부분은 시장에 전혀 익숙하지 않은 사람들을 위해 전반적인 개요와 앞으로 나아갈 방향에 대한 정보를 제공하고자 마련되었다. 기본적으로, 지금 당장 가장 '친근해 보이는' 시장을 선택하고 가장 잘 알고 있는 시장을 선택하라. 그러면 좋은 시작이 될 것이고, 거기서부터 확장해나갈 수 있다.

시장을 선택할 때는 다음 일곱 가지 사항을 고려해야 한다.

1. 계좌의 절대 규모: 일부 시장은 매매를 고려하기에는 너무 비쌀 수 있다. 시장을 감당할 수 없거나, 매매하면서도 효과적인 위험 관리를 유지하지 못할 수도 있다. 때로는 더 짧은 타임프레임을 선택함으로써 효과적인 위험 관리를 유지할 수도 있다.

2. 시장을 모니터링할 수 있는 시간: 매매 스타일에 따라 필요한 시간이 다르다. 단기 트레이딩을 한다면, 시장이 열리는 동안 하루 종일 매매를 지켜보며 모니터링할 수 있어야 한다. 하지만 포지션 트레이딩이나 장기 투자를 한다면, 저녁 시간에만 시장을 모니터링해도 충분하다. 포지션 트레이딩과 장기 투자는 낮에 다른 일을 하는 사람들에게 좋다.

3. 사용하고 싶은 타임프레임: 단기 트레이더라면 1분 또는 5분 차트와 같은 짧은 일중 타임프레임을 선택하여 매매할 것이다. 포지션 트레이더라면 일간 타임프레임 차트를 선택할 것이다. 장기 투자자 혹은 트레이더라면 주간 차트나 월간 차트를 선택할 것이다.

가장 적합한 타임프레임을 선택하는 것은 매매 계좌 규모, 위험 관리 접근 방식 및 개인적 선호도를 조합한 것이다.

4. 시장에 대한 전반적인 지식: 금융시장에 대한 경험과 지식을 쌓으면 매매 및 투자 가능성이 확대될 것이다. 예를 들어 대부분의 초보 트레이더들은 주식시장에서 시작하지만, 옵션 및 선물과 같은 다른 시장에 대해 배우면서 새로운 영역으로 확장할 수 있다.

5. 매매 및 투자 기술 수준: 이것을 전반적인 시장 지식이나 공부한 기간과 혼동하지 마라. 이 주제는 매매 및 투자 능력에 대해 구체적으로 다룬다. 일부 시장은 변동성이나 움직임이 크기 때문에 더 높은 수준의 기술이 필요하다. 자신의 기술 수준에 적합한 시장에서 일해야 한다.

6. 개인적 선호도: 간단히 말해서, 어떤 시장을 가장 좋아하는가? 농부인 일부 트레이더들은 곡물 시장과 같은 상품 시장에 매매를 집중할 수 있고, 월가의 다른 트레이더들은 주식시장에 매매와 투자를 집중하고 싶어 할 수 있다. 그것은 당신의 선호에 달린 것이다.

7. 유동성과 하루 변동 폭: 시장을 선택할 때는 시장에 쉽게 진입하고 쉽게 빠져나올 수 있도록 충분한 유동성을 제공하는 시장을 선택하는 것이 중요하다.

수많은 시장이 있지만, 표 17-1에 나열된 시장은 여러분이 새로 시작할 수 있는 시장의 예를 보여준다. 기술과 호기심이 발전함에 따라 채권, 파생 상품, 암호화폐, 보험, 모기지, 자본 및 통화 시장과 같은 다른 시장을 탐색하는 데 관심이 생길 수 있다.

표 17-1. 인기 있는 시장

	주식	옵션	선물	ETF	외환
시장 유형	주식	주식, 선물, 지수	상품 선물, 금융 선물	상장지수펀드	통화쌍
추천 시장	모든 유동성 높은 시장: 대형주, 중형주, 소형주, 뉴욕증권거래소, S&P500, 나스닥, 러셀 2000	콜옵션, 풋옵션, 스프레드, 헤지 거래, 기초 자산의 옵션 거래	S&P e-미니, 나스닥 e-미니, 원유, 금, T-노트, T-본드, 유로, 일본 엔화	QQQ, SPY, SOXS, TLT, IWM, SPXU, UNG, DIA, SPXS, PSQ, GDX, SH, SLV, XLP	EUR/USD, USD/JPY, GBP/USD, AUD/USD, USD/CAD
단위	주	계약	계약	계약	가격 비율
호가 단위	소수점	소수점 및 1/4 포인트	틱	틱	핍(포인트당 백분율)
권장 경험 수준	숙련자 중급자 초보자	숙련자 중급자	숙련자 중급자	숙련자 중급자 초보자	숙련자 중급자
거래량 및 유동성	대형주와 블루칩(우량주) 종목에서 가장 높다.	정규 거래 시간에 가장 좋다.	유동성이 매우 우수하다.	정규 거래 시간에 가장 좋다.	(주말을 제외하고) 24시간 거래 가능
참고	주식은 시장의 기초를 배우는 초보 트레이더에게 좋다.	옵션은 데이 트레이딩 하지 않는다. 낮은 매수/매도 호가 차 때문에 데이 트레이딩이 어렵다.	선물은 유동성이 좋아 데이 트레이딩이 가능하다. E-미니와 미니로 선물은 가격이 저렴하다.	ETF는 상장지수펀드도, 장중에 매수 또는 매도가 가능하다.	수수료는 없지만, 중개 회사는 스프레드로 이익을 얻는다; 24시간 거래 시장이다.

이 표는 교육 목적으로만 작성되었으며, 정보는 변경될 수 있다. 현재 정보를 확인하려면 중개인이나 데이터 제공 업체와 상담하는 것이 좋다.

선물 시장은 투기 거래를 위해 만들어졌고, 주식시장은 투자를 위해 만들어졌다는 점을 알아두는 것이 중요하다. 단기 트레이더는 투기 거래를 하며 일반적으로 선물 시장을 선택한다. 그러나 주식시장이 선물 시장보다 더 많은 주식을 보유하고 있기 때문에 더 많은 기회를 제공한다는 주장도 타당하다.

암호화폐에 대하여

주목해야 할 또 다른 중요한 시장은 2009년 비트코인이 오픈소스 소프트웨어로 출시되었을 때 처음 등장한 암호화폐 시장이다. 오늘날에는 2만 개가 넘는 암호화폐가 시장에 추가되었다.

암호화폐는 (지폐와 같은) 물리적 형태로 존재하지 않으며, 일반적으로 중앙 기관에서 발행하지 않는다. 암호화폐는 중앙은행 디지털 통화와 달리 분산형 제어를 사용한다. 이것은 디지털이며, 암호화 알고리즘을 사용하여 생성된 대체 지불 수단 형태다.

암호화폐를 사용하려면 암호화폐 지갑이 필요하다. 아니면 미국 증권거래위원회(SEC)가 2024년 1월 10일에 여러 BTC ETF(비트코인을 기초 자산으로 하는 상장지수펀드 – 옮긴이)의 출시를 승인한 이후로 지금 당장 암호화폐를 거래할 수도 있다. 승인 명령은 이러한 새로운 ETF를 출시하는 데 따른 중요한 법적 및 규제적 문제를 해결한다.

표 17-1에서 여러분이 고려할 시장 목록에 암호화폐가 없는 것을 알 수 있다. 이는 암호화폐가 너무 새롭고 아직 검증되지 않았기 때문이다. 그러나 1983년에 인터넷이 처음 등장했을 때와 매우 흡사한 흥미로운 현상이 나타나고 있다.

1990년대 후반 새로운 닷컴(dot.com) 인터넷 시장의 급격한 성장과 2000년경의 폭락을 기억하라. 인터넷과 마찬가지로, 암호화폐도 지금까지 여러 차례의 어려움을 겪어왔다. 그러나 이는 새롭고 흥미로운 시장으로, 생존하고 성장하며 지속될 가능성이 높기 때문에 앞으로 주목할 가치가 있다.

결국 여러분은 자신의 성격에 맞고 현재의 투자 여정과 잘 부합하는 시장을 선택하게 될 것이다.

주식시장

주식시장의 역사는 수백 년 전인 1400년대 후반 국제무역의 중심지가 된 앤트워프(Antwerp), 즉 현대의 벨기에로 거슬러 올라간다. 1790년에야 필라델피아증권거래소(PHLX)가 만들어졌고, 1792년에는 뉴욕증권거래소(NYSE)가 만들어졌다.

개발이나 확장을 위해 필요한 자본을 조달하는 것은 기업이 주식을 발행하는 주된 이유다. 증권거래소 또는 주식시장은 기업의 주식과 주식 관련 파생 상품을 합의된 가격으로 거래하는 공공 기관이다.

이를 통해 우리는 큰 기업의 주식을 사고팔 수 있으며, 말 그대로 회사의 일부를 소유할 기회를 얻게 된다. 주식을 사고파는 행위는 시장에 유동성을 창출한다.

종종 대부분의 투자자와 트레이더가 참여하기로 마음먹는 첫 번째 시장은 주식시장이다. 특히 어떤 기업이 우리가 관심이 있거나 무언가 알고 있는 것을 만들거나 하는 경우, 기업의 주식을 소유한다는 개념을 이해하기 쉽다.

게다가 다양한 산업군(업종)에서 선택할 수 있는 주식이 많으므로 대부분 사람이 관심을 가질 만한 주식을 쉽게 찾을 수 있다. 선택의 폭은 사실상 무한하며, 어떤 이들은 전 세계적으로 60만 개 이상의 기업이 공개적으로 거래된다고 추정한다.

해외 주식시장에서 주식의 기호는 다음과 같이 표시된다.

- 알파벳 한 글자 기호는 가장 잘 알려진 주식들이다.
- 알파벳 세 글자 기호는 뉴욕증권거래소에 상장된 주식이다.
- 알파벳 네 글자 기호는 대개 나스닥에 상장된 주식일 가능성이 높다.

각 기업은 티커로 표현되는데, 이는 특정 주식시장 거래소에서 공개적으로 거래되는 특정 주식을 고유하게 식별하는 데 사용되는 짧은 약어다. 표 17-2를 참조하라.

'티커'라는 용어는 1870년대부터 1960년대까지 티커 테이프 기계의 테이프에 인쇄되었던 기호를 의미한다. 티커(Ticker)라는 단어는 업데이트된 가격과 수량 정보를 기계가 테이프에 인쇄할 때 내는 똑딱거리는 소리를 말한다.

1960년대에 이 기계는 금융 정보를 전송하기 위해 텔레비전과 컴퓨터 모니터로 대체되면서 더 이상 쓸모가 없게 되었다. 그러나 티커 테이프 기계가 새로운 기술로 대체된 후에도 기호 자체는 살아남아 오늘

표 17-2. 잘 알려진 주식 티커와 해당 거래소

기업명	티커	거래소
3M Company	MMM	NYSE
Automatic Data Processing	ADP	NASDAQ
Amazon.com	AMZN	NASDAQ
Apple Inc.	AAPL	NASDAQ
Applied Materials	AMAT	NASDAQ
AT&T	T	NYSE
Bank of America	BAC	NYSE
Coca-Cola	KO	NYSE
Exxon Mobil	XOM	NYSE
Facebook (Meta)	META	NASDAQ
Ford Motor Company	F	NYSE
Google	GOOGL	NASDAQ
Hyatt	H	NYSE
Kellogg (Kellanova)	K	NYSE
McDonald's	MCD	NYSE
Netflix	NFLX	NASDAQ
Target	TGT	NYSE
Tesla	TSLA	NASDAQ
United States Steel	X	NYSE
Visa, Inc.	V	NYSE
Walmart	WMT	NYSE
Zillow	Z	NASDAQ

이 표는 교육 목적으로만 작성되었으며, 정보는 변경될 수 있다. 현재 정보를 확인하려면 증권사나 데이터 제공 업체와 상담하는 것이 좋다.

날에도 여전히 사용되고 있다.

때때로 상장 기업이 합병되거나 이름이 바뀌면 기호가 변경되기도 한다. 예를 들어 1999년 엑손(Exxon)이 모빌오일(Mobil Oil)과 합병했을 때 엑손은 새로운 합병을 반영하기 위해 티커 기호를 'XON'에서 'XOM'으로 변경했다. 그리고 페이스북(Facebook)이 2022년에 이름을 메타(Meta)로 바꾸었을 때 티커 기호는 'FB'에서 'META'로 바뀌었다. 오늘날 합병이나 인수 및 사명 변경으로 티커 기호가 변경되는 것은 흔한 일이다.

주식 기호는 일반적으로 1~5개의 알파벳 문자로 구성된다. 3글자 기호는 주식이 뉴욕증권거래소(NYSE)에서 거래된다는 것을 의미한다. 4글자 기호는 대개 나스닥(NASDAQ)에서 거래된다는 것을 의미한다. 일부 잘 알려진 글자는 1글자 기호를 가질 수도 있는데, 예를 들어 포드자동차(Ford Motor Company)를 나타내는 기호는 'F'로 표시한다.

전 세계 증권거래소

이러한 기호는 각 기업을 나타내며 증권거래소에 상장되어 있다. 시장에서의 가격과 거래량의 활동은 거래소에서 대중에게 보고한다. 전세계 거의 모든 선진국에 증권거래소가 있다. 가장 큰 시장은 미국, 중국, 유럽, 일본, 홍콩, 캐나다, 영국에 있다.

증권시장에는 전 세계적인 기회가 있다. 각 시장의 거래소는 전체 시가총액, 지역, 특성이 다르다. 예를 들어 뉴욕증권거래소만 해도 선택할 수 있는 기업이 2,000개가 넘는다. 1792년부터 존재해왔고 전 세계에서 거래되는 모든 주식의 3분의 1을 차지한다고 추정되므로, 거래하거나 투자하는 거의 모든 사람이 들어봤을 것이다.

나스닥은 기술주 중심의 거래소로, 세계적인 사건에 대해 뉴욕증권 거래소와는 다르게 반응한다. 예를 들어 2000년 당시 전자상거래와 클라우드 컴퓨팅의 성장에 힘입어 기술주가 강세를 보이며 나스닥은 상승했지만, 다른 거래소들은 급락했다.

가장 잘 작동하는 특정 거래소와 상품을 선택하라. 당신의 시간대에 있는 거래소와 상품을 선택하면 일반적인 업무 시간 동안 거래하는 데 도움이 될 것이다.

또한 관심 있는 시장에 대해 어떤 데이터 공급이 사용 가능한지와 관련 비용을 조사하는 것도 중요하다.

시가총액

'Market capitalization', 흔히 '시가총액'으로 알려진 이것은 주식시장에서 거래되는 한 회사의 발행 주식의 총 시장가치를 나타내는 결정적인 척도다. 모든 회사는 다음 세 가지 범주(미국 시장 기준) 중 하나에 속한다.

- 대형주 – 100억 달러 이상
- 중형주 – 20억~100억 달러
- 소형주 – 3억~20억 달러

시가총액은 위험과 시장 인식 같은 중요한 요소를 포괄하여 회사의 상대적 규모와 가치를 나타내는 강력한 지표다.

주가지수에 대하여

주식시장 주가지수는 여러 주식을 하나의 지수로 묶는다. 표 17-3을 참조하라. 다음은 미국에서 가장 인기 있는 지수 중 일부다.

표 17-3. 미국 주요 주가지수 기호와 거래소

주가지수	티커	거래소
다우지수(DJIA)	DJIA, DJI, DOW	NYSE, NASDAQ
S&P500 지수	SPX, SPY	NYSE, NASDAQ, CBOE
NASDAQ100 지수	QQQQ, IXIC, COMP	NASDAQ
공포지수(S&P500 VIX)	VIX	CBOE
Russell 2000	RYT RTT	NYSE, NASDAQ

이 표는 교육 목적으로만 작성되었으며, 정보는 변경될 수 있다. 현재 정보를 확인하려면 증권사나 데이터 제공 업체와 상담하는 것이 좋다.

- 다우 지수(DJIA, Dow Jones Industrial Average, 다우존스 산업평균지수)
- S&P500 지수(Standard and Poor's 500)
- 나스닥 지수(NASDAQ)
- 나스닥100 지수(NASDAQ 100)
- 러셀2000 지수(Russell 2000)

주가지수 거래의 장점은 주가지수에 여러 주식이 포함되어 있어 한 번에 단일 주식을 거래하는 것과 달리 분산투자가 가능하다는 것이다. 또 다른 아이디어는 ETF 시장을 조사하는 것이다. 이에 대해서는 이 장 후반부에서 다루겠다. 모든 지수에 대해 ETF를 이용할 수 있으며, 인버스 ETF를 사용하면 시장의 반대 방향으로 매매 포지션을 가질 수 있다.

주식시장의 산업군

세계 경제를 살펴보면 주식시장을 움직이는 다양한 산업군(업종)이 있다. 업종 분석을 더 깊이 파고들면, 각 업종 내의 특정 산업과 기업을 살펴봄으로써 특정 시점에서 해당 산업군의 전반적인 건강 상태를 더 잘 이해할 수 있다.

다우존스 산업평균지수와 S&P500 같은 일부 지수는 여러 산업군으로 구성되어 있다. 이들은 각각 다른 산업 분류 체계를 사용한다. 예를 들어 다우존스 산업평균지수(DJIA)는 산업 분류 기준(ICB)을 사용하고, S&P500은 글로벌 산업 분류 기준(GICS)을 사용한다.

FANG이 뭐지?

이것은 페이스북(Facebook), 아마존(Amazon), 넷플릭스(Netflix), 구글(Google)의 첫 글자를 조합한 것으로, FANG에 포함된 주식은 인상적인 성장과 높은 인기로 유명하며, 각 기업은 최근 몇 년 동안 주가가 두 배 이상 상승한 바 있다.

주식시장은 비교적 간단한 주문 진입 프로세스를 통해 상품 매매에 대해 배우고 싶은 초보 트레이더에게 좋다. 주식과 관련된 시장 역학을 알게 되면 다른 시장이나 상품으로 옮겨가기가 더 쉬워진다.

다우존스 산업평균지수의 간략한 역사

다우존스 산업평균지수(DJIA 또는 Dow)는 1896년 《월스트리트 저널》 편집자 찰스 다우에 의해 시작되었다. 다우 지수는 미국 경제의 전반적인 건강 상태, 그리고 세계 경제의 건강 상태를 나타내는 척도로 알려지게 되었다. 최초의 다우 지수는 12개 기업으로 구성되었다.

원래 12개였던 구성 종목은 수년에 걸쳐 20개로 늘어났고, 그다음에는 현재의 30개 주식으로 늘어났다. 지수에 포함된 주식 수의 증가는 미국 경제의 확장을 반영했다. 지난 100년 동안 다우존스 산업평균지수가 때때로 발생한 큰 하락에도 불구하고 꾸준히 상승해온 것은 많은 투자자들이 시장에 충분히 오래 머무르면 연평균 10%의 이익을 안정적으로 얻을 수 있다는 믿음으로 수동적인 매수 후 보유 전략을 채택하게 만든 요인이다.

하지만 매수 후 보유 전략에는 고유한 위험이 있다. 만약 당신이 큰 침체나 폭락에 휘말린다면, 힘들게 번 돈이 순식간에 사라질 수도 있다. 다우존스 산업평균지수는 다음과 같은 몇 차례의 심각한 폭락을 겪었다.

· 1929년 - 월가의 붕괴로 대공황이 촉발됨

· 1987년 - 블랙먼데이 · 2000년 - 닷컴 버블

· 2008~2009년 - 세계 금융 위기 · 2020년 - 코로나바이러스 폭락

최근 다우 지수가 사상 최고치를 기록하면서, 다음 큰 조정이나 폭락이 언제 일어날지 궁금해질 수밖에 없다. 시간이 지나야 알 수 있겠지만, 다음에 올 큰 상승장이나 하락장의 기회를 놓치지 않기 위해 모두가 시장, 투자, 그리고 거래를 매의 눈으로 주시하는 것이 중요하다.

주식시장의 지속적인 상승과 하락 반복

다우존스 산업평균지수의 변동하는 가격 역사는 매우 흥미로운 이야기다. 1896년 5월 26일 다우지수의 첫 공식적인 종가가 31.58달러였던 것부터, 2024년 5월 17일 현재 사상 최고 종가인 40,003.59달러가 될 때까지는 제법 거친 여정이었다. 표 17-4를 참조하라.

날짜	다우 지수 종목 수	다우 지수 종가
1896년 05월 26일—다우지수 첫 종가	12	31.58
1900년 01월 02일—10년 기준점	12	49.90
1910년 01월 03일—10년 기준점	12	72.04
1916년 10월 04일—20개 종목으로 확대	20	103.41
1920년 01월 02일—10년 기준점	20	108.76
1928년 10월 01일—30개 종목으로 확대	30	240.01
1929년 09월 03일—고가	30	381.17
1929년 10월 24일—검은 목요일 폭락	30	299.47
1929년 10월 28일—검은 월요일 폭락	30	260.64
1929년 10월 29일—검은 화요일 폭락	30	230.07
1930년 01월 02일—10년 기준점	30	244.20
1932년 07월 08일—사상 최저가	30	41.22
1940년 01월 02일—10년 기준점	30	151.43
1950년 01월 03일—10년 기준점	30	198.89
1960년 01월 04일—10년 기준점	30	679.06
1970년 01월 02일—10년 기준점	30	809.20
1980년 01월 02일—10년 기준점	30	824.57
1987년 10월 16일—고가	30	2,246.74

1987년 10월 19일—검은 월요일 폭락	30	1,738.74
1990년 01월 02일—10년 기준점	30	2,810.15
2000년 01월 03일—10년 기준점	30	11,357.51
2000년 01월 14일-고가-닷컴 버블	30	11,722.98
2000년 10월 09일—저가-닷컴 붕괴	30	7,286.27
2007년 10월 09일—고가	30	14,164.53
2008년 10월 10일—글로벌 금융 위기	30	8,451.19
2008년 11월 20일—저가	30	7,552.29
2010년 01월 04일—10년 기준점	30	10,583.96
2020년 01월 02일—10년 기준점	30	28,868.80
2020년 02월 12일—고가	30	29,551.42
2020년 03월 23일—저가-코로나19 위기	30	18,591.93
2024년 10월 18일—사상 최고가	30	43,275.91

표 17-4. 1896년 첫해부터 2024년까지 다우존스 산업평균지수의 연혁
출처: https://www.measuringworth.com/datasets/DJA/index.php
이 표는 교육 목적으로만 작성되었으며, 정보는 변경될 수 있다. 현재 정보를 확인하려면 증권사나 데이터 제공 업체와 상담하는 것이 좋다.

그림 17-4를 보면 1929년의 폭락으로 인해 1929년 9월 3일의 다우지수 최고가 381.17달러가 1932년 7월 8일의 최저가 41.22달러까지 떨어졌다. 이것은 지금까지 가장 극적인 가격 하락이었다. 그리고 당연히 시장은 1929년의 최고가를 회복하는 데 약 20년이 걸렸다. 그런 폭락을 겪는다면 잊기 어려울 것이다.

물론 우리는 2008년의 금융 위기가 상당했다고 생각하고, 실제로도 그렇다. 그러나 대공황의 파괴는 역사책에 기록될 만한 것이었다.

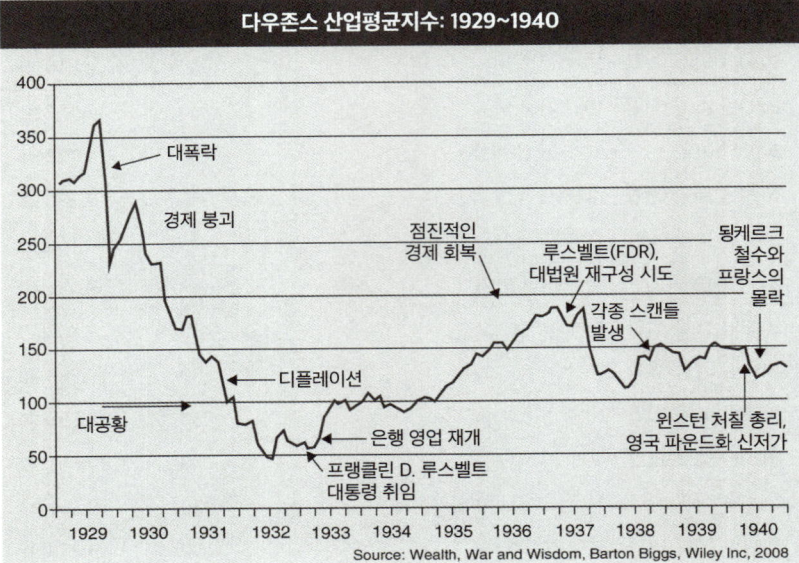

다우존스 산업평균지수: 1929~1940

Source: Wealth, War and Wisdom, Barton Biggs, Wiley Inc, 2008

그림 17-4. 이 차트는 1929년 9월 다우 지수가 381.17달러로 최고가를 기록한 것을 보여준다. 1929년 10월 29일 230.07달러로 급락하면서 1933년까지 지속된 세계 대공황이 촉발되었다. 시장 붕괴를 직접 경험하지 않은 사람이라면 시장 붕괴가 과거에도 있었고 앞으로도 계속 일어날 것이라는 사실을 반드시 알아야 한다. 1920년대의 호황과 같은 황홀한 강세장은 최악의 시기에 순진한 참여자들을 시장으로 유인하는 경향이 있다.

출처: 바턴 빅스(Barton Biggs), 《부, 전쟁, 지혜(*Wealth, war and wisdom*)》(Wiley, 2008)

ETF 시장

상장지수펀드(ETF, Exchange Traded Fund)는 주식과 매우 유사하게 증권 거래소에서 거래되는 투자 펀드다. 1993년에 도입되었으며, 이후 트레이더와 투자자들에게 인기를 얻었다.

ETF 기호는 다음과 같다.

- SQQQ – 주식 기호와 매우 유사하다.

전통적인 일반 펀드와 경쟁하는 ETF는 주식, 상품 또는 채권과 같은 자산을 보유한다. ETF와 달리, 일반 펀드는 순자산 가치(NAV)가 매 거래일 종료 시점에만 계산되기 때문에, 거래 시간 중에 일반 펀드 환매를 요청하는 투자자는 환매 가격이 얼마가 될지 확실히 알 수 없다. 반면 ETF는 거래 시간 내내 지속적으로 거래되므로 투자자 또는 트레이더는 더 큰 유연성을 누릴 수 있다.

또한 일반 펀드와 달리, ETF는 레버리지를 사용하거나 공매도가 가능하며, 옵션 계약의 기초 자산으로 활용될 수도 있다. 그리고 패시브 운용(단순히 지수를 추종하는 운용 전략－옮긴이) ETF는 액티브 운용(지수 대비 초과 수익을 추구하는 운용 전략－옮긴이) 일반 펀드에 비해 총보수가 매우 낮은 경향이 있다. 일반 펀드의 총보수는 관리 보수, 펀드 계좌 및 거래 비용, 판매 보수와 같은 비용들로 인해 증가한다.

대부분의 ETF는 S&P500과 같은 지수를 추종하며, 낮은 비용, 세금 효율성, 주식과 같은 특징 덕분에 투자 자산으로서의 매력이 있다. 또 다른 주요 장점은 종종 주식이나 다른 증권과 결합하여 분산투자가 가능하다는 것이다.

가장 인기 있는 ETF는 대부분 주식보다 유동성이 높아 매수자와 매도자가 풍부하여 매수-매도 스프레드가 좁아진다. 일반적으로 평균 거래량이 가장 높은 ETF는 유동성이 더 높아, 활발한 거래자들 사이에서 트레이딩 수단으로 널리 사용된다.

ETF는 장기 투자자는 물론 짧은 기간 매매하는 단기 투자자에게도 훌륭한 투자 수단이 될 수 있다. 특히 초보 투자자에게 더 유용할 수 있는데, 개별 주식을 공부하는 일에 필요한 시간과 노력, 경험이 필요하지 않기 때문이다. ETF를 보유하는 데 드는 비용은 다양한 개별 주식을 매수하는 데 드는 비용보다 낮을 수 있다.

다이아몬드(Diamond)

1953년 영화 〈신사는 금발을 좋아해(Gentlemen Prefer Blondes)〉에서 매릴린 먼로는 "다이아몬드는 여자의 가장 친한 친구!"라고 노래했다. 우리는 ETF 시장에서도 다이아몬드를 사랑한다고 말할 수 있다. ETF 시장에서 다우존스 산업평균지수(DJIA)의 기호는 DIA이며, 뉴욕증권거래소(NYSE)에서 거래된다.

거미(Spider)

당신이 징그러운 거미(spider)를 좋아하지 않을 수도 있지만, 트레이더와 투자자들은 SPDR을 좋아한다. SPDR은 이전에 사용되던 ETF의 이름인 Standard & Poor's Depository Receipts의 약자로, 현재는 SPDR S&P500 ETF Trust로 알려져 있다. 이 ETF의 티커 기호는 SPY이며, 유동성이 뛰어나고 매우 인기가 많다.

인버스 ETF

인버스 ETF는 특정 자산이나 시장 지수의 반대 방향으로 베팅하는 상품이다. 변동성이 높은 시기에는 단기 트레이더들이 이러한 역방향 ETF를 활용하여 시장 하락에 대한 위험을 줄이거나, 하락장에서 잠재적으로 이익을 얻기 위해 사용할 수 있다. 그림 17-5를 참조하라.

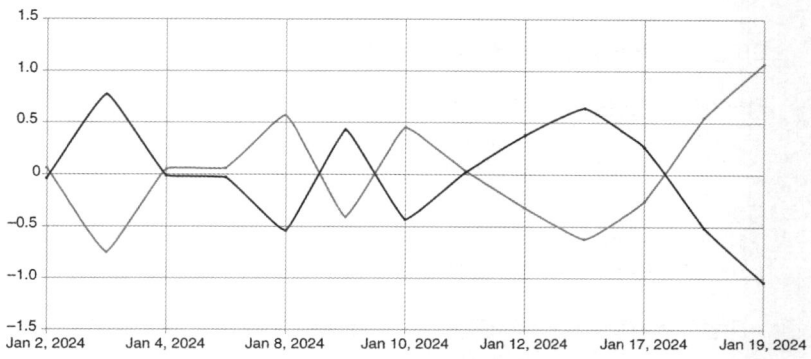

DOG Short Dow 30 - 다우존스 산업평균지수

그림 17-5. 이 차트는 인버스 ETF가 자신이 베팅하는 시장을 어떻게 반사적으로 추적하는지를 보여준다. 다우존스 산업평균지수와 DOG의 일일 차트는 말 그대로 완벽한 거울 반사처럼 작동한다. 인버스 ETF는 투자자와 트레이더가 하락하는 시장에서 이익을 얻거나 예상되는 하락에 대해 헤지(위험 회피)할 수 있는 수단을 제공한다.

출처: https://www.proshares.com/our-etfs/leveraged-and-inverse/dog

개(Dog)

DOG는 ProShares Short Dow 30을 나타내며, 역방향 ETF다. 그림 17-5는 DOG와 다우존스 산업평균지수의 일일 차트를 보여준다. 이를 통해 모든 역방향 금융 상품이 자신이 베팅하는 대상의 반사 거울처럼 작동하는 모습을 시각적으로 확인할 수 있다.

인버스 ETF는 공매도처럼 목표를 달성하기 위해 설계된 위험성이 높고 투기적인 투자 상품이라는 점을 알아야 한다. 미국 증권거래위원회(SEC)는 인버스 ETF를 "매수 후 보유 전략을 사용하는 투자자들에게 추가적인 위험을 수반하는 특수 상품"이라고 설명하고 있다.

ETF에서 고려해야 할 장단점

ETF는 주식과 비슷하게 증권거래소에서 거래되는 투자 펀드다. 거래하고 투자하기에 좋은 상품이며, 다음과 같은 장단점을 고려해야 한다.

장점

1. 더 많은 분산투자: ETF는 투자자에게 특정 산업, 투자 카테고리, 국가 또는 광범위한 시장의 많은 주식을 보유하는 효과를 제공한다. ETF는 주식이 아닌 채권, 통화, 상품을 포함한 자산 유형을 보유하는 효과를 제공할 수도 있다. 분산투자는 위험을 줄여주는데, ETF는 개별 주식을 매수하는 것보다 적은 비용과 노력으로 이를 실현하는 데 도움이 된다.

2. 주식처럼 매매할 수 있음: 투자자나 트레이더는 전통적인 일반 펀드보다 ETF에서 더 많은 유연성을 갖는다. ETF는 주식시장이 열리는 내내 거래되므로 언제든지 매수 또는 매도할 수 있으며 현재 가격을 알 수 있다. 일반 펀드의 경우 거래일에 환매를 요청하는 투자자는 시장이 끝나고 펀드의 순자산 가치를 계산할 때까지 환매 가격을 알 수 없다.

3. 낮은 수수료: ETF는 대개 특정 지수를 단순히 추종하도록 운용되며, 적극적으로 초과 수익을 얻기 위해 운용되는 일반 펀드에 비해 상당히 낮은 운용 보수를 가지는 경향이 있다.

4. 절세 효과: 국내 주식형 ETF를 매도할 경우, 일반 주식 거래에 부과되는 증권거래세가 면제된다. ISA나 연금저축 계좌를 통해 ETF에 투자하면 일정 금액까지 비과세 혜택을 받을 수 있고, 초과 금액은 낮은 세율(9.9%)로 분리과

세가 된다. 자세한 내용은 세무 전문가의 상담이 필요하다.

5. 높은 유동성: 일일 거래량이 가장 많은 ETF는 뛰어난 유동성을 제공한다.

6. 초보자에게 적합: 개별 주식을 검토하느라 많은 시간을 쓸 필요가 없다는 이점이 있다. 또한 많은 ETF가 제공하는 내재된 분산투자의 혜택으로 위험을 줄일 수 있다. ETF를 보유하는 데 드는 비용은 다양한 개별 주식을 매수하는 데 드는 비용보다 낮을 수 있다.

단점

1. 분산투자 제약: 일부 섹터나 특정 국가 주식의 경우, 시장 지수가 포함하는 주식의 범위가 제한적이기 때문에 ETF 투자가 오히려 대형주에만 국한될 수 있다. 중형주 및 소형주에 대한 노출이 부족하면 특정 ETF 트레이더와 투자자의 잠재적 성장 기회가 사라질 수 있다.

2. 더 큰 비용: 사람들은 ETF 거래를 다른 펀드 거래와 비교하며, 다른 펀드 거래가 더 높은 비용을 수반한다고 생각한다. 그러나 특정 주식 거래와 ETF 거래를 비교할 경우, ETF 거래 비용이 더 클 수도 있다. 증권사에 지급하는 실제 매매 수수료는 동일할 수 있지만, 주식에는 ETF와 같이 관리 보수가 부과되지 않는다.

모든 시장에서 그렇듯이, ETF 시장이 당신의 목표에 적합한지 판단해야 하며, 장단점을 고려하고 그것이 최종 수익에 어떤 영향을 미칠지 고려해야 한다.

외환 시장

현대 외환 시장은 30년간의 정부 규제 이후 1970년대에 형성되기 시작했다. 각국은 점차 이전의 환율 체제에서 벗어나 브레턴우즈(Bretton Woods) 체제(제2차 세계대전 직후 국제 경제의 안정과 성장을 위해 1944년 미국 뉴햄프셔주 브레턴우즈에서 열린 국제회의에서 합의된 국제 통화 체제 – 옮긴이)에 따라 이어지던 고정 환율제를 버리고 변동 환율제로 전환했다. 소액 투자자가 이 시장에 참가하는 것은 1990년대 후반에 들어서야 가능했다. 그 이전에는 최소 1000만 달러가 있어야만 이 게임에 참여할 자격을 얻을 수 있었다.

외환 시장이 소액 트레이더를 위해 시작된 이래로, 현재는 7.5조 달러의 일일 거래량을 기록하며 세계에서 가장 크고 유동적인 금융시장이 되었으며, 세계에서 가장 큰 자산군이 되었다. 이 일일 거래량 수치는 국제결제은행(BIS, Bank of International Settlements)의 외환 및 장외 파생 상품 시장에 대한 3년 주기 중앙은행 조사에 따른 것이다. 외환 시장의 일일 거래량은 놀랍게도 전 세계 주식시장의 거래량보다 훨씬 크다.

이 활기찬 시장은 주말을 제외하고 하루 24시간 거래되며 사실상 잠들지 않는 시장이다. 외환 시장에는 하루에 네 개의 주요 거래 세션이 있는데 시드니 세션, 도쿄 세션, 런던 세션 그리고 뉴욕 세션이 그것이다. 표 17-5를 참조하라. 기본적으로 한 통화 시장이 닫힐 때 다른 통화 시장이 열린다. 따라서 밤에 활동하는 사람이 아니더라도 주말을 제외하면 항상 거래 가능한 실제 시장이 열려 있다.

하지만 하루 중 언제든 시장에서 거래할 수 있다고 해서 반드시 그

표 17-5. 네 개의 글로벌 외환 시장 세션 시작 및 종료 시각

외환 시장 세션 위치	현지 시각 개장	현지 시각 종료	미국 동부 시각 개장	미국 동부 시각 종료
1 호주 시드니	오전 7:00	오후 4:00	오후 4:00	오전 1:00
2 일본 도쿄	오전 9:00	오후 6:00	오후 7:00	오전 4:00
3 영국 런던	오전 8:00	오후 5:00	오전 2:00	오전 11:00
4 미국 뉴욕	오전 8:00	오후 5:00	오전 8:00	오후 5:00

이 표는 교육 목적으로만 작성되었으며, 정보는 변경될 수 있다. 현재 정보를 확인하려면 증권사나 데이터 제공 업체와 상담하는 것이 좋다.

래야 한다는 것은 아니다. 거래하기 가장 좋은 시기는 시장이 활발하고 많은 외환 거래자가 매매 포지션으로 진입하거나 청산할 때로, 거래량과 유동성이 많을 때다.

시장이 상승할 때 거래하여 돈을 벌 수 있고, 시장이 하락할 때 거래하여 돈을 벌 수도 있다. 하지만 시장이 전혀 움직이지 않을 때 돈을 벌려고 하면 어려움을 겪을 것이다.

시장이 움직이려면 많은 거래가 발생해야 한다. 따라서 특정 거래 세션에 집중하는 것이 중요하다. 네 개의 거래 세션은 주요 금융 중심지의 이름을 따서 명명되었으며, 해당 도시에서 일하는 트레이더들의 현지 근무 시간에 기반을 두고 있다.

물론 거래하는 트레이더가 많을수록 거래량이 많아지고 움직임과 유동성이 커진다. 시장이 활발할수록 스프레드가 좁아지고 체결 오차가 줄어든다. 간단히 말해서, 주문 실행이 더 효율적으로 바뀐다.

외환 거래에서 가장 좋은 시간 중 하나는 두 거래 세션이 겹치는 시간이다. 두 주요 금융 중심지가 동시에 열려 있을 때, 특정 통화를 매수

하고 매도하는 트레이더의 수가 크게 증가하기 때문이다. 특히 런던 세션과 뉴욕 세션이 겹치는 시간 동안 거래량이 가장 많다. 전체 거래량의 50% 이상이 이 두 금융 센터가 겹치는 시간에 발생한다.

거래되는 주요 통화는 표 17-6을 참조하라. 각 통화는 국제표준화기구(ISO, International Standardization Organization)에서 지정한 ISO 코드로 식별된다. 예를 들어 미국 달러는 ISO 코드로 USD를 갖게 된다.

표 17-6. 상위 10개 인기 외환 통화

	ISO 코드	국가	통화 이름	통화의 별칭
1	USD	미국	미국 달러	Buck, Greenback
2	EUR	유로존	유로	Fiber
3	CAD	캐나다	캐나다 달러	Loonie
4	JPY	일본	일본 엔	Yen
5	GBP	영국	파운드	Cable, Sterling
6	CHF	스위스	스위스 프랑	Swissy
7	AUD	호주	호주 달러	Matie, Aussie
8	NZD	뉴질랜드	뉴질랜드 달러	Kiwi
9	SGD	싱가포르	싱가포르 달러	Sing
10	HKD	홍콩	홍콩 달러	Honkie

참고: 오늘 인기 있는 상품이 내일은 인기가 없을 수도 있다. 이 표는 교육 목적으로만 작성되었으며, 정보는 변경될 수 있다. 현재 정보를 확인하려면 증권사나 데이터 제공 업체와 상담하는 것이 좋다.

외환 시장의 또 다른 장점은 뛰어난 레버리지 활용이다. 예를 들어 계좌에 1,000달러를 보유한 트레이더가 10만 달러의 외환 포지션을 관리할 수 있는데, 이를 100 : 1 레버리지라고 한다. 레버리지를 사용할 때는 조심해야 하고, 매매 규모를 관리하는 위험 관리를 적용해야 한다.

모든 시장과 마찬가지로 외환 시장은 위험이 따르지만, 장점도 많다.

그중 가장 중요한 것이 소액 계좌로 거래할 수 있다는 것이다. 현재 자신의 거래 스타일에 맞는 시장을 결정해보라. 외환 시장이 모든 조건을 충족할 수도 있다.

금융시장의 아름다움

금융시장을 진정으로 이해하면 그 아름다움에 감탄하게 된다. 금융시장의 힘과 중요성을 존중하기 때문에 금융시장이 나를 부당하게 대하거나 위협적이라고 느끼지 않을 것이다. 그리고 자신의 단점을 전략적으로 보호하는 방법을 알게 될 것이다.

트레이더와 투자자가 거의 또는 전혀 준비 없이 시장에 진입할 때 시장에 의해 압도당할 수 있다. 위험 관리와 자금 관리가 핵심이다. 따라서 시장을 이해하고 그 매력을 알아가기를 권한다. 이는 트레이딩과 투자에서 성공을 추구하는 데 큰 도움이 될 것이다.

제18장

자신만의 규칙 찾기

금융시장은 우리의 약점을 파악하는 기묘한 기술을 가지고 있다. 또한 시장은 우리가 더 오래 함께할수록 더 명확하게 우리 자신을 볼 수 있게 도와준다. 우리가 운용 실수나 단 한 번의 손실 거래로 흔들릴 때마다, 시장은 마치 거울처럼 그 순간에 우리의 진짜 모습을 비춰준다. 그림 18-1을 참조하라.

그것은 시장의 모든 움직임에 대한 다양한 감정과 반응을 비추는 거울이다. 자신감, 자부심, 후회, 행복, 분노, 두려움, 탐욕, 당혹감, 충격, 놀라움, 만족, 좌절, 불신, 기쁨, 안도감……. 목록은 끝이 없다. 이러한 감정이 반영된 모습을 열린 마음으로 바라본다면 여러분에게 깨달음을 줄 수 있다. 시장 행동의 단순한 원인 및 결과와 그에 대한 자신의 반응으로부터 교훈을 얻을 수 있다.

궁극적으로 거울에 비친 당신의 진정한 모습을 볼 때, 당신은 자신의

그림 18-1. 금융시장은 우리가 진짜 누구인지를 비춰주는 거울이다. 그 거울에 비친 모습을 열린 마음으로 바라볼 수 있다면 우리는 더 나아질 것이다.

출처: 15697881 거울 © Fotopitu Dreamstime.com

심리를 성장시키고 강화하여 더 나은 트레이더와 투자자가 되고, 더 통찰력 있는 사람이 될 것이다. 당신은 자신이 예상했던 것보다 더 깊은 차원에서 자신을 알고 이해하게 될 것이다. 그리고 당신은 트레이더의 마음가짐으로 문제를 해결해나갈 것이다.

그래서 시스템 규칙이 당신의 현재 고유한 강점, 약점 그리고 신념에 맞게 맞춤화되지 않는다면, 최선의 경우라고 하더라도 당신의 잠재력을 완전히 발휘하지 못할 것이다. 그리고 최악의 경우, 처참하게 실패할 수도 있다.

자신만의 규칙 만들기

성공할 수 있는 규칙을 설계하는 가장 좋은 방법은 자신만의 규칙을 만드는 것이다. 거울을 들여다보고 지금 당신이 누구이고, 어디에 있는지 생각해보라. 그 개인적 특성과 요소를 규칙에 반영해야 한다. 그런 다음 그 규칙을 테스트하여 시장에서 입증된 우위를 제공한다는 사실을 직접 증명하라.

> 우리가 학생들에게 반복적으로 말했던 것 중 하나는 "우리는 우리가 효과적이라고 생각하는 것들을 가르칠 것이지만, 여러분은 여기에 자신의 개성, 감정 또는 판단을 더해야 합니다"라는 것이었다.
>
> —리처드 데니스, '시장의 마법사들' 중 한 명이자
> 터틀 트레이딩 실험(Turtle Trading Experiment)의 공동 창시자

초보자들은 종종 선반에서 규칙을 꺼내 즉시 손쉽게 성공할 수 있다고 믿는다. 일반적으로 그들은 다른 사람에게는 잘 통했을지도 모르는 규칙이 자신에게는 통하지 않는다는 사실을 알게 될 것이다. 그런 다음 그들은 "왜?"라고 묻는다. 이런 일이 일어나는 것은 우리 각자가 다르고, 성공하려면 우리 자신의 일부를 규칙에 통합해야 하기 때문이다.

요약하자면, 매매와 투자 규칙을 일관되게 성공시키는 데 필요한 것은 다음과 같다.

- 자신에게 적합한 규칙을 선택한다.
- 자신의 규칙을 적는다.
- 규칙을 테스트하여 우위를 점할 수 있음을 증명한다.
- 우위를 입증할 정도로 충분히 큰 규모의 샘플 크기로 테스트한다.
- 자신의 규칙과 자기 자신에 대해 진정한 확신을 가진다.
- 검증된 규칙을 지킨다.

여러분이 자신의 규칙들을 설계하고 다른 성공적인 트레이더와 투자자로부터 영감을 받을 때, 리처드 데니스가 말했듯이 "자신만의 개성, 감정 또는 판단을 더했을 때", 그런 다음에야 이런 규칙들을 여러분 자신만의 것으로 만들 수 있으며, 이것이 더 큰 자신감과 규율로 이어질 것이다.

그리고 차트 플랫폼이 제공하는 전략이나 지표로 거래하더라도, 자신의 개성에 맞게 그것들을 사용하려고 노력해야 한다. 이것이 매매에서 당신만의 독자적인 우위를 만들어줄 것이다.

TradersCoach.com 소프트웨어 사용자 참고: 예를 들어 우리는 TradersCoach.com 소프트웨어를 통해 진입, 청산 및 위험 관리를 포함한 일련의 규칙과 지침을 제공한다. 이렇게 구조화된 규칙을 시작점으로 사용할 수 있다. 이러한 규칙들은 사용자가 시스템의 공동 저자가 될 수 있도록 수정할 수 있으며, 사용자에게 맞도록 개인화할 수 있다. 그런 다음 개인 맞춤화된 규칙들을 테스트하여 우위를 점할 수 있는지 확인하라. 자신만의 성공적인 접근 방식을 만들 때까지 이 작업을 계속하는 것이 좋다.

개인화된 '거래 유형 프로필' 작성하기

규칙을 자신에게 맞춤화하기 위해서는 먼저 지금의 자신이 누구인지 살펴보는 것이 중요하다. '현재' 자신의 거래 스타일을 오늘 기준으로 작성할 수 있다는 사실을 기억하라. 거래 스타일은 당신의 경험 수준, 매매 스타일, 거래 빈도 그리고 선호도가 변화함에 따라 시간이 지나면서 달라질 수 있다.

'거래 유형 프로필' 접근법의 주요 장점 중 하나는 고유한 강점, 약점 및 선호도에 맞게 조정할 수 있어 시장에서 강력한 힘을 갖도록 한다는 것이다. 지금 '거래 유형 프로필'을 작성하는 것은 현재 당신이 여정의 어느 지점에 있는지를 시각화하는 데 도움을 준다.

'거래 유형 프로필' 개인 정보로 그림 18-2 작성하기

'거래 유형 프로필'은 삼각형 모양이며, 당신이 어떤 경험 수준, 매매 스타일, 거래 또는 투자 빈도에 속하는지 식별하게 해준다. 이를 통해 현재 프로필을 기반으로 규칙을 개발하는 데 도움이 된다.

- 경험 수준: 고수, 중급, 초보자
- 매매 스타일: 추세 매매, 단타 매매, 역추세 매매
- 매매 빈도: 단기 트레이더, 포지션 트레이더, 장기 투자자
- 시장: 옵션, 선물, 외환, 기타

경험이 쌓이면 시장 상황에 따라 모든 '매매 스타일'을 활용하고 다

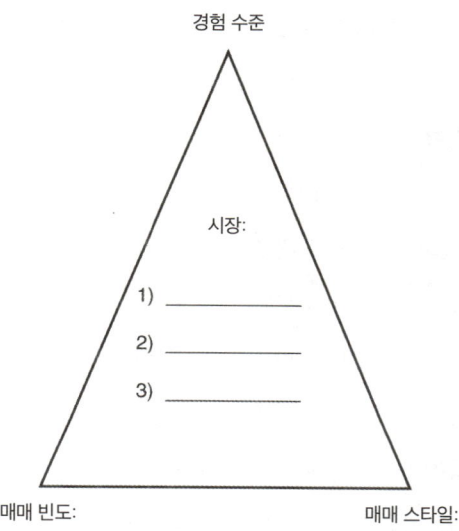

그림 18-2. 'ART Profile' 빈칸—현재 자신의 정보로 이 표의 빈칸을 채워라. 시장에서의 기술, 경험, 선호도가 성장하거나 발전함에 따라 조정할 수 있다.

양한 '거래 빈도'를 적용할 수 있게 된다. 기본적으로 도구 상자에는 여러 가지 거래 규칙 세트가 있다. 현재로서는 하나의 승리하는 거래 규칙 세트를 만드는 데 집중하고, 이를 기반으로 확장해나갈 수 있다.

　달리려면 우선 걷는 것부터 시작하자.

경험 수준

당신의 '거래 유형 프로필'에서 현재 당신에게 맞는 경험 수준을 선택하라. 현재의 경험 수준에 가장 정확한 수준을 선택하려면 아래에 있는 설명을 검토하여 적절하다고 느껴지는 것을 선택하면 된다.

고수 수준의 경험

고수는 전문가 수준의 지식과 기술을 갖추고 있다. 위험 관리, 손절매 청산, 위험 대비 보상의 최솟값이 항상 사용되고 준수된다.

그들은 자신의 신념을 이해하고 자신의 강점과 약점이 무엇인지 잘 알고 있다. 신념, 성격, 기질에 따라 거래하면서, 경험을 바탕으로 시장에 대한 직관적 감각을 지니고 있다. 또한 통제되고 차분하지만, 유연한 방식으로 '적절한 선'을 지키면서 운영한다.

시장을 빠르게 평가하는 능력을 갖추고 있으므로 언제 더 높은 확률의 거래로 넘어갈지를 안다. 무한한 기회가 있다는 것을 알기에, 기회가 없을 때 거래를 강요하지 않는다. 시장이 혼란스럽고 불분명할 때, 그들은 더 명확한 시장으로 쉽게 이동할 수 있다.

그들은 위험을 이해하고 받아들이며 항상 위험을 염두에 두고 운영하지만, 절대로 위험에 마비되지 않는다. 그들은 두려움과 탐욕 같은 감정에 휘둘리지 않는다. 그들은 완전한 인식 속에서 거래하며 때로는 태평한 태도를 가진 것처럼 보일 수 있다. 그러나 그들은 항상 위험 대비 보상의 균형을 꾸준히 따져본다.

한 시장에서 다른 시장으로 이동하면 다양한 시장 주기에서 수익성을 높일 수 있으며, 수익성을 유지하는 데 가장 적합한 타임프레임과 시장을 빠르게 결정할 수 있다. 다시 말해, 그들은 최소한의 손실로 한 번의 성공적인 사이클에서 다음 사이클로 넘어갈 수 있으며, 필요할 경우 번개처럼 빠르게 움직일 수 있다.

고수는 시장이 말하는 것을 듣고 이해하며, 항상 시장을 친구로 생각하고 도전과 과정을 즐긴다. 지속적으로 수익을 낼 수 있고, 손실 거래와 계좌의 손실 구간의 영향을 받지 않는다. 고수를 다른 사람들과 차별화하는 것은 이러한 좌절을 관리하는 방식이다. 위험 관리가 그들의 지속적인 성공의 핵심이다. 고수는 전 세계 모든 트레이더의 상위 5%를 차지한다.

이 수준의 개인은 지속적으로 상당한 수익을 올릴 수 있는 기술과 경험을 가지고 있다. 이는 대부분의 '빨리 부자 되기' 광고들이 적은 자본으로 즉시 달성할 수 있다고 주장하는 수준이다.

중급 수준의 경험

중급 수준의 트레이더나 투자자는 지속적으로 적당히 수익성이 있지만, 감정이 여전히 그들을 압도한다. 위험 관리, 손절매 청산, 위험 대비 보상 비율의 최솟값이 항상 사용되고 준수된다.

그들은 지속적으로 수익성을 유지하기 위해 무엇을 해야 하는지 알만큼 충분한 기술을 개발했다. 그들은 고수만큼 수익성이 있지는 않지만, 성공 가능성을 인정하고 심리가 얼마나 중요한지 깨달을 정도로 충분히 일관적이다.

개인적인 발전은 여전히 필요하다. 이것이 바로 중급 트레이더나 투자자가 고수가 되지 못하는 이유가 된다. 전체적으로 아직 시장과 프로세스에 통합되어 있지 않다. 때때로 고수처럼 느끼고 성과를 내는 날도 있지만, 일관성 있게 이루어지지는 않는다.

그들은 문제를 일으키는 다양한 형태의 불안함을 가지고 있다. 중급 트레이더와 고수의 차이는 수익성뿐만 아니라 추상적인 측면에서도 존재한다. 그 차이는 유형적이지 않거나 비선형적이며, 트레이딩의 '예술'과 관련이 있다. 중급 트레이더의 마음가짐은 고수만큼 발전되지 않았다.

초보자 수준의 경험

이 범주에는 어떤 이유로든 꾸준히 돈을 벌지 못하는 모든 사람이 포함된다. 이제 막 시작한 사람부터, 모든 것을 알지만 시장에서 꾸준히 돈을 벌지 못하는 사람까지 포함된다. 이 범주에서 벗어나려면 기술, 시장 지식, 감정적 탐구 및 연습에 대한 노력이 필요하다.

지속적으로 수익성이 있을 때까지 모의 투자나 시뮬레이션 트레이딩을 하는 것이 중요하다. 다양한 시장 상황을 통해 손실과 하락의 느낌을 경험하고 그것이 당신의 심리에 어떤 영향을 미치는지 살펴보라. 시뮬레이션 트레이딩으로 수익을 낼 수 없다면, 실제 돈으로 수익성 있게 거래할 수 없고 실제로 거래할 준비가 전혀 되지 않은 것이다.

시뮬레이션 트레이딩이 지속적으로 수익성이 있을 때 실제 돈으로 거래를 시작해야 한다. 초보 트레이더와 투자자가 준비되기도 전에 실제 돈으로 시장에 뛰어드는 쉬운 길을 택하면 계속 이 수준에 머물러 있을 것이다.

시뮬레이션 트레이딩의 중요성을 경시하는 것은 조급함, 강박적 행동, 도박 성향, 빠르게 돈을 벌고자 하는 사고방식, 그리고 부족한 자기 절제를 나타내며, 이는 결국 초보 수준에 머물게 만드는 요인들이다. 초보자는 변화할 때가 되었음을 인정하거나, 포기하고 이것은 자신에게 맞지 않는다고 말할 때까지 지속적으로 수익성이 없을 것이다.

초보자 수준은 감정과 가장 큰 갈등을 겪는다. 인내심 부족, 불안, 충동, 두려움, 탐욕이 이 수준에서 가장 큰 문제를 일으킨다. 모든 것이 너무 새롭기 때문이다. 수많은 고수가 이런 초보자 수준에서부터 시작했다는 사실을 명심해야 한다. 여기서 얼마나 머물 것인지는 당신의 집중 능력과 감정적 안정, 그리고 성장을 위해 얼마나 노력하느냐에 따라 달라진다.

매매 스타일 혹은 투자 스타일

당신의 '거래 유형 프로필'에 현재 스타일을 설명하는 매매 스타일 또는 투자 스타일을 선택하라. 현재 스타일의 가장 정확한 수준을 선택하려면 다음의 설명을 검토하여 적절하다고 느껴지는 것을 선택하면 된다.

추세 스타일

추세 추종 트레이더 또는 투자자는 타임프레임을 불문하고 전체적인 추세의 방향에 따라 거래하는 것을 선호한다. 상승 추세는 고점이나 저점이 계속 상승하는 것으로, 그리고 하락 추세는 고점이나 저점이 계속 하락하는 것으로 정의된다. 확장된 시장과 이미 성숙한 추세를 좇는 것을 자제해야 한다. 시장을 좇기보다는 어떻게 추세를 초기에 발견하여 진입할 수 있을지에 집중해야 한다.

추세 내에서 조정이 발생하는 중에도 추세에 잘 머무를 수 있도록 손절매를 신중하게 배치해야 한다. 추적 손절매는 추세가 원하는 방향으로 유리하게 움직일 때 이익을 확보하기 위해 사용된다. 이러한 스타일의 성과를 발전시키기 위해 추세선과 엘리엇 파동, 고전적인 기술적 분석과 같은 고급 기법들이 활용된다.

단기 트레이더는 장중 시간대에서 추세 매매를 할 때 이 범주에 속할 수 있다. 추세 추종 트레이더는 일반적으로 소위 큰손들이 만든 방향에 저항하지 않으며, 고립된 개인으로 있기보다 집단에 속하는 것을 편안하게 여긴다. 이러한 성향은 추세 속에서 다른 트레이더들과 함께 움직이는 데 자연스럽게 잘 맞는 특성을 제공한다.

추세 전략에서는 역추세 전략이나 단타 전략에 비해 손실 폭이 더 깊어질 수 있다. 이러한 스타일로 성공적으로 거래하려면, 손실 구간과 관련된 심리를 잘 관리하는 것이 중요하다.

단타 스타일

단타 매매(스캘핑)에 대한 정의는 다양하다. 일부 사람들은 모든 형태의 데이 트레이딩을 단타 매매로 간주하기도 한다. 하지만 이는 항상 옳은 것은 아니다. 단타 매매는 사용하는 타임프레임과는 관련이 없고, 매매 스타일과 밀접한 관련이 있다.

단타 매매는 차트의 타임프레임과 상관없이, 박스권 시장의 지지선과 저항선 사이에서 발생하는 빠른 수익을 취하거나, 추세 시장에서 조정이 일어나는 동안 빠르게 이익을 실현하는 거래 방식을 말한다.

역추세 매매와 단타 매매 스타일은 차이가 있다. 단타 매매를 하는 경우, 추세 내에서 발생하는 조정을 이용할 수도 있지만, 뚜렷한 추세가 없는 박스권 시장에서도 단타 매매를 할 수 있다. 이는 항상 추세의 조정 국면에서 진입하고 추세가 형성된 환경에서 거래하는 역추세 트레이더와는 대조적이다.

단타 스타일은 매매 횟수가 매우 많다. 그들은 손절매 청산과 동시에 반대 방향 포지션에 진입하는 기법을 사용하며, 이 기법을 사용하는 동안 매수든 매도든 항상 매매 포지션을 가질 수 있다. 단타 트레이더는 빠른 매매를 선호하며 과도한 매매를 하지 않도록 주의해야 한다. 또한 불안감 때문에 과도한 매매를 초래할 수 있으므로 거래 시 신중해야 한다.

단타 스타일의 손실 폭은 추세 전략의 손실 폭보다 얕아서 심리적으로 더 쉽다. 하지만 빠르게 움직이는 속도 때문에 거래를 지켜보려면 컴퓨터 화면 앞에서 더 많은 시간을 보내야 한다.

역추세 스타일

역추세 트레이더라면, 전반적인 추세 진행 중 조정이 발생하는 시장을 찾고 있을 것이다. 역추세 트레이딩의 개념은 추세가 과도하게 진행되어 조정을 준비 중이거나 조정이 시작된 초기 단계에 있는 추세 시장을 찾는 것이다.

역추세 트레이더는 전반적인 추세의 반대 방향으로 매매하여 이익을 얻는다. 이는 추세 시장의 흐름에 반하는 거래이기 때문에 위험하며, 많은 트레이더가 이 기법으로 좋은 성과를 낼 수 있지만, 이를 위해서는 매매 기법을 발전시킬 필요가 있다. 조정이 끝나고 가격이 추세 방향으로 빠르게 반등할 수 있다. 따라서 역추세 매매 시에는 항상 주의를 기울여야 한다.

역추세 트레이더는 독립적으로 움직이고, 다르게 생각하는 것을 두려워하지 않는다. 그들은 보통 군중과 함께 움직이지 않기 때문에 추세에서 다른 트레이더 무리와 함께 가는 것을 불편하게 느낀다.

역추세 전략의 손실 폭은 추세 전략의 손실 폭보다 얕아서 심리적으로 덜 부담스럽다. 하지만 속도가 너무 빠른 까닭에, 거래를 지켜보려면 컴퓨터 화면 앞에서 보내는 시간이 더 많아질 것이다.

매매 빈도 (및 타임프레임)

'거래 유형 프로필'에서 현재 어디에 있는지 설명하는 거래 빈도 또는 투자 빈도를 선택하라. 기술적 분석의 관점에서, 차트의 현재 타임프레임은 매매하는 빈도를 나타낸다. 가장 정확한 매매 빈도를 선택하려면 다음 설명을 검토하여 적절하다고 생각되는 것을 선택하면 된다.

타임프레임은 차트에서 하나의 가격 막대가 열리고 닫히는 데 걸리는 시간 간격을 의미한다. 예를 들어 1분 차트에서는 1분마다 하나의 가격 막대가 생성된다. 반면, 일간 차트에서는 하나의 가격 막대가 생성되는 데 하루 전체가 소요된다.

기본적으로, 단기 트레이더의 1분 차트처럼 타임프레임이 짧을수록 더 활동적으로 되고, 더 자주 매매하게 된다. 반대의 경우로, 월간 차트와 같은 긴 타임프레임에서는 활동성이 줄어들고 매매를 실행하는 빈도도 낮아진다.

단기 트레이더

전통적으로 단기 트레이더는 시장이 열리는 동안 모든 매매를 시작하고 청산하며 매매 포지션을 다음 날까지 가져가지 않는다. 단기 트레이더는 보통 15초, 1분 또는 5분 차트를 기반으로 결정을 내린다.

경험 법칙: 단기 트레이딩은 오직 숙련된 고수 트레이더만 해야 한다.

- 단기 트레이딩을 할 때는 매매 시간이 압축된다. 손실과 이익이 더 빠르게 더 자주 찾아오므로 성숙하고 발전된 매매 심리가 필요하다. 초보 트레이더는 일반적으로 승패의 물결을 견딜 수 있을 만큼 노련하지 않다.
- 시장의 유혹에 넘어가지 않을 심리적 강인함이 필요하며, 감정을 배제하고 객관성을 유지하는 것이 중요하다. 이는 포지션 트레이딩이나 장기 투자보다 단기 트레이딩에서 훨씬 더 어렵다.
- 단기 트레이딩의 결과는 더 긴 타임프레임에서 거래하는 다른 사람들의 영향에 크게 좌우될 수 있다. 타임프레임이 짧을수록 이러한 영향은 더욱 커진다.
- 규칙의 예외: 기술적 분석을 활용한 규칙들로 시뮬레이션 트레이딩을 할 때, 단기 트레이딩 타임프레임을 사용하면 매매 기술을 더 빠르게 익힐 수 있다. 이렇게 하면 학습 시간을 확실히 단축해 줄 것이다. 시장에는 프랙털(부분과 전체가 동일하거나 유사한 패턴을 반복적으로 가지는 기하학적 구조 – 옮긴이)의 특성이 있어 짧은 타임프레임에서 기본을 배우고, 이러한 기술을 모든 타임프레임에 적용할 수 있다.

단기 트레이딩 시장은 유동적이고 경쟁적이며, 재미있고 빠르며, 좋은 장중 추세를 보인다. 결국 단기 트레이딩은 다른 어떤 거래 빈도나 기간보다 더 많은 헌신, 집중력, 규율이 필요하다. 이 길을 선택하기 전에 100% 헌신할 준비를 해야 한다.

포지션 트레이더

단기 트레이더와 달리 포지션 트레이더는 추세가 유지되는 한, 매매 포지션을 며칠, 몇 주 또는 몇 달 동안이고 보유한다. 이들은 60분, 일간, 주간 차트를 기반으로 매매 결정을 내린다.

포지션 트레이딩은 장점이 많은데, 일부 사람들은 이것이 모든 거래 빈도 중에서 순이익을 얻을 수 있는 가장 큰 기회를 제공한다고 믿는다. 단기 트레이더보다 매매 횟수가 적어 증권사 수수료 비용이 적게 들고, 장기 투자자와 비교했을 때 자본이 매매 포지션에 너무 오래 묶이지 않아 자금 유동성이 더 크다.

단기 트레이딩과 포지션 트레이딩의 장단점은 표 18-1을 참조하라. 이 둘은 모두 장단점을 갖고 있다.

장기 투자자

장기 투자자는 포지션 트레이더보다 더 긴 기간 동안 거래를 유지한다. 거래 결정은 주간, 월간, 연간 차트를 기반으로 한다. 장기 투자자는 수동적인 매수 후 보유 전략을 사용할 때보다는, 장기 투자에서 더 큰 이익을 얻기 위해 시장 타이밍을 시도할 때 트레이더가 된다. 이들은 일반적으로 내재 가치, 즉 펀더멘털을 연구한다.

단기 트레이더	포지션 트레이더
단기 트레이더는 장중에 모든 매매 포지션을 청산하고 15초, 1분, 5분 차트와 같은 장중 타임프레임 차트를 사용한다. 매매는 몇 분에서 몇 시간까지 지속될 수 있다. 이들은 시장에서 장 마감 이후의 위험에 노출되지 않는다.	포지션 트레이더는 장 마감 후에도 매매 포지션을 유지하고 일일, 주간, 월간 차트와 같은 종가 차트를 사용한다. 매매는 한 번에 하루, 일주일 또는 몇 달 동안 지속될 수 있다. 포지션 트레이더는 시장에서 장 마감 이후의 위험에 노출되어 있다.

장점	단점	장점	단점
장중에 모든 매매가 마감되므로 장 마감 이후의 위험에 노출될 염려가 없다.	장 마감 전에 모든 매매가 청산되므로, 장 마감 이후의 위험 기회를 활용할 수 없다.	장 마감 이후의 위험 기회를 활용할 수 있다.	매매가 한 번에 몇 주 또는 몇 달 동안 유지되므로 장 마감 이후의 위험에 노출된다.
더 작은 계좌 크기를 가질 수 있다. 진입과 손절매 청산 사이의 위험 거리가 더 작다.	단기 트레이더는 포지션 트레이더보다 더 많은 매매를 하므로 중개 수수료 비용이 많다.	포지션 트레이더는 단기 트레이더보다 매매를 덜 자주 하므로 중개 수수료 비용이 적다.	더 큰 계좌 크기가 필요하다. 진입과 손절매 청산 사이의 위험 거리가 더 크다.
포지션 트레이더보다 더 많은 매매를 하므로 짧은 시간에 더 많은 경험을 쌓을 수 있다. 빠른 피드백을 받아 시스템 규칙을 분석하는 데 도움이 된다.	데이 트레이딩은 빠른 속도의 승패를 관리하는 데 필요한 고급 심리로 인해 수익을 내기 위해 더 많은 기술과 경험이 필요하다.	포지션 트레이딩은 심리적으로 승패를 처리할 시간이 더 많으므로 신규 트레이더와 초보 트레이더에게 가장 좋은 타임 프레임으로 간주하는 경우가 많다.	단기 트레이더보다 매매가 더 적어 경험을 쌓는 데 시간이 더 오래 걸린다. 피드백 속도가 느려 시스템 규칙 분석에 시간이 더 오래 걸린다.
매일 장 마감 시 현금으로 청산함으로써 더 높은 유동성을 확보한다.	하루 종일 시장을 집중적으로 지켜보면서 피로가 생긴다.	하루 종일 시장을 지켜볼 필요가 없으므로 피로가 덜하다.	장 마감 이후에도 장기간 매매를 유지함으로써 유동성이 떨어진다.

표 18-1. 단기 트레이더와 포지션 트레이더의 장단점
참고: 이 표는 교육 목적으로만 작성되었으며, 정보는 변경될 수 있다.

그들은 손실을 감수하지만, 손실이 빠르게 발생할 수 있는 손실 구간에서의 적극적인 매매는 익숙하지 않다. 단기 트레이더와 포지션 트레이더는 손절매를 준수하지 않을 때 장기 투자자가 된다. 이러한 상황에서는 원래 의도했던 것보다 훨씬 더 오랫동안 매매 포지션을 유지할 수 있다.

장 마감 후 매매 포지션을 보유하고 야간 위험 감수하기

장 마감 후에도 매매 포지션을 보유하면 본질적으로 더 큰 위험에 노출된다. 단기 트레이더는 바로 이러한 이유로 매일 장 마감 직전 모든 매매 포지션을 현금화한다. 반면에 장기 투자자와 포지션 트레이더는 이 위험이 이미 자신의 위험 관리 계획에 포함되어 있음을 알고 장 마감 후에도 매매 포지션을 보유한다.

그러나 어떤 경우에는 더 짧은 타임프레임으로 거래하면서 높은 수익 잠재력을 제공하는 포지션을 장 마감 이후에도 유지할 기회를 발견할 수도 있다.

예를 들어 5분 타임프레임에서 거래하는 경우 손절매와 매매 포지션 크기는 5분 차트를 기준으로 한다. 하지만 장 마감 5분 전이고 거래가 이미 수익을 내고 있으며, 이를테면 30분 차트와 같은 더 긴 타임프레임 차트를 기반으로 매매 포지션을 장 마감 이후에도 유지하면 훨씬 더 큰 이익을 얻을 가능성이 있다고 가정해보자.

장중 매매 포지션을 장 마감 이후에도 유지할 때의 핵심은 짧은 타임프레임의 단기 변동성을 피하기 위해 충분히 긴 타임프레임을 기준으로 한 손절매를 설정해야 한다는 것이다. 변동성 때문에 손절매 청산에 이를 가능성이 높은, 좁은 손절매 폭을 설정하면 안 된다.

장 마감 이후 매매 포지션을 유지할 때의 다섯 가지 규칙은 이와 같다.

1. 해당 거래가 현재 수익을 내고 있어야 한다.

2. 30분 차트는 견고한 추세가 있음을 보여주어야 한다.

3. 30분 차트를 기준으로 새로운 손절매를 설정해야 한다.

4. 더 긴 타임프레임 차트를 기준으로 새롭게 조정된 손절매 폭에 따라 거래 규모를 줄여 위험이 거래 계좌의 2%를 넘지 않도록 유지한다.

5. 다음 날 아침 개장 시간에 거래를 관찰한다.

핵심은 야간 동안 거래를 유지함으로써 추가되는 위험을 감당할 수 있도록 모든 자금 관리 매개변수를 반드시 조정하는 것이다. 그리고 다음 날 개장 벨이 울리자마자 거래를 즉시 관찰할 준비가 되어 있어야 한다.

전날 종가보다 당일 시가가 상당히 높거나 낮게 출발하는 갭 발생에 대비해야 한다. 갭 발생은 시장이 마감된 이후 전날 밤에 일어난 매우 긍정적이거나 부정적인 뉴스로 생길 수 있다. 당신의 매매 포지션과 손절매 청산에 반하는 갭이 발생할 경우, 신속하게 매매 포지션을 정리해야 한다.

비결은······?

자신의 규칙을 믿지 않는다면 그 규칙을 따를 수 없다. 그리고 규칙을 믿는 가장 좋은 방법은 '자신과 가장 잘 맞는 매매 시스템을 개발하는 것'이다. 이 장을 활용하여 바로 그것을 실현해보자. 그림 18-3을 참조하라.

> **비결은 트레이더가 자신과 가장 잘 맞는 매매 시스템을 개발하는 것이다.**
>
> —에드 세이코타

그림 18-3. 비결—매매 시스템과 규칙을 자신에게 맞춤화하는 것이 시장에서 지속적인 성공을 거두는 열쇠다. 당신은 자신이 만든 매매 시스템과 가장 잘 맞아야 한다.

---- 제19장 ----
매매 규칙의 십계명

이 장에서는 개인적인 거래 규칙을 구축하고 설계하는 데 필요한 기본 요소들에 초점을 맞출 것이다. 이미 배웠듯이, 규칙을 자신에게 맞추는 것은 시간이 지나도 일관되게 성공할 수 있는 시스템을 만드는 데 중요하다. 규칙을 발전시키면서, 실제로 따를 수 있을 만큼 충분히 편안하게 느낄 수 있도록 규칙을 조정하는 데 집중해야 한다.

이 장은 기성품처럼 바로 따라 할 수 있는 이미 완성된 규칙 모음을 알려주려는 것이 아니다. 대신, 오랜 시간 검증된 원칙을 활용하여 올바른 방향으로 나아갈 수 있도록 자신만의 맞춤형 접근 방식을 설계하는 데 필요한 지침을 제공하는 것을 목표로 한다.

당신은 자신에게 매력적으로 느껴지는 여러 접근 방식을 조사할 수도 있다. 이는 맞춤형 규칙을 개발하는 데 도움이 된다. 이러한 규칙은 기술적 분석에서 기본적 분석 그리고 그 사이의 모든 것까지 다양하다.

경고!

자신의 규칙이 시장에서 지속적으로 실행될 수 있을지는 실제 매매에서 테스트해야만 알 수 있다. 테스트는 규칙 뒤에 있는 이론이 실제로 효과가 있는지 확인하는 가장 좋은 방법이다. 그것이 바로 최종 결과이고, 바로 자신의 실시간 테스트를 통해 입증된 성공적인 시스템이다.

제20장에서는 시장에서 입증된 우위를 확보할 수 있도록 자세한 테스트 프로그램을 설명한다. 수익을 내고 싶다면 이번 장을 꼭 읽어야 한다.

매매 시스템을 설계할 때는 규칙 십계명을 사용하라

다음은 모든 매매 시스템이 성공하기 위해서 반드시 가져야 하는 규칙의 개요다. 이 규칙 십계명은 매매 시스템을 설계할 때 따라야 할 지침이다.

규칙 1. 자신의 규칙을 따르라

규칙 2. 현재 자신의 위치를 파악하라

규칙 3. 하루 이익 목표 금액을 설정하라

규칙 4. 진입 시점을 결정하라

규칙 5. 목표 구간을 설정하라

규칙 6. 위험 보상 비율을 계산하라

규칙 7. 초기 손절매 지점을 정하라

규칙 8. 거래 규모를 결정하라

규칙 9. 매매 주문 유형을 결정하라

규칙 10. 거래 관리를 실행하라

이 장에서는 열 가지 규칙 각각에 더 많은 세부 사항을 추가하는 방법에 대한 구체적인 내용을 다루지만, 때로는 단순함이 최상의 결과를 낳는다는 사실을 기억하라. 특히 새로운 규칙 세트를 시작할 때는 이것이 더욱 중요하다. 최대한 단순함을 유지하려고 노력해야 한다.

규칙 및 전략 설계를 위한 팁

다음은 규칙을 만들 때 알아야 할 몇 가지 팁의 목록이다. 이 장 후반부에서 이러한 팁에 대해 더 자세히 설명하겠지만, 지금은 알아야 할 중요한 사항들로 시작해보겠다.

이 장에서 다루는 팁

- 근거 기반 평가와 예측 기반 평가: 규칙을 설계할 때 두 가지 유형의 평가 또는 신호가 있다. 근거 기반 평가와 예측 기반 평가가 그것이다. 서로 다르지만 올바르게 사용하면 둘 다 유용하다.
- 기술적 분석 신호: 시장에 대해 알아야 할 모든 것은 가격과 가격

패턴으로 표현된다. 순수한 기술적 분석가는 기본적 분석(펀더멘
털 분석)을 전혀 사용하지 않으며 필요하지도 않다. 기술적 분석은
진입과 청산 시점을 결정하기 위해 그래프에 나타난 시장의 가격,
거래량 및 모멘텀을 보여주는 차트를 사용한다.

- 기본적 분석 신호: 기본적 분석은 금융시장에서 진입과 청산 시점
  을 결정하기 위해 기본 데이터(펀더멘털)를 활용하는 것이다. 기업
  의 실적, 성장률 등이 여기에 포함된다.

- 뉴스 분석 신호: 뉴스는 금융시장에서 상승 또는 하락하는 움직임
  을 보이는 시장에 주의를 기울이는 데 활용할 수 있다.

- 하이브리드 분석: 일부 트레이더는 기술적 분석 신호, 기본적 분석
  신호, 뉴스 분석 신호를 조합해 매매 규칙을 만든다. 두 가지 혹은
  그 이상의 방법을 결합하여 하이브리드 방식을 만들 수도 있다.

- 신호 해석: 이 장 후반부에서는 기술적 분석 신호, 기본적 분석 신
  호, 뉴스 분석 신호 등의 신호를 해석하는 방법에 대한 예를 알아
  볼 수 있다.

- 바 차트와 캔들스틱 차트: 기술적 분석 차트를 볼 때 여러 유형의
  차트 중에서 선택할 수 있다. 가장 인기 있는 것은 바 차트와 캔들
  스틱 차트이며, 각각 고유한 장점이 있다.

- 시장은 지그재그로 움직인다: 시장은 일직선으로 급격하게 움직
  이는 일이 거의 없다. 그러나 지그재그로 움직이는 패턴을 읽는
  방법을 안다면, 이러한 변동 속에서 수익을 창출할 수 있다.

- 시장 주기: 시장 주기는 크게 추세(trending), 박스권(bracketed), 돌
  파(breakout), 조정(corrective)의 네 가지로 나누어진다. 사이클을 잘

못 식별하면 큰 손실을 초래할 수 있으므로, 사이클을 정확히 파악하는 능력을 익히는 것이 매우 중요하다.

- 추세선: 추세선은 추세 식별 및 시장 주기 식별에 탁월한 도구다.
- 시장 주기를 올바로 식별하지 못할 경우의 함정: 박스권에 갇힌 시장을 식별하지 못하면 시장에 반복적으로 진입하고 청산하면서 휩쓸릴 수 있다. 추세 반전을 잘못 식별하면 완벽한 추세에서 벗어나 엄청난 잠재적 이익을 놓칠 수 있다.
- 추세 소진: 추세가 지나치게 진행되면 소진될 가능성이 있다. 엘리엇 파동은 파동 수를 식별하여 현재 추세에서 어디에 있는지 파악할 수 있도록 도와준다. 특히 3파동을 정확히 인식하는 것이 중요하다. 추세가 소진 단계에 접어들고 있는지를 파악하여 이러한 구간을 피하고, 무리하게 시장을 추격하지 말아야 한다.
- 돌파 추세 거래는 박스권 시장 이후에 발생: 박스권 시장에서 최소 20개의 가격 막대가 나온 후에는 상승 또는 하락으로 돌파할 가능성이 높다. 이는 추세 초기에 진입할 수 있는 잠재적인 거래 진입 시점을 찾는 데 유용한 탐색 방법이다. 박스권 내 가격 막대가 많을수록, 또는 시장이 박스권에 머무는 시간이 길수록 해당 추세가 더 강력해질 가능성이 높다.
- 금융시장의 프랙털 대칭성: 금융시장에서 지표를 어떤 타임프레임에든 적용할 수 있는 능력은 가격의 프랙털 특성을 반영한다. 실제로 축 레이블이 없다면, 15분 차트의 가격 바와 일일 차트의 가격 바를 구분하기 어렵다. 단기 차트는 일일 차트의 축소판이고, 일일 차트는 주간 또는 월간 차트의 축소판이다. 트레이더는 타임

프레임과 관계없이 가격 변동에 반복적인 방식으로 대응한다.

- 이동평균: 이는 지속적으로 업데이트되는 평균 가격을 생성하여 가격 데이터를 매끄럽게 만드는 인기 있는 기술적 분석 도구다. 평균은 20분, 10일, 30주 또는 트레이더가 선택한 기간과 같은 특정 기간으로 만들어진다.

- 차트 패턴: 기술적 분석의 많은 차트 패턴은 진입 시점, 청산 시점 그리고 위험 관리를 결정하는 데 유용하다. 이러한 패턴은 당신이 개발하는 특정 매매 규칙의 신호로 활용될 수 있다.

- 차트 이력: 때로 주식이 새로 발행된 경우에는 차트 이력이 매우 적을 수 있다. 이력이 많을수록 더 유리하다.

- 다중 타임프레임 분석: 여러 타임프레임에 걸쳐 동일한 금융 상품의 차트를 살펴보고 타임프레임 간에 추세 방향이 일치하는지 또는 일치하지 않는지 확인한다.

- 매매 타이밍: 시장이 열려 있는 동안 하루 중 서로 다른 시간에 매매하면 다양한 결과가 나올 수 있다. 시장 개장 시에는 가격에 갭이 발생하며 변동성이 높고, 마감 시점 역시 예측 불가능한 움직임이 자주 나타난다. 반면, 하루 중간 시간대에는 거래량과 유동성이 줄어들어 상대적으로 조용한 흐름을 보인다. 여기에 연방공개시장위원회(FOMC) 회의나 실적 발표와 같은 주요 이벤트가 겹치면 시장은 더욱 불안정해질 수 있다. 결국 매매 타이밍이 수익에 큰 영향을 미치므로, 자신에게 가장 잘 맞는 시간대를 직접 테스트해보는 것이 중요하다.

- 업종 섹터 분석: 특정 섹터에서 가장 강한 기업과 가장 약한 기업

을 찾으면 시장에 진입하거나 청산하는 신호를 포착할 수 있다.

- 계절성 분석: 계절마다 반복적으로 나타나는 역사적 패턴을 활용하여 진입 및 청산 신호를 포착할 수 있다.
- 분산투자: "모든 달걀을 한 바구니에 담지 말라"는 속담은, 그 바구니를 떨어뜨렸을 때 달걀을 모두 잃게 될 위험을 경고한다. 여러 바구니에 달걀을 나누어 담으면, 전체 달걀을 한 번에 잃을 위험을 줄일 수 있다.

이제 이 장에서 소개한 팁 목록을 통해, 자신만의 트레이딩 규칙을 설계할 때 어떤 도구들을 활용할 수 있는지 더 잘 알게 되었을 것이다. 물론 추가로 더 많은 팁과 도구를 직접 찾아보고 연구할 수도 있다. 하지만 때로는 단순함을 유지하는 것이 오히려 가장 좋은 결과를 가져올 수 있다.

트레이더의 마음가짐 규칙

규칙이 아무리 좋아도 규칙을 이행할 규율이 없으면 아무 소용이 없다. 많은 사람이 실패하는 이유는 강건한 마음가짐이 부족하기 때문이다. 규칙 십계명에서 처음 세 가지 규칙은 당신이 규율을 갖추고, 자신이 지금 어디에 있는지 알아야 한다는 것을 요구한다.

규칙 1. 자신의 규칙을 따르라: 이것은 트레이더의 마음가짐을 개발하고 규칙에 대한 확신을 갖기 전까지는 가장 따르기 어려운 규칙이다.

규칙 2. 현재 자신의 위치를 파악하라: 제18장의 그림 18-2의 빈칸을 채워 트레이더로서 자신이 지금 어디에 있고 누구인지 파악하라.

규칙 3. 하루 이익 목표 금액을 설정하라: 마음가짐을 다지는 데 도움이 되도록, 하루 이익 목표 금액을 정하는 것이 중요하다. 처음에는 작은 목표로 시작해 작은 성공을 쌓으면서 자신감을 키워라. 하루 이익 목표를 설정하는 방법에 대한 더 자세한 내용은 이 책 뒷부분에 있는 부록을 참고하라.

우리는 이미 앞에서, 특히 제6장에서, 트레이딩에서 마음가짐의 중요성에 대해 많이 이야기했다. 규칙을 설계하고 테스트한 후 기대했던 만큼 성과가 좋지 않다면, 규칙을 변경하기 전에 제6장으로 돌아가서 다시 살펴보라. 규칙을 변경하는 대신 마음가짐을 다듬은 뒤에 현재 규칙을 다시 테스트하여 개선할 사항이 있는지 확인하라.

이기든, 지든, 비기든, 규칙을 따르면 승자가 된다.

처음에는 테스트 계좌에서 수익이 나든 손실이 나든, 자신의 규칙을 지키고 있다면 이미 승리하는 것이다. 테스트하는 동안 충분한 시간을 두고 규칙을 지켜보라. 그래야만 그 규칙들이 자신에게 적합한지 진정으로 알 수 있다. 너무 빨리 포기하거나 규칙을 버리고 싶은 충동을 참아야 한다.

진입 규칙

지금까지 필자가 경험한 바에 따르면, 진입 시점은 모든 사람이 가장 좋아하는 주제인 듯싶다. 그리고 그것이 중요하기는 하지만, 나머지 규칙의 지원을 받을 때만 당신에게 효과가 있다. 진입 시점에 집중하되, 그것이 마법의 총알이나 성배라고 생각해서는 안 된다. 진정한 성배는 모든 거래에서 위험 관리를 하는 것이다.

규칙 4. 진입 시점을 결정하라: 이 장의 팁들을 활용하여 자신에게 맞는 진입 전략을 직접 만들어라.

아직 진입 규칙을 디자인하지 않았다면, 진입 규칙을 디자인할 때 제18장으로 돌아가서 그림 18-2의 '거래 유형 프로필' 빈칸을 채우고 시작하라.

'거래 유형 프로필'은 다음과 같은 사항들을 파악할 수 있게 해준다.

- 경험 수준: 고수, 중급, 초보자
- 매매 스타일: 추세 매매, 단타 매매, 역추세 매매
- 매매 빈도: 단기 트레이더, 포지션 트레이더, 장기 투자자
- 시장: 옵션, 선물, 외환, 기타

빈칸을 채우면 모든 규칙이 구축될 기반을 마련하게 된다. 그런 이유로 처음부터 이 작업을 하는 것이 중요하다.

목표 구간과 위험 보상 비율 규칙

얼마나 멀리 갈 수 있는가? 유망한 진입 시점을 찾았다면 거래가 얼마나 멀리 가야 할지 추정하는 것이 중요하다. 잠재력은 얼마나 되는가? 거래를 의미 있는 이익 영역으로 끌어올릴 여지가 없다면 매매를 시작하는 것이 아무 의미가 없다.

규칙 5. 목표 구간을 설정하라: 거래의 목표 수익 구간이 어디인지 추정하라. 목표 구간을 추정하는 방법에는 피보나치 확장, 피보나치 되돌림, 엘리엇 파동 분석 등 다양한 방법이 있다.

규칙 6. 위험 보상 비율을 계산하라: 거래할 가치가 있는 위험 대비 보상 금액을 알아야 한다. 예를 들어 내 규칙은 최소 2:1의 위험 대비 보상 잠재력이 있어야 한다는 식이다. 즉 위험을 감수한 1달러마다 2달러를 벌 수 있는 잠재력이 필요하다는 뜻이다.

필자는 두 가지 방법으로 수익 목표 구간을 결정한다. 피보나치 기법과 정밀 추세 필터(PTF, Precision Trend Filter) 소프트웨어가 그것이다. 이 책 뒷부분에서 이러한 기법들을 어떻게 활용하는지 더 자세히 설명하고 있다. 그 외에도 지지선과 저항선, 가격 모멘텀 등 다양한 전략을 통해 목표 가격을 추정할 수 있다.

목표 구간을 추정하는 데 어떤 전략을 사용하든, 실제로 매매를 실행하기 전에 반드시 이를 미리 정해야 한다. 수익을 낼 가능성이 없는 거래를 하는 것보다 더 나쁜 것은 없다.

수익 목표 구간을 설정했다면 위험 대비 보상 비율이 얼마인지 확인하라. 만약 당신의 위험이 10달러이지만(즉 손절매 청산을 하면 10달러를 잃지만), 보상이 30달러라면(즉 목표 구간에 도달했을 때 30달러를 벌게 된다면), 이는 당신의 3달러를 벌기 위해 감수하는 위험이 1달러가 된다는 것을 의미한다. 이 경우 위험 보상 비율은 3:1이다.

이 접근 방식은 가장 높은 확률과 잠재적으로 수익성이 높은 거래 기회만 선택하는 데 도움이 된다.

위험 관리 규칙

위험 관리, 즉 자금 관리를 할 때는 파산 위험을 피하기 위해 반드시 효과적인 접근 방식을 채택해야 한다는 점은 아무리 강조해도 지나치지 않다. 실제로 매매 규칙 십계명 중 세 가지 규칙이 이 주제에 전적으로 할애되어 있다는 것을 알 수 있다.

규칙 7. 초기 손절매 지점을 정하라: 각 거래에 진입하기 전에 초기 손절매 청산 시점을 설정하여 계좌를 보호해야 한다. 이 손절매는 유의미한 가격 수준에서 설정되어야 하며, 그 가격이 돌파되면 해당 거래가 더 이상 유효하지 않다는 것을 증명하게 된다.

규칙 8. 거래 규모를 결정하라: 이익을 극대화하고 위험을 통제하기 위해 최적의 매매 규모 또는 포지션 크기를 신중하게 계산하라.

규칙 9. 매매 주문 유형을 결정하라: 거래 시 너무 큰 비용을 들이지 않고, 기타 위험을 통제하기 위해 주문 유형을 신중하게 선택하라.

손절매 청산은 매매 규칙의 핵심이며, 파산하기 전에 거래에서 빠져나오게 해주는 장치다. 진입 전략만큼 매력적으로 보이지 않을 수 있지만, 경험 많은 전문가라면 누구나 효과적인 손절매 없이는 결국 큰 손실을 피할 수 없다고 말할 것이다.

사용할 수 있는 손절매 유형과 손절매를 통해 보호받을 수 있는 위험 유형에 대한 자세한 내용은 제14장 손절매 청산 전략을 참조하라.

최적의 매매 규모 또는 포지션 크기를 계산하는 것의 중요성이 종종 과소평가되곤 한다. 많은 트레이더들이 진입 가격과 청산 가격 간의 거리에 상관없이 매번 동일한 수의 주식이나 계약을 거래하는데, 이는 각 거래가 가진 고유한 특성을 무시하는 것이다.

개인 성과 통계를 확인하는 방법을 다룬 제12장 '승률과 보상 비율'을 참조하라. 거래 규모를 계산할 때 도움이 될 것이다. 그리고 제13장 '중요한 것은 매매 규모'에서 모든 거래에 대한 최적의 매매 규모를 계산하는 공식을 찾을 수 있다.

마지막으로, 주문 유형을 선택하는 것도 위험을 통제하는 또 다른 방법이다. 주문 유형은 매매에 대한 주문 실행 지침을 증권사에 알리는 방법이다. 주문 유형마다 체결 가격과 체결 시간을 포함한 다양한 위험이 제한된다.

주문 유형에 대한 자세한 내용과 각 주문 유형이 매매 위험을 제한하는 데 어떤 역할을 하는지 알아보려면 제17장 '금융시장 이해하기'를 참조하라.

다시 한번 강조하지만, 항상 본질에 집중하고 거래 시 위험을 제한하고 통제하는 데 힘써야 한다. 이것이 장기적으로 수익을 내는 길이다.

거래 관리 규칙

이러한 지침은 거래를 어떻게 관리할 것인지에 초점을 맞추고 있으며, 이는 실제로 거래의 성패 여부를 결정하는 요소다.

규칙 10. 거래 관리를 실행하라.

진입 시점 및 초기 손절매 청산(규칙 4와 규칙 7)만이 장기적 승률과 수익률을 결정하는 유일한 요소는 아니다. 수익이 나는 거래의 경우, 거래 관리 방식에 따라 승률과 수익률이 달라질 수 있기 때문이다.

물론 거래가 빠르고 즉각적으로 불리하게 진행되어 곧바로 손절매 가격에 도달할 경우, 최초의 손절매 청산을 지키는 일 외에는 별다른 관리가 필요하지 않다. 하지만 당신의 마음가짐이 흔들리면 손실을 감수하고 거래를 청산하는 것이 쉽지 않을 수 있다. 이런 경우, 규칙 10은 결국 규칙 1로 귀결된다. 즉 자신의 규칙을 따르고, 최초의 보호적 손절매 청산을 반드시 지켜야 한다는 것이다.

반면에 거래가 당신에게 유리하게 흘러갈 경우, 거래를 더욱 잘 관리하기 위한 전략을 실행할 수 있다. 다시 말해, 이는 당신의 자신감 수준과 전략에 달려 있다.

예를 들어 수익성 있는 거래가 당신에게 유리하게 움직일 때 이익을 확보하는 추적 손절매 청산 전략을 사용하는 것이 효과적이다. 또 다른 거래 관리 전략은 가격이 목표 방향으로 급격히 움직일 때 일부 물량을 청산(분할 매도)하는 방법이다. 이렇게 하면 이익을 확정할 수 있고, 스트레스를 줄여 트레이더의 마음가짐에도 도움이 된다.

근거 기반 평가와 예측 기반 평가

모든 거래 규칙, 지표 그리고 분석 전략은 다음 두 가지 범주 중 하나에 속한다.

1. 근거 기반 평가: 시장의 움직임에 따라 거래하는 트레이딩 및 투자 규칙, 기법, 접근법을 의미한다. 예를 들어 오로지 가격과 거래량에 근거해 매매 진입과 청산을 결정하는 것은 현실 기반 평가를 활용하는 것이다.
2. 예측 기반 평가: 시장을 예측하려는 방식으로 거래하는 트레이딩 및 투자 규칙, 기법, 접근법을 의미한다. 예를 들어 MACD, 스토캐스틱, 엘리엇 파동, 피보나치 목표 가격 등과 같이 예측에 기반한 모든 기법은 예측 기반 평가에 해당한다. 궁극적으로는 현재 가격이 이러한 예측 기반 평가를 확인해주어야 하며, 그렇지 않으면 예측을 수정해야 한다.

이 구분은 매우 중요하다. 예측 기반 평가는 유용할 수 있지만, 어디까지나 앞으로 일어날 일을 예측하는 것에 불과하기 때문이다. 가격과 거래량의 움직임이 실제로 그 예측이나 기대를 확인해주기 전까지는, 그것은 단지 예측일 뿐이다.

예측이 유효하려면 반드시 가격이 예측을 확인해주어야 한다. 시장 상황이 전개되면서 예측이 무효가 될 수도 있다. 이런 경우에는 손절매 청산이나 목표 가격 구간 등 일부 거래 조건을 조정할 수도 있다.

기술적 분석 신호

필자의 개인적인 거래 스타일은 기술적 분석과 차트 분석에 나타나는 패턴을 찾는 것이고, 결국 펀더멘털이나 뉴스가 무엇을 말하는지 신경 쓰지 않는다. 필자에게 필요한 모든 것이 시장의 현재 가격과 거래량, 모멘텀으로 전부 표현되기 때문이다. 필자가 보기에 이러한 현실은 조작되거나 왜곡될 수 없다.

기술적 분석 신호

- 가격, 거래량, 모멘텀
- RSI(Relative Strength Index) – 상대강도지수
- ATR(Average True Range) – 평균 진폭 지표
- MA(Moving Average) – 이동평균
- EMA(Exponential Moving Average) – 지수이동평균

- OBV(On Balance Volume) – 균형 거래량 지표

- A/D(Accumulation/Distribution) – 매집/분산 지표

- MACD(Moving Average Convergence/Divergence) – 이동평균 수렴·확산 지표

- VWAP(Volume Weighted Average Price) – 거래량 가중 평균 가격

- 엘리엇 파동 – 부록 참조

- 피보나치 되돌림 – 부록 참조

- 피보나치 확장 – 부록 참조

- 추세 식별을 위한 추세선

- 박스권 시장 돌파

- 매물대 지표

- 주문 흐름

- 레인지 바 차트

기술적 분석가는 차트와 그래프를 사용하여 시장에서 가격, 거래량, 모멘텀 움직임이 어떤지 확인한다. 히스토그램과 소프트웨어 지표는 트레이더에게 추가 정보를 시각적으로 보여줄 수도 있다.

가격, 거래량, 모멘텀은 시장에서 항상 변하지 않는 진실이다. 일부 인기 있는 기술적 지표들은 후행 지표이거나 예측 지표(예측 기반 평가)임을 명심하고, 반드시 신중하게 활용해야 한다.

금융시장의 과거 가격 및 거래량 패턴을 살펴보면 미래 시장 움직임의 가능성을 판단할 수 있다. 기본적으로 이 분석은 과거를 활용해 미래가 어떻게 될지에 대한 확률을 예측한다.

기본적 분석 신호

내재 가치에 의한 기본적 분석 신호와 분석은 본질적으로 사실로 널리 인정되는 데이터를 기반으로 한다. 다양한 정보가 제공되며, 많은 유료 구독 서비스들이 군중보다 먼저 정보를 얻는 데 도움이 되는 심층적인 자료를 제공한다.

기본적 분석 신호

- 기업 재무제표
- 업종 분석
- 시장 점유율
- EPS(Earnings Per Share) – 주당 순이익
- ROE(Return on Equity) – 자기자본 이익률
- D/E(Debt-to-Equity Ratio) – 부채 비율
- P/S(Price-to-Sales Ratio) – 주가 매출 비율
- P/E(Price-to-Earnings Ratio) – 주가 수익 비율
- PEG(Projected Earnings Growth) – 주가 수익 성장 비율
- FCF(Free Cash Flow) – 잉여 현금 흐름
- P/B(Price-to-Book Ratio) – 주가 순자산 비율
- DPR(Dividend Payout Ratio) – 배당 성향
- DYR(Dividend Yield Ratio) – 배당 수익률
- COT(Commitments of Traders Reports) – 거래자 약정 보고서(미국 상품선물거래위원회[CFTC]에서 발표)

- 중앙은행 기준 금리 결정

- 실업률

- 고용 지표

- 인플레이션율

- 내구재 주문

- 비농업 부문 고용 보고서

- 무역수지

- 소매 판매 지수

- GDP(Gross Domestic Product) – 국내 총생산

- PCE(Personal Consumption Expenditures) – 개인 소비 지출

- CCI(Consumer Confidence Index) – 소비자 신뢰지수

- CPI(Consumer Price Index) – 소비자 물가지수

- IPI(Industrial Production Index) – 산업생산지수

- 주택 착공 건수

- 미국 국제무역

- USDA 농업 보고서

일반적으로, 더 짧거나 빠른 타임프레임에서 거래할수록 기업의 내재 가치나 뉴스에 대해 알아야 할 필요성이 줄어든다. 반면, 장기 투자자라면 매수하려는 기업에 대해 많은 정보를 알고 있어야 하며, 펀더멘털 분석이 매우 중요하다. 하지만 트레이더나 단타 매매자는 주로 기술적 분석에 더 많이 의존한다.

뉴스 분석 신호

인기 있는 접근법은 뉴스 분석 신호와 세계적 사건의 영향을 살펴보는 것이다. 뉴스와 세계적 사건은 시장을 극적으로 바꿀 수 있으며, 트레이더들은 그 의미를 알고 있어야 한다.

종종 뉴스는 평소에 주목하지 않았던 시장에 관심을 갖게 해주고, 새로운 기회를 찾는 데 유용할 수 있다. 또는 기술적 분석 차트에서 큰 갭 상승이나 갭 하락이 나타났을 때, 그 움직임의 원인을 파악하기 위해 뉴스를 확인하는 것도 도움이 된다.

뉴스 분석 신호
- FOMC 회의
- 경제 일정표
- 기상 보고서
- 세계 통화 보고서
- 거시경제 뉴스
- 주요 언론 머리기사

또한 FOMC, 기업 실적 보고서 등과 같은 경제 보고서 발표는 시장을 놀라게 하고 변동성을 유발할 수 있다는 점에 유의하는 것이 중요하다. 정기적으로 발표되며 시장을 주도할 수 있는 일부 경제 데이터 보고서는 그림 19-1을 참조하라.

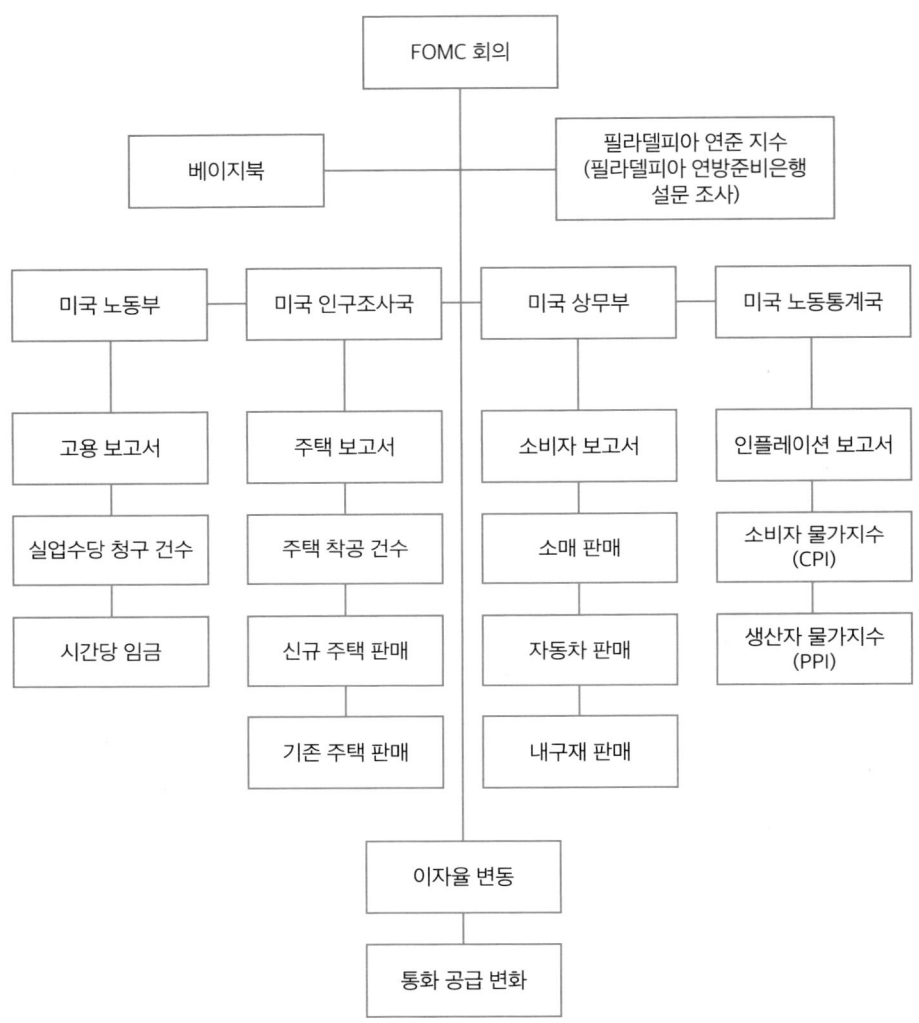

그림 19-1. 미국 경제 보고서. 미국에서는 매년 8회의 연방공개시장위원회(FOMC) 회의가 열리고, 이 그림은 다른 정부 기관에서 발표하는 경제 데이터 외에도 이러한 회의에 따라 발표 되는 일부 데이터를 보여준다. 각 보고서 발표의 정확한 날짜를 알려주는 일정표는 새로운 보고 서 정보로 인한 시장 변동 가능성을 예측하는 데 유용하다.

하이브리드 분석

개인적인 성향에 따라, 자신이 철저한 기술적 트레이더이거나, 또는 확고한 펀더멘털 트레이더임을 알게 될 수도 있다. 그리고 한 가지 방식만을 고수하며 자신이 편안하게 느끼는 영역에 머무르고 싶을 수도 있다.

하지만 점점 더 많은 기본적 분석 투자자들이 기술적 분석을 받아들이고, 기술적 트레이더들 역시 펀더멘털을 활용하는 추세다. 우리는 이들을 하이브리드 트레이더라고 부르며, 기술적 신호, 펀더멘털, 뉴스 등 다양한 데이터를 조합하는 것은 많은 이점을 가져다준다.

무엇이 가장 효과적인지는 당신의 선택에 달려 있다.

신호 해석

다음은 규칙이 의존할 수 있는 다양한 신호를 해석하는 방법에 대한 몇 가지 예시다. 이는 기술적 분석, 기본적 분석 그리고 뉴스 데이터를 활용해 시장 진입과 청산의 단서를 얻는 방식의 예시를 보여준다.

- 기상 예보에서 올해 플로리다에 심각한 한파가 예상된다는 소식이 나오자, 공급 감소와 수요 증가로 인해 오렌지 주스 가격이 오를 것으로 보고 해당 상품에 매수 포지션을 취한다.
- 휴대폰 제조업체의 주가가 하향 조정되어 주가가 크게 하락할 것으로 예상되는데, 이는 해당 주식을 공매도해야 하는 이유다.

- 중동 정세가 불안하며, 이는 역사적으로 유가 상승으로 이어지는 상황이므로 원유 매수 포지션을 취하게 된다.
- XYZ 기업의 CEO가 불법 행위로 기소될 것이라는 소문이 있으므로 XYZ 기업을 공매도한다.
- 쓰나미가 일본을 강타하여 엄청난 피해를 주자, 일본 엔화를 매도하고 가격이 급락할 것으로 예상한다.
- 미국 실업 보고서에 따르면 신규 일자리가 증가하고 경제도 회복되는 듯하여, 전반적인 주식시장도 상승세를 보인다.
- 연방준비제도가 금리를 대폭 인하한다고 발표하면 채권을 매수하게 된다.
- 월마트가 예상보다 높은 분기 실적을 발표했기 때문에 월마트에 대한 매수 포지션을 취한다.
- 분석 결과, 관찰 중인 주식이 상승 추세의 3파 시작 단계에 진입했음을 확인할 수 있으며, 엘리엇 파동 기준으로는 패턴에서 가장 강력하고 긴 파동이 될 것이다. 따라서 매수 포지션을 취하게 된다.
- 피보나치 분석을 사용하면 방금 진입한 거래에 대한 목표 구간이 어디인지 확인하고 그에 따른 계획을 세울 수 있다.
- 프라이팬 바닥 패턴(주가가 완만한 U자형으로 바닥을 다지는 패턴 – 옮긴이)을 형성하던 차트가 하방으로 돌파하는 것을 확인했으므로, 관찰 중인 주식의 매도 포지션(공매도)을 취한다.

참고: 정보가 공개되는 즉시 접근하고 신속하게 대응하는 것이 매우 중요하다. 그래야 시장에 진입하거나 청산할 때 다른 투자자들보다 한

발 앞설 수 있다. 이를 위해서는 지연이 없고 빠르게 실시간으로 스트리밍되는 데이터가 꼭 필요하다. 뉴스, 펀더멘털, 가격 및 거래량 데이터가 오래될수록 그 정보의 가치는 점점 떨어진다는 점을 명심해야 한다.

바 차트와 캔들스틱 차트

트레이더는 다양한 유형의 차트를 사용하지만, 가장 인기 있는 두 가지는 바 차트와 캔들스틱 차트다. 기술적 분석을 사용하면 선호하는 차트 유형을 선택하게 되지만, 여기서는 차이점에 대한 개요를 설명한다.

바 차트

개별 가격 바는 저마다의 이야기를 담고 있다. 하나의 가격 바는 해당하는 바가 나타내는 시간 구간을 나타낸다. 예를 들어 1분 바는 60초 동안 시장에서 어떤 일이 일어났는지를 보여준다.

이 한 가격 바로부터 다음과 같은 정보를 확인할 수 있다.

1. 시가(Open): 바의 왼쪽에 짧은 선으로 표시
2. 종가(Close): 바의 오른쪽에 짧은 선으로 표시
3. 고가(High): 바의 맨 위
4. 저가(Low): 바의 맨 아래

OHLC, 즉 시가, 고가, 저가, 종가는 한 개의 바(막대) 안에 시각적으

로 간결하게 시장의 모든 이야기를 담아낸다. 그림 19-2를 참조하라.

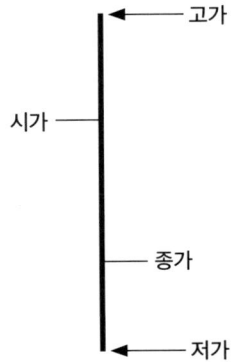

표 19-2. 가격 바. 이는 해당 시간의 시가, 고가, 저가, 종가를 보여주는 가격 바의 예시다. 영어 첫 글자를 따서 'OHLC'라고 부른다.

캔들스틱 차트

개별 캔들스틱 차트는 가격 바와 마찬가지로 저마다의 이야기를 담고 있다. 하나의 캔들스틱 차트는 해당하는 캔들스틱 차트가 나타내는 시간 구간을 나타낸다. 예를 들어 1분 바는 60초 동안 시장에서 어떤 일이 일어났는지를 보여준다. 우리는 그 기간의 시가, 고가, 저가, 종가를 볼 수 있다. 그림 19-3을 참조하라.

캔들스틱 차트의 각 부분에는 고유한 명칭이 있다. 예를 들어 몸통(흑색 또는 백색), 머리(상단 심지), 꼬리(하단 심지) 등이 있다. 시가와 종가 사이의 영역을 '몸통'이라고 하며, 이 몸통 위아래로 뻗은 부분을 '그림자'라고도 부른다.

캔들스틱이 시가보다 높은 가격에서 마감했다면, 몸통은 흰색이 되고 시가는 몸통의 아래쪽, 종가는 위쪽에 있다. 반대로 캔들스틱이 시

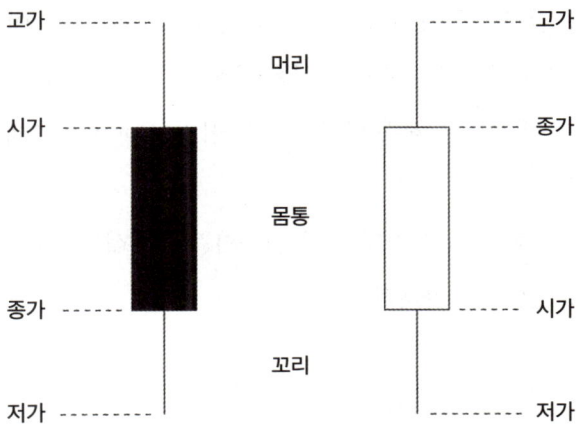

그림 19-3. 캔들스틱 차트. 이것은 해당 시간의 시가, 고가, 저가, 종가를 보여주는 캔들스틱 차트의 그림이다.

가보다 낮은 가격에서 마감했다면, 몸통은 검은색이 되고 시가는 몸통의 위쪽, 종가는 아래쪽에 있다(전자의 경우를 양봉, 후자의 경우를 음봉이라 하며 몸통 색을 각각 빨간색과 파란색으로 그리기도 한다 – 옮긴이).

시장은 지그재그로 움직인다

시장은 직선 형태로 급격하게 움직이는 경우가 거의 없고, 대부분 지그재그로 오르내린다. 마치 파도와 조수가 밀물과 썰물을 반복하는 바다의 자연 현상처럼 시장 역시 유기적이고 살아 숨 쉬는 존재다. 이러한 오르내림이 발생하는 이유는 시장 참여자들의 심리가 서로 긴밀하게 연결되어 있기 때문이다.

과열된 순간에는 군중이 강한 움직임에 함께 참여하며, 이후에는 이익 실현 단계가 찾아와 현재의 이익을 실현하여 현금화한다. 추세가 바뀌기 전까지 이 패턴은 계속 반복되는데, 이것이 바로 지그재그 패턴이 나타나는 원인이다.

기술적으로 이 패턴은 지지와 저항의 기간으로 설명할 수 있다. 그림 19-4와 그림 19-5를 참조하라.

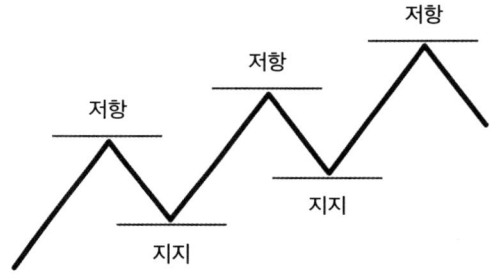

그림 19-4. 상승 추세의 시장 사례. 지지와 저항이 상승 추세에서 어떤 역할을 하는지 주목하라. 과열된 심리와 차익 실현으로 인해 반복되는 지그재그 패턴이 만들어지며, 이것은 추세가 바뀔 때까지 계속된다.

상승 추세의 고전적인 정의는 시장이 연속적으로 더 높은 고점과 더 높은 저점을 기록하는 것이다. 이러한 상승 추세는 지그재그 패턴을 보인다. 그림 19-6을 참조하라.

그리고 반대로, 하락 추세의 고전적인 정의는 시장이 연속적으로 더 낮은 고점과 더 낮은 저점을 기록하는 것이다. 이러한 하락 추세는 지그재그 패턴을 보인다. 그림 19-7을 참조하라.

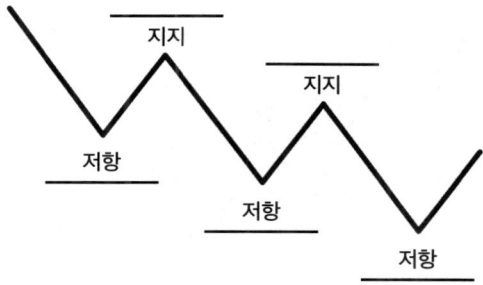

그림 19-5. 하락 추세의 시장 사례. 지지와 저항이 하락 추세에서 어떤 역할을 하는지 주목하라. 과열된 심리와 차익 실현으로 인해 반복되는 지그재그 패턴이 만들어지고, 이것은 추세가 바뀔 때까지 계속된다.

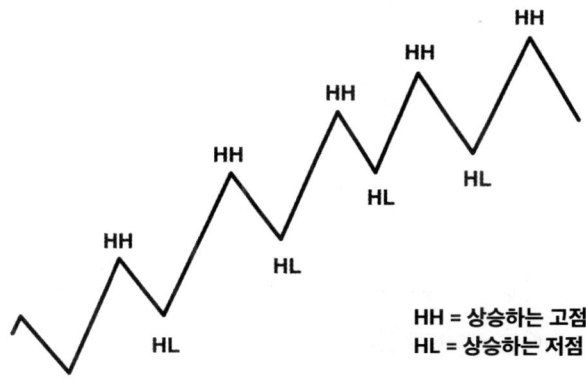

HH = 상승하는 고점
HL = 상승하는 저점

그림 19-6. 상승 추세의 시장 사례. 이 상승 추세에서 고점과 저점이 연이어 상승하는 것을 주목하라. 이러한 반복적인 지그재그 패턴은 과열된 심리와 그에 따른 차익 실현이 이어지면서 만들어지고, 추세가 바뀔 때까지 계속된다.

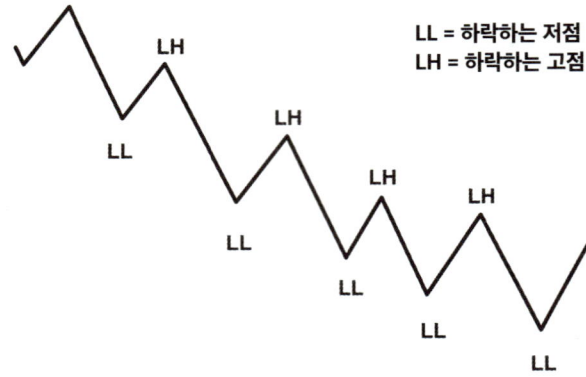

그림 19-7. 하락 추세의 시장 사례. 이 하락 추세에서 고점과 저점이 연이어 하락하는 것을 주목하라. 이러한 반복적인 지그재그 패턴은 과열된 심리와 그에 따른 차익 실현이 이어지면서 만들어지고, 추세가 바뀔 때까지 계속된다.

시장 주기

네 가지 주요 시장 주기를 올바로 식별하는 방법을 배워야 한다. 각 시장 주기는 거래 및 투자 규칙에 대한 다른 접근 방식을 요구하며, 시장 주기에 적응하면 수익성을 극적으로 개선할 수 있다.

다음은 네 가지 주요 시장 주기의 예다.

1. 추세: 금융시장은 지속적으로 한 방향으로, 상승(bull) 또는 하락(bear)한다. 시장은 약 25%의 시간 동안 상승 또는 하락 추세를 만드는 경향이 있다. 그림 19-8을 참조하라.

2. 박스권: 바닥 다지기 또는 횡보 시장이라고도 불리며, 박스권 시장

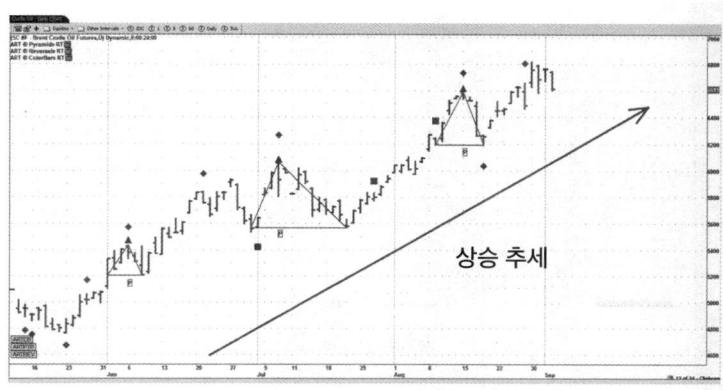

그림 19-8. 추세 시장의 예. 이 차트에서 보이는 명확한 상승 추세를 주목하라. 추세 시장은 약 25%의 시간 동안 발생한다.

출처: eSignal. www.esignal.com

은 시장이 명확한 저항선과 지지선 사이의 가격 범위에 갇혀 있을 때 발생한다. 차트에서는 수평의 횡보 채널처럼 보인다. 시장은 약 75%의 시간 동안 이러한 횡보 구간에 머무르는 경향이 있다. 그림 19-9를 참조하라.

3. 돌파: 시장이 최소 20개의 가격 막대에 걸쳐 횡보한 후 가격 움직임이 급격하게 변하는 것을 돌파 시장이라고 한다. 이는 상승 돌파 또는 하락 돌파 중 하나로 나타난다. 그림 19-10을 참조하라.

4. 조정: 이것은 장기 시장 추세 속에서 일시적으로 나타나는 짧고 급격한 가격 반전을 의미하며, 교정이라고도 한다. 그림 19-11을 참조하라.

시장 주기를 잘못 식별하면 비용이 많이 드는 상황이 될 수 있다. 예를 들어 시장이 새로운 추세에 진입했다고 판단했는데 실제로는 조정 국면이었다면, 매매에 진입하자마자 바로 손절매 청산을 할 수도 있다.

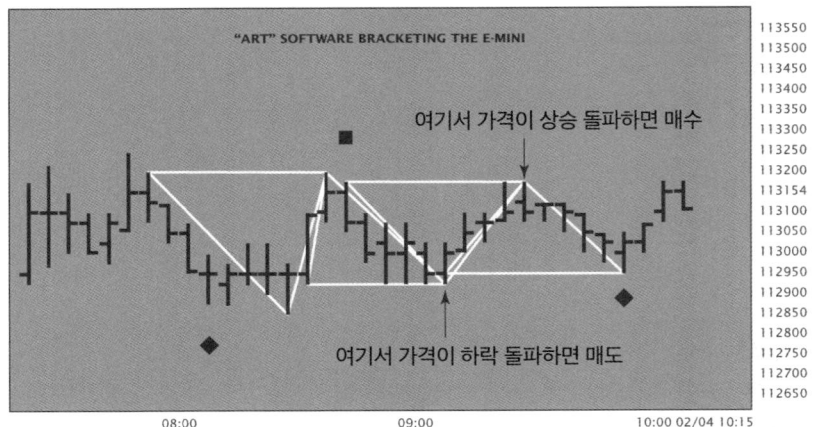

그림 19-9. 박스권 시장의 예. 이 차트에서 옆으로 뻗은 패턴을 주목하라. 박스권 시장은 약 75%의 시간 동안 발생한다.

출처: eSignal. www.esignal.com

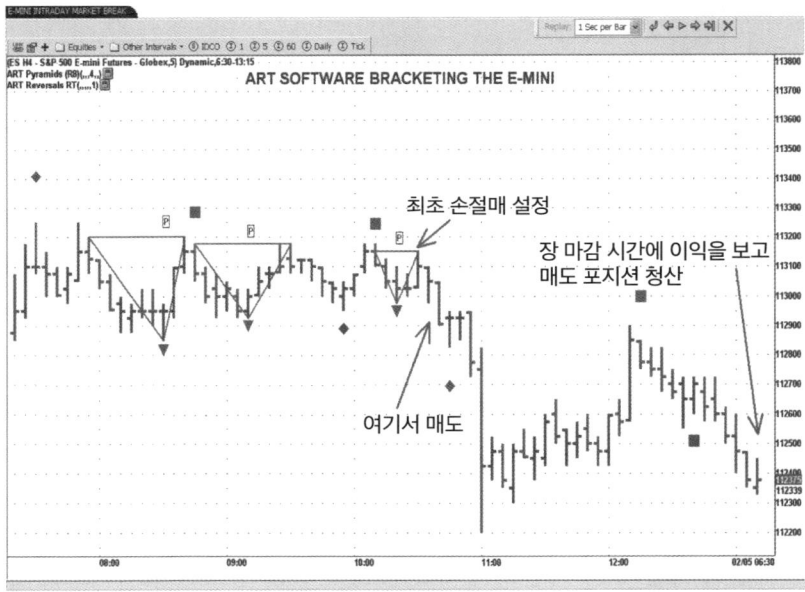

그림 19-10. 박스권 시장 돌파의 예. 차트에서 박스권 시장이 빠르게 아래쪽으로 돌파하는 모습에 주목하라.

출처: eSignal. www.esignal.com

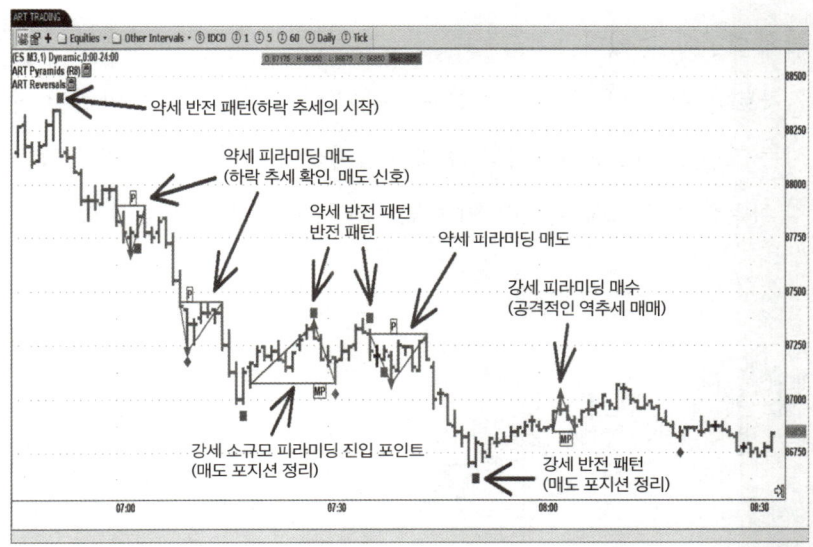

그림 19-11. 조정의 예. 잠시 동안 시장이 조정 국면에 들어서면서 가격이 일시적으로 상승했다가, 곧바로 다시 하락 추세로 전환되는 모습을 주목하라.

출처: eSignal. www.esignal.com

이러한 이유로, 시장 경험이 최고의 스승이다. 가장 중요한 실천 방안은 꾸준한 관찰이다. 이를 통해 시장 주기를 읽는 능력을 지속적으로 발전시킬 수 있다.

추세선

추세선은 시장이 상승 중이든 하락 중이든, 또는 횡보 중이든 현재 시장 주기의 지지선과 저항선을 시각적으로 파악할 수 있는 훌륭한 방법이다. 추세선을 통해 시장 움직임이 추세선을 돌파하는 시점을 눈으로 쉽게 확인할 수 있다.

차트의 추세선을 활용하여 현재 추세가 어디에 있는지 파악하는 예시는 그림 19-12를 참조하라. 추세선은 자신이 어떤 시장 주기에 있는지 식별하는 데 도움을 주며, 이는 반드시 익혀야 할 중요한 기술이다.

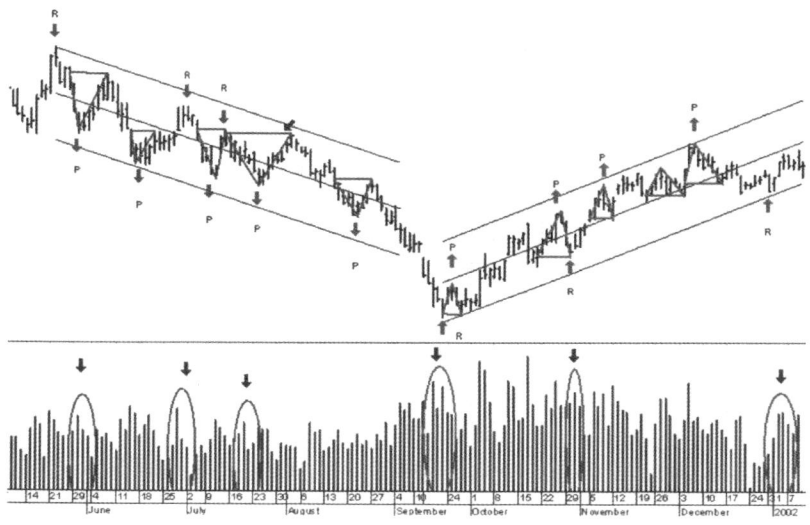

그림 19-12. 추세선은 이 차트에서 하락 추세가 상승 추세로 바뀌는 것을 보여준다. 추세선은 모든 시장의 지지선과 저항선을 시각화하는 효과적인 방법이며, 시장 주기와 주기의 변화를 식별하는 데 도움이 된다.

추세선을 그릴 때는 자신의 성향과 전략에 따라 더 느슨하게 또는 더 공격적으로 접근할 수 있다. 공격적인 추세선은 채널 폭이 좁아 시장 움직임을 더 엄격하게 포착하고, 느슨한 추세선은 채널 폭이 넓어 시장이 움직일 수 있는 범위가 더 커진다.

시장 주기를 올바르게 식별하지 못할 경우의 함정

수년간 트레이더 및 투자자들과 협력해온 필자의 경험에 따르면, 실패의 흔한 이유 중 하나는 트레이더가 시장 주기를 올바로 식별하지 못하고, 이러한 주기를 식별하는 것의 중요성을 깨닫지 못한다는 것이다.

때때로 트레이더들이 자신의 매매 방식이 잘 통하지 않는 시장 주기를 알아차렸을 때, 거래에 참여하지 않고 관망하는 것이 쉽지 않을 수 있다. 사실 아무런 거래도 하지 않는 것이 가장 좋은 선택일 때가 많지만, 일부 트레이더에게는 시장에 참여하지 않는 것이 불편하게 느껴질 수 있다.

인내심은 트레이더가 시장 주기를 효과적으로 읽는 능력을 개발하기 위해 반드시 갖추어야 할 심리적 태도의 한 부분이다. 시장 주기를 식별하는 것은 모든 성공적인 트레이더가 숙달한 기술이다. 또한 자신의 시스템이나 접근 방식이 어떤 시장 주기에서 잘 작동하는지 아는 것이 필수적이며, 필요할 때는 시장에 진입하지 않는 절제력도 가져야 한다.

시장 주기를 올바르게 식별하지 못할 때의 일반적인 함정

- 박스권 시장을 식별하지 못함: 여기서 함정은 시장에 진입했다가 중단되는 일이 반복되어 증권사에 많은 수수료를 지불하고 시장에서 수익성 있는 움직임을 포착하지 못하는 것이다.

  해결책: 추세선과 소프트웨어를 사용하여 박스권 시장을 식별한다.

- 추세 반전을 잘못 식별함: 여기서 함정은 시장이 원래의 포지션 방향으로 계속 움직이고 있음에도 불구하고 좋은 추세에서 너무

일찍 이탈하여 상당한 수익 기회를 놓칠 수 있다는 점이다.

해결책: 시장에서 완전히 청산하지 않고 일부 물량만 점진적으로 청산하는 '분할 청산' 기법을 사용한다. 이렇게 하면 추세가 여전히 진행될 경우, 남아 있는 포지션으로 추가의 이익을 얻을 수 있다.

시장 주기를 연구하고 이를 규칙과 접근 방식에 반영하면 매매 시스템이 효과적으로 작동할 수 있는 조건이 갖춰질 때만 효율적으로 시장에 진입할 수 있다.

추세 소진

필자는 시장을 쫓아가는 매매를 크게 선호하지 않는다. 시장을 쫓아가는 매매의 단점은 진입 시점에 이미 추세가 거의 끝나 있을 수 있고, 이 경우 얻을 수 있는 수익 잠재력이 충분하지 않다는 것이다. 시장을 쫓아가는 데에는 사실상 특별한 이점이 없다.

그림 19-8은 상승 추세의 시장이 고갈 국면에 가까워진 모습을 보여준다. 차트에 표시된 삼각형들은 '피라미딩 진입 지점'이라고 불리며, TradersCoach.com에서 제공하는 'ART trading' 소프트웨어의 일부다. 필자의 규칙은 연속적으로 네 개의 '피라미딩 진입 지점'이 이어지면 추세가 소진된 것으로 간주하는 것이다.

또한 차트에 충분한 과거 기록이 있으면 추세 소진이 있는지 판단하는 데 매우 중요하다. 차트의 왼쪽, 즉 과거 구간까지 충분히 거슬러 올라가서 살펴보면, 엘리엇 파동 패턴 등 현재 추세에서 어디쯤 있는지에 대한 단서를 제공하는 패턴들을 식별할 수 있다.

엘리엇 파동 이론을 연구하는 트레이더는 다섯 개의 파동 중에서 3파가 가장 강력하다는 것을 알고 있으므로, 자신이 현재 어느 파동에 있는지를 식별하는 것도 추세 소진 여부를 판단하는 데 도움이 된다.

탐색 능력을 개발함으로써 너무 늦게 추세에 진입할 위험을 줄이고, 수익 잠재력을 극대화하는 새로운 추세가 막 형성되는 시점을 찾아낼 수 있어야 한다. 이를 위해 가장 효과적인 탐색 방법은 박스권 시장과 엘리엇 파동 패턴을 찾는 것이다.

돌파 추세 거래는 박스권 시장 이후에 발생

추세에 너무 늦게 뛰어드는 것을 피하는 한 가지 방법은 박스권을 돌파하는 시장을 찾는 것이다. 필자가 가장 선호하는 방식은 최소 20개의 가격 바(캔들) 동안 횡보한 시장을 탐색하여 돌파 신호를 포착하는 것이다.

범위 내에 가격 바가 많을수록, 또는 횡보 패턴이 길고 좁아질수록 돌파가 강해질 가능성이 높다. 그림 19-9와 그림 19-10을 다시 참조하여 박스권 시장이 어떤 모습인지, 그리고 어떻게 돌파로 이어질 수 있는지 살펴보라.

추세 시장은 전체의 약 25%만 발생한다는 것을 기억하라. 나머지 시간 동안은 박스권 패턴에 놓이는 경향이 있다. 중요한 것은 박스권 구간에서 돌파만을 기다리며 너무 오랫동안 머무르지 않고, 새로운 추세가 시작되는 시점에 최대한 가깝게 진입하는 것이다.

금융시장의 프랙털 대칭성

프랙털은 자연과 시장에서 어디에나 있다. 당신의 손을 들어보아도 프랙털을 볼 수 있다. 손가락 다섯 개가 각각 하나의 가격 바를 나타낸다고 생각해보자. 손가락(가격 봉)들이 가운뎃손가락까지는 위로 올라가며, 가운뎃손가락이 패턴의 꼭대기에 해당한다. 그 후 나머지 손가락(가격 봉)은 아래로 내려가며 패턴의 바닥을 이룬다. 이것이 바로 프랙털 패턴이고, 차트에서 흔히 볼 수 있는 패턴이다.

프랙털은 시장 행동의 변화를 나타내며, 프랙털 가격 패턴은 가격 방향에 대한 단서를 제공한다.

기본적으로 프랙털은 끝없이 반복되는 패턴이다. 프랙털은 서로 다른 크기에서 자기 유사성을 가지는 무한히 복잡한 패턴이다. 이는 단순한 과정을 계속해서 반복하는 피드백을 통해 만들어진다. 프랙털은 동적 시스템의 이미지이자, 혼돈의 모습을 시각화한 것이다.

그러나 비선형 세계에서는 혼돈이 아니다. 그들은 역동적이고, 때로는 복잡하며, 겉보기에는 혼란스러워 보인다. 하지만 자세히 살펴보면, 그들은 비슷한 패턴을 반복하는 것으로 귀결된다. 이는 만화경(거울로 된 원통에 형형색색의 유리구슬, 종잇조각 등등을 넣어 아름다운 무늬를 볼 수 있도록 만든 장치 - 옮긴이)을 들여다보는 것과도 비슷하다. 만화경을 시계

방향으로 돌릴 때마다 무한한 프랙털 패턴이 끊임없이 생성되는 것과 같다.

프랙털이라는 용어는 1975년 브누아 망델브로(Benoit Mandelbrot)가 처음으로 사용했고, 1982년《자연의 프랙털 기하학(*The Fractal Geometry of Nature*)》에서 자신의 개념을 확장했다. 이후 그의 연구 결과에 관한 관심이 폭발적으로 증가했는데, 특히 금융시장에서 프랙털은 모든 시장과 타임프레임에서 차트 패턴으로 나타난다. 이러한 프랙털 패턴의 대칭성은 모든 타임프레임에서 나타나므로 다중 타임프레임 분석이 매우 효과적이다. 짧은 타임프레임의 패턴은 긴 시간의 타임프레임 패턴 내에서 발견되고 그 반대의 경우도 마찬가지다.

이동평균

이동평균은 차트를 분석하는 기술적 분석가들이 널리 사용하는 도구다. 그림 19-13을 참조하라. 단순이동평균(SMA), 가중이동평균(WMA), 지수이동평균(EMA) 등 다양한 유형의 이동평균이 있다. 이동평균은 지속적으로 업데이트되는 평균 가격을 생성하여 가격 데이터를 매끄럽게 만든다.

예를 들어 5일 단순이동평균을 계산하려면 최근 5일의 종가를 더한 다음 그 합계를 5로 나누면 된다. 이후에는 매일 새로운 종가를 직전 4일의 종가와 합산하여 다시 평균을 구한다. 이렇게 매일 새로운 종가가 추가되면 가장 오래된 데이터는 새로운 데이터로 대체되어, 평균 계산

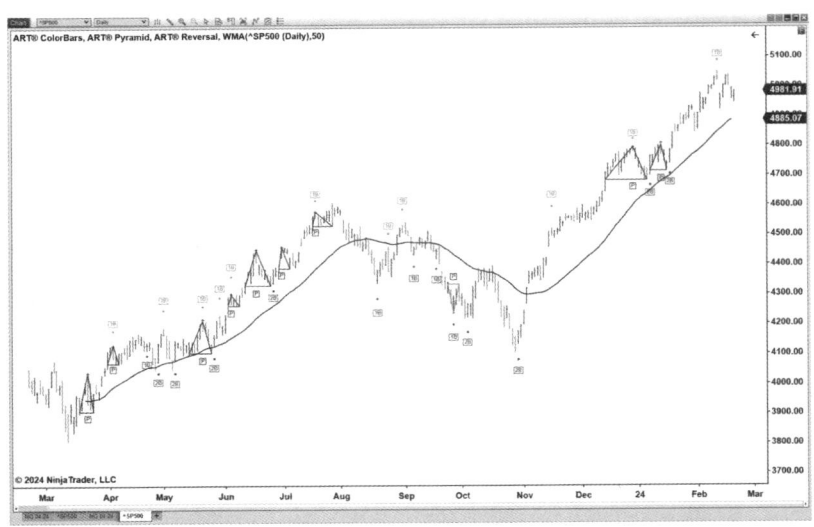

그림 19-13. 이 차트에서 OHLC(시가, 고가, 저가, 종가) 가격 바 위에 겹쳐진 구불구불한 이동평균선을 보라. 이 간단한 기술적 분석 도구는 지속적으로 업데이트되는 평균 가격을 산출함으로써 가격 데이터를 부드럽게 만들어준다. 이 차트에서는 50일 동안의 평균값을 사용하고 있다. 평균을 계산하는 기간은 20분, 10일, 30주 등 원하는 어떤 기간이든 설정할 수 있다.

출처: NinjaTrader. www.ninjatrader.com

에 사용되는 기간이 항상 일정하게 유지된다. 평균을 계산하는 기간은 트레이더가 원하는 대로 20분, 50일, 30주 등으로 자유롭게 설정할 수 있다.

이동평균선을 활용할 때 많이 사용하는 전략 중 하나는 '크로스오버(crossover)'로, 가격이 이동평균선 위로 돌파하거나 아래로 돌파할 때 추세 변화의 신호로 해석하는 방법이다.

또 다른 전략은 두 개의 이동평균선을 함께 사용하는 것이다. 하나는 장기 이동평균선이고, 다른 하나는 단기 이동평균선이다. 단기 이동평균선이 장기 이동평균선을 상향 돌파할 때, 이는 추세가 상승세로 전환되고 있음을 의미하므로 매수 신호로 해석되며, 이를 '골든 크로스(golden cross)'라고 부른다. 반대로, 단기 이동평균선이 장기 이동평균선을 하향 돌파할 때는 추세가 하락세로 전환되고 있음을 의미하므로 매도 신호로 해석되며, 이를 '데드 크로스(dead cross)'라고 한다. 이동평균선은 많은 초보자들이 시장에 대해 배울 때 흔히 사용하는 도구다.

차트 패턴

기술적 분석의 모든 것은 차트 패턴과 이러한 패턴을 보는 방법을 아는 것에 기초한다. 역사적으로 동일한 패턴이 계속해서 반복되며, 과거에 일어난 일을 기반으로 미래의 시장 행동에 대한 단서를 제공한다.

이 주제를 다룬 책은 넘쳐나지만, 우리의 목적을 위해서는 여러분이 이러한 패턴 중 몇 가지를 알고 차트에서 패턴을 보는 것이 유용한 기술이라는 점을 이해하는 것이 목표다. 처음에는 패턴을 보는 데 시간이 걸릴 수 있지만, 연습하면 패턴이 어디에나 있다는 것을 알게 되고, 패턴을 찾는 일이 더 쉬워질 것이다.

다음 목록의 차트 패턴으로 시작하자.

- 이중 천장 패턴 – 그림 19-14 참조
- 삼중 천장 패턴
- 이중 바닥 패턴
- 삼중 바닥 패턴

- 플래그(깃발) 패턴

- 페넌트(삼각 깃발) 패턴 – 그림 19-15 참조

- 삼각형 패턴

- 헤드앤숄더(머리와 어깨) 패턴 – 그림 19-16 참조

- 웨지(쐐기형) 패턴

- 범프앤런 반전 패턴

- 컵위드핸들(손잡이 달린 컵) 패턴

- 데드캣바운스(죽은 고양이 반등) 패턴

그리고 필자가 항상 말하듯이, 차트가 지저분하고 스파게티처럼 엉켜 있어서 패턴이 보이지 않는다면 억지로 해석할 필요가 없다. 대신 다른 차트로 넘어가라. 시장에는 기회가 넘쳐난다.

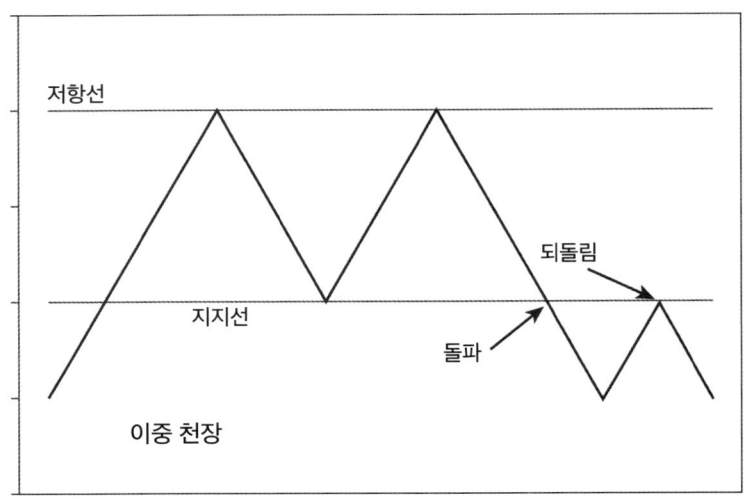

그림 19-14. 이중 천장 패턴. 하락 돌파가 있는 차트 패턴.

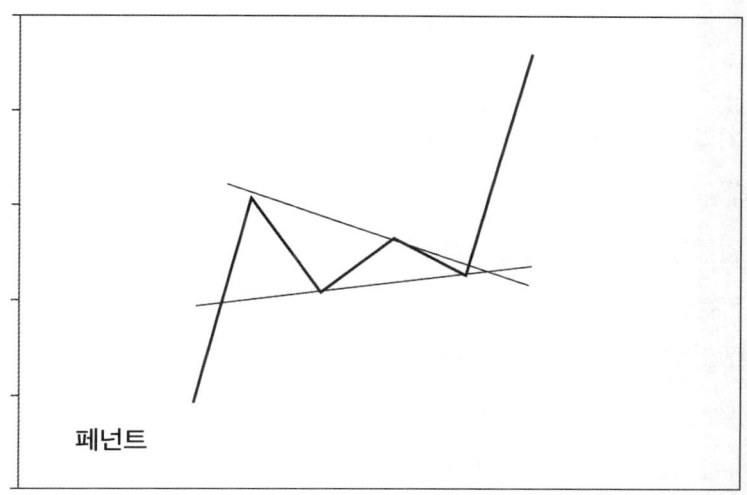

그림 19-15. 페넌트 패턴. 페넌트(삼각 깃발) 모양으로 점점 좁아지는 채널 모양의 차트 패턴이다. 이 패턴에서는 페넌트의 끝부분에서 돌파가 발생한다.

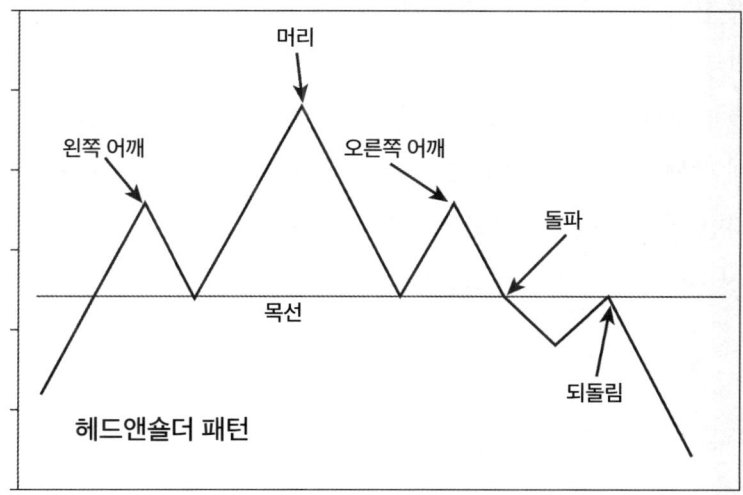

그림 19-16. 헤드앤숄더 패턴. 하락 방향으로 돌파가 일어난 뒤, 되돌림이 나타나고 다시 한 번 하락 움직임이 이어지는 차트 패턴이다.

차트 이력

한 기업이 증권거래소에 상장된 기간이 길수록 이용할 수 있는 가격과 거래량의 이력(과거 데이터)도 많아진다. 신규 상장 기업은 데이터가 거의 없지만, 오래된 기업은 100년이 넘는 방대한 이력을 보유하고 있을 수 있다.

그렇기는 하지만, 모든 차트 분석 플랫폼이 그렇게 먼 과거로 거슬러 올라가는 데이터를 갖고 있지는 않기 때문에 차트 분석 플랫폼에서 사용할 수 있는 모든 데이터를 얻을 수도 있고 그렇지 않을 수도 있다. www.StockCharts.com과 같은 특정 회사는 광범위한 기록을 보유하고 있으며, 이를 기반으로 차트를 제공한다. 1900년부터 2024년까지 차트가 있는 그림 19-17을 참조하라.

차트 이력은 매우 중요하다. 과거의 흐름을 통해 기업이 어떤 경로를 거쳤는지 확인할 수 있고, 이를 바탕으로 엘리엇 파동을 계산하여 앞으로의 방향성을 예측하는 데 도움이 되기 때문이다. 만약 충분한 이력이 없다면, 미래 패턴을 예측하는 데 필요한 데이터가 부족해 목표 가격대를 산출하기가 훨씬 더 어려워진다.

다중 타임프레임 분석

어떤 타임프레임에서 매매하거나 투자하더라도 이 기법을 활용할 수 있으며, 시장에 대한 통찰력을 크게 높여줄 것이다. 모든 시장에서 발

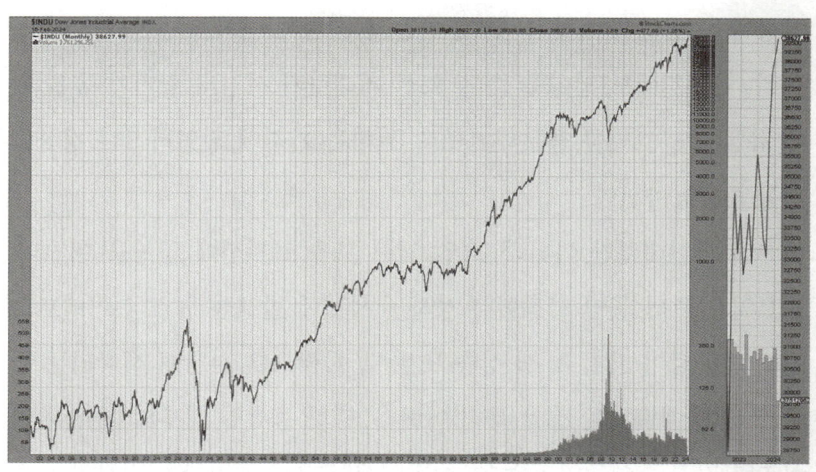

그림 19-17. 1900년 1월부터 2024년 1월까지의 다우존스 산업평균지수 차트를 보여준다. 이 차트에서 1929년 대공황 당시의 폭락이 매우 뚜렷하고 극적으로 나타나 있다. 또한 1987년, 2008년, 2020년의 시장 폭락 역시 확인할 수 있다. 이 차트가 주는 교훈은, 시장 폭락기에 아무런 대비 없이 전액 투자된 상태로 방치할 경우, 패시브(수동적) 투자 전략이 상당한 손실로 이어질 수 있다는 점이다.

출처: StockCharts.com(www.stockcharts.com)

견되는 가격 패턴의 프랙털 대칭성을 관찰하면, 모멘텀이 두 개 이상의 타임프레임에서 일치하는지를 파악할 수 있다. 만약 여러 타임프레임에서 모멘텀이 동시에 같은 방향을 보인다면, 이는 확률이 높은 거래 기회를 의미한다. 이 책 부록의 고급 기술 부분에는 이 전략을 실제로 트레이딩 도구에 적용할 수 있도록 안내하는 장이 마련되어 있다.

매매 타이밍

인생에서 타이밍이 모든 것인 것처럼, 매매를 실행하는 시간대 역시 수익성에 큰 영향을 미칠 수 있다. 이는 좋은 매매 기회를 얼마나 많이 찾을 수 있는지에도 영향을 준다. 또한 거래량과 시장의 활기가 높을 때는 유동성도 그만큼 풍부해지므로, 원하는 가격에 진입하거나 청산할 가능성이 높아진다.

매매 시간대뿐만 아니라, 요일 역시 보유 포지션에 영향을 미친다. 월요일은 주말 동안 시장이 휴장하는 사이에 발생한 뉴스나 이벤트로 인해 변동성이 커지고, 갭 상승 또는 갭 하락으로 시장이 시작되는 경우가 많아 예측하는 것이 특히 어렵다. 또한 공휴일 전후의 거래일 역시 마찬가지로 예측이 힘든데, 시장이 연속으로 휴장하는 기간이 길수록 휴장 중에 발생한 예상치 못한 정보들이 개장과 동시에 시장에 큰 영향을 미칠 수 있기 때문이다.

예측할 수 있는 이벤트들, 예를 들어 공휴일, FOMC 회의, 실적 발표 등과 관련해 미리 알림을 받을 수 있는 '금융 일정표'를 활용하면 도움이 된다.

타이밍은 모든 것의 핵심이다. 이러한 변수들을 직접 테스트해보면서 어떤 시간이 실제 수익에 도움이 되고, 어떤 시간이 그렇지 않은지 확인하는 것은 충분히 시간을 투자할 가치가 있는 일이다.

업종 섹터 분석

섹터 분석은 주식 트레이더와 주식 옵션 트레이더들이 활용한다. 만약 10분 미만의 짧은 타임프레임으로 매매한다면, 업종이나 섹터를 분석하고 동시에 그 짧은 타임프레임에 집중하는 것은 비효율적이다. 이러한 전략은 60분, 일간, 주간 차트와 같이 더 긴 타임프레임을 사용하는 트레이더에게 더 적합하다.

어떤 종목을 매매할지 결정할 때는 두 가지 접근 방식을 사용할 수 있다. 바로 '하향식(톱다운) 접근법'과 '상향식(보텀업) 접근법'이다.

1. 하향식 섹터 분석

(a) 섹터

(b) 업종

(c) 개별 종목

이 방식을 사용하려면 섹터 수준에서 분석을 시작하고 개별 종목으로 내려가면 된다. 이 방식을 사용하는 트레이더는 먼저 주식 섹터 차트를 살펴본다. 그런 다음 하위 업종을 분석하고, 해당 업종 내에서 거래할 최상의 개별 주식을 선택한다. 위에서부터 내려온다고 하여 '톱다운(top-down) 접근법'이라고도 한다.

이 접근법은 한동안 침체되어 있거나 횡보하고 있는 섹터를 찾는 데 사용된다. 다음으로, 해당 섹터 내에서 가장 침체된 세부 업종을 찾는다. 그리고 그 그룹 안에서 가장 오랫동안 가장 좁은 범위에서 움직인 개별 종목을 선택하면 된다.

2. 상향식 섹터 분석

(a) 개별 종목

(b) 업종

(c) 섹터

여기서는 먼저 개별 종목을 찾은 다음, 그 종목이 속한 업종과 마지막으로 섹터를 분석하여 해당 종목이 동종 섹터 내에서 어떻게 움직이고 있는지 파악한다. 이 방법은 특정 개별 종목에서 매수 신호가 나타났지만, 거래량이 다소 적어 그 이유가 궁금할 때 유용하게 활용할 수 있다.

업종이 하락 추세에 있고, 개별 종목이 특별한 호재 없이 거래량이 적은 상태에서 매수 신호가 발생한다면, 매수 포지션을 취하지 않는 것이 좋다. 반대로, 해당 종목이 모멘텀 트레이더나 포지션 트레이더의 관심을 받고 있다면, 여러분이 매매하는 타임프레임에서 거래량이 크게 증가하는 모습을 볼 수 있다. 거래량이 많을수록 더 많은 투자자들이 참여하고 있다는 의미다.

이 상향식 전략 덕분에 시장이 움직일 준비가 되지 않았을 때 불필요하게 진입하는 실수를 여러 번 피할 수 있었다. 이 전략은 또한 시장 조성자들이 적은 거래량으로 시장을 조작하는 것을 파악하는 데 도움이 된다. 진정한 추세는 거래소 외부에서 유입되는 실질적인 자금(외부 매수세)이 들어올 때 비로소 가격이 크게 움직이는 것이다.

전 세계의 많은 트레이더들이 참여해야만 의미 있는 추세가 형성될 수 있다. 다양한 타임프레임을 사용하는 트레이더들이 동시에 참여할 때 비로소 강한 추세가 나타난다.

다시 말하지만, 이러한 전략은 포지션 트레이더나 장기 투자자에게 가장 적합하다. 단기 트레이더는 이 접근 방식을 사용할 가능성이 작다.

계절성 분석

계절성 분석은 과거의 패턴을 바탕으로 계절에 따라 미래의 패턴이나 추세가 나타날 확률을 예측하는 방법이다. 가장 잘 알려진 계절성 추세는 바로 기온이다. 비교적 예측 가능한 계절성 추세는 난방유와 같은 원자재 가격을 예측하는 데 활용된다. 예를 들어 난방 시즌인 겨울에는 여름보다 석유 가격이 더 비싸지는 경향이 있다.

알 수 없는 변수는, 올해의 계절이 예년과 비교해 얼마나 덥거나 추울 것인가 하는 것이다. 이 변수에 따라 실제 수요와 공급의 정도가 결정되고, 그에 따라 가격이 예년보다 오를 수도, 내릴 수도, 비슷할 수도 있다. 이 예시는 계절성을 차트와 함께 활용하여 진입 및 청산 가격대를 결정할 수 있는 여러 방법의 하나에 불과하다.

분산투자

분산투자는 하나의 시장이나 거래에서 계좌 전체를 날리지 않도록 해주는 유용한 도구다. 물론 이 방법을 활용하려면 한 번에 여러 거래를 할 수 있을 만큼 충분한 계좌 규모가 필요하다. 얼마만큼 분산투자를 할지는 전적으로 본인의 계획과 선택에 달려 있다.

분산투자를 하는 몇 가지 방법은 다음과 같은 항목들을 제한하는 것이다.

- 강세(매수) 거래
- 약세(매도) 거래
- 상관관계가 높은 시장

분산투자의 개념은, 만약 하나의 시장이 큰 타격을 받거나 추세가 급격히 반전될 때도 전체적인 위험 노출이 제한된다는 데 있다. 분산투자를 하면 모든 자금을 한곳에 몰아넣지 않기 때문에 계좌 전체를 잃는 상황을 방지할 수 있다.

기대치를 관리하라

규칙을 설계하고 테스트를 시작할 준비가 되면, 소문으로 들었던 몇 가지가 사실이 아닐 수 있다는 점을 반드시 인식해야 한다. 예를 들어 트레이더나 시스템 판매자가 자신들이 90%의 승률을 가지고 있다고 자랑할 때, 그들이 완전히 정직하지 않을 가능성이 높다. 아마도 그들은 자신들에게 가장 유리했던 거래 기간만을 골라서 이야기하고 있을지도 모른다. 하지만 시간이 지나면, 90%의 승률을 유지하는 것은 현실적으로 불가능하다.

이 비즈니스에서, 만약 당신이 괜찮은 사업가라면, 당신은 열 번 중 여섯 번은 맞을 것이다. 열 번 중 아홉 번 맞는 일은 일어나지 않는다.

따라서 여러분이 자신만의 규칙을 테스트한 결과가 꾸준히 60%의 승률을 보여주고, 수익/손실 비율이 2 : 1이라면 이는 매우 훌륭한 성과다. 자신이 들었던 소문이나 다른 사람들이 달성할 수 있다고 말하는 수치와 자신의 통계를 비교하지 마라. 대신 자신의 실력과 접근 방식을 개선하는 데 집중하라. 매일 조금씩 기준을 높여나가라.

하락장에서의 가치투자

이 책을 여기까지 읽었다면, 아마도 이미 가치투자와 같은 수동적인 투자 방식보다는 적극적인 트레이딩과 투자 방식의 장점을 믿고 있을 것이다. 하지만 참고로, 왜 시장에서 수동적인 참여자가 아닌 적극적인 참여자가 되는 것이 중요한지 그 이유를 다시 한번 강조하고 싶다.

가치투자는 벤저민 그레이엄(Benjamin Graham)과 워런 버핏에 의해 유명해진 인기 있는 투자 기법이다. 강한 상승장에서는 가치투자자들이 매우 똑똑해 보이는데, 우리는 이런 상황을 여러 번 목격해왔다. 가치투자자들이 상승장에서 똑똑해 보이는 이유는, 이런 시기에는 대체로 주식시장에 돈을 넣고 몇 년만 기다리면 편안하게 이익을 얻을 가능성이 높기 때문이다.

하지만 1929년, 1987년, 2008년, 2020년과 같이 시장 주기가 바뀌거나 폭락이 발생할 때, 그리고 앞으로도 언젠가 또 이런 일이 일어날 때,

시장을 잘 모르는 가치투자자는 보통 갑작스럽고 고통스러운 현실을 맞이하며 큰 타격을 입게 된다. 이럴 때는 '매수 후 보유' 방식의 가치투자 전략이 과거처럼 잘 통하지 않는다. 그래서 "과거의 수익률이 미래의 성과를 보장하지 않는다"는 경고 문구가 떠오른다. 그림 19-17을 보면 시장에서는 과거에도 폭락이 있었고, 앞으로도 계속 발생할 가능성이 있음을 알 수 있다.

그럴 때 사람들은 자신의 401k 퇴직연금(미국의 대표적인 퇴직연금 제도 – 옮긴이) 계좌가 반 토막 난 것을 보며, 앞으로의 은퇴 생활을 걱정하게 된다. 지금 이 순간에도, 그 어느 때보다도 금융 지식을 갖추고 전체적인 흐름을 바라보는 것이 중요하다는 점을 꼭 기억해야 한다.

만약 당신이 가치투자자라면, 자신이 투자한 기업들이 계획한 대로 성과를 내고 있는지 항상 주의 깊게 살펴야 한다. 약세장에서 발생할 수 있는 큰 손실에 휘말리지 않도록 조심하라. 언제나 자신의 포트폴리오를 꾸준히 점검해야 한다.

물론 적극적인 트레이더와 투자자라면, 하락장의 변동성은 오히려 공매도를 통해 수익을 낼 수 있는 기회를 제공한다. 바로 이런 점에서 노련한 트레이더는 상승장과 하락장 모두에서 돈을 벌 수 있다.

공매도에 대한 간단한 설명

사업으로서 트레이딩의 큰 장점 가운데 하나는 상승장이든 하락장이든 수익을 창출할 수 있다는 점이다. 즉 변동성과 움직임이 있는 한, 상승과 하락 모두에서 이익을 얻을 수 있다. 이는 '매수 후 보유' 투자 방식이나 일반적인 9시부터 5시까지의 직장 생활과는 확연히 대조되는 점이다.

약세장에서는, 매수 후 보유 전략을 쓰는 투자자들이 시장이 하락하기 전에 미리 빠져나올 만큼 매우 노련하지 않다면 자신의 순자산이 줄어드는 것을 지켜봐야 할 수도 있다. 그리고 약세장에서 기업들이 수익을 내기 힘들어 해고가 늘어날 때, 스스로 트레이딩을 하는 전업 투자자들은 이러한 소득 손실로부터 어느 정도 보호받을 수 있다. 물론 그들이 시장에서 공매도에 대한 경험과 성공을 갖추고 있을 때에 한해서 그렇다는 것이다.

그렇다면 공매도란 정확히 무엇인가?

공매도란 증권사를 통해 주식을 빌려서 시장에 매도한 뒤, 나중에 더 낮은 가격에 다시 사들여 차익을 얻으려는 거래 방식이다. 그림 19-18을 참조하라.

명확히 하자면, 당신은 주식을 매도하기 전에 해당 주식을 보유하고 있지 않았기 때문에 증권사를 통해 주식을 빌려야 했던 것이다. 그리고 언젠가는 반드시 그 주식을 증권사에 반환해야 한다. 하지만 안타깝게도 항상 계획한 대로 되지는 않으며, 여러 가지 방식으로 손실이 발생할 수 있다.

첫째, 처음 공매도했을 때 매도한 금액보다 더 비싸게 주식을 다시 매수해야 할 수도 있다. 이는 이론상 무제한의 손실로 이어질 수 있다. 또한 공매도 포지션을 보유 중인 상태에서 해당 기업이 배당금을 지급하고, 배당락일이 포지션 청산 전에 도래하면, 공매도한 주식의 실제

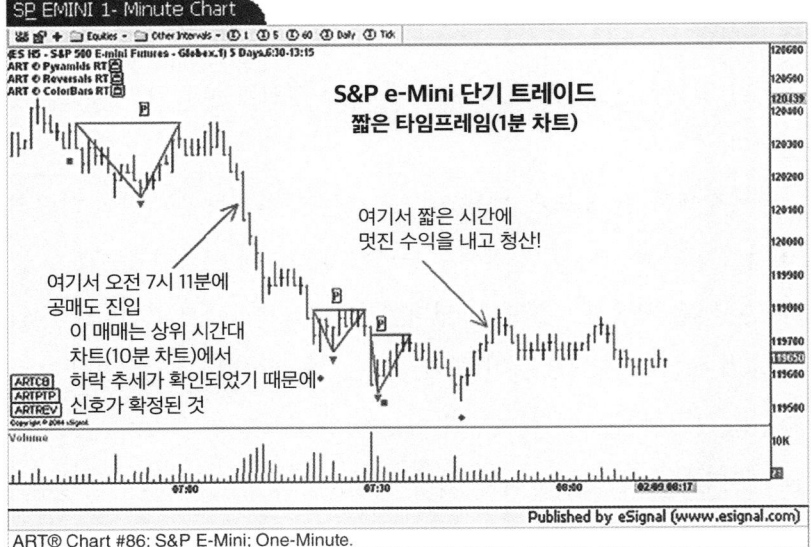

ART® Chart #86; S&P E-Mini; One-Minute.

그림 19-18. 공매도 예시 차트
출처: eSignal. www.esignal.com

소유주에게 배당금을 지급해야 한다. 마지막으로, 이러한 거래는 신용
거래 계좌에서만 가능하다. 신용거래는 추가적인 위험을 수반하므로,
이러한 계좌를 개설하기 전에 반드시 그 위험을 충분히 이해하는 것이
중요하다.

이를 감안하면, 본질적으로 인버스 ETF를 매수함으로써 시장에 대
해 공매도 포지션을 취할 수도 있으며, 이는 IRA 퇴직연금 계좌에서도
활용할 수 있다(국내 퇴직연금 계좌에는 인버스 ETF와 레버리지 ETF를 매수할
수 없다-옮긴이). 결국 시장을 공매도하는 것은 모든 시장 상황에서 더
큰 유연성을 제공하며, 반드시 익혀야 할 유용한 기술이다.

이기든 지든,
결국 시장에서 각자 자신이 원하는 것을 얻는다

잭 슈웨거의 《시장의 마법사들(Market Wizards)》에는 에드 세이코타의 명언이 인용되어 있다. 그림 19-19를 참조하라. 슈웨거가 세이코타와 진행한 인터뷰에서는 트레이딩과 투자에 관한 심리적인 통찰이 흥미롭게 드러났다.

이를 통해 규칙과 매매 시스템이 아무리 대단하더라도 심리와 트레이더의 마음가짐이 강하지 않다면 시장에서 여전히 돈을 잃을 가능성이 높다는 사실을 알 수 있다.

매매 규칙을 설계한 후에는 마음가짐의 힘을 염두에 두라. 규칙은 마음가짐이 허용하는 만큼만 효과적이다.

> 이기든 지든, 결국 모두가 시장에서
> 자신이 원하는 것을 얻는다.
> 어떤 사람들은 지는 것을 좋아하는 것처럼 보이는데,
> 그들은 돈을 잃음으로써 크게 이기는 셈이다.
>
> —에드 세이코타

그림 19-19. 승패—이 장에서는 수익성 있는 규칙을 설계하는 데 중점을 두었다. 규칙만으로는 수익성을 보장할 수 없다는 것을 기억하라. 올바른 트레이더의 마음가짐도 가져야 한다. 규칙과 함께 마음가짐을 개발하는 데 주력해야 한다.

실패는 선택지가 아니다

나는 당신이 새로운 트레이딩 규칙을 가지고, 낮에는 본업을 마치고 집에 돌아와 밤마다 트레이딩을 연습하는 모습을 상상하고 있다. 당신은 꾸준히 노력해왔지만, 최근 모의 투자에서 상황이 악화되어 연습용 계좌에 20%의 손실이 발생했다. 지금 당신은 꽤 낙담한 상태이고, 거의 포기할 지경에 이르렀다.

이럴 때일수록 트레이딩 코치나 트레이딩 파트너, 혹은 신뢰할 수 있는 가족 등으로부터 동기부여와 지지의 힘을 얻는 것이 필요하다. 포기하고 싶을 때일수록 한 걸음 물러서서 상황을 객관적으로 바라보는 것이 중요하다.

실패는 선택지가 아니라는 마음가짐을 가져야 하며, 그런 다음에는 '문제를 해결하자'는 자세로 임해야 한다. 꾸준히 수익을 내는 트레이딩 규칙을 만들어내겠다는 뚜렷한 목적과 이유가 있어야 한다.

아직 NASA의 1970년 아폴로 미션을 다룬 영화 〈아폴로 13〉을 보지 않았다면 꼭 보기를 추천한다. 우주선에 탑승한 세 명의 비행사를 무사히 귀환시키기 위해 지상 관제팀이 힘을 합쳐 보여준 놀라운 팀워크는 매우 특별하고 기적적인 실화다.

"휴스턴, 우리에게 문제가 생겼어요……."

이것은 아마도 영화에서 가장 유명한 대사일 것이다. 아폴로 13호 사령관인 짐 러벌(Jim Lovell, 톰 행크스 분)이 휴스턴의 관제 센터에 아폴로 우주선의 모든 것이 잘못되었다고 통보하는 대사다.

하지만 필자가 개인적으로 가장 좋아하는 영화 속 대사는, 비행 감독

관인 진 크랜츠(Gene Kranz, 에드 해리스 분)가 낙담한 지상팀에 매우 단호하게 말하는 장면이다. "여러분, 잘 들으세요! NASA는 우주에서 단 한 명도 잃은 적이 없습니다. 그리고 제 임무 중에 우주에서 사람을 잃게 두지 않을 겁니다. 실패는 선택지가 아닙니다." 그림 19-20을 참조하라.

진 크랜츠는 동기를 부여하는 사람이었고, 다른 사람들이 실패 가능성을 예상할 때 해결책을 만들어낼 수 있는 올바른 마음가짐을 갖고 있었다. 영화에서 진 크랜츠가 한 또 다른 명대사는, 모듈이 꺼지기를 기다리며 한 지상 요원이 부정적인 태도를 보였을 때 나온다. 크랜츠는

그림 19-20. 휴스턴의 미션 운영 제어실에 있는 그의 비행 콘솔에 앉아 있는 아폴로 13호의 비행 책임자 진 크랜츠. "실패는 선택지가 아니다"라는 말은 영화 〈아폴로 13〉에서 진 크랜츠가 승무원에게 한 말이다. 그들은 불가능해 보이는 상황을 극복하고, 당면한 문제를 해결함으로써 세 명의 승무원을 우주에서 생환시켰다. 그루먼 항공우주팀이 "달 착륙선이 이런 일을 하도록 설계되지 않았다"고 말했을 때조차도 그들은 이 모듈을 사용하여 구명보트 역할을 성공적으로 수행했다. 이 교훈은 특히 어려운 상황에서 거래에서 성공하기 위해 사용할 수 있는 모든 자원을 사용해야 한다는 것을 보여주기 위해 고안되었다.

출처: 이 파일은 NASA에서 단독으로 작성했기 때문에 미국에서 공개 도메인에 속한다. NASA 저작권 정책에 따르면, "NASA 자료는 명시되지 않는 한 저작권으로 보호되지 않는다".
https://upload.wikimedia.org/wikipedia/commons/6/60/Eugene_F._Kranz_at_his_console_at_the_NASA_Mission_Control_Center.jpg

이렇게 말한다. "저는 이것이 우리의 최고의 순간이 될 것이라고 믿습니다." 그리고 실제로 그랬다.

가장 집중력이 높고 긍정적인 사람들만 거래와 투자의 세계에서 꾸준히 성공할 것이다. 통계에 따르면, 모든 트레이더의 90%가 시장에서 돈을 잃는다고 한다. 상위 10%에 들려면 결단력과 자신감이 있어야 한다.

"실패는 선택지가 아니다"라는 격언을 존중하면, 자신만의 규칙을 설계하고 그 규칙으로 성공하는 데 더 큰 성과를 거둘 수 있을 것이다.

제20장
당신의 우위를 시험하고 증명하기

실제 돈으로 거래를 시작하기 전에, 당신의 규칙이 시장에서 우위를 제공하는지 반드시 테스트하여 입증해야 한다. 가장 좋은 방법은 실제 시장 상황에서 가상 거래를 해보는 것이다. 이를 모의 투자라고도 하며, 실시간 가상 거래 계좌를 사용할 수 있는 대부분의 증권사 주문 시스템에서 쉽게 할 수 있다.

어떤 사람들은 "나는 내 규칙을 과거 데이터로 테스트했고 수익성이 있었으니, 굳이 모의 투자를 할 필요가 없다"라고 말할 수도 있다. 하지만 과거 데이터 테스트의 문제점은 사람의 요소를 고려하지 않는다는 것이다.

알다시피, 과거 데이터 테스트에서 당신의 규칙이 우위를 제공한다는 것이 증명되었다고 하더라도, 그 자체로 당신이 그 순간의 열기 속에서 정확히 계획대로 실행할 수 있다는 것을 의미하는 것은 아니다.

시장이 실시간으로 전개되는 동안 가상 거래를 하면, 자신의 강점과 약점을 발견할 수 있고, 그에 따라 계획을 조정할 수 있다.

감정은 예상치 못한 행동을 유발할 수 있다. 예를 들어 규칙에서 정한 손절매 지점에서 실제로는 빠져나오지 못할 수도 있다는 사실에 놀랄 수 있다. 오히려 작은 손실 거래를 계속 끌고 가다가, 자존심 때문에 손실을 인정하지 못하고 결국 큰 손실로 이어질 수도 있다.

실제 돈이 걸린 상황이 아니라, 모의 투자 환경에서 자신의 감정을 배우는 것이 더 낫지 않겠는가? 하지만 여러분은 "모의 투자는 실제 돈을 걸고 거래할 때와 같은 감정을 불러일으키지 않는다"라고 말할 수도 있다.

어느 정도 맞는 말일 수 있다. 하지만 제대로 모의 투자를 한다면, 실제 돈을 걸고 거래할 때와 마찬가지로 새로운 규칙을 적용하는 과정에서 동일한 감정을 느낄 것이다.

왜? 우선 트레이딩으로 돈을 벌겠다는 각오가 확고하고, 모의 투자 계좌에서 수익을 내기 전까지는 실제 현금 계좌로 거래를 시작하지 않을 계획이라면, 가능한 한 빨리 수익을 내고 싶어질 것이다.

모의 투자의 또 다른 장점은 규칙을 사용하여 트레이딩을 함으로써 기술을 연마하고 좋은 기억 근육을 키운다는 것이다. 실제로 거래를 시작할 때 좋은 성과를 내고 싶다면, 이런 트레이딩 근육을 충분히 키워두는 것이 매우 중요하다.

모의 투자에서 수익을 내지 못한다면?

모의 투자에서 자신의 규칙으로 수익을 내지 못한다면, 실제 돈을 걸고 거래할 때도 수익을 내기 어려울 것이다. 따라서 힘들게 모은 자본을 위험에 빠뜨리기 전에 반드시 규칙의 문제점을 미리 찾아내고 수정하는 것이 중요하다.

전투기 조종사와 비행 시뮬레이터

미국 정부가 수억 달러짜리 전투기 조종석에 실제로 들어가기 전에 모든 조종사들에게 지상에서 비행 시뮬레이션 훈련을 시키는 데에는 그럴 만한 이유가 있다. 그림 20-1을 참조하라.

그림 20-1. 비행 시뮬레이터. 군 조종사는 실제 조종석에 들어가기 전에 비행 시뮬레이션 훈련을 받는다. 왜? 그것이 현명한 일이기 때문이다. 트레이딩과 투자도 마찬가지다. 현금을 넣은 실제 계좌를 망가뜨리고 불태우는 것보다는 모의 투자 계좌에서 규칙을 테스트하는 것이 낫다.

그 이유가 무엇인지 아는가?

정부 입장에서는 생명과 재산의 손실을 피할 수 있다면 굳이 그런 위험을 감수하지 않기 때문이다. 물론 영화 〈탑건〉의 톰 크루즈처럼 멋진 파일럿들은 실제 전투기를 조종할 때와 시뮬레이터에서 조종할 때의 느낌이 완전히 같지는 않다고 말할 수도 있다. 그럼에도 불구하고, 그들은 반드시 시뮬레이터 훈련을 받는다.

그것이 현명한 일이기 때문에 그렇게 한다.

제어판과 모니터를 앞에 두고 트레이딩 조종석에 앉을 때도 마찬가지다. 가장 현명한 방법은 가상 거래 계좌에서 여러 번 모의 투자를 해봄으로써, 시장에서 발생할 수 있는 거의 모든 상황을 실제 돈을 잃지 않고 미리 경험해보는 것이다.

모의 투자 계획

다음은 필자가 새로운 전략을 테스트할 때 사용하는 계획이며, 필자의 학생들도 이 책의 초판부터 계속 사용해온 방법이다. 이 계획은 시장에서 자신의 우위에 대해 확신을 가질 수 있을 만큼 충분히 큰 표본을 확보하도록 설계되었다.

1. 제19장의 템플릿을 사용하여 거래 규칙을 설계하라: 체크리스트 형식으로 종이에 규칙을 적는다.
2. 모의 투자를 시작하라: 자신의 규칙이 명확해지면, 실제로 돈을

사용할 때와 동일한 타임프레임, 동일한 금융시장, 동일한 계좌 규모로 모의 투자를 시작한다.

3. 성과를 평가하라: 모의 투자 결과를 실제 돈을 거래하는 것처럼 꼼꼼하게 기록하라. 제15장에서 소개한 트레이더의 매매 기록 양식을 활용해 결과를 체계적으로 관리하라.

4. 25개의 거래를 한 묶음으로 정리하라: 모의 투자를 25개씩 묶어서 그룹화한다. 각 거래 묶음마다 수익/손실, 평균 수익/손실, 최대 수익/손실, 수익 거래 수, 손실 거래 수, 연속 수익 거래 횟수, 연속 손실 거래 횟수를 계산한다. 연속된 25번의 거래 묶음에서 수익이 나면, 그 그룹은 수익성 있는 거래 묶음인 것이다.

5. 수익성이 있을 때까지 연습하라: 모의 투자 결과를 분석하고 수익성이 있을 때까지 연습한다.

6. 수익성이 있는 25개의 거래 그룹을 세 개 만들어라: 실제 돈으로 거래하기 전에 모의 투자에서 각각 25건씩 총 세 번 연속으로 수익성이 있는 그룹을 만들었는지 확인하라. 거래를 며칠, 몇 주 또는 몇 달에 걸쳐 분산하여 상승 추세, 하락 추세, 박스권 시장을 모두 경험하는 것이 가장 좋다.

7. 실제 돈으로 25개의 거래 그룹을 만들어라: 실제 돈으로 거래할 때 25개의 거래 묶음 크기를 계속 사용하여 손익, 승패 등을 분석하고 어떻게 되고 있는지 확인하라.

8. 접근 방식을 재평가하라: 실제 돈으로 25개의 거래 한 묶음을 거래한 후에 수익성이 없다면 거래를 중단하고 다시 모의 투자로 돌아가라. 그렇게 했을 때 모의 투자로 즉시 수익성이 있다면 심

리적인 문제가 있을 가능성이 높으며, 자기 파괴 문제를 발견하기 위해 트레이딩 코치의 도움이 필요할 수 있다. 하지만 다시 모의 투자로 돌아왔을 때 즉시 수익성이 높지 않다면, 처음에는 운이 좋았을 뿐이고 다양한 유형의 시장 주기를 경험할 만큼 모의 투자를 오래 하지 않았을 수도 있다. 이때는 트레이딩 접근 방식을 조정해야 한다. 적절한 접근 방식을 얻기 전까지는 트레이딩 접근 방식에 문제가 있는지 아니면 심리에 문제가 있는지 알 수 없다.

9. 손실 구간을 경험하라: 여섯 번 연속 손실을 보거나 15% 이상의 손실 폭을 경험한다면 거래 중인 시장과 타임프레임의 시장 주기 또는 변동성이 바뀌었을 가능성이 높다. 이러한 변화에 적응해야 한다.

10. 손실 구간의 손실 폭이 과도하면 다음 단계를 따르라: (a) 실제 돈으로 거래하는 것을 중단한다. 동일한 시장과 타임프레임에서 다시 모의 투자로 돌아간다. 25개의 모의 투자 그룹에서 세 번의 수익성 있는 그룹이 나올 때까지 기다렸다가 다시 실제 돈으로 거래한다. (b) 규칙을 조정하면서 최근 발생한 손실 구간의 손실이 제거되는지 확인한다. 그리고 조정을 검증하기 위해 다시 모의 투자를 시작한다. (c) 가장 잘 맞는 타임프레임을 찾을 때까지 타임프레임을 변경한다.

거래에서 항상 생기는 손실을 어떻게 관리할 것인가?

성공적인 트레이딩에서, 특히 초반에는 손실 거래에 대한 감정을 관리하는 것이 가장 어려운 부분 중 하나다. 이 개념을 제대로 이해하려면 실제 거래를 경험하고, 가격 변동이 자신의 감정에 어떤 영향을 미치는지 직접 겪어봐야 한다. 가격 움직임은 방심하면 감정의 롤러코스터를 만들 수 있다.

트레이딩에서 완전히 손절매 청산되는 상황은 빨리 잊는 것이 좋다. 가격이 잠깐 당신의 예상과 반대로 움직인다고 생각해보라. 그런 상황에서 감정적으로 어떻게 대처할 것인가?

경험이 최고의 스승 중 하나라고 말할 수 있다. 가격이 손절매 지점까지 빠르게 움직여 가슴이 철렁 내려앉았다가, 다시 반전되어 수익 거래로 마감되는 상황을 여러 번 겪을수록, 감정의 롤러코스터에 점점 면역이 생긴다. 이런 면역력은 자신과 자신의 규칙 그리고 전략에 대한 신뢰에서 비롯된다. 이 점을 꼭 기억하라. 손절매 지점에 도달하기 전까지는 실제로 아무것도 잃은 것이 아니다.

이제 실제로 손절매 청산을 하고 중단된 매매에 관해 이야기해보자. 다시 말하지만, 감정적으로 몹시 힘든 상황이 될 수 있다. 이런 감정은 당신이 자신의 규칙을 어기고, 손절매 지점에 도달했을 때도 거래를 종료하지 않도록 유혹할 수 있다. 필자 역시 트레이딩을 처음 시작했을 때 이런 경험이 있었음을 고백한다. 물론 자랑스러운 일은 아니지만, 만약 여러분이 이런 감정을 느낀다면 결코 혼자가 아니라는 점을 말해주고 싶다.

다시 한번 강조하지만, 감정을 통제하고 트레이더의 마음가짐을 갖추기 전까지는 손절매 규칙을 지키지 않는 것이 심각한 문제가 될 수 있다. 트레이딩의 첫 번째 규칙이 무엇인가? 바로 자신의 규칙을 지키는 것이다. 그러니 손절매 지점에서 반드시 거래를 종료할 수 있도록 필요한 모든 조치를 취하라. 만약 자신이 그 규칙을 어기고 있다면, 그 이유를 직시하고 반드시 해결해야 한다. 그렇지 않으면 트레이딩에서 꾸준한 성공을 거두는 것은 불가능하다.

모의 투자에 대한 일반적인 반대 의견

수년간 필자는 다양한 이야기를 들어왔다. 학생들은 모의 투자에 대해 여러 가지 이유로 반대한다. 여기 가장 흔한 반대 의견들과 그에 대한 필자의 답변은 다음과 같다.

- 모의 투자는 실제 감정 변화를 경험하게 해주지 않는다: 이 말이 사실일 수도 있지만, 그게 현명한 주장은 아닌 것 같다. 의과대학에서 외과 의사가 자신이 무엇을 하는지 제대로 알기도 전에 실제 환자를 수술하는 것이 과연 합리적일까? 나는 아니라고 생각한다. 트레이딩 역시 일종의 생사가 걸린 문제다. 여러분의 재정적인 삶과 죽음이 달려 있다. 그만큼 진지하게, 그리고 존중하는 마음으로 임해야 한다.
- 모의 투자에 중독될 수 있다: 어떤 사람들은 모의 투자를 너무 오

래 하면 실제 돈을 투자할 때 망설이게 될까 봐 걱정하는 것 같다. 만약 여러분의 트레이딩 계획이 실제 돈으로 투자하기 전에 연속으로 세 번의 수익성 있는 거래 세트를 달성해야 한다고 명시되어 있다면, 왜 실제 투자를 두려워해야 할까? 이미 수익을 낼 수 있다는 것을 스스로 증명했는데 말이다. 반대로, 만약 자신이 수익을 내지 못한다는 것을 모의 투자로 확인했다면, 실제 돈을 투자하기 전에 그 문제를 반드시 해결해야 한다.

• 과거 데이터 테스트만이 유일한 테스트 방법이다: 과거 데이터 테스트에는 여러 가지 방법이 있다. 본질적으로 모의 투자도 과거 데이터 테스트의 한 방법이다. 기계적으로 하는 과거 데이터 테스트의 한계는, 가장 중요한 요소인 여러분 개인의 심리를 테스트하지 못한다는 점이다.

• 너무 일이 많다: 물론 25개의 수익성 있는 거래 3세트를 완료하려면 헌신과 노력이 필요하다. 그러나 다시 말하지만, 실제로 가치 있는 것은 무엇이든 노력이 필요하다. 이런 종류의 모의 투자에서 얻은 가치는 결과를 낳는다. 필자는 그것을 몇 번이고 보았다. 질문은 이것이다. 트레이딩에서 수익을 내는 일이 빠르고 쉬울 것이라는 환상에 빠져 있는가? 그리고 트레이딩의 실제 과정을 즐긴다면, 모든 진행 단계가 큰 만족을 주기 때문에 일처럼 느껴지지 않을 것이다.

• 모의 투자는 겁쟁이나 하는 것이다: 사실 누가 필자에게 그렇게 직접 말한 적은 없지만, 그런 뉘앙스를 느낄 때가 있다. 마치 진짜 남자(혹은 여자)라면 모의 투자 따위는 필요 없고, 당장 실전에서

진짜 돈으로 거래해야 한다는 식이다. '나는 얻어맞을 각오가 되어 있고, 그렇게 하면서 배울 거야'라는 태도와도 비슷하다. 하지만 현실은, 누구나 언젠가는 반드시 큰 손실을 경험하게 되어 있다. 적어도 모의 투자로 먼저 성공을 경험해봤다면, 왜 그런 일이 일어났는지 더 잘 이해할 것이다.

결국 각자의 규칙을 어떻게 시험하고 시장에서 우위를 점하고 있는지를 어떻게 증명할 것인지는 각 개인에게 달려 있다. 물론 필자가 여러분에게 줄 수 있는 조언은 모의 투자를 하라는 것이다.

모의 투자는 안전한 연습이다

모의 투자는 트레이딩의 기술과 과학에 집중할 수 있는 안전한 환경을 제공한다. 다시 말해, 자신의 규칙을 다듬어 충분히 검증하고 몸에 익숙해질 때까지 연습할 수 있다는 뜻이다. 그런 다음 실제 돈을 가지고 시장에 진입했을 때 실패한다면, 그것은 충분히 다양한 시장 상황에서 제대로 테스트하지 않았거나, 감정이 거래에 영향을 미쳤다는 것을 알 수 있다.

모든 금융시장은 챔피언십 경기장이다

단기 트레이딩은 제로섬 게임이다. 어떤 금융시장에 들어가더라도 최고 중의 최고와 경쟁하게 된다. 초보자로 진입하면 더 많은 기술, 더 많은 경험, 더 많은 자본을 가진 트레이더와 경쟁하게 된다.

자신에게 싸움의 기회를 주기 위해, 당신은 가능한 한 숙련된 상태로 연습하고 나서 시장에 들어가야 한다. 그렇지 않으면 성공하기 어려울 것이다. 그림 20-2를 참조하라.

> **연습이 완벽을 만든다.**
> **오랜 시간 연습을 거듭하면**
> **우리의 작업은 자연스럽고, 능숙하며,**
> **빠르고, 안정적으로 변한다.**
> —브루스 리

그림 20-2. 연습—연습은 완벽을 만든다. 오랜 시간 연습을 거듭하면 우리의 작업은 자연스럽고, 능숙하며, 빠르고, 안정적으로 변할 것이다.

5단계

기회를
탐색하라

제21장

건초 더미 속의 바늘

최고의 거래를 찾는 과정은 마치 건초 더미에서 바늘을 찾는 것처럼 느껴질 수 있다. 수많은 시장과 수천 개의 기회가 열려 있기 때문에 초보 투자자들은 쉽게 압도감을 느낄 수 있다. 그렇다면 어떻게 해야 가장 확률이 높은 매매나 투자를 찾을 수 있을까?

다음 페이지에서는 자신만의 접근 방식에 맞는 훌륭한 기회를 찾기 위한 전략을 개발하는 데 도움이 되는 5단계를 소개한다. 바로 이것이 핵심이다. 무엇보다 중요한 것은 반드시 여러분의 개인적인 시스템 규칙에 맞는 기회를 찾아야 한다는 점이다. 각 금융시장은 모두 다르며, 여러분의 개인적인 선호도에 따라 잠재적인 승자를 찾는 방식도 달라질 것이다.

최고의 기회를 찾는 데 있어 또 하나 중요한 점은 억지로 거래를 만들지 않는 것이다. 인내심은 미덕이며, 금융시장에는 기회가 넘쳐난다는 사실을 아는 것이 이러한 인내심을 기르는 데 도움이 될 것이다. 그림 21-1을 참조하라.

> ## 금융시장에는 기회가 넘쳐난다.
> ## 가치 없는 거래를 억지로 만들지 마라.
> ### —베넷 맥도웰

그림 21-1. 억지로 거래를 만들지 마라—차트나 매매 조건이 명확하지 않을 때는 억지로 거래를 시도하지 마라. 그럴 땐 그냥 넘어가면서, 시장과 세상에는 무한히 많은 높은 확률의 기회가 있다는 점을 기억하라. 자신의 기준에 부합하는 거래를 기다리는 인내심은 결국 큰 보상으로 돌아올 것이다.

차트나 매매 조건을 보고 이해가 잘되지 않아 머리를 긁적이고 있다면, 그냥 다음 차트로 넘어가라. 명확하지 않다면 과감하게 넘기는 것이 좋다. 이것이 약한 거래를 걸러내는 가장 효과적인 필터 중 하나가 될 수 있다.

자신의 규칙에 맞는 시장을 폭넓게 탐색하라

트레이딩 규칙을 설계하고 나면 어떤 유형의 탐색이 가장 높은 확률의 거래 기회를 제공하는지 명확해질 것이다.

어떤 시장을 탐색할지, 그리고 어떤 방식의 탐색이 여러분의 개인적인 접근법에 가장 적합한 기회를 찾을 수 있을지는 여러분이 세운 규칙을 다시 참고하라. 아직까지 자신만의 규칙을 만들지 않았다면, 이 책의 4단계에서 나만의 규칙을 만드는 방법에 대한 가이드라인을 확인할 수 있다.

탐색할 조건과 기준을 설정하라

기회를 찾을 때는 먼저 전체 시장이나 종목군 등 폭넓은 범위에서 시작하는 것이 당신의 목표여야 한다. 그런 다음, 이 범위를 점차 좁혀가며 가장 확률이 높은 기회를 선별하게 된다. 본질적으로, 이는 높은 확률의 후보들을 걸러내는 '기회 깔때기'를 만드는 과정이다. 그림 21-2를 참조하라.

기회를 좁혀나가는 과정은 높은 확률의 매매 조건을 충족시키는 정

그림 21-2. 깔때기는 S&P500과 같이 방대한 시장을 깔때기 상단에 붓는 데 유용하다. 그런 다음, 특정 조건을 기준으로 시장을 탐색하면서 그 범위를 점점 좁혀나가면, 보다 관리하기 쉬운 목록으로 추려낼 수 있다.

출처: Illustration 34199816 Funnel © Natis76 Dreamstime.com

확한 조건과 기준을 명확히 설정함으로써 이루어진다. 이러한 조건들은 여러분의 시스템 규칙과 과거의 성과를 바탕으로 한다. 이전에 성공했던 거래들이 여러분이 어떤 조건을 찾아야 하는지, 그리고 반드시 갖추어야 할 최적의 조건이 무엇인지 알려줄 것이다.

예를 들어 여러분이 추세 매매자이고, 시장이 일정 기간 횡보(박스권) 구간에 머문 뒤에는 강한 상승 또는 하락 추세로 돌파할 확률이 높다는 사실을 발견했다면, 바로 이 조건에 맞는 종목을 탐색하여 목록을 만들 수 있다.

이 목록에서 규칙에 따라 다른 조건으로 선택 범위를 더욱 좁힐 수 있다. 이는 기회를 탐색하는 기본 아이디어에 관한 간단한 설명이다.

나만의 종목 선정 서비스를 만들어라

오늘날에는 다양한 뉴스레터와 종목 선정 서비스가 제공된다. 이 서비스에 가입하려면 월별 또는 연간 구독료를 내야 할 수도 있다. 일반적으로, 이러한 서비스 제공자들이 왜 특정 종목을 선정하는지 그 내부 원리에 대해서는 알기 어렵다.

그러나 자신만의 구체적인 기준에 따라 직접 기회 목록을 만든다면, 사실상 나만의 종목 선정 서비스를 만든 셈이다. 그리고 왜, 어떻게 그 종목들을 선택했는지 스스로 알고 있기 때문에 더 높은 신뢰감을 가질 수 있고, 그 덕분에 거래 관리도 한결 수월해진다.

물론 종목 선정 서비스에 가입하는 것이 나쁘다는 뜻은 아니다. 사실, 이러한 서비스를 통해 여러 종목 후보군을 받아보고 그중에서 직접 추려내는 것도 하나의 방법이 될 수 있다. 탐색과 분석에 드는 시간을 절약할 수 있기 때문에, 구독료에 대한 충분한 가치가 있을 수도 있다.

중요한 점은, 다른 사람이 선정한 종목을 최종 결정이 아닌 출발점으로만 활용해야 한다는 것이다. 목록을 받은 뒤에는 각 종목의 차트를 직접 눈으로 확인하고, 스스로 투자할 가치가 있는지 판단해야 한다.

다른 사람이 추천한 종목을 무턱대고 따르지 마라. 구독 서비스에서 종목을 추천받더라도, 반드시 직접 검토하고 스스로 승인한 다음 거래에 나서야 한다. 모든 거래는 신뢰하되 반드시 검증해야 하며, 자신의 결정에 책임을 지고 직접 매수·매도 버튼을 눌러야 한다.

건초 더미 관리하기

경험이 쌓이면, 겉보기에는 방대하게 보이는 금융 상품의 건초 더미도 몇 가지 간단한 전략만으로 충분히 다룰 수 있다는 것을, 그리고 건초 더미 속 바늘을 찾는 것도 충분히 가능하다는 사실을 알게 될 것이다. 그림 21-3을 참조하라.

컴퓨터와 기술의 발전 덕분에, 시장 초창기와 비교하면 방대한 양의 데이터를 빠르게 탐색하는 일이 쉬워졌다. 이러한 컴퓨터 탐색 기술을 익히면, 관심 목록을 만들고 시장에서 최고의 기회를 찾는 데 큰 도움이 될 것이다.

그림 21-3. 초보자에게 높은 확률의 거래를 찾는 과정은 건초 더미에서 바늘을 찾는 것과 같다. 하지만 안심하라, 바로 그런 상황에서 활용할 수 있는 훌륭한 전략들이 있다. 앞으로 이어지는 페이지에서 그 방법들을 만나볼 것이다.

출처: Photo 35815377 © Vivilweb Dreamstime.com

제22장

탐색 전략

트레이딩 규칙에 따라 다양한 탐색 전략 중에서 선택할 수 있다. 목표는 높은 확률의 진입 기회를 빠르고 효율적으로 찾는 것이다. 필자의 경우, 예전에는 모든 탐색 작업을 수작업으로 했기 때문에 많은 시간이 소요되었다.

이제 20년이 넘은 지금, 기술은 엄청나게 발전하여 거의 모든 우수한 차트 분석 플랫폼에 뛰어난 컴퓨터 탐색 도구가 기본으로 탑재되어 있다.

게다가 모든 시장과 모든 타임프레임을 탐색할 수 있다. 그리고 탐색은 단기 트레이딩, 포지션 트레이딩, 장기 투자를 포함한 사실상 모든 스타일의 트레이딩에 유익하다. 이는 오늘날의 세상에서 시간을 절약하고 몇 초 만에 방대한 목록을 탐색할 수 있는 소프트웨어 도구를 손끝에서 사용할 수 있다는 것을 의미한다.

기술의 이점은 매우 많지만, 그중에서도 시간 절약이 가장 큰 장점이다. 여기에 더해, 기회를 놓치지 않는다는 이점도 있다. 실제로 S&P500, 나스닥100, 다우존스 산업평균지수 또는 원하는 어떤 시장이든 전체를 탐색기에 불러와, 자신의 기준에 맞는 최고의 기회를 빠르게 찾을 수 있다.

중요한 것은 이런 탐색 기술을 가장 잘 활용하는 방법을 아는 것이다.

기술을 당신의 이점으로 활용하라

탐색기에 더 많은 종목을 불러오려면 더 우수한 컴퓨터 성능이 필요하다는 점을 명심해야 한다. 이는 다음 세 가지를 의미한다. (1) 컴퓨터가 고성능 탐색을 처리할 수 있을 만큼 충분한 성능을 갖추었는지 확인해야 한다. (2) 컴퓨터에 불러오는 데이터의 양에 유의해야 한다. (3) 인터넷 연결은 무선보다 유선 연결을 사용하는 것이 좋다. 그림 22-1을 참조하라.

> ## 컴퓨터에 너무 많은 데이터를 불러오면
> ## 속도가 느려질 수 있다.
>
> —베넷 맥도웰

그림 22-1. 컴퓨터 속도—컴퓨터 속도가 느리거나 차트가 정지되는 경우, 컴퓨터 용량에 비해 너무 많은 데이터를 로드하고 있을 수 있다. 이 점을 유의하여 필요한 경우 더 많은 데이터를 처리하도록 하드웨어를 업그레이드하거나 처리하는 데이터의 양을 줄여야 한다.

나스닥100의 컴퓨터 탐색 예는 그림 22-2를 참조하라. 이 탐색은 박스권 움직임을 보이고 높은 거래량을 보이는 기준과 조건을 충족하는 25개의 후보 종목을 생성했다.

Instrument	Description	Last price	Average daily volume ▾	TURBO Scanner
AAPL	Apple Computer, Inc.	170.94	73,817,000	Bracketed
AMZN	Amazon.com, Inc.	179.99	36,437,000	Bracketed
MSFT	Microsoft Corporation	423.75	21,462,000	Bracketed
CMCSA	Comcast Corporation	42.52	21,265,000	Bracketed
CSCO	Cisco Systems, Inc.	49.71	20,467,000	Bracketed
CSX	CSX Corp.	36.84	10,918,000	Bracketed
WBA	Walgreens Boots Alliance, Inc.	20.63	9,302,000	Bracketed
KHC	The Kraft Heinz Company	36.14	8,290,000	Bracketed
SBUX	Starbucks Corporation	90.71	7,787,000	Bracketed
EXC	Exelon Corp.	37.00	7,658,000	Bracketed
MDLZ	Mondelez International, Inc.	70.85	7,599,000	Bracketed
GILD	Gilead Sciences, Inc.	72.58	7,320,000	Bracketed
PEP	PepsiCo Inc.	172.65	6,510,000	Bracketed
AMAT	Applied Materials, Inc.	208.30	6,235,000	Bracketed
TXN	Texas Instruments Incorporated	170.85	5,761,000	Bracketed
TMUS	T-Mobile US, Inc.	161.12	4,654,000	Bracketed
TCOM	Trip.com Group Limited	44.50	4,004,000	Bracketed
FAST	Fastenal Company	77.01	3,799,000	Bracketed
FOXA	Twenty-First Century Fox, Inc	30.22	3,455,000	Bracketed
ADI	Analog Devices, Inc.	190.00	3,450,000	Bracketed
AMGN	Amgen Inc.	280.82	3,147,000	Bracketed
NFLX	Netflix	628.00	3,113,000	Bracketed
SWKS	Skyworks Solutions, Inc.	105.99	3,045,000	Bracketed
COST	Costco Wholesale Corporation	730.96	2,622,000	Bracketed
EA	Electronic Arts Inc.	130.52	2,515,000	Bracketed

그림 22-2. 나스닥100 탐색 예시. 이것은 나스닥100에서 박스권 움직임을 보이고 높은 거래량을 보이는 25개 종목을 보여주는 화면 캡처 사진이다.
출처: NinjaTrader(www.ninjatrader.com)

이 경우, 전체 대상은 나스닥100이었으며, 이를 탐색에 적용한 결과 25개의 후보 종목이 선정되었다. 이렇게 더 큰 목록을 좁히면 최고의 기회를 더 쉽게 찾아낼 수 있다는 것을 알 수 있다.

초기 100개의 후보 종목 중에서 탐색을 통해 75%가 걸러졌다. 이 과정은 시간을 투자할 소수의 종목을 선별하는 데 매우 중요하다. 시간은 돈이기 때문에, 시간을 절약할 수 있는 모든 방법은 여러분에게 도움이 될 것이다.

2013년의 테슬라를 찾아라

만약 2013년에 탐색을 하다가 테슬라(TSLA)라는 신생 종목을 발견했다면, 분명히 기뻤을 것이다. 2013년에 필자의《주간 종목 10선(*Weekly Top Ten Trading Picks*)》구독자들은 나스닥에서 상승세를 타고 있던 테슬라를 포함한 탐색 결과에 접근할 수 있었다.

테슬라는 2010년 6월 29일에 상장되었고, 그림 22-3에서 볼 수 있듯이 2013년부터 2014년까지 주가가 네 배로 치솟으면서 꾸준히 성장세를 보였다. 테슬라는 그다음 10년 동안 계속해서 급등했고, 변동성으

그림 22-3. 테슬라는 2013년부터 2014년까지 주가가 네 배로 올랐고, 이후 10년 동안 계속해서 급등했다. 기술과 탐색 도구를 활용하면 다음 기회를 발견할 수 있기 때문에 이러한 기술을 익히는 것이 매우 중요하다.
출처: NinjaTrader(www.ninjatrader.com)

로 인해 상승과 하락 모두에서 예외적인 기회가 생겼다.

테슬라를 언급한 이유는 1984년의 애플이나 2010년의 아마존닷컴, 2023년의 비트코인, 또는 수많은 기회처럼, 탐색 작업을 하다 보면 언제든 다음 대형 기회를 발견할 수 있기 때문이다. 그 때문에 최고의 기회를 놓치지 않으려면 주기적으로 탐색하는 것이 중요하다.

또한 기회를 일찍 발견하면 대중이 알아차리기 전에 미리 주목할 수 있다는 것을 의미한다. 이는 당신에게 유리한 위치를 제공한다.

탐색 전략 기본 지침

다음은 승자(유망 종목)를 탐색할 때 바로 활용할 수 있는 기본 지침이다. 이것은 필자가 건초 더미에서 바늘을 찾는 방법이기도 한데, 여러분도 직접 해보면 이 방법들이 매우 간단하고 직관적이라는 것을 알게 될 것이다.

1. 시장 선택: 탐색하고자 하는 금융시장을 정한다.
2. 컴퓨터 필터링으로 탐색: 탐색 기준을 설정하고, 선택한 시장의 코드를 '깔때기'에 넣은 뒤 컴퓨터 탐색을 실행하여 방대한 목록을 좁혀나간다.
3. 매수 후보 리스트: 컴퓨터 탐색 결과로 선정된 종목들이 여러분의 매수 후보 목록을 구성한다.
4. 차트 검토 필터링: 컴퓨터 탐색으로 생성된 후보 목록의 각 차트

를 시각적으로 검토하고 분석하여, 확률이 낮은 종목은 걸러내고 확률이 높은 종목만 남긴다.

5. 쓰레기 버리기: 실행 불가능한 낮은 확률의 종목은 모두 버린다.

6. 관심 종목 리스트: 실전 매매에 투입하기에는 아직 이르지만 확률이 높은 종목을 다음 검토를 위해 관심 종목 리스트에 올려둔다.

7. 즉시 실전 매매: 실전 매매에 바로 들어갈 준비가 된, 확률이 높은 거래에 진입한다. 위험 관리 등 모든 규칙을 적용한다.

컴퓨터 필터링으로 탐색을 실행했을 때 후보가 많지 않다면, 조건을 완화하여 후보 수를 늘릴 수 있다. 이 경우 확률이 낮을 수는 있겠지만 차트를 시각적으로 검토하는 과정에서 여전히 좋은 종목을 찾을 수 있다.

반대의 경우로, 탐색을 통해 너무 많은 후보가 생성되는 경우, 조건을 강화하여 후보 수를 줄인다. 이는 더 높은 확률의 후보가 될 것이므로 좋은 일이다.

반복 실행

탐색 방식을 개발한 후에는 최고의 후보를 찾기 위해 같은 과정을 반복하면 된다. 즉 시장 기호 목록을 계속해서 탐색 프로그램에 넣고, 탐색을 실행할 때마다 그 목록을 더 관리하기 쉬운 목표 리스트에 올려 좁혀나간다.

관심 종목을 얼마나 자주 탐색하고 정리할지는 여러분의 선택이다. 어떤 사람들에게는 매일 하는 과정이고, 어떤 사람들에게는 매주 하는 과정일 수도 있으며, 또 어떤 사람들에게는 매달 하는 과정이거나 어딘가 그 중간 정도일 수도 있다. 자신에게 가장 적합한 것이 어떤 것인지 확인해보라.

매수 후보 목록의 차트를 시각적으로 검토하고 분석하기

컴퓨터 탐색으로 선정된 각 종목의 차트를 검토하고 분석하는 것이 중요하다. 패턴이 명확하고 설득력 있는지 직접 눈으로 보고, 수동으로 확인해야 한다. 컴퓨터 탐색으로 할 수 있는 데에는 한계가 있기 때문에, 반드시 본인이 직접 확인하는 과정이 필요하다.

시각적 검토 단계를 건너뛰면 안 된다. 이 단계는 매우 중요하다. 각 차트의 시각적 검토를 마친 후, 해당 차트가 다음 세 가지 범주 중 어디에 속하는지 판단하라.

1. 쓰레기 버리기: 확률이 낮아 실행 불가능한 종목은 폐기한다.
2. 관심 종목 리스트: 확률이 높지만 아직 실전 매매에 들어가기에는 이른 경우, 관심 목록에 올려둔다.
3. 즉시 실전 매매: 높은 확률, 바로 시작할 준비가 되었으면 방아쇠를 당긴다.

그리고 패턴이 명확하지 않고 마치 스파게티처럼 복잡하게 보인다면 다음 차트로 넘어간다. 또는 매매 조건이 거의 충족되었지만 되돌림 이후에 더 나은 진입 기회를 얻을 수 있을 것 같다면, 나중을 위해 해당 거래를 관심 종목 리스트에 올려둔다.

반드시 기억할 것: 거래를 억지로 만들지 마라.

일반적으로 여러분은 컴퓨터 탐색을 주기적으로 실행하고, 후보를 분류하고 선별하는 과정을 반복하게 된다. 이렇게 하면 새롭게 나타나는 기회를 놓치지 않을 수 있다.

참고: 모든 탐색이 실시간 거래 기회를 생성하는 것은 아니다.

여기서 중요한 점은, 모든 탐색 결과가 즉시 실행 가능한 거래로 이어지지는 않는다는 것이다. 컴퓨터 탐색 결과를 시각적으로 검토한 후, 결국 폐기하거나 나중을 위해 관심 목록에 올리게 될 수도 있다. 다시 한번 말하지만, 거래 기회가 없을 때는 억지로 거래를 시도하지 마라.

탐색 전략 선택하기

전체 매매 전략과 규칙에 부합하는 탐색을 실행해야 한다. 자신의 규칙을 아직 정리해서 기록하지 않았다면 탐색을 실행하기 전에 반드시 작성하기 바란다. 어떤 조건을 충족해야 잠재적인 거래 기회를 포착할 수 있는지 미리 충분히 고민해두면, 투자한 시간 대비 더 나은 결과를 얻을 수 있다.

예를 들어 당신의 규칙이 기술적 분석에 기반한다면 기술적 조건을 탐색하게 될 것이다. 다음에 나열한 것은 시작에 도움이 될 만한 다양한 인기 있는 기술적 탐색 예시이지만, 이 목록에 없는, 자신에게 더 맞는 탐색 방법을 찾을 수도 있다.

인기 있는 기술적 탐색 전략

- 이동평균(MA) 탐색
- 상대강도지수(RSI) 탐색
- 평균 진폭 지표(ATR) 탐색
- 매집/분산 지표(A/D) 탐색
- 박스권에 갇힌 종목 탐색
- 다중 타임프레임 탐색
- 엘리엇 파동 탐색
- 캔들스틱 패턴 탐색
- 압축 구간 탐색
- 변동성 탐색
- 강세/약세 플래그 탐색
- 모멘텀 탐색

그리고 만약 당신이 기본적 분석(펀더멘털) 트레이더라면, 탐색은 펀더멘털 기준에 초점을 맞추게 된다. 다음은 인기 있는 펀더멘털 탐색 목록이지만, 이 목록에 없는, 자신에게 더 맞는 탐색 방법을 찾을 수도 있다.

인기 있는 기본적 탐색 전략

- 가치 평가 탐색
- 손익(P/L) 탐색
- 주가 수익 비율(P/E) 탐색
- 이익 성장 탐색
- 주가 매출 비율(P/S) 탐색
- 예상 이익 성장률(PEG) 탐색
- 부채 비율(D/E) 탐색
- 섹터 분석 탐색
- 시장 점유율 탐색
- 저평가 성장주 탐색
- 배당 성향(DPR) 탐색
- 배당 수익률(DYR) 스캔

지금쯤 눈치챘겠지만, 필자의 전략은 주로 기술적인 것이기 때문에, 필자가 가장 좋아하는 탐색 접근 방식이 모두 기술적 분석을 기반으로 한다고 말해도 여러분은 놀라지 않을 것이다.

필자가 가장 좋아하는 탐색 전략

- 바닥이 평평한 박스권(평저 박스권) 종목 탐색
- 돌파 종목 탐색

다음은 필자가 즐겨 사용하는 몇 가지 탐색 방법에 대한 단계별 지침이다. 필자가 매주 《주간 추천 보고서(*Market Opportunity Report*)》에서 사용하는 다중 타임프레임 탐색에 대한 안내는 포함하지 않았다. 이 방법은 다소 복잡하기 때문이다. 만약 이 탐색 방법이나 다른 전략들에 대해 궁금한 점이 있다면 언제든 support@traderscoach.com 지원팀에 문의할 수 있다.

평저 박스권 시장 탐색 전략

('평저 박스권 시장'은 주식이나 자산의 가격이 일정 기간 동안 명확한 고점과 저점 사이의 좁은 범위 내에서 횡보하는 시장 상황을 의미하며, 여기서 '평저'란 저점이 평평하게 유지되는 모습이다 – 옮긴이)

이 탐색은 관심 목록을 구축하는 데 매우 유용하며, 매수와 매도 양방향 모두에서 우수한 추세 돌파 매매 기회를 만들어낼 수 있다. 그림 22-2는 박스권 시장에 있으면서 거래량이 높은 종목을 찾기 위해 나스닥100을 대상으로 실행한 탐색 예시를 보여준다.

박스권 시장의 정의는 "확실한 지지선과 저항선 사이의 가격 범위에 갇혀 있는 시장"이다. 차트에서 박스권 시장은 대체로 동일한 가격 범위 내에 머무르는 횡보(수평) 형태의 가격 막대들로 나타난다. 새로운 추세는 종종 이러한 박스권 시장을 돌파하면서 시작된다.

평저 박스권 시장 탐색 전략 단계

1. 시장 선택: 탐색하고자 하는 금융시장을 선택한다.

2. 컴퓨터 필터링으로 탐색: 스캔 기준을 설정하고, 원하는 시장 기호를 '깔때기'에 넣은 다음, 컴퓨터 탐색을 실행해 큰 목록을 줄여나간다. 채널의 고점과 저점을 기준으로 박스권 시장을 거래 후보로 고려할 때는 최소 20개의 가격 막대가 있는지 확인하라. 더 높은 확률의 거래를 원한다면 20개보다 더 많은 가격 막대를 기준으로 설정할 수 있지만, 그럴 경우 후보 종목 수는 줄어든다.

3. 매수 후보 리스트: 컴퓨터 탐색 결과로 선정된 종목들이 매수 후보 목록을 구성한다.

4. 차트 검토 필터링: 컴퓨터 탐색으로 생성된 각 차트를 시각적으로 검토·분석하여 낮은 확률의 종목은 걸러내고 높은 확률의 종목만 남긴다. 또한 차트의 박스권이 길고 좁을수록, 돌파 확률이 더 높아진다. 고급 기법인 엘리엇 파동 분석을 추가 필터로 사용해, 상승 파동 3 또는 5로의 돌파 가능성을 판단할 수도 있다.

5. 쓰레기 버리기: 확률이 낮아 실행 불가능한 종목은 폐기한다.

6. 관심 종목 리스트: 실전 매매에 투입하기에는 아직 이르지만 확률이 높은 종목을 다음 검토를 위해 관심 종목 리스트에 올려둔다.

7. 즉시 실전 매매: 실전 매매에 바로 들어갈 준비가 된, 확률이 높은 거래에 진입한다. 위험 관리 등 모든 규칙을 적용한다. 각 차트의 박스권 채널 상단과 하단에 선을 그린다. 그런 다음, 매수 포지션 진입은 상단선 한 틱 위에, 매도 포지션 진입은 하단선 한 틱 아래에 설정한다. 시장이 박스권을 돌파하고 상승 또는 하락 추세를 시작하면 거래에 진입할 수 있다.

장기 투자자와 포지션 트레이더의 경우, 시장이 몇 주, 심지어 몇 달 동안 박스권에서 횡보할 수 있으므로, 이런 박스권 시장에서 시간을 낭비하며 갇히지 않도록 주의해야 한다.

박스권이나 횡보장에 자금을 묶어두지 않도록 주의하라.

대신, 여러 시장과 종목이 박스권에 있을 때는 그것들을 동시에 모니터링하라. 이렇게 하면 돌파가 발생할 때마다 바로 대응할 수 있는 지속적인 거래 기회를 확보할 수 있다.

단타 매매를 하는 단기 트레이더의 경우, 박스권 시장은 선택한 타임 프레임에 따라 20분에서 몇 시간까지 지속될 수 있다. 단기 트레이더는 포지션 트레이더나 장기 투자자와 비교하면 가격 움직임이 더 빠르므로, 매매 기회를 기다리는 시간이 상대적으로 짧다.

그림 22-4를 보면, 2013년 2월부터 2013년 11월까지의 테슬라 일간 차트가 나와 있다. 2월에서 3월까지의 기간에는 좁고 평평한 바닥의 박스권 장세가 있었고, 이는 9월 말까지 이어진 엘리엇 파동 3번의 예외적인 돌파로 이어졌다. 또한 차트 하단에 있는 OWL(Optimum Wave Locator) 리본(엘리엇 파동 이론에서 중요한 파동[특히 3파]을 식별하는 데 도움을 주는 도구. 이 리본은 히스토그램 형태로 표시되어, 시장의 파동 구조와 강한 추세 구간을 시각적으로 쉽게 파악할 수 있도록 설계되었다 – 옮긴이)은 이 움직임의 히스토그램 패턴을 보여준다.

평평한 바닥의 박스권 시장을 탐색하는 것이 놀라운 결과를 가져올 수 있다는 점은 분명하다. 이번 경우에는 2013년의 테슬라가 그 예시였다.

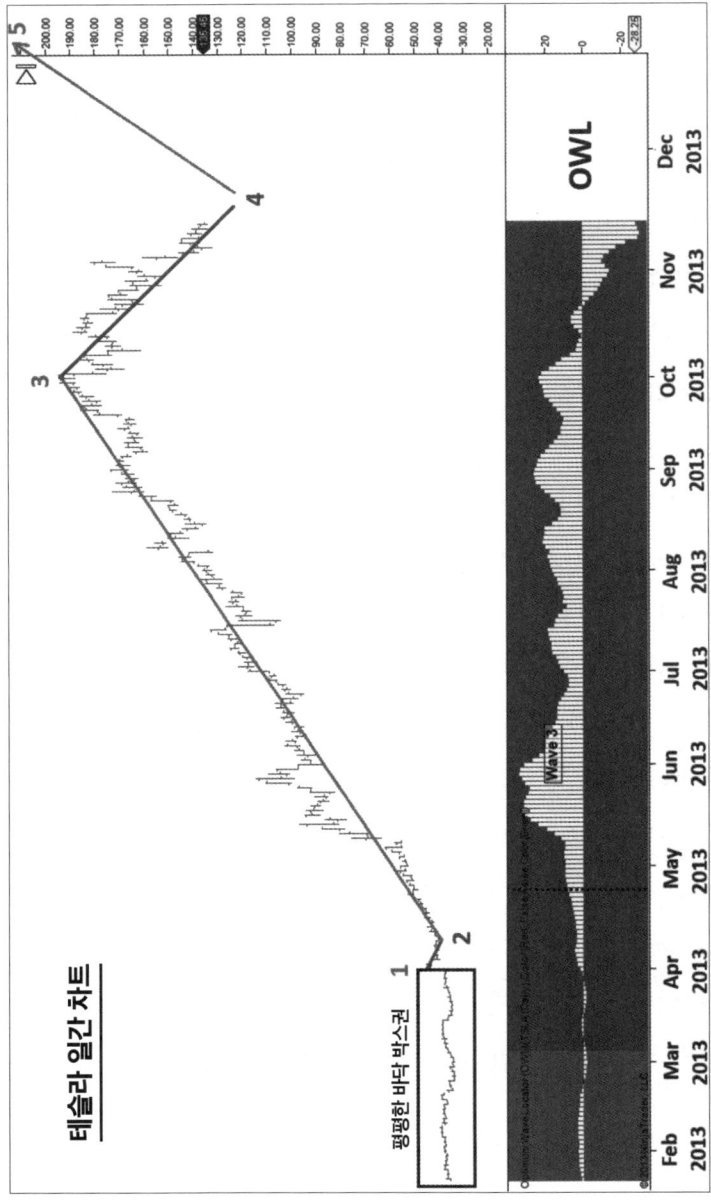

테슬라 일간 차트

평평한 바닥 박스권

OWL

그림 22-4. 평평한 바닥 박스권과 엘리엇 파동 5단계 포착 사례를 보여주는 2013년 테슬라 일간 차트 예시다. 2013년 테슬라 일간 차트는 평평한 바닥 채널 탐색이 잠재적인 대규모 주체 거래 동과 파트를 식별하는 방법을 보여준다. 2월부터 3월까지 차트가 중은 횡보 채널에서 박스권을 형성한 후 4월에 강세 상승 추세로 돌파하여 9월 말까지 엘리엇 3파의 큰 음직임으로 이어진다. 이 차트는 또한 4파의 끝을 추정하여 5파를 잡는 방법을 보여준다.

출처: NinjaTrader(www.ninjatrader.com)

돌파 탐색 전략

돌파 탐색은 새로운 추세가 시작될 때 이를 포착하여 수익을 극대화할 수 있도록 설계되었다. 추세는 전체 시간의 30% 정도만 발생하기 때문에, 이 탐색은 이미 형성된 추세에 진입할 수 있게 도와주어 박스권 시장에서 시간을 허비하지 않도록 해준다.

그림 22-5는 나스닥100 종목을 대상으로 강세 또는 약세 돌파를 탐색하는 결과를 보여준다. 이 탐색은 TradersCoach.com의 터보 스캐너(Turbo Scanner)를 사용하여 닌자트레이더(NinjaTrader) 차트 플랫폼의 시장 분석(Market Analyzer) 기능을 통해 생성되었다.

세 개의 데이터 열에 주목하라: 각각 (1) 종목, (2) 설명, (3) 터보 스캐너. 어떤 종목이 돌파 조건을 충족하면, 터보 스캐너 열에 약세(bear) 또는 강세(bull) 돌파로 표시된다. 이 탐색은 최소 20개의 가격 바 이후에 발생한 돌파만 찾도록 설정되었다.

> ### 박스권 시장이란 무엇인가?
>
> 박스권 시장은 확실한 지지선과 저항선 사이의 가격 범위에 갇힌 시장을 말한다. 차트에서는 가격이 거의 같은 범위 내에서 움직이며, 옆으로 늘어선 가격 바 형태로 나타난다. 새로운 추세는 이러한 박스권 시장을 돌파하면서 시작되는 경우가 많다. 하지만 너무 일찍 진입해 박스권에 갇히지 않도록 주의해야 한다. 박스권(브래킷) 시장은 여러 가지 이름으로 불린다. 예를 들어 변동성이 심한,

수렴, 범위 내 움직임, 횡보, 비추세, 채널, 추세 없음, 옆으로 움직임, 조용함, 방향성 없음, 혼란스러움 등이 있으며, 이 외에도 다양한 표현이 있다.

박스권 시장의 심리는 그 특성상 영원히 지속될 수 없다는 데 있다. 시간이 지날수록 이 시장은 점점 더 불안정해진다. 일부 트레이더들은 박스권 시장을 가격이 안정된 상태로 보기도 하지만, 실제로는 이와 같은 시장이 오래 지속될수록 불안정성이 커진다.

박스권 시장이 처음 형성될 때, 트레이더들은 자산 가치에 대한 확신이 없어서 가격이 등락을 거듭하게 된다. 이러한 박스권 상태가 계속되면, 시장에 새로운 정보가 들어와 인식이 바뀌기 전까지 자산 가치에 대한 평가 역시 변하지 않는다. 박스권이 오래 지속되거나 성숙해질수록, 이후에 나타나는 새로운 돌파 추세는 더욱 강력해진다. 시장이 새로운 정보를 기다리는 동안, 수렴 구간은 점점 더 좁아진다.

새로운 추세가 탄생하는 곳이 바로 여기다.

그리고 박스권 상태가 지속되는 기간만큼이나 중요한 것은, 새로운 추세가 나타나기 전에 수렴 구간의 끝을 인식하는 데 있어 가격 변동성 역시 매우 중요하다는 점이다.

모든 주요 추세가 박스권 시장에서 발생하는 것은 아니다. 그러나 시장에서 수렴 구간을 인식한다면, 추세가 형성될 가능성은 매우 크다.

이러한 이유로 추세 추종 트레이더들은 이 전략을 사용한다. 박스권 시장을 탐색함으로써, 곧 새롭게 시작될 수 있는 추세의 후보 종목들을 관심 종목 목록에 올릴 수 있다. 다시 한번, 인내심이 중요하다. 통계적으로 추세는 전체 시간의 약 30% 정도만 발생하고, 나머지 70%는 박스권 시장에서 추세가 시작되기를 기다리는 시간이다.

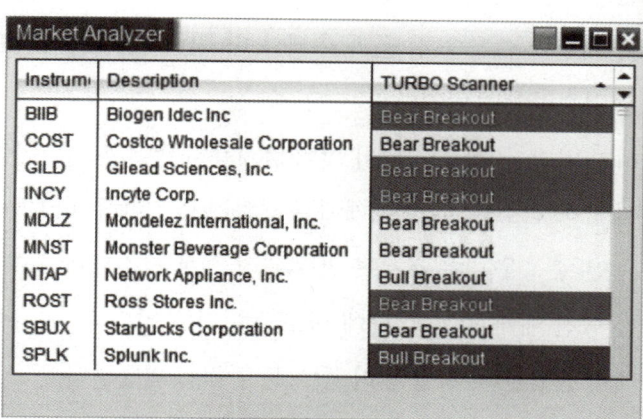

그림 22-5. 이 탐색은 강세 또는 약세 돌파를 탐색하기 위해 설계되었다. 이것은 닌자트레이더 차트 플랫폼의 시장 분석 기능을 통해 TradersCoach.com의 터보 스캐너로 생성되었다.
출처: NinjaTrader(www.ninjatrader.com)

돌파 탐색 전략 단계

1. 시장 선택: 탐색하고자 하는 금융시장을 선택한다.
2. 컴퓨터 필터링으로 탐색: 스캔 기준을 설정하고, 원하는 시장 기호를 '깔때기'에 넣은 다음, 컴퓨터 탐색을 실행해 큰 목록을 줄여나간다. 채널의 고점과 저점을 기준으로 박스권 시장을 거래 후보로 고려할 때는 최소 20개의 가격 막대가 있는지 확인하라.

3. 매수 후보 리스트: 컴퓨터 탐색 결과로 선정된 종목들이 매수 후보 목록을 구성한다.

4. 차트 검토 필터링: 컴퓨터 탐색으로 생성된 각 차트를 시각적으로 검토·분석하여 낮은 확률의 종목은 걸러내고 높은 확률의 종목만 남긴다. 이러한 돌파의 경우, 박스권 시장이 오래 지속될수록 그리고 채널이 좁을수록, 돌파 추세가 더 의미 있는 움직임으로 이어질 가능성이 높아진다.

5. 쓰레기 버리기: 확률이 낮아 실행 불가능한 종목은 폐기한다.

6. 관심 종목 리스트: 실전 매매에 투입하기에는 아직 이르지만 확률이 높은 종목을 다음 검토를 위해 관심 종목 리스트에 올려둔다.

7. 즉시 실전 매매: 실전 매매에 바로 들어갈 준비가 된, 확률이 높은 거래에 진입한다. 위험 관리 등 모든 규칙을 적용한다.

그림 22-6은 강세 돌파 매매의 예시를 보여준다. 채널의 상단과 하단을 표시하는 수평선에 주목하라. 이 채널은 20개 이상의 가격 바로 구성되어 있다. 가격 바가 채널의 상단을 돌파하면, 강세 매매 진입 신호가 된다.

다음 그림 22-7은 약세 돌파 매매의 예시를 보여준다. 채널의 상단과 하단을 표시하는 수평선에 주목하라. 이 채널은 20개 이상의 가격 바로 구성되어 있다. 가격 바가 채널의 하단을 돌파하면, 약세 매매 진입 신호가 된다.

그림 22-6. 강세 돌파 매매의 예시. SLV(iShares Silver Trust ETF)의 이 일간 차트에서는 채널의 상단과 하단을 나타내는 수평선을 볼 수 있다. 가격 바가 채널을 돌파할 때, 강세 매매 진입 신호가 된다.

출처: NinjaTrader(www.ninjatrader.com)

참고: 돌파 탐색은 평저(평평한 바닥) 박스권 탐색과는 다르다. 두 탐색 모두 박스권 시장에 초점을 맞추고 있지만, 돌파 탐색은 평저 박스권 탐색에 비해 더 즉각적인 매매 기회를 제공한다. 반면, 평저 박스권 탐색은 강력한 감시 목록을 구축하는 데 탁월하다.

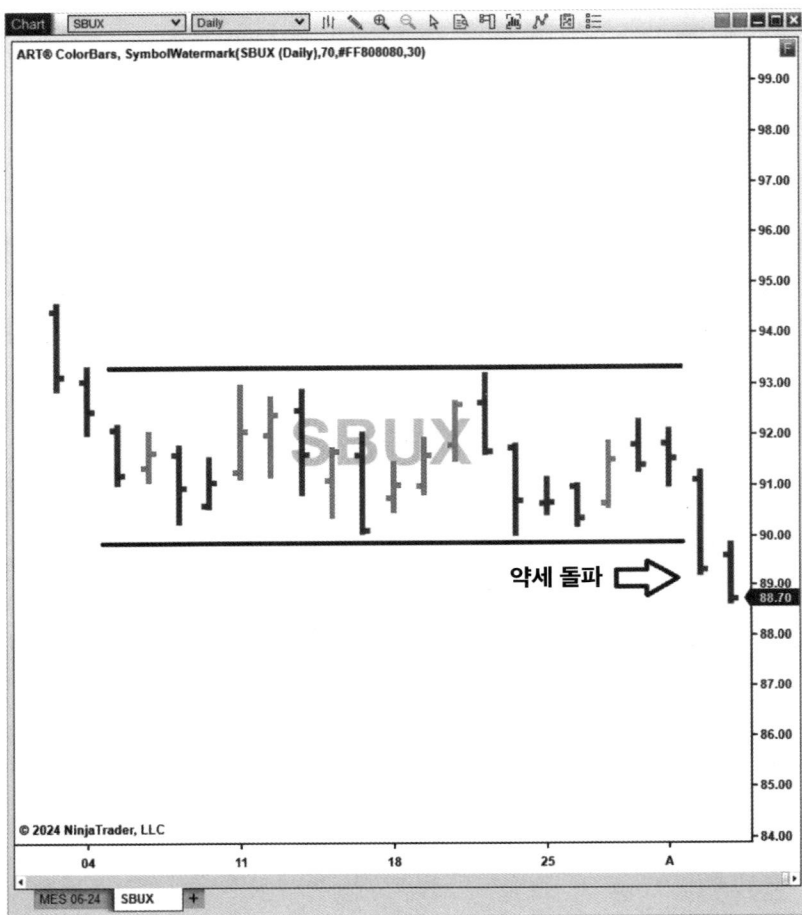

그림 22-7. 약세 돌파 매매의 예시. SBUX(스타벅스) 일간 차트에서는 채널의 상단과 하단을 나타내는 수평선을 볼 수 있다. 가격 바가 채널 하단을 돌파할 때, 약세 매매 진입 신호가 된다.
출처: NinjaTrader(www.ninjatrader.com)

이제 직접 탐색해보자!

다음 단계는 여러분이 직접 무언가를 탐색해보고, 지속적으로 감시할 목록을 만들어나가는 것이다. 만약 종목 탐색이 처음이라면, 이것이 여러분의 트레이딩과 투자 경력에 전환점이 될 것이다. 이제부터는 항상 새롭게 주목할 만한 후보 종목들을 꾸준히 찾아보게 될 것이기 때문이다.

제23장

관심 종목 리스트 작성

신중하게 짜인 탐색 루틴의 자연스러운 결과로, 풍부한 관심 종목 리스트를 구축할 수 있다. 컴퓨터 탐색을 하다 보면, 곧 매수 신호가 나올 것 같지만 아직 완전히 준비되지 않은, 확률이 높은 기회들을 반드시 만나게 된다. 이런 경우, 이 종목들은 아직 다듬어지지 않은 원석과 같으니, 바로 관심 종목 리스트에 올려두면 된다.

가능성을 알아보지 못하는 덜 숙련된 장인에게는 이런 보석들이 그냥 버려질 수도 있다. 하지만 당신은 이 보석들을 관리하기 쉬운 관심 종목 리스트에 잘 저장해두고, 이상적인 타이밍이 올 때까지 인내심을 갖고 기다릴 수 있다. 관심 종목 리스트는 그만큼 소중한 자산이다.

지난 장에서는 구체적인 탐색 전략을 다루었으니, 이제 강력한 관심 종목 리스트를 작성하는 방법을 포함하여 전체 과정을 세밀하게 다듬어보겠다.

관심 종목 리스트 필수 요소

관심 종목 리스트란 트레이더나 투자자가 새로운 기회가 나타나는지 지켜보기 위해 관리하는 종목들의 모음이다. 초기 탐색을 마친 후, 아직 매매 타이밍이 완전히 무르익지 않은 기회들을 관심 종목 리스트에 올려둘 수 있다. 많은 증권사와 금융 차트 플랫폼에서는 관심 종목 리스트를 손쉽게 만들고 확인할 수 있는 기능을 제공한다.

이 기능은 관심 종목 리스트의 종목 코드를 클릭하면 해당 종목의 최신 차트를 바로 확인할 수 있다는 점에서 유용하다. 만약 자신만의 차트 양식을 설정해두었다면, 리스트에 있는 각 종목이 현재 어떤 위치에 있는지 즉시 시각적으로 검토할 수 있다.

예를 들어 필자의 차트 양식은 세 개의 타임프레임을 표시하도록 설정되어 있어서, 주된 타임프레임이 상위 및 하위 타임프레임의 흐름과 일치하는지 시각적으로 판단할 수 있다. 다중 타임프레임 분석은 필자가 사용하는 가장 효과적인 필터 중 하나다. 이 방법을 활용하는 법에 관해서는 이 책 뒷부분에 있는 부록의 고급 기술 부분에서 더 자세히 배울 수 있다.

또한 증권사나 금융 차트 플랫폼에서 관심 종목 리스트를 사용할 경우, 특정 조건이 충족되면 문자 메시지나 이메일로 알림을 받을 수 있는 기능이 제공되는 경우가 많다. 이러한 실시간 정보는 다른 사람들보다 먼저 최적의 가격에 진입할 수 있도록 도와준다. 관심 종목 리스트 기술의 수준에 따라, 다양한 금융 웹사이트에서 유료와 무료 모델 모두를 선택해 사용할 수 있다.

체계적으로 정리된 관심 종목 리스트야말로 최고의 관심 종목 리스트다. 시각적으로 차트를 검토할 때 한 번에 한 가지에 집중하기 쉽도록, 여러 개의 관심 종목 리스트를 만들어 관리하는 것도 도움이 될 수 있다.

다음과 같은 관심 종목 리스트를 추천한다.

- 나스닥100, S&P500과 같은 시장 지수
- 에너지, 기술 등과 같은 시장 부문
- 대형주, 중형주, 소형주
- 돌파 매매, 엘리엇 파동 등과 같은 매매 조건
- 주식, 채권, 뮤추얼 펀드, ETF, 암호화폐 등 특정 유형의 시장
- 강세(매수)와 약세(매도) 진입

초보 투자자들은 가능한 한 많은 주식을 추적하고 여러 개의 관심 종목 리스트를 만들고 싶어질 수 있다. 하지만 이럴 때일수록 '적을수록 더 좋다'는 원칙을 기억해야 한다. 모든 것을 한 번에 추적하려 하지 말고, 최고의 종목에 집중하라. 필터를 활용해 리스트를 실제로 관리 가능한 수준의 진정한 유망 후보군으로 정리하는 것이 중요하다.

관심 종목 리스트에 길들기!

리스트는 내가 계획대로 움직이고, 중요한 것을 놓치지 않고 일을 끝낼

수 있도록 도와준다. 한번 리스트를 적어두면 잊어버리지 않고, 중요한 세부 사항도 빠뜨리지 않게 된다. 어떤 사람들은 손으로 직접 쓴 리스트를 좋아하고, 또 어떤 사람들은 휴대폰이나 컴퓨터에 디지털 리스트를 만드는 것을 선호한다. 만약 지금 관심 종목 리스트를 사용하지 않는다면, 만드는 습관을 들여라. 당신의 트레이딩과 투자 효율성이 분명히 향상될 것이다.

목록 필터링 및 정리

깔끔한 목록 정리는 탐색 성공에 매우 중요하다. 관심 종목 리스트와 후보 리스트를 정기적으로 필터링하고 정리하는 것이 필요하다. 이 작업은 기본적으로, 좋은 차트만 남기고 나쁜 차트는 과감히 제거하는 과정이다.

헤파(HEPA) 공기 필터가 공기 중의 모든 나쁜 알레르기 유발 물질과 먼지 입자를 제거하는 것을 생각해보라. 당신의 호흡기 건강이 좋아지고, 숨쉬기가 더 쉬워진다. 탐색 과정도 이와 다를 바가 없다(그림 23-1 참조).

나쁜 차트를 정리하는 가장 좋은 방법은 시각적으로 차트를 검토하고 필터를 사용하여 각 차트가 기준에 맞는지를 확인하는 것이다. 다음의 시각적 차트 분석 필터가 좋은 시작점이 될 것이다.

1. 위험 대비 보상 비율이 높은가?: 거래에 진입할 때, 감수할 만한

그림 23-1. 차트 검토 필터를 활용해 후보 리스트와 관심 종목 리스트에서 나쁜 차트들을 정리하는 데 집중하라. 이 장에서는 시작하기 좋은 여러 가지 필터를 소개한다. 약한 거래를 걸러내는 것이 더 건강한 트레이딩과 투자 수익으로 이어진다는 점을 기억하라. 이는 헤파 필터로 공기를 정화해 호흡기 건강을 지키는 것과 다르지 않다.
출처: Photo 72743179 Filter © Vchalup Dreamstime.com

가치가 있는 위험인지 반드시 판단해야 한다. 먼저 피보나치 등 다양한 방법으로 목표 구간을 설정하고, 손절매 지점을 설정하라. 이렇게 하면 어느 정도의 위험과 보상이 따르는지 알 수 있고, 이를 바탕으로 위험 대비 보상 비율을 계산할 수 있다. 최소한 2:1 이상의 위험 대비 보상 비율이 나오지 않는 매매는 피하는 것이 좋다. 즉 거래가 손절로 끝나더라도, 감수한 1달러의 위험에 대해 2달러의 잠재적 수익 가능성이 있어야 한다는 뜻이다.

2. 유동성과 거래량이 충분한가?: 하루 중 시간대, 계절성, 기타 여러 요인에 따라 관심 있는 종목의 유동성이 낮을 수 있다. 이는 비용이 많이 들고 위험을 동반할 수 있다. 현재 유동성이 충분한지를 평가하여 원활한 체결이 가능한지 확인하라. 또한 일부 매매 전략의 경우에는 해당 전략이 유효해지려면 충분한 거래량이 뒷받침

되는지도 반드시 확인해야 한다.

3. 현재 변동성이 당신의 전략에 적합한가?: 각 전략은 시장 상황에 따라 성과가 다르게 나타난다. 자신이 사용하는 전략이 높은 변동성에서 더 잘 작동하는지, 아니면 낮은 변동성에서 더 효과적인지 파악해야 한다. 그런 다음, 자신의 접근 방식에 가장 적합한 시장 환경이 조성되어 있는지 반드시 확인하라.

4. 목표에 도달하는 데 예상되는 시간이 괜찮은가?: 정체되거나 박스권에 갇힌 시장에 자금을 묶어두는 것은 비용이 많이 들 수 있다. 장기 트레이드나 투자가 괜찮은지, 아니면 단기 움직임을 선호하는지 스스로 판단해야 한다.

5. 다중 타임프레임 분석, 조건이 유리한가?: 상위 및 하위 타임프레임의 움직임을 분석함으로써, 주가 되는 타임프레임에서 관측된 신호가 타당한지 신뢰하고 확인할 수 있다. 이를 통해 시장의 큰 그림을 파악하여, 주 타임프레임이 상위 및 하위 타임프레임과 일관된 방향성을 보이는지 판단할 수 있다.

6. 거래에 영향을 줄 수 있는 주요 경제 이벤트가 있는가?: 이런 이벤트는 장기 투자자보다 단기 트레이더에게 더 큰 영향을 미친다. 주가에 큰 변동을 일으킬 수 있는 주요 발표, 실적 발표, FOMC 회의 등과 같은 일정을 확인하라. 이러한 이벤트들은 갭 상승이나 하락을 유발해 손절매가 발생할 수 있으며, 전체 전략에 영향을 줄 수 있다. 일반적으로 시장의 이러한 이벤트에 대한 반응은 예측이 매우 어렵고, 일종의 와일드카드, 즉 예측 불가능한 변수와 같다. 그림 23-2를 참조하라.

> 자신이 통제할 수 없는 상황에서는
> 절대 거래하지 마라. 예를 들어
> 나는 주요 보고서 발표를 앞두고는
> 큰 금액의 위험을 감수하지 않는다.
>
> —폴 튜더 존스

그림 23-2. 통제—주요 보고서 발표, FOMC 회의 등 중요한 일정이 나와 있는 경제 일정은 매우 유용한 정보의 보고가 될 수 있다. 하지만 이런 이벤트에 대한 시장의 예측 불가능한 반응은 당신이 통제할 수 없다.

7. 추세가 너무 소진되어 진입하기에 너무 늦은 시점인가?: 엘리엇 파동이나 다른 유형의 기술적 분석을 사용하면 추세가 종료될 목표치를 예측할 수 있다. 만약 진입 시점이 소진된 추세의 끝부분에 가까울 경우, 이미 진입하기에는 너무 늦을 수 있다.

8. 차트 패턴이 명확한가, 아니면 지저분한가?: 마지막으로, 차트가 지저분하고 명확하지 않다면 과감히 다른 차트로 넘어가는 것이 좋다.

모든 사람이 자신이 선호하는 필터를 개발하는데, 이 리스트에는 필자가 자주 사용하는 필터들이 많이 포함되어 있다. 이러한 필터들을 많이 활용해볼수록, 관심 종목 리스트를 더 빠르고 효과적으로 정리할 수 있게 될 것이다.

관심 종목 리스트에서
차트를 시각적으로 검토하고 분석하기

정기적으로 관심 종목 리스트의 각 차트를 검토하고 분석하는 것이 중요하다. 차트 패턴이 명확하고 매력적인지 직접 눈으로 확인하면서 수동으로 점검해야 한다.

어제, 이틀 전 또는 지난주에 당신의 관심 종목 리스트에 있었던 것이 오늘은 당신의 관심 종목 리스트에 남아 있지 않을 수도 있다.

시각적 검토 단계를 건너뛰지 마라. 이 과정은 매우 중요하다. 각 차트의 시각적 검토를 마친 후, 해당 차트가 다음 세 가지 범주 중 어디에 속하는지 판단하라.

1. 폐기: 확률이 낮은 경우, 더 이상 유효하지 않으므로 제외한다.
2. 관심 종목 리스트: 확률이 높지만 아직 실거래에 진입하기에는 이른 경우, 관심 종목 리스트에 계속 남겨둔다.
3. 즉시 실전 매매: 확률이 높고 실거래에 바로 진입할 준비가 된 경우, 즉시 매매를 실행한다.

그러나 패턴이 명확하지 않고 대신 스파게티처럼 복잡하게 보인다면 다음 차트로 넘어간다. 또는 매매 조건에 가깝지만 되돌림 이후에 더 나은 진입 시점을 얻을 수 있다면 나중에 볼 수 있도록 관심 종목 리스트에 남겨둔다.

반드시 기억할 것: 거래를 억지로 만들지 마라.

일반적으로 컴퓨터 탐색을 통해 종목을 정기적으로 분류하고 선별하게 되는데, 관심 종목 리스트를 잘 관리하면 최고의 투자 도구가 될 수 있다.

탐색 과정 요약 및 흐름도

지난 몇 장에서 우리는 건초 더미에서 바늘을 효과적으로 탐색하고 찾는 방법에 대해 많은 내용을 다루었다. 여기에는 여러 요소들이 복합적으로 작용하기 때문에, 천 마디의 말보다는 그림 하나로 전체 과정을 보여주는 것이 좋겠다고 생각했다. 그림 23-3을 참조하라.

탐색 순서도 예제 및 설명

이 책의 '5단계, 기회를 탐색하라'의 장들은 여러분이 자신만의 탐색 전략을 개발할 수 있는 기초를 제공하기 위해 구성되었다. 그림 23-3은 탐색 과정의 7단계를 보여주는 순서도다. 이어지는 내용에서는 이 순서도에 포함된 각 단계에 대해 자세히 설명한다.

7단계 탐색 순서도
1. 시장 선택: 나스닥
2. 컴퓨터 탐색 거름망: 기준을 강세 돌파와 약세 돌파로 설정

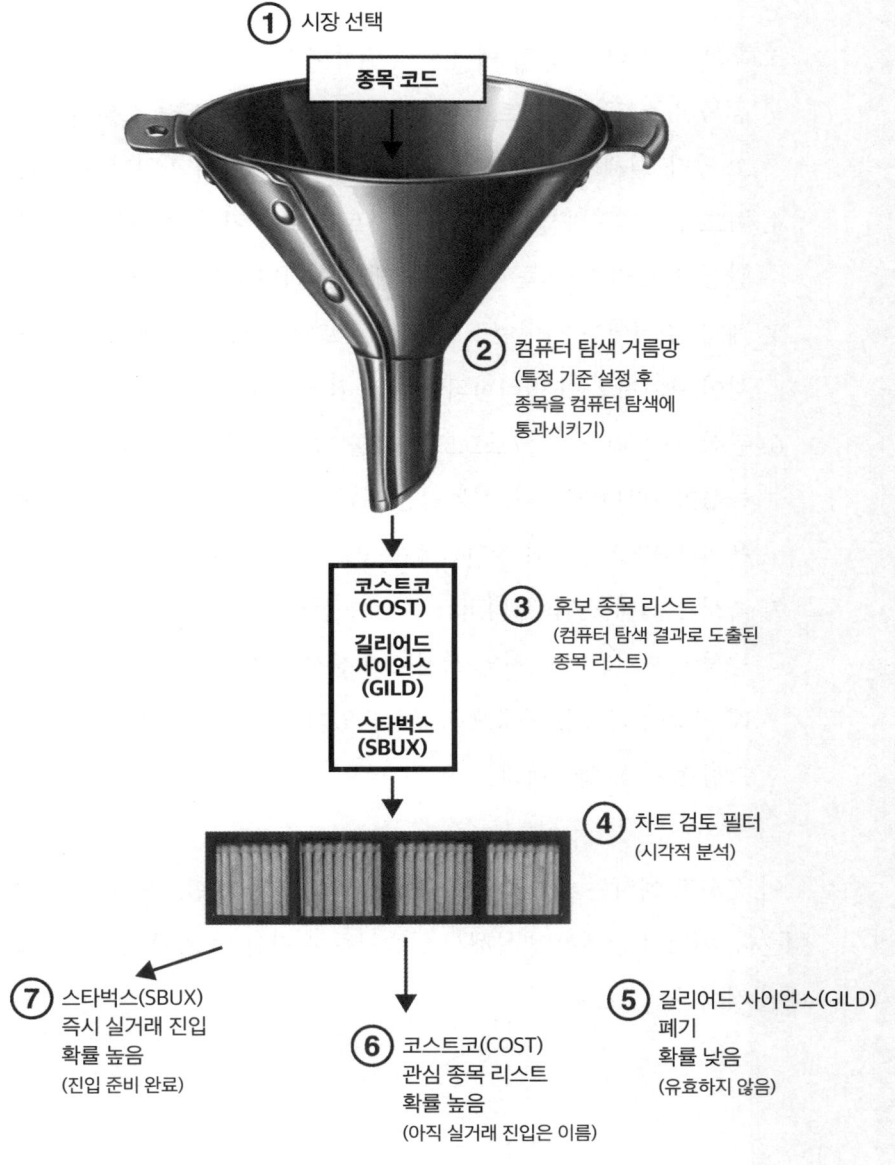

① 시장 선택

종목 코드

② 컴퓨터 탐색 거름망
(특정 기준 설정 후
종목을 컴퓨터 탐색에
통과시키기)

**코스트코
(COST)**

**길리어드
사이언스
(GILD)**

**스타벅스
(SBUX)**

③ 후보 종목 리스트
(컴퓨터 탐색 결과로 도출된
종목 리스트)

④ 차트 검토 필터
(시각적 분석)

**⑦ 스타벅스(SBUX)
즉시 실거래 진입
확률 높음**
(진입 준비 완료)

**⑥ 코스트코(COST)
관심 종목 리스트
확률 높음**
(아직 실거래 진입은 이름)

**⑤ 길리어드 사이언스(GILD)
폐기
확률 낮음**
(유효하지 않음)

© TradersCoach.com, Inc.

표 23 -3. 높은 확률의 거래가 꾸준히 이어지려면 효과적인 탐색 루틴이 필요하다. 이 흐름도
는 설명을 위한 것이며, 제22장에서 소개한 나스닥 시장 탐색(그림 22-5)에서 돌파 조건을 찾
은 과정이 어떻게 실제 스타벅스 매매(그림 22-7)로 이어졌는지를 보여준다.
출처: © TradersCoach.com, Inc.

3. 후보 종목 리스트: 이 예시에서, 컴퓨터 탐색을 통해 도출된 후보 종목 리스트는 코스트코, 길리어드 사이언스, 스타벅스를 포함하고 있다. 실제 탐색 결과는 제22장 그림 22-5에서 확인할 수 있다.

4. 차트 검토 필터: 시각적 분석과 차트 검토를 거쳐 각 종목은 폐기, 관심 종목 리스트, 즉시 실거래 진입 중 하나로 분류되었다.

5. 폐기: 길리어드 사이언스 차트를 검토한 결과, 충분한 수익 가능성이 보이지 않아 필터링되어 폐기 카테고리로 분류되었다.

6. 관심 종목 리스트: 코스트코 차트를 검토한 결과, 충분한 수익 가능성이 확인되었으나, 되돌림을 기다리면 더 좋은 진입 가격을 얻을 수 있다고 판단되어 관심 종목 리스트 카테고리로 분류되었다.

7. 즉시 실거래 진입: 스타벅스 차트를 검토한 결과, 충분한 수익 가능성이 확인되었고 진입 시점도 이상적이었다. 따라서 즉시 실거래 진입이 가능한 종목으로 분류되었다. 자세한 내용은 제22장의 그림 22-7을 참조하라.

이 순서도 예시는 체계적으로 구성된 탐색 루틴의 단계별 과정을 보여준다. 이러한 단계를 반복해서 연습할수록 점점 더 자연스럽게 익숙해질 것이다.

6단계

매매를
관리하라

제24장

끝날 때까지는 끝난 게 아니다

일단 매매를 실행해 실거래에 진입하면, 진짜 일은 그때부터 시작된다. 매매를 관리하고 자신의 감정을 통제하는 것은 스스로 익혀야 하는 기술이다. 하지만 경험이 쌓이면 점점 더 쉬워지고 자연스럽게 몸에 배게 된다.

가장 중요한 점은, 거래를 완전히 마감하기 전까지는 "끝날 때까지 끝난 게 아니다"라는 사실을 명심해야 한다는 것이다(그림 24-1과 그림 24-2 참고). 스포츠 세계에서 자주 쓰이는 이 표현처럼, 실제로 어떤 경기든, 어떤 거래든 완전히 끝나기 전까지는 결과를 알 수 없다.

스포츠에서든, 트레이딩에서든, 인생에서든 모든 것은 가능성이 열려 있다.

따라서 감정 때문에 두려움이나 불안이 생긴다면, 실제로는 그런 부정적인 감정을 가질 이유가 없다는 점을 기억하라. 거래가 실제로 손실

그림 24-1. 아직 끝나지 않았다—감정에 휘둘려 효과적으로 거래를 관리하는 데 방해받지 마라. 거래는 이익이든 손실이든 완전히 마감될 때까지 끝난 것이 아니라는 점을 기억해야 한다. 규칙에 손절매 기준이 있다면 반드시 지키고, 목표 구간까지 보유하라는 규칙이 있다면 끝까지 유지하라. 반드시 자신의 계획을 지키는 것이 중요하다.

그림 24-2. 뉴욕 양키스의 올스타 요기 베라는 "끝날 때까지 끝난 게 아니다(It ain't over till it's over)"라는 말을 한 것으로 잘 알려져 있다. 그는 미국 메이저 리그에서 19시즌 동안 선수로 활약했고, 이후에도 오랫동안 '요기-이즘(Yogi-isms)'으로 유명했다. 이 표현은 특히 트레이더와 투자자들에게 중요한 교훈을 준다. 즉 거래나 투자가 완전히 마감되기 전까지는 정말로 '끝난 게 아니다'라는 점을 이해해야 한다는 뜻이다.

출처: Photo 60181160 Yogi Berra © Jerry Coli Dreamstime.com

로 마감되기 전까지는 그 거래는 여전히 성공적인 상태다. 그리고 설령 손실로 마감되더라도, 손실 거래 역시 어떤 성공적인 계획에서도 반드시 포함되는 과정임을 잊지 마라.

실거래에 진입하면, 트레이더가 강한 마음가짐을 갖추지 못한 경우 감정이 잘 짜인 계획을 방해할 수 있다. 꾸준하고 지속적인 성공을 이루기 위해서는 마음가짐을 다지고, 거래를 관리하는 노력이 매우 중요하다.

매매 관리에서의 감정

매매 관리를 방해하는 감정들의 목록은 흥미로우면서도 때로는 예상치 못한 것들일 수 있다. 이러한 감정들을 직접 경험해보지 않았다면 대처하기가 쉽지 않을 수 있지만, 다음은 이에 대한 몇 가지 팁이다.

매매 관리 감정

1. 두려움: 거래가 예상한 방향으로 빠르게 움직이면, 단기간에 얻은 이익을 잃을까 봐 두려워질 수 있다. 만약 자신의 규칙에 따라 일부 물량을 청산해 이익을 확정하게 되어 있다면, 수익을 일부 확보할 수 있다. 이렇게 하면 손실에 대한 두려움을 줄일 수 있다.

2. 공포: 거래에 진입하자마자 가격이 반대로 움직이면, 본능적으로 당장 거래를 청산하고 싶어지는 공황 상태가 올 수 있다. 하지만 설정한 손절매 가격이 아직 도달하지 않았다면, 거래를 유지하라.

3. 불안: 거래가 손실 구간에서 오르락내리락하지만, 아직 손절매 가격에 도달하지 않은 상태에서는 불안감이 몰려올 수 있다. 뭔가, 아무거라도 하고 싶어지는 마음이 든다. 거래가 어떻게 전개될지 기다리는 불편함이 견디기 힘들 수 있다. 이런 경우에는 필요한 조치를 알리는 알람을 설정해두라. 그런 다음 다른 일을 찾는다.

4. 조급함: 거래가 전개되는 과정을 가만히 지켜보는 것이 어렵다면, 더 짧고 빠른 타임프레임에서 거래를 시도해본다. 주의력 결핍 장애 증상이 있다면 더 많은 조치가 필요할 수도 있다.

5. 후회: 거래를 실행하자마자 후회가 든다면, 자신의 매매 규칙이 실제로 우위를 줄 수 있는지 스스로 증명하기 위해 더 많은 테스트가 필요할 수 있다. 의심과 후회는 자신과 자신의 매매 방식에 대한 신뢰 부족을 반영할 수 있다.

6. 놀람: 갭이나 예상치 못한 사건이 발생해 거래가 완전히 틀어질 수 있다. 손절매 가격에 도달했지만, 이런 예기치 못한 일이 일시적인 이상 현상이라고 생각해 계속 거래를 유지하고 싶어질 수 있다. 하지만 손절매 가격 이탈을 무시하고 싶은 유혹을 반드시 참아야 한다. 시장의 움직임이 아무리 놀랍더라도 반드시 정해진 대로 거래를 종료하라.

7. 탐욕: 거래가 불리하게 흘러가고 있는데도, 이 거래를 반드시 이기고 싶다는 마음에 손실을 보고 있는 포지션에 수량을 추가로 늘리게 된다. 탐욕은 마치 시장을 내 뜻대로 움직일 수 있다는 착각을 불러일으킨다. 절대 물타기를 하지 마라. 이는 재앙을 부르는 지름길이다.

8. 분노: 매수 버튼을 누르려다 실수로 매도 버튼을 누르는 등, 믿기 힘든 실수로 거래하는 경우가 있다. 이런 상황에서 분노 때문에 이성적인 판단이 어려워지고, 실수로 들어간 포지션을 그대로 유지하고 싶어질 수 있다. 그러나 그 유혹을 반드시 이겨내고, 즉시 거래를 종료하라.

9. 흔들림: 트레이더들은 감정에 휘둘리는 거래를 종종 '흔들렸다'고 표현한다. 감정적으로 거래에 휘말려 있다고 느껴진다면, 잠시 휴식을 취하라. 화면에서 벗어나 머리를 식히고, 다시 평정심을 되찾은 뒤 거래에 임하라.

다시 말하지만, 거래를 관리할 때는 항상 트레이더의 마음가짐을 연마해야 한다. 새롭거나 불쾌할 수 있는 감정이 생겨날 수 있다는 점에 유의하라. 이러한 감정이 무엇 때문에 촉발되었는지 이해하려고 노력하면서, 감정이 당신의 거래 계획을 방해하지 않도록 대처 방법을 마련하라.

요기 베라의 야구 인생과 '요기-이즘'의 아름다움

로런스 피터 베라(Lawrence Peter Berra)는 1925년 5월 12일 미주리주 세인트루이스에서 이탈리아 이민자인 피에트로 베라(Pietro Berra)와 파올리나 베라(Paolina Berra) 사이에서 태어났다. 그의 메이저 리그 프로 야구 경력은 1946년 21세의 나이에 뉴욕 양키스의 포수로 시작되었다.

요기 베라는 선수로서 아메리칸리그의 뉴욕 양키스와 이후 내셔널리그의 뉴욕 메츠에서 총 19시즌을 활약했다. 그는 조 디마지오(Joe DiMaggio), 미키 맨틀(Micky Mantle), 재키 로빈슨(Jackie Robinson) 등 동시대의 다른 유명 선수들만큼 널리 알려지지는 않았지만, 일부 기록에서는 이들 모두를 합친 것보다 뛰어난 성적을 남기기도 했다. 선수 생활을 마친 후에는 뉴욕 메츠에서 코치와 감독을 성공적으로 역임했다.

요기는 역사상 그 어떤 선수보다도 많은, 총 열 개의 월드시리즈 우승 반지를 차지했다. 그는 포수로서 세 번의 노히터 경기를 만들었으며, 1956년에는 돈 라슨(Don Larsen)이 던진 월드시리즈 유일의 노히터 경기의 포수로 활약하기도 했다. 또한 그는 1951년, 1954년, 1955년에 아메리칸리그 최우수선수(MVP)상을 세 차례 수상했고, 15시즌 연속 올스타에 선정되었다. 1972년에는 미국 야구 명예의 전당에 헌액되었으며, 오늘날까지도 야구계에서 가장 재미있고 사랑받는 인물 중 한 명으로 남아 있다.

그 모든 재능과 업적에도 불구하고, 그는 '요기-이즘'으로 가장 잘 알려져 있다. 요기-이즘은 겉보기에는 재치 있는 모순처럼 보이지만, 그 안에는 유머와 지혜가 담겨 있다.

필자가 가장 좋아하는 것 중 일부는 다음과 같다.

· 끝날 때까지는 끝난 게 아니다.

· 길을 가다가 갈림길이 나오면, 그냥 가라.

· 나는 아이들에게 말한다. 누군가는 이기고, 누군가는 진다. 그냥 싸우지 마

라. 더 나아지려고 노력해라.

- 슬럼프? 난 슬럼프가 아니다, 그냥 타격이 안 되고 있을 뿐이다.

- 요즘은 아무도 거기 안 간다, 너무 사람이 많아서.

- 세상이 완벽하다면, 완벽하지 않을 것이다.

- 내가 말한 것 중 대부분은 내가 말한 적이 없다.

요기는 화려하지는 않았지만, 항상 전문적으로 자신의 역할을 해냈다. 여기서 배울 수 있는 교훈은, 우리를 산만하게 하는 반짝이는 것들에 끌리기보다는 성공에 필요한 역량을 키우는 데 집중하는 것이 중요하다는 점이다.

차트 오른쪽의 심리학

차트의 오른쪽(미래 구간)에서 발생하는 감정을 어떻게 관리하는가? 거래가 전개되는 동안의 불확실성은 받아들이기 어려울 수 있다. 바로 이 부분이 우리 일의 핵심이고, 각 차트의 오른쪽에서 생겨나는 감정을 효과적으로 관리하는 것이 중요하다.

거래에 진입할 때, 우리에게 우위를 주는 규칙을 갖고 있다면 이는 확률의 게임이다. 따라서 강인한 마음가짐과 우위를 주는 입증된 규칙이 있다면, 차트의 오른쪽에는 전혀 감정이 나타나지 않아야 한다. 우리는 마치 기계처럼 모든 거래를 실행하고, 그 결과로 이익을 얻을 수 있어야 한다.

경험이 쌓이면, 당신도 기계처럼 될 수 있다.

만약 당신이 초보자이고 모든 시장 상황에 대한 충분한 경험이 없다면, 모든 거래를 기계처럼 실행하기까지 시간이 걸릴 수 있다. 그러니 감정에 휘둘리지 않고, 자신의 규칙을 지키며 계획을 실행할 수 있는 자신감을 키우는 데 집중하라.

불빛에 이끌리는 불나방처럼

거래를 관리할 때는 자신의 규칙을 따르지 않는 등 잘못된 행동을 하고 싶은 충동이 생길 수 있다. 경험이 부족한 트레이더는 거래가 예상과 다르게 흘러가고 손절매 가격에 걸렸을 때, 손절을 무시하는 것이 덜 아프게 느껴질 수도 있다. 이것은 마치 불빛에 이끌리는 불나방과 같다.

불나방은 본능적으로 자신에게 해로운 것에 끌리지만, 스스로를 억제할 수 없다. 마찬가지로, 초보 트레이더들도 손절매 신호가 나왔을 때 거래에서 빠져나오지 못하는 경우가 있다. 이런 행동은 명백한 규율 부족의 대표적인 예다. 다시 말해, 그들도 스스로를 억제하지 못하는 것이다.

모든 큰 손실은 작은 손실로 시작된다.

불빛에 이끌리는 불나방이 되지 마라. 손절 신호가 나오면 반드시 규칙대로 즉시 거래를 종료하라. 단 한 순간이라도 망설이면 큰 손실로 이어질 수 있으며, 망설임은 결국 화를 부를 수 있다.

계기 비행 규칙-계기를 따라라

1980년대에 해군에 복무하던 시절, 필자는 캘리포니아 코로나도의 해군 비행 클럽에서 개인 조종사 면허를 취득했다(그림 24-3 참조). 면허를 취득하고 몇 가지 계기 비행(IFR) 훈련을 받으면서, 비행기 조종에 필요한 계기판을 읽고 안전하게 항공기를 운항할 수 있게 되었다.

비행할 때 상황은 항상 보이는 대로만은 아니다. 구름, 안개, 비 등 다양한 기상 조건은 가시거리를 제한하고 지평선을 보지 못하게 만든다. 이런 상황에서는 조종사들이 공간적 방향 감각을 잃기 쉽고, 실제로 자신의 비행기 방향을 제대로 파악하지 못하는 경우가 많다.

그림 24-3. 1980년경, 샌디에이고 캘리포니아의 노스 아일랜드 코로나도에서 비행을 시작하기 전, 세스나기와 함께 있는 사람이 바로 필자다. 개인 조종사 면허를 취득하면서 배운 교훈들은 제한된 가시거리 속에서 비행하는 방법을 익히는 데 큰 도움이 되었다. 계기와 지시계를 읽는 법을 알면, 결코 '눈 감고' 비행하는 일이 없다.

비행 교관은 내가 이를 직접 체험할 수 있도록, 비행 중에 내 눈을 가린 채 비행기를 뒤집어놓는 훈련을 시켰다. 정말 그랬다, 나는 비행기가 똑바로 있는지, 뒤집혀 있는지, 아니면 땅을 향해 가고 있는지 전혀 알 수 없었다.

실시간 거래나 투자를 할 때는 조종사가 계기와 지시계를 신뢰하듯이, 반드시 자신의 도구와 지표에 의존해야 한다. 자신의 규칙에 따라 가격, 거래량, 모멘텀과 같은 기술적 지표를 활용할 수 있다. 또한 수익, 시장 점유율, 계절성 등 여러 가지 펀더멘털 지표를 바탕으로 투자 방향을 설정할 수도 있다.

시장의 모든 트레이더와 투자자는 각기 다른 수준의 훈련, 전문성 그리고 기술을 가지고 있다. 자신의 도구와 지표를 완벽하게 익히는 것이 남들보다 앞서나가는 비결이다.

제25장

매매 관리 전략

대부분의 매매 관리 전략은 그것을 실행하는 개인의 역량만큼만 효과적이다. 즉 강인한 마음가짐을 갖추지 못했다면 자신의 규칙을 따르고 매매를 효과적으로 관리하는 것이 어려울 수 있다.

만약 스스로 트레이더의 마음가짐이 더 강해질 필요가 있다고 느낀다면, 이 책 초반부에 나오는 트레이더의 마음가짐 개발에 관한 부분을 다시 읽어보는 것도 좋다. 매매 관리의 절반은 계획을 잘 지키는 데 달려 있으며, 이를 위해서는 철저한 자기 규율이 필요하다.

순간을 살아가기

우선, 순간을 살아가며 현재의 시장 상황을 인식하는 것이 매우 중요하다. 어제, 지난주 혹은 작년의 시장이 아니라 바로 지금의 시장을 바라봐야 한다. 이것이 필자가 오랜 시간 동안 배우고, 제자들에게도 늘 강조해온 교훈이다(그림 25-1 참조).

지난 거래에 집착하지 마라.

—베넷 맥도웰

그림 25-1. 지난 거래—지난 거래가 패배였든 승리였든, 당신은 오로지 현재에 집중해야 한다. 과거는 지금 이 순간에 아무런 영향을 미치지 않는다. 오직 이렇게 해야만 감정과 편견 없이 현재의 거래를 효과적으로 관리할 수 있다.

우리의 마음이 현재에서 벗어나 지난 거래에 집중하게 되면, 매매 관리 능력이 흐트러질 수 있다. 과거의 거래가 패배였든 승리였든, 과거에 집착하고 현재에 집중하지 않는 것은 위험한 일이다.

예를 들어 많은 트레이더들이 손절 후 시장이 반전하여 원래 목표까지 도달하는 상황을 겪으면 극심한 좌절감을 느낀다. 그래서 다음 거래에서는 이전의 좌절감 때문에 손절매 규칙을 지키지 않고 버티다가 큰 손실을 본다. 이런 부정적인 행동은 반복적으로 계속될 수 있다.

필자는 이를 트레이더의 핑퐁 증후군이라고 부른다. 이 증후군에 걸린 트레이더는 이전 거래에서 일어난 일에 근거하여 현재 거래를 한다. 이들은 매번 새로운 거래를 직전 거래에 기반하며, 그 결과 거래 규칙을 무시하게 된다. 이들의 행동은 규칙이 아니라 감정에 근거한다.

이것은 결국 손실을 보는 트레이더가 되는 확실한 방법이다. 대신, 검증되고 테스트된 시스템을 사용하여 확률에 따라 거래하고 항상 손절매 원칙을 지켜야 한다.

이 증후군의 또 다른 예는, 가령 직전 거래가 완전히 재앙이었고, 거래 실수로 인해 손실을 보면서 거래가 종료되었고, 그로 인해 자신감이 약해진 경우다. 이전 거래와 손실에 너무 집착한 나머지, 거의 자기 충족적 예언이 되어 같은 실수를 반복하게 된다.

이러한 예시들은 흔히 겪는 딜레마를 보여준다. 기억하라, 중요한 거래는 바로 지금 하고 있는 거래뿐이다. 감정을 배제한 기계처럼 되어야 한다. 자존심도, 자부심도, 후회도, 의심도 없이, 그저 계획한 대로 실행하라.

성공을 위한 돛을 올려라

필자의 요트 사랑은 어린 시절로 거슬러 올라간다. 아버지께서 요트 타는 법을 가르쳐주셨고, 필자가 여덟 살 때 이미 얼라이드 시 브리즈 (Allied Sea Breeze)라는 이름의 35피트짜리 요트를 혼자서 조종할 수 있었다고 말해주셨다. 필자는 그 모든 순간을 정말 사랑했다. 우리는 뉴욕 롱아일랜드에서 캐나다 뉴펀들랜드까지 미국 동부 해안을 따라 많은 모험을 했다(그림 25-2 참조).

우리가 했던 가장 흥미진진한 항해는 1975년경 뉴욕 롱아일랜드에서 버뮤다까지의 항해였다. 그 며칠 동안 필자는 대양 항해, 예측할 수 없는 날씨, 그리고 끊임없이 변하는 상황에 적응하는 법을 배웠다. 바다의 거센 너울이나 어떤 폭풍의 강도와 상관없이, 필자는 결코 바다를

그림 25-2. 노란색 방수복을 입고 있는 사람이 필자와 아버지다. 우리는 어떤 폭풍에도 대비할 준비가 되어 있었다. 바다는 훌륭한 은유이며, 금융시장처럼 혼란스럽고 예측할 수 없다. 바다는 필자에게 어린 시절부터 현재에 집중하며 끊임없이 변하는 상황에 적응하는 법을 가르쳐 주었다.

두려워한 적이 없다.

'나는 바다를 존경했지만, 절대로 두려워하지는 않았다.'

폭풍 한가운데에서 돛대 꼭대기의 돛줄이 끊어질 때마다, 필자는 그것을 고치기 위해 돛대를 기어올랐다. 그런 바다에서는 돛대가 심하게 앞뒤로 흔들렸지만, 필자는 최악의 상황을 두려워하기보다는 바다를 바라보는 그 순간이 아름답게 느껴졌다. 두려움이 없었던 이유는 필자가 그 상황에 익숙하고 자신감이 있었기 때문이다. 이것이 바로 필자의 전문 분야였고, 필자는 그것을 잘 해냈다.

트레이딩과 투자에서도 마찬가지로, 자신에게 우위를 주는 규칙과 그 규칙을 바탕으로 쌓은 경험에서 오는 자신감이 있다면 시장을 두려워하지 않게 된다. 대신 시장에 대한 존경심을 갖게 될 것이다.

또한 폭풍이 몰아치든 바다가 잔잔하든 현재의 상황을 헤쳐나갈 수 있는 도구를 완벽하게 다루게 될 것이다. 바람이 거셀 때 폭풍용 돛을 다는 것처럼, 각 상황에 맞는 적절한 위험 관리 방법을 알게 될 것이다.

무엇보다도, 당신은 현재의 상황, 바로 지금 이 순간에 적응할 것이다. 일기예보에서 폭풍이 온다고 해도 하늘이 맑다면 현재의 상황에 맞게 행동해야 한다. 바람이 불기 전까지는 폭풍용 돛이 필요하지 않다.

만약 시장이 지금 상승세이고 강세장이라면, 모든 논리가 시장이 하락해야 한다고 말해도 현재의 현실에 따라야 한다. 마찬가지로, 하늘이 맑은데 일기예보에서 폭풍이 온다고 해도, 실제로 맑은 날씨가 폭풍으로 바뀌기 전까지는 방수복을 입을 필요가 없다. 현재에 집중하며 살아가라.

'현재의 상황과 성공을 위해 돛을 올려라.'

시장의 예측 불가능에 대한 경험이 쌓일수록, 어떤 상황에서도 더 잘 대처할 수 있게 될 것이다. 필요한 도구를 항상 준비해두고, 현재 상황에 맞는 돛을 올릴 수 있을 것이다. 바다를 사랑하고 존중하는 선원처럼, 시장 역시 존중하고 사랑하는 마음을 잊지 마라.

매매 관리 전략

거래가 진행되고 시장이 전개되는 동안, 당신의 규칙이 매 순간 당신을 이끌어야 한다. 규칙을 다듬는 과정에서 어떤 변경이 규칙을 더 완전하게 만든다고 판단되면, 현재 거래가 종료된 후에 그 변경을 적용할 수 있다.

매매 관리 전략

- 추적 손절매: 제14장의 그림 14-2는 시장이 전개됨에 따라 추적 손절매가 어떻게 설정되는지를 보여준다. 매매 포지션이 당신에게 유리하게 움직이면, 손절매 가격을 조정하여 이익을 확보할 수 있다. 기본적으로, 시장이 유리한 방향으로 움직일수록 손절매 가격을 점점 더 타이트하게 조여가는 것이다.

- 부분 청산: 매매 포지션이 빠르게 유리하게 움직일 때 불안을 줄이는 데 효과적이다. 때로는 이익을 잃을까 하는 두려움 때문에 불편함을 느끼고 매매 포지션을 전부 청산하고 싶어질 수 있다. 하지만 매매 포지션 전체를 청산하기보다는, 매매 포지션의 3분의 1만 부분 청산하여 이익을 확정하는 것이 더 좋다. 예를 들어 계약이 세 개 있다면 그중 하나를 이익 실현을 위해 청산하는 것이다. 그리고 나머지 계약들은 목표 구간에 도달하기 위해 계속 유지하는 것이 기본 아이디어다.

- 포지션 추가: 매매 포지션이 이미 수익을 내고 있고, 아직 목표 구간까지 도달하려면 더 갈 길이 남아 있을 때, 포지션을 추가로 늘리는 전략이다. 이 전략은 이미 수익성이 입증된 포지션에 추가 진입함으로써 더 큰 이익을 얻을 수 있게 해준다.

- 목표 구간까지 도달하기: 조급함 때문에 거래가 전개되어 목표 구

간에 도달할 때까지 기다리는 것이 불편하게 느껴질 수 있다. 이익 실현을 위한 되돌림이나 전체 추세 내의 조정 구간을 견디는 과정에서 처음의 분석에 대한 의심이 생길 수도 있다. 이런 상황에서는 자신의 규칙이 주는 우위에 대한 심리적 안정과 자신감을 강화하는 데 집중해야 한다.

- 손절매 청산: 초보자들이 가장 흔히 저지르는 실수가 손절매 청산 원칙을 지키지 않는 것이다. 지나친 자만심은 초보자들로 하여금 시장과의 흥정을 시도하게 만든다. 그들은 시장을 자신의 뜻대로 움직일 수 있다고 믿는다. 하지만 현실은, 손절매는 모든 트레이더에게 있어 게임의 일부라는 점이다. 작은 손실을 받아들이고 빠르게 다음 기회로 넘어가는 것이 익숙해질수록, 더 빨리 꾸준한 수익을 낼 수 있게 된다.

- 컴퓨터에서 잠시 떨어져 있기: 단기 트레이더에게는 이것이 큰 문제지만, 장기 투자자나 포지션 트레이더에게는 그다지 중요하지 않을 수 있다. 실시간 거래 중에 시장이 갑자기 불리하게 움직이면, 컴퓨터에서 잠시 자리를 비우는 것이 큰 손실로 이어질 수 있다. 점심시간이거나 화장실에 가야 하거나, 혹은 배우자가 와서 질문할 때도, 거래를 자동으로 관리해줄 수 있는 자동 실행 조건을 반드시 설정해두어야 한다.

- 주문 재확인하기: 실수는 언제든 일어날 수 있으므로, 미리 발견하는 것이 좋다. 집에서 인테리어 작업을 할 때 필자는 항상 두 번 측정하고 한 번에 자른다. 주문을 넣을 때도 마찬가지다. 증권사를 통해 주문할 때 진입, 청산, 거래 수량 등 모든 세부 사항을 한

번 더 꼼꼼히 확인하는 데 시간을 조금 더 쓴다. 나중에 후회하는 것보다 미리 안전하게 확인하는 것이 낫다.

- 작업 공간 세팅: 자신의 필요에 맞게 작업 공간을 세팅하면 거래 관리가 훨씬 쉬워진다. 적절한 기술적 지원과 도구를 갖추고, 집중할 수 있는 조용한 환경을 마련하며, 거래의 진행 상황을 명확하게 볼 수 있도록 모니터를 배치하는 것이 중요하다.

이러한 내용들은 매매 관리 전략의 좋은 출발점이지만, 여러분의 업무를 더 쉽고 성공적으로 만들어줄 추가 전략들을 발견할 수도 있다. 수익을 높이는 데 도움이 되는 모든 것에 항상 주의를 기울여라.

돌발 상황을 대비하라

금융시장은 결코 지루할 틈이 없으므로, 돌발 상황에 항상 대비해야 한다. 완벽하게 계획된 거래를 망칠 수 있는 변수들은 매우 다양하기 때문에, 가능하다면 미리 이러한 상황들에 대한 대비책을 세워두는 것이 중요하다.

잠재적인 예상치 못한 상황들

1. 조작 실수: 우리는 사람이기 때문에, 매수 버튼을 눌러야 할 때 실수로 매도 버튼을 누르는 경우가 있다. 이런 조작 실수가 발생하더라도 침착하게 상황을 파악하고, 문제가 있다는 것을 인지하

는 즉시 거래를 종료해야 한다. 실수 자체가 여러분을 망치는 것이 아니라, 그 실수에 대한 잘못된 대처가 여러분의 자신감과 매매 관리 능력을 무너뜨릴 수 있다.

2. 갭 발생: 시장은 예기치 않게 여러분의 손절매 구간을 뛰어넘는 갭이 발생할 수 있다. 갑작스러운 시장 움직임에 당황하지 말고, 가능한 한 빠르게 매매 포지션을 청산해야 한다.

3. 거래 중단: 시장이 극도로 과열되거나 급락하는 시기에는 모든 거래가 일시적으로 중단되는 메커니즘이 작동한다. 이는 시장 폭락의 속도를 늦추기 위한 거래소의 조치다. 이러한 상황을 경험한 적이 없었다면, 비록 드문 일이긴 하지만 거래 중단이 보유 중인 모든 매매 포지션에 극적인 영향을 미칠 수 있다는 점을 반드시 인지해야 한다. 또한 이러한 경험은 심리적으로도 영향을 줄 수 있다(표 25-1 참조).

뉴욕증권거래소 서킷브레이커 시스템(Rule 80B)

시장 하락률	하락 발생 시점	거래 중단 시간
1단계: 7%	동부 표준 시간 오전 9시 30분~오후 3시 25분	시장 전체 15분간 거래 중단
2단계: 13%	동부 표준 시간 오전 9시 30분~오후 3시 25분	시장 전체 15분간 거래 중단
3단계: 20%	거래 시간 중 언제든 발생 시	해당 거래일 남은 시간 동안 시장 전체 거래 중단

표 25-1. 뉴욕증권거래소(NYSE)는 1988년 10월 19일에 최초의 서킷브레이커(일시 거래 정지) 제도(Rule 80B)를 도입했다. 시장 하락 기준(레벨)은 매년 NYSE의 가치 상승을 반영하여 변화해왔다. 이 표는 2019년 4월 9일 기준으로 최신 업데이트 내용을 반영하고 있다.
이 표는 교육 목적으로만 작성되었으며, 내용은 변경될 수 있다. 최신 정보는 반드시 거래하는 증권사에 문의하기 바란다. 출처: 미국 증권거래위원회(SEC) 공시 Release No. 34-85560: File No SR-NYSE-2019-19.

4. 시장 폐쇄: 거래 중단과 매우 유사하게, 시장 폭락의 속도를 늦추기 위한 장치로 시장 전체가 하루 동안 완전히 폐쇄되는 경우가 있다. 이런 일은 드물지만, 실제로 발생하면 포트폴리오와 심리에 상당한 영향을 미칠 수 있다(표 25-2 참조).

5. 유동성 고갈: 앞서 언급한 거래 중단이나 시장 폐쇄와 같은 사례들이 유동성 고갈의 예다. 또 다른 예로는, 한 기업에서 매수자가 대거 빠져나가고 매도자만 남는 상황이 있다. 엔론(Enron)이 대표적인 사례로, 2001년 12월 파산 당시 매수세가 완전히 사라지고 매도자만 남아 주식 거래가 사실상 불가능해졌다.

6. 정전: 최근에는 전력망 과부하로 인해 순간적인 전압 강하나 완전 정전(블랙아웃)이 예전보다 더 자주 발생하고 있다. 짧거나 긴 시간 동안 전기가 끊길 수 있기 때문에, 컴퓨터 시스템에 최소 20분 정도 사용할 수 있는 백업 배터리를 반드시 준비해두어야 한다. 이를 통해 처리해야 할 포지션을 안전하게 정리할 수 있다. 또한 증권사의 전화번호를 미리 준비해두고, 필요할 경우에 대비해 휴대폰도 완전히 충전해두는 것이 중요하다.

7. 과전압 및 과전류 현상: 장비를 보호하기 위해 과전압 차단기를 반드시 설치해야 한다. 갑작스러운 과전압 또는 과전류로 인해 컴퓨터가 손상되는 일을 막을 수 있다. 실시간으로 매매 포지션이 열려 있을 때 컴퓨터를 완전히 잃게 되면 큰 낭패를 볼 수 있다. 앞서 언급한 것처럼, 증권사의 전화번호를 미리 준비해두고, 필요할 경우에 대비해 휴대폰도 완전히 충전해두는 것이 중요하다.

8. 예상치 못한 뉴스 또는 금융 발표: 갑작스러운 FOMC 발표, 재

뉴욕증권거래소의 특별 폐장

날짜	폐장 기간(동부 표준 시간)	폐장 사유
1914년 7월 30일 ~12월 12일	4개월간 시장 완전 폐쇄	제1차 세계대전 발발로 인한 폐쇄
1927년 6월 13일	하루 종일 폐장	찰스 린드버그의 뉴욕-파리 첫 대서양 횡단 비행 기념 퍼레이드
1934년 2월 20일	오전 11시 개장	심한 폭설로 개장 지연
1963년 11월 22일	오후 2시 07분 폐장	존 F. 케네디 대통령 암살
1969년 7월 7일 ~9월 26일	2개월 이상 매일 오후 2시 30분 폐장	업무 처리(결제 및 청산) 마비 사태
1969년 7월 22일	종일 폐장	아폴로 11호 인류 최초 달 착륙 기념
1977년 7월 14일	종일 폐장	뉴욕시 정전(블랙아웃)으로 전기 공급 중단
1981년 3월 30일	오후 3시 17분 폐장	로널드 레이건 대통령 암살 시도
1987년 10월 23일 ~10월 30일	1주일간 매일 오후 2시 폐장	10월 19일 주가 폭락 및 거래량 급증으로 단축 거래
1987년 11월 9일 ~11월 11일	오후 3시 30분 폐장	거래소 현장 및 사무직 파업으로 단축 거래
1997년 10월 27일	오후 2시 35분, 30분간 폐장	다우존스 350포인트 하락으로 최초 서킷브레이커 발동
2001년 9월 11일 ~9월 14일	4일간 시장 완전 폐쇄	뉴욕 세계무역센터 테러
2012년 10월 29일 ~10월 30일	2일간 시장 완전 폐쇄	허리케인 샌디로 인한 홍수 및 정전
2020년 3월 23일 ~5월 26일	거래소 현장 폐쇄, 전산 거래만 진행	코로나19 팬데믹으로 인한 거래소 폐쇄

표 25-2. 뉴욕증권거래소 특별 폐장 사례. 이 목록은 일부 사례만을 포함하며, 어떤 종류의 사건들이 폐장의 원인이 될 수 있는지 보여준다. 이 표는 교육 목적으로만 작성되었다.

무 보고서, 뉴스 또는 세계적인 사건이 발생하면 시장이 빠르고 크게 반응할 수 있다. 이러한 반응은 시장을 극적으로 움직일 수 있으며, 당신의 매매 포지션에도 영향을 미칠 수 있다.

9. 예상치 못한 가격 움직임: 흔히 들어봤듯이, "과거의 성과가 미래의 결과를 보장하지 않는다"는 말처럼, 이전까지 잘 통했던 가격 움직임 분석 전략이 앞으로는 갑자기 통하지 않을 수 있다. 이는 일시적인 예외 현상일 수도 있고, 시장 주기의 변화 때문일 수도 있다. 이러한 상황은 심리적으로도 혼란을 줄 수 있다.

10. 추가 증거금 요청: 추가 증거금 요청은 신용 또는 레버리지 계좌에서 자신의 자본 비율이 증권사가 요구하는 수준 아래로 떨어질 때 발생한다. 레버리지 계좌는 자신의 돈과 증권사에서 빌린 돈을 합쳐서 매매 포지션을 보유하는 계좌다. 추가 증거금 요청은 계좌의 가치가 유지 증거금(증권사가 정한 최소 금액)보다 낮아졌을 때, 증권사가 추가 자금을 입금하라고 요구하는 것을 의미한다. 만약 요구 금액을 충족하지 못하면, 이는 매매 포지션 가치가 하락했다는 뜻이며, 자금을 마련하지 못할 경우, 큰 손실로 이어질 수 있다.

11. 상품 선물 계약의 실물 인수도: 상품 선물 계약에서 인도월은 현금 결제나 실물 인도를 위해 정해진 달이다. 문제는, 인도월을 깜빡 잊고 있다가 어느 날 갑자기 설탕 가마니가 집 앞에 배달되는 일이 실제로 생길 수 있다는 점이다. 필자의 친구에게도 예전에 이런 일이 있었다. 반드시 주의해야 할 실제 문제다.

필자 역시 앞서 언급한 많은 돌발 상황들을 직접 겪어본 적이 있는데, 어떤 경우든 결코 유쾌하게 넘길 수 있는 일은 아니었다. 하지만 사전에 몇 가지 예방 조치를 취하거나, 무엇보다도 예상치 못한 상황과 그로 인한 혼란 속에서도 침착함을 유지한다면, 다시 거래에 나설 기회를 얻을 수 있다.

드물지만 발생할 수 있는 유동성 고갈

아주 드물게, 거래할 상대가 아무도 없어 거래량이 전혀 없는 '유동성 고갈' 상황에 직면할 수 있다. 눈보라, 허리케인, 전쟁 행위, 시스템 과부하를 일으키는 과도한 거래량, 노동자 파업, 컴퓨터 고장, 서킷브레이커에 의한 거래 중단 및 폐장 등 다양한 사건들이 거래소의 정상적인 기능에 영향을 줄 수 있다(표 25-1 및 표 25-2 참조).

다음은 유동성 고갈이 발생하는 몇 가지 사례다.

- 시장 전체 거래 중단 및 시장 폐쇄
- 2001년 엔론 파산 사건처럼 매도자만 있고 매수자가 없는 폭락 사태

일반적으로 시장이 중단되거나 폐쇄되는 경우, 시장이 재개장할 때 갭이 발생할 수 있다.

다음은 시장이 중단되거나 폐쇄된 후 갭이 발생하는 사례다.

- 제1차 세계대전이 끝난 1914년: 시장이 재개되었을 때 다우존스 지수(DOW)는 4% 급등했다.

- 1927년 찰스 린드버그의 대서양 횡단 비행을 기념해 폐쇄된 후 시장이 재개되었을 때 다우존스 지수는 1.0% 급등했다.

- 1963년 존 F. 케네디 대통령 암살로 증시가 휴장한 뒤, 시장이 재개되었을 때 다우존스 지수는 4.50% 급등했다.

- 1969년 닐 암스트롱이 아폴로 11호를 타고 인류 최초로 달에 착륙한 뒤 시장이 재개되었을 때 다우존스 지수는 1.94% 하락했다.

- 2001년 9월 11일 뉴욕시에서 발생한 테러 공격 이후 시장이 재개되었을 때 다우존스 지수는 7.10% 급락했다.

이런 예기치 못한 사건들은 정말 대처하기 어렵다. 감정적으로도, 아무 통제권 없이 현재 벌어지는 일들을 그저 지켜보는 것은 매우 힘든 일이다. 그렇지만 바로 이런 상황에서 여러분의 자금 관리 전략이 어느 정도는 여러분을 보호해 줄 수 있다.

척 예거의 차분한 목소리

구글에서 검색해보면 알 수 있듯, 이건 실제로 있는 일이다. 척 예거 (Chuck Yeager, 인류 최초로 음속의 벽을 돌파한 시험 비행 조종사 – 옮긴이)의 말투는 항공, 군 지휘, 응급 의료 서비스 등에서 전설적으로 여겨진다.

대부분의 경우, 상업 항공기 조종사는 "탑승을 환영합니다. 저희는

3만 피트 상공까지 상승할 예정입니다. 편안하게 앉으셔서 비행을 즐기시기 바랍니다"라고 말한다. 그리고 드물게 "여기는 기장입니다. 현재 엔진 고장이 발생했지만, 걱정하지 마시고 침착하게 안전벨트를 매주시기 바랍니다"라고 안내하는 경우도 있다.

메시지가 무엇이든 그들은 항상 침착함을 유지한다.

톰 울프(Tom Wolfe)는 《더 라이트 스터프(*The Right Stuff*)》에서 척 예거의 소박하고 침착한 웨스트버지니아식 억양을 처음으로 기록했다. 예거가 제2차 세계대전에서 전투 임무를 수행할 때나 음속을 돌파할 때나, 그의 무전 목소리는 언제나 같았다. 침착하고, 동요하지 않으며, 느긋하고, 명확하고, 전문적이었다.

시장이 어떤 상황을 던져주더라도 척 예거처럼 침착하고, 냉정하며, 흔들림 없이 대응하라.

머릿속에 그 목소리를 떠올리며, 당신의 전체적인 태도도 침착하고 흔들림 없이 유지하라. 침착함을 잃지 말고 문제를 해결해나가라. 이러한 성격과 마음가짐은 거래를 관리할 때 큰 도움이 될 것이다. 그림 25-3을 참조하라.

그림 25-3. 척 예거는 제2차 세계대전에서 11대의 적기를 격추하며 수많은 전투 임무를 수행했고, 1947년 10월 14일에는 인류 최초로 음속의 벽을 돌파한 인물이다. 그의 전설적인 침착한 무전 스타일은 항공 분야의 신입 조종사들에게 전수되었고, 이후 군대와 다른 분야에도 널리 적용되었다. 조종석에서 어떤 위기 상황이 닥쳐도 예거는 항상 침착함을 잃지 않았다. 금융시장에서 어떤 일이 벌어지더라도, 예거처럼 침착하고 냉정하며 흔들림 없이 대응하는 것이 중요하다.

7단계

매매를
사후 분석하라

제26장

역사로부터 배우기

이제 사후 분석에 집중할 차례다. 여러분의 매매나 투자는 이제 종료되어, 이익이든 손실이든 결과가 확정되었다. 어느 쪽이든, 이제 기록 관리 시스템을 활용해 거래의 모든 세부 사항을 기록하고, 거래를 사후 분석할 시간이다.

이 책의 제15장을 참고하고, 소개된 웹사이트의 자금 관리(Money Management) 부분도 참고할 수 있다. 해당 부분에는 다양한 매매 포지션을 추적할 수 있도록 도와주는 양식과 원장이 가득 들어 있다. 아직 이러한 시스템을 사용하고 있지 않다면 큰 도움이 될 것이다. 이러한 기록 관리의 목적은 자신의 과거 성과로부터 배우기 위함이다.

추적해야 할 과거 데이터는 다음과 같다.

1. 승률

2. 보상 비율

3. 최대 수익 거래

4. 최대 손실 거래

5. 평균 수익 거래

6. 평균 손실 거래

7. 최대 손실 비율

8. 평균 손실 비율

세계사를 공부하는 것과 마찬가지로, 자신의 금융 성과 이력을 공부하는 것도 매우 중요하다. 이는 수익성과 일관성을 개선할 수 있는 유일한 방법이다. 본질적으로, 여러분의 장부는 여러분만의 개인 금융 역사서다. 이 장부를 꼼꼼히 살펴보라. 시간이 지나면서 수익을 늘리고자 할 때, 이 기록들이 여러분의 가장 든든한 친구가 되어줄 것이다.

역사에서 배우지 못하는 사람은 똑같은 실수를 반복할 운명이다.
—조지 산타야나, 스페인계 미국인 철학자이자 시인

좋았던 점, 나빴던 점 그리고 아주 안 좋았던 점까지 모두 현미경으로 들여다보듯 세밀하게 분석해야만, 무엇이 잘됐고 무엇이 잘못됐는지 알 수 있다. 그리고 자신의 매매 시스템이 어떤 결과를 낼 수 있는지 파악하는 것도 매우 중요하다.

그림 26-1은 필자의 한 학생이 트레이딩을 시작한 첫해에 작성한 연간 거래 원장이다. 이 원장은 원래 필자의 저서《트레이더의 자금 관리

시스템(*A Trader's Money Management System*)》(존 와일리 앤드 선스)에 처음 실렸으며, 1년간 모의 투자를 진행한 결과를 거시적으로 보여준다.

　1년 동안 모의 투자를 하는 학생은 많지 않다. 보통 학생들은 더 짧

그림 26-1. 이 연간 거래 원장은 《트레이더의 자금 관리 시스템》에서 처음 소개된 한 학생의 사례다. 이 원장은 해당 학생이 모의로 선물 거래를 한 1년간의 통계 데이터를 보여준다. 순이익/손실 누적 금액 항목을 보면, 이 학생은 2만 5,000달러 계좌로 1년 동안 1만 1,700.24달러의 수익을 올렸다. 이는 12개월 동안 원금 대비 51%의 수익률에 해당한다.

출처: NinjaTrader(www.ninjatrader.com)

은 기간 동안 모의 투자를 하지만, 이 사례는 실제 학생의 여정을 잘 보여주는 좋은 예시이자 효과적인 기록 관리 방법을 설명하기에 완벽한 사례처럼 보인다.

참고: 실거래 계좌에 들어가기 전에 안전하고 효과적인 환경에서 자신의 규칙을 테스트할 수 있도록, 모의 투자에 관한 전체 가이드라인이 제20장에 수록되어 있으니 참고하기 바란다. 모의 투자를 할 때도 실거래와 마찬가지로 사후 분석을 똑같이 진행해야 한다.

연간 거래 원장(표 26-1)의 거시적인 흐름과 제15장에 있는 연간 자산 곡선 그래프(그림 15-5)를 보면, 오르내림이 있었음을 알 수 있다. 누구의 자산 곡선도 항상 직선으로 상승하는 경우는 없다.

다음으로, 월별 통계라는 미시적인 관점에서 조금 더 자세히 살펴보라. 이 과정을 통해 실제 여정의 변화와 흐름을 느낄 수 있다. 예를 들어 1월은 월간 순이익이 3,694.08달러로 매우 좋은 출발을 보였다. 그러나 바로 이어진 2월과 3월에는 모두 순손실이 발생해, 누적 순이익이 2,096.62달러로 줄어들었다.

상상할 수 있듯이, 두 달 연속 손실을 기록하면 트레이더의 심리에 큰 타격이 될 수 있다. 4월과 5월에는 다시 두 달 연속 수익을 냈지만, 6월과 7월에는 또다시 두 달 연속 손실을 기록했다. 특히 6월에는 2,925.80달러의 순손실이 발생했는데, 이는 연중 가장 큰 월간 손실이었다.

그리고 그해 남은 5개월 동안은 단 한 번의 손실도 없이, 자산 곡선이 꾸준히 상승하며 누적 순이익이 계속 늘어났다. 경험이 쌓이면서, 이 1년 차 트레이딩 학생은 자신의 접근 방식을 다듬어 5개월 연속 수익을

연간 거래 원장(필자의 학생)

월	거래 건수	이익 건수	손실 건수	총이익	수수료	순손익	누적 순익
1월	46	21	25	4,295.00	(600.92)	3,694.08	3,694.08
2월	28	9	19	(320.00)	(459.74)	(779.74)	2,914.34
3월	13	5	8	(615.00)	(202.72)	(817.72)	2,096.62
4월	32	14	18	3,345.00	(524.90)	2,820.10	4,916.72
5월	28	9	19	1,062.51	(325.80)	736.71	5,653.43
6월	29	7	22	(2,600.00)	(325.80)	(2925.80)	2,727.62
7월	23	8	15	(5.00)	(394.58)	(399.58)	2,328.04
8월	33	14	19	2,837.50	(275.12)	2,562.38	4,890.42
9월	16	5	11	650.00	(162.90)	487.10	5,377.52
10월	21	9	12	2,237.50	(191.86)	2,045.64	7,423.16
11월	33	13	20	3,937.50	(224.44)	3,713.06	11,136.22
12월	21	9	12	850.00	(285.98)	564.02	11,700.24
합계	323	123	200	15,675.00	(3,974.76)	11,700.24	

표 26-1. 이것은 학생의 연간 거래 원장(그림 26-1 참고)에 있는 실제 데이터를 표 형식으로 정리한 것으로, 더 쉽게 읽을 수 있다. 2만 5,000달러의 계좌로 총 51%($11,700.24)의 순이익을 기록했다. 즉 이 모의 투자 계좌의 잔고가 1년 만에 2만 5,000달러에서 3만 6,700.24달러로 늘었다. 하지만 연간 51%의 수익에 도달하기 전까지 몇 달간의 손실 구간이 있었음을 유의하라(순손익 열 참고). 이런 현상은 모든 자산 부류에서 흔히 볼 수 있는 정상적인 일이다. 이 표는 교육 목적으로만 제공된 것이다. 어떤 계좌도 여기에서 언급된 것과 유사한 수익이나 손실을 달성할 것이라고 보장하지 않는다.

내는 데 성공했다. 이러한 일관성을 높일 수 있었던 비결은 바로 사후 분석 능력이었다.

다음으로, 같은 1년 차 학생의 트레이딩 성적표인 표 26-2를 살펴보겠다. 이 표는 제15장에 있는 그림 15-3과 연관되어 있다. 이러한 데이터는 여러분이 자신의 거래를 사후 분석할 때 꼭 필요한 자료다.

트레이딩 성과표(필자의 학생)

지표	연간 결과
승률	39%
보상 비율	$1.96
최대 수익 거래	$2,814.14
최대 손실 거래	$(621.72)
평균 수익 거래	$559.50
평균 손실 거래	$(285.59)
최대 손실 비율	12%
평균 손실 비율	6%
총손익률	50.7% 수익

표 26-2. 이것은 학생의 트레이딩 성과표(제15장 그림 15-3과 연관됨)에 있는 실제 데이터를 표 형식으로 정리한 것으로, 더 쉽게 읽을 수 있다. 성과표를 사용하면 모든 핵심 통계 정보를 한눈에 볼 수 있는 간편한 시트로 정리할 수 있어 매우 유용하다. 이러한 정보는 자신의 거래를 거시적으로 사후 분석할 때 꼭 필요한 자료다. 이 표는 교육 목적으로만 제공된 것이다. 어떤 계좌도 여기에서 언급된 것과 유사한 수익이나 손실을 달성할 것이라고 보장하지 않는다.

성과표에 담긴 정보가 연간 거래 원장의 더 상세한 정보를 압축한 것임을 주목하라. 성과표에서 추출된 이 요약 정보는 1년 전체 성과를 거시적으로 보여준다. 보다시피, 이 계좌는 1년 동안 51%의 수익을 기록하며 성공적인 한 해를 보냈다.

하지만 더 미시적인 자료인 연간 거래 원장으로 내려가보면, 훨씬 더 많은 평가 정보를 얻을 수 있다. 여기에서는 손실이 발생한 달과 1년 동안의 진행 과정을 모두 확인할 수 있다. 다시 한번 강조하지만, 앞으로의 통계를 개선하려면 사후 분석이 반드시 필요하다.

그리고 더 미시적인 단계로 내려가면, 실제 개별 거래 기록 카드에 도달하게 된다. 이 카드에는 손익뿐만 아니라, 각 거래에서 사용한 실제 전략과 당시의 심리 상태에 관한 데이터도 포함되어 있다.

진짜 마법이 일어나는 순간은 바로 여기다. 어떤 전략과 마음가짐이 수익 거래를 만들어내는지 발견할 때다. 반대로, 어떤 전략과 마음가짐이 손실 거래를 초래하는지 파악하는 것도 매우 유용하다(그림 26-2와 그림 26-3 참조).

표본 크기의 중요성

모의 투자나 실거래에서, 어떤 전략이나 접근법을 평가할 때는 충분한 시간과 충분한 표본 크기를 확보해야 유효한 테스트가 된다. 경험이 부족한 트레이더들은 종종 한 전략에서 다른 전략으로 자주 옮겨 다니며, 그 전략의 효과 여부를 검증할 충분한 시간을 주지 않는 경우가 많다.

이 역시 표본 크기의 문제로 귀결된다. 사후 분석을 할 때, 규칙이나 접근 방식을 변경할지 고민 중이라면, 현재의 규칙에 대해 충분한 테스트, 즉 충분한 표본 크기를 확보했는지 반드시 확인해야 한다. 그래야만 그 테스트가 의미 있는 결과를 줄 수 있다.

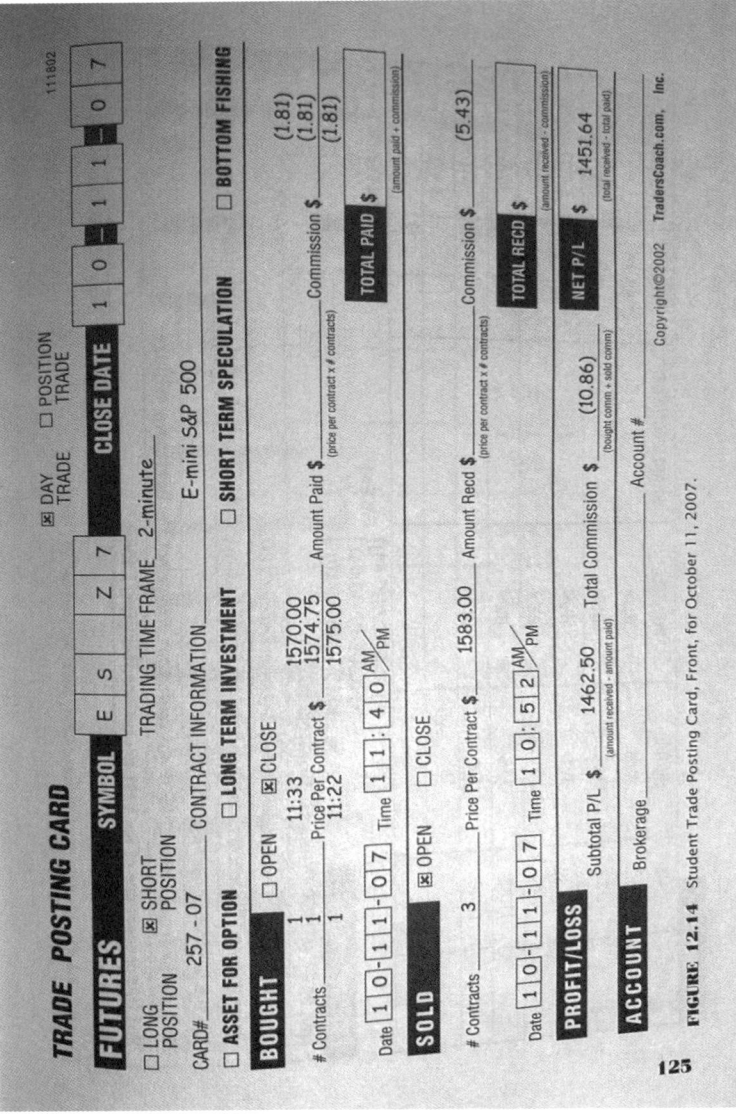

FIGURE 12.14 Student Trade Posting Card, Front, for October 11, 2007.

그림 26-2. 이 개별 거래 기록 카드(앞면)는 필자의 저서 《트레이더의 자금 관리 시스템》에 처음 등장한 한 학생의 실제 사례다. 이 카드는 실제 거래 기록 카드 자체를 보여주며, 거래의 극도로 미세한 수준을 담고 있다. 출처: © www.TradersCoach.com

---

TRADE POSTING CARD

☐ DAY TRADE ☒ POSITION TRADE

FUTURES SYMBOL E S Z 7   **CLOSE DATE** 1 0 – 1 1 – 0 7

111802

☐ LONG POSITION ☒ SHORT POSITION

CARD# ___257 - 07___ CONTRACT INFORMATION

TRADING TIME FRAME ___2-minute___

E-mini S&P 500

☐ ASSET FOR OPTION ☐ LONG TERM INVESTMENT ☐ SHORT TERM SPECULATION ☐ BOTTOM FISHING

BOUGHT

☐ OPEN ☒ CLOSE

Contracts 1   11:33   1570.00
           1   Price Per Contract $ 11:22 1574.75   Amount Paid $ 1575.00   Commission $ (1.81)
                                                                                            (1.81)
                                                                                            (1.81)

Date 1 0 – 1 1 – 0 7 Time 1 1 : 4 0 AM/PM

(price per contract x # contracts)

TOTAL PAID $ _____

(amount paid + commission)

SOLD

☒ OPEN ☐ CLOSE

Contracts 3   Price Per Contract $ 1583.00   Amount Recd $ _____   Commission $ (5.43)

Date 1 0 – 1 1 – 0 7 Time 1 0 : 5 2 AM/PM

(price per contract x # contracts)

TOTAL RECD $ _____

(amount received - commission)

PROFIT/LOSS

Subtotal P/L $ 1462.50   Total Commission $ (10.86)   NET P/L $ 1451.64

(amount received - amount paid)   (bought comm + sold comm)   (total received - total paid)

ACCOUNT

Brokerage _____   Account # _____

Copyright©2002   TradersCoach.com, Inc.

125

| STOP-LOSS | | | | | | 111802 |
DATE	TIME	SIGNAL	BUY/SELL	SHARES/CONTRACTS	PRICE	ACTUAL FILL
10-11-07	10:52	T/S	BUY	3	1585.25	
	11:22	SCO BLIBR	BUY	1		1575.00
	11:22	T/S	BUY	2	1585.25	$400 Profit
	11:33	SCO BLTBR	BUY	1		1570.00
	11:33	T/S	BUY	1	1585.25	$650 Profit
	11:40	CLO	BUY	1		1574.00
						$412.50 Profit

A) 10-09-07 (10:44)
B) 10-09-07 (13:04) } Fib Ext
B) 10-10-01 (10:30) } Points

$1462.50 Profit
Total

TRADING NOTES

MP PTP : MINOR PYRAMID TRADING POINT

Market posted a bearish divergence between Price and PO.

Price reached Fibonacci Extension between 1.000 & 1.618 (~1586.75) which usually I have found to be a resistance.

On the 5-minute chart a ∇PTP was posted.

I close the trade after a BRPTP got voided out. Maybe not the best move. Will see.

But this one was one of my best executions this year, I think.

FIGURE 12.15 Student Trade Posting Card, Back, for October 11, 2007.

그림 26-3. 이 거래 기록 카드(뒷면)는 팔자의 저서 《트레이더의 자금 관리 시스템》에 처음 등장한 한 학생의 실제 사례다. 이 카드는 거래의 극비로 미시적인 수준, 즉 실제 거래 기록 카드 체를 보여준다. 출처: © www.TradersCoach.com

실패와 실수는 가장 위대한 스승이다

실수든 실패든, 이름이 무엇이든 간에 그것들은 최고의 스승이 될 수 있다. 성공한 사람에게 물어보면 대부분 실패를 거듭하며 정상에 올랐다고 말할 것이다. 그리고 실패나 실수가 클수록, 그만큼 더 많은 것을 배울 수 있다.

트레이딩과 투자는 다른 어떤 직업과도 다르지 않으며, 성공하려면 끈기를 가져야 하고 위험을 감수할 각오도 필요하다. 위험을 감수할 때 실패와 실수를 겪는 것은 불가피한 일이다. 실패와 실수를 어떻게 받아들이고 극복하느냐가 여러분이 위대한 성과를 이룰 수 있는 능력을 결정짓는다.

유명한 사람들 역시 성공을 누리기 전에 많은 실패를 겪고 실수를 했다. 그러니 때로는 실패가 성공으로 가는 첫걸음이 되기도 한다는 것을 알 수 있다. 역사 속 위대한 인물들에게서 영감을 얻고 싶다면 바이오그래피 채널(미국 등에서 방송되는 TV 채널로, 역사적으로 유명한 인물들의 삶과 업적, 성공과 실패, 인간적인 면모 등을 다큐멘터리 형식으로 소개하는 방송 – 옮긴이)을 시청하는 것도 좋다. 이 사실을 증명하는 사례들을 만날 수 있을 것이다.

성공적인 실패 사례 몇 가지

- 헨리 포드는 포드 자동차 회사를 창립하기 전에 다섯 번의 사업에 실패해 빈털터리가 되었다.
- 토머스 에디슨은 선생님들에게 "저 아이는 머리가 너무 나빠서 아

무엇도 배울 수 없다"라는 말을 들었고, 백열전구를 상업적으로 사용할 수 있을 만큼 완성하기까지 천 번이 넘는 시도를 했다.

- 오빌(Orville Wright)과 윌버 라이트(Wilbur Wright) 형제는 공중에 떠서 머물 수 있는 비행기를 만들기 전에 우울증과 반복된 실패를 겪었다.

트레이딩의 사후 분석을 하다 보면, 실패하거나 실수한 거래를 반드시 검토하게 된다. 인간이라면 누구나 실수할 수 있다. 실수와 실패는 성장과 학습 과정의 일부임을 기억하는 것이 중요하다. 포드 자동차의 창립자 헨리 포드는 1929년 한 인터뷰에서 이 주제에 대해 귀중한 통찰을 나누었다(그림 26-4 참조).

> ### 진짜 실수란,
> ### 아무것도 배우지 못한 실수뿐이다.
> —헨리 포드

그림 26-4. 진짜 실수—모든 실수와 실패에서 반드시 무언가를 배우는 것이 매우 중요하다. 그래야만 트레이더와 투자자로 발전하고 성장할 수 있다.

타인의 실수로부터 배우기

자신의 실수에서 배우는 것뿐만 아니라, 해당 분야의 다른 전문가들의 조언을 구함으로써 그들의 실수에서도 배울 수 있다. 예를 들어 성공한

다른 트레이더와 투자자들을 연구하고, 그들이 겪었던 실수로부터 최대한 많은 것을 배우는 것이 좋은 방법이다.

> 다른 사람의 실수에서 배워라. 당신이 모든 실수를 직접 겪기에는 인생이 너무 짧다.
>
> —엘리너 루스벨트, 미국 전 퍼스트레이디

실수를 직접 저지르지 않는 것이 훨씬 낫다. 하지만 어떤 교훈은, 실제로 그 실수를 겪어보고 나서야 진정으로 배우는 사람들이 있다는 것도 필자는 보아왔다.

제27장
사후 분석 전략

매매와 투자에 대한 사후 분석 과정은 데이터를 꼼꼼히 살펴보며 무엇이 효과적이었고 무엇이 그렇지 않았는지, 그리고 목표가 달성되었는지를 확인하는 작업이다. 그다음에는 효과가 있었던 부분을 더 많이 반복하고, 효과가 없었던 부분은 줄이며, 앞으로의 목표를 다시 점검하는 것이 중요하다.

연구에 따르면, 사후 분석을 올바르게 수행할 때 효과가 있다. 스콧 태넌바움(Scott Tannenbaum)의 연구에 따르면, 정기적으로 사후 분석을 실천하는 사람들은 그렇지 않은 사람들보다 약 25% 더 높은 성과를 낸다. 그는 2013년 2월 학술지 《휴먼 팩터스(*Human Factors*)》에 실린 논문 〈메타 분석 - 팀과 개인의 사후 분석이 성과를 향상시키는가?〉에서, 사후 분석은 팀과 개인 모두에게 똑같이 효과가 있다고 밝혔다.

팀을 개별 트레이더와 비교할 때 필자의 개인적인 경험에 비추어보면, 주간 그룹 데이 트레이딩 방에서 실시간 온라인 방의 참가자들이 서로의 거래에 관한 생각과 사후 분석을 공유할 때, 그것이 정말로 전체 그룹의 성과가 실제로 향상된다는 사실을 증명할 수 있다. 반면, 필자 혼자서 거래를 사후 분석할 때도 개인적인 성과가 개선되는 것을 느낄 수 있다.

정기적으로 사후 분석을 실행할 때 성과가 25% 향상된다는 연구 결과가 있다면, 우리는 반드시 이 과정을 일상 과정에 포함하는 것이 당연하다.

소크라테스는 이것을 인정할 만큼 겸손했다

위대한 철학자 소크라테스는 원래 "나는 내가 아무것도 모른다는 것만을 안다"라고 말했는데, 이 말은 현대적으로 더 간결하게 바뀌었다(그림 27-1 참조). 만약 세상 모든 사람이 소크라테스처럼 겸손하다면, 더 성공적인 트레이더와 투자자가 많아질지도 모른다.

> # 당신은 자신이 모르는 것을 모른다.
> —소크라테스

그림 27-1. 당신은 모른다—이 의도적으로 중복된 표현은 소크라테스가 "나는 내가 아무것도 모른다는 것만을 안다"라고 말한 것의 현대적인 버전이다. 이는 우리가 지금 가지고 있는 정보만 가지고 일할 뿐이며, 아직 우리가 알지 못하는 정보가 많다는 의미다.

사실, 트레이더나 투자자로서 겸손함을 갖는 것은 매우 가치 있는 자질이다. 이는 당신이 모든 것을 알 수 없다는 사실을 깨닫게 해주고, 성공의 정도와 상관없이 어느 정도의 무지가 있음을 인정하게 해준다. 이러한 인식은 당신이 더 나아질 수 있게 하고, 필요할 때 더 나은 또는 더 완전한 정보를 적극적으로 찾도록 해준다.

겸손한 마음가짐을 기르면 사후 분석에서 더 많은 것을 얻을 수 있을 것이다.

더닝-크루거 효과는 실제다

대부분의 적극적인 트레이더들이 실제 시장에서 돈을 잃는다는 것은 일반적으로 받아들여지는 사실이다. 증권사들은 모든 거래 내역을 보기 때문에 이러한 통계를 잘 알고 있다. 일부에서는 전체 트레이더의 90%가 돈을 잃는다고도 하는데, 이는 매우 놀라운 통계다.

그리고 우리는 그 이유가 무엇인지 궁금해한다.

이것은 1999년 코넬 대학교의 저스틴 크루거(Justin Kruger)와 데이비드 더닝(David Dunning)이 처음으로 설명하고 연구한 더닝-크루거 효과 때문일 가능성이 크다. 이 현상은 특정 분야에서 능력이 부족한 사람이 자신의 능력을 과대평가하는 경향을 의미한다.

자신의 무지의 범위를 모르는 것은 인간의 본성 중 하나다. 문제는 우리가 이 점을 다른 사람들에게서는 잘 보지만, 정작 자신에게서는 보지 못한다는 것이다.

—데이비드 더닝, 미국의 사회심리학자이자 대학교수

더닝과 크루거가 실시한 연구의 그래프(그림 27-2)를 보면, 차트의 왼쪽 맨 위 선은 참가자들이 인식한(스스로 생각한) 시험 점수이고, 아래쪽 선은 실제 시험 점수다. 이 연구에서 대부분의 참가자들은 자신의 성과를 실제보다 높게 평가했으며, 특히 하위 25%에 속하는 가장 능력이 부족한 참가자들이 자신을 과대평가하는 경향이 두드러졌다.

그들은 아는 것이 적을수록 자신이 아는 것이 많다고 생각했다.

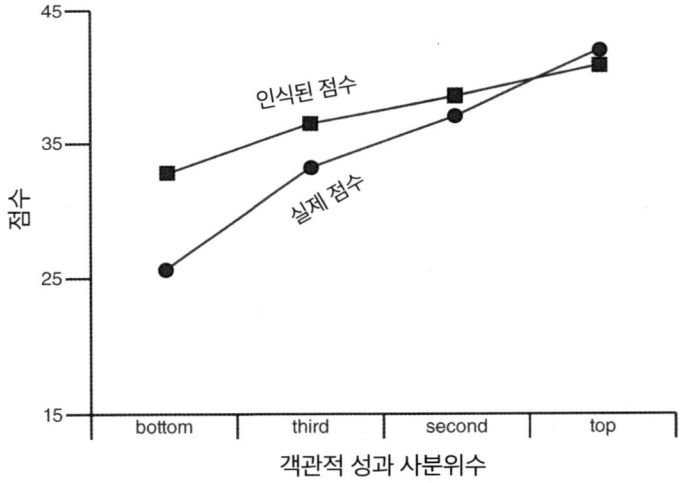

그림 27-2. 더닝-크루거 효과는 능력이 가장 부족한 사람들이 자신의 능력을 과대평가하는 흥미로운 현상이다. 이 효과는 1999년 저스틴 크루거와 데이비드 더닝에 의해 처음으로 정의된 인지적 편향이다(반대로, 아이러니하게도 매우 뛰어난 능력을 가진 사람들은 오히려 자신의 능력을 과소평가하는 경향이 있는데, 이는 두 선이 교차하는 지점에서 볼 수 있다). 차트의 위쪽 선은 인식된 점수(자기 평가), 아래쪽 선은 실제 점수로, 사분위수로 최하위, 3위, 2위인 그룹에서 실제 점수보다 인식된 점수가 더 높다.

출처: Phlsph7 https://commons.wikimedia.orgwikiFileDunning-kruger_effect_-raw_score.svg

더닝-크루거 효과 연구에 비추어볼 때, 초보 트레이더와 투자자들이 자신도 모르게 자신의 실력을 과대평가할 가능성이 있다는 것은 충분히 타당한 생각이다. 이 효과는 자신이 초보라고 생각하지 않더라도 아직 꾸준한 수익을 내지 못하는 사람들에게도 적용될 수 있다.

큰 수익을 올렸지만 실제로는 단지 운이 좋았을 뿐이고, 위험 관리도 전혀 하지 않은 트레이더를 생각해보라. 이런 트레이더는 "자신이 모르는 것을 모르기" 때문에 지나치게 자신감을 가질 수 있다.

계좌의 금액이 늘어났기 때문에 자신감이 생기고 스스로 지식이 있다고 느끼는 것은 당연한 일이다. 하지만 "그들이 모르는 것"이야말로 언젠가 그들을 방심하게 만들고, 결국 계좌의 돈을 모두 잃게 할 수도 있는 위험 요소다.

> 이러한 메타 무지(즉 무지에 대한 무지)는 전문성과 지식의 부족이 종종 '알지 못하는 것조차 모르는 영역'에 숨어 있기 때문에 생긴다.
>
> —데이비드 더닝

그리고 여기 난제가 있다. 자신이 모르는 것을 모른다면, 어떻게 알 수 있을까? 다행히 해결책이 있다. 그것은 바로 메타 인지 능력을 기르는 것이다. 메타 인지는 생각에 대해 생각하는 것을 의미한다. 이는 학습과 문제 해결을 위한 최적의 전략을 결정하고, 그것을 언제 적용해야 할지 아는 데 필수적인 과정이다.

메타 무지에서 메타 인지로 도약하기

그렇다면 우리는 어떻게 메타 무지에서 메타 인지로 나아갈 수 있을까? 먼저, 헬스장에 가서 운동하듯이 뇌를 단련하여 새로운 정보를 더 잘 받아들일 수 있도록 해야 한다. 그리고 우리가 모든 것을 알고 있는 것이 아닐 수도 있다는 가능성에 대해 의식적으로 열린 마음을 유지해야 한다.

뇌를 단련하는 몇 가지 방법은 다음과 같다.

- 자기 성찰과 회고를 위한 시간 마련하기: 일기 쓰기는 과학적으로 입증된 많은 이점이 있다. 건강상의 여러 효과를 넘어, 일기는 메타 인지를 기르는 데 매우 뛰어난 도구다. 주간 일지든 혹은 다른 형식이든, 자신의 발전과 능력을 솔직하게 평가하는 시간을 꼭 가져라.
- 의사 결정을 할 때 심층적 사고 사용하기: 가장 뻔한 결론에 바로 도달하는 대신, 잠재적인 맹점이 무엇인지, 내가 놓치고 있는 정보가 무엇인지 스스로에게 물어보며 한 단계 더 깊이 파고들어라.
- 체계적인 메모 작성하기: 지식을 시각화하는 방법을 이용하면, 우리가 모르는 부분을 훨씬 더 쉽게 발견할 수 있다. 이때 메모하는 습관이 큰 도움이 된다. 메모 습관을 들이면, 자신의 사고 패턴과 무의식적인 사고의 지름길을 더 쉽게 파악할 수 있다.
- 판단을 흐릴 수 있는 인지적 편향 인식하기: 예를 들어 확증 편향은 희망적인 생각을 실제 믿음으로 바꾸면서 더닝-크루거 효과를

강화할 수 있다. 인지적 편향에 대해 배우고, 그런 편향을 발견했을 때 자신의 편향을 되돌아보라.

이러한 연습들은 당신의 뇌를 재구성하고 강화하여 새로운 정보와 아이디어에 열린 마음을 갖도록 도와준다. 메타 인지 능력이 향상됨에 따라 비판적 사고가 더욱 효과적으로 발전할 것이다. 어려움에 직면했을 때, 그것이 부담으로 느껴지기보다는 퍼즐을 푸는 것처럼 느껴질 것이다.

역량의 4단계, 학습 모델

정기적으로 사후 분석을 실시하면 '생각에 대한 생각'을 하게 되어, 더 강한 메타 인지 능력을 기를 수 있고, 이는 곧 더 높은 역량으로 이어진다. 다음은 뉴욕 대학교의 세 명의 경영학 교수가 1960년 《훈련 프로그램의 관리(*Management of Training Programs*)》에서 처음 제시한 역량의 4단계다.

역량의 4단계

- 무의식적 무능: 자신이 무엇을 모르는지조차 모르는 단계다. 어떤 것을 이해하지 못하거나 할 줄 모르면서도 그 부족함을 아직 인식하지 못한 상태다. 기술의 유용성을 부정할 수도 있다. 다음 단계로 넘어가기 위해서는 자신의 무능함과 새로운 기술의 가치를 인

식해야 한다. 이 단계에 머무는 시간은 학습 동기가 얼마나 강한지에 따라 달라진다.

- 의식적 무능: 자신이 모르는 것을 인식하지만 아직 배우지 않은 상태다. 어떤 것을 이해하지 못하거나 할 줄 모르지만, 그 부족함과 그 부족함을 해결하는 데 필요한 새로운 기술의 가치를 알고 있다. 이 단계에서는 실수가 학습 과정의 중요한 부분이 될 수 있다.
- 의식적 유능: 지식을 습득하고 있는 단계다. 무언가를 할 줄 안다. 여러 단계로 나누어 수행할 수 있으며, 새로운 기술을 실행할 때 많은 의식적인 노력이 필요하다. 하지만 이 기술이나 지식을 보여주려면 집중이 필요하고, 집중이 흐트러지면 다시 미숙한 상태로 돌아갈 수 있다.
- 무의식적 유능: 무언가에 완전히 숙달한 상태다. 한 기술을 충분히 연습해서 자연스럽고 쉽게 수행할 수 있게 되었다. 그 결과, 다른 일을 하면서도 그 기술을 사용할 수 있다. 또한 다른 사람에게 그 기술을 가르칠 수도 있다.

학습 모델 '역량의 4단계'는 1960년 처음 등장한 이후 더욱 발전했다. 1969년 2월, 경영 교육자 마틴 M. 브로드웰(Martin M. Broadwell)은 한 기사에서 이 모델을 '교육의 4단계'라고 불렀다. 1973년에는 폴 R. 커티스(Paul R. Curtiss)와 필립 W. 워런(Phillip W. Warren)이 《생활 기술 코칭의 역동성(The Dynamics of Life Skills Coaching)》에서 이 모델을 언급했다. 이후 1970년대에는 고든 트레이닝 인터내셔널(Gordon Training International)에서 직원인 노엘 버치(Noel Burch)가 이 모델을 활용했다

(그림 27-3 참조).

　사후 분석을 할 때, 꾸준히 수익을 내기 위해 필요한 각각의 개별 기술에 대해 자신이 역량의 4단계 중 어디에 있는지 확인하는 것이 도움이 될 것이다. 물론 지금 읽고 있는 이 책에서는 필요한 다양한 기술들을 이미 설명하고 있으니, 스스로 평가하여 어떤 기술을 가장 먼저 집중해서 연습해야 할지 결정할 수 있다.

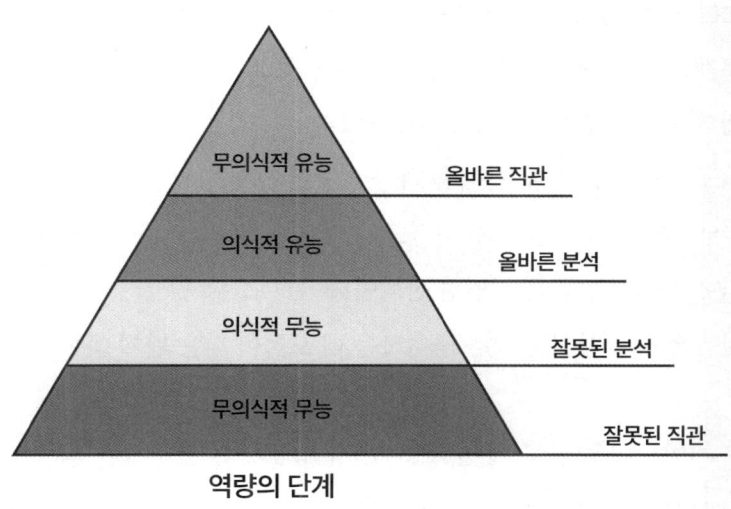

그림 27-3. 역량의 4단계 학습 모델은 어떤 기술에서 무능력에서 유능함으로 발전하는 과정에서 나타나는 심리적 상태와 관련이 있다. 이 단계들은 사람들이 처음에는 자신이 얼마나 모르는지조차 인식하지 못하거나, 자신의 무능력을 의식하지 못한다는 것을 보여준다. 이후 자신의 무능력을 인식하면, 의식적으로 기술을 습득하고, 의식적으로 그 기술을 사용하게 된다. 결국에는 그 기술을 의식적으로 생각하지 않아도 사용할 수 있게 된다. 이것이 바로 무의식적 유능함, 즉 숙련의 단계다.

출처: 위키피디아(Tylzael) https://en.wikipedia.org/wiki/Four_stages_of_competence#/media/File:Competence_Hierarchy_adapted_from_Noel_Burch_by_Igor_Kokcharov.svg

사후 분석 전략

사후 분석 과정은 원래 군대에서 시작되었다. 이는 전쟁 중에 발생한 외상적 사건의 심리적 영향을 완화하고, 급성 스트레스 반응을 줄이며, 외상 후 스트레스 장애(PTSD)의 발생 빈도를 낮추기 위해 도입되었다. 군 환경에서의 사후 분석 성공은 이내 다른 분야로도 확산되었다.

예를 들어 비즈니스 세계에서는 조직 내 사후 분석이 팀과 개인 모두의 효율성을 높이기 위한 표준 운영 절차로 자리 잡았다. 사후 분석은 프로젝트 관리, 프로젝트 가속화, 어려운 목표 관리, 그리고 새로운 접근법의 혁신에 중요한 역할을 할 수 있다.

연구에 따르면, 사후 분석을 하는 사람이 그렇지 않은 사람보다 성과가 25% 더 높다는 것이 밝혀졌으니, 이것을 우리의 트레이딩과 투자 전략에 추가하는 것은 당연한 선택이다.

다음은 사후 분석 전략을 구현하는 데 도움이 되는 단계 목록이다.

- 정기적인 시간과 장소 정하기: 사후 분석을 일상적인 루틴의 한 부분으로 만들어라. 그룹이든 개인이든, 이러한 구조에 익숙해지면 매일, 매주 또는 매달 정기적으로 사후 분석을 하게 될 것이다. 결국 사후 분석을 자주 할수록 그 과정은 더욱 효과적으로 된다.
- 학습 환경 조성하기: 모두가 학습이 가장 중요하다는 점을 알 수 있도록 기대치를 설정해야 한다. 이는 그룹뿐만 아니라 개인에게도 해당한다. 모든 참여자가 실수를 인정하고, 오류를 범하고, 약점을 드러낼 수 있도록 허용하라. 이런 과정을 통해 성장과 학습

이 이루어진다. 타인과 자신에게 겸손하고 솔직해지는 것이 자신의 역량을 향상시키는 가장 좋은 방법이다.

- 네 가지 핵심 질문 검토하기

1. 무엇을 달성하려고 했는가?: 모든 사후 분석은 달성하고자 했던 목표를 다시 확인하는 것에서 시작해야 한다. 이 부분이 명확하지 않으면, 나머지 사후 분석 과정은 큰 의미가 없다. 왜냐하면 성공을 어떻게 판단할지 알 수 없기 때문이다. 처음에는 트레이딩 규칙을 지키는 것이 첫 번째 목표가 될 수 있다. 만약 이 규칙을 지켰다면, 목표를 달성한 것일까? 성장함에 따라 목표는 일일 또는 주간 수익 목표로 바뀔 수 있다. 또는 새로운 전략을 테스트하는 것이 목표가 될 수도 있다.

2. 어디에서 목표를 달성했는가, 혹은 달성하지 못했는가?: 목표와 규칙이 명확하다면, 목표를 달성했는지 여부에 대해 명확하게 이야기할 수 있다.

3. 결과의 원인은 무엇인가?: 이것은 근본 원인 분석으로, 표면적인 1차 답변보다 더 깊이 파고들어야 한다. 예를 들어 하루 300달러의 수익을 목표로 했는데 실제로는 하루 평균 100달러의 수익만 냈다면, 일일 수익 감소의 근본 원인을 찾아야 한다. 근본 원인을 파악하는 효과적인 도구는 다섯 번의 '왜?'다. 답할 때마다 왜 그런지 계속 물어보라. 다섯 번쯤 반복하다 보면, 당신을 방해하는 근본적인 문제를 발견할 수 있다.

4. 새로 시작해야 할 일, 중단해야 할 일, 계속해야 할 일은 무엇인가?: 드러난 근본 원인들을 바탕으로, 앞으로의 계획에 어떤 변

화가 필요할까? 이제 우리가 알고 있는 사실을 바탕으로, 구체적으로 다음에는 무엇을 해야 할까?

• 배운 교훈을 체계적으로 기록하기: 사후 분석 중에 얻은 모든 교훈을 나중에 활용할 수 있는 형식으로 반드시 기록해두라. 세션마다 사용할 사후 분석 노트를 만들어보는 것도 좋다.

사후 분석에서 가장 큰 어려움은 그것을 시작하는 것이다. 일단 시작하면, 이 과정이 얼마나 자연스럽고 직관적인지, 그리고 실제 성과에 얼마나 큰 도움이 되는지 금방 깨닫게 된다.

현미경으로 거래 살펴보기

증권사 거래 명세서에서 단순히 수익과 손실 숫자 하나만 보는 것보다, 실제로 자신의 거래를 현미경으로 들여다보듯 살펴보는 것이 훨씬 더 효과적인 사후 분석이다. 이렇게 해야만 매일, 매주, 매월, 매년의 수익과 손실 숫자 이면에 담긴 진짜 의미를 이해할 수 있다.

각 거래를 미시적으로 들여다봄으로써 다음과 같은 것들을 이룰 수 있다.

• 운영자(트레이더) 실수의 원인을 이해할 수 있다.
• 자신의 매매 규칙을 최적화할 수 있다.
• 위험 관리 전략을 개선할 수 있다.

- 손실 구간을 줄일 수 있다.
- 과도한 매매를 식별하고 줄일 수 있다.
- 트레이더의 마음가짐을 강화할 수 있다.
- 시장 주기가 변할 때 더 빠르게 대응할 수 있다.

이 과정은 효과적이며, 처음에는 눈에 띄지 않았던 단서들을 발견할 수 있게 해준다. 미시적인 수준까지 파고들어 정보를 확대함으로써, 더 나은 방식으로 일할 수 있는 방법을 찾을 수 있고, 궁극적으로 더 높은 수익을 올릴 수 있다.

각 거래의 승률, 보상 비율 등과 같은 미시적 세부 사항을 평가하는 방법을 알아보려면 이 책의 제15장을 찾아보면 된다. 그림 27-4를 참조하라.

스스로 책임을 지고 피해자의 사고방식을 거부하라

각 사후 분석이 끝날 때마다 스스로 책임감을 느끼는 것이 중요하다. 실수하는 것은 문제가 아니라는 점을 기억하라. 우리는 실수를 통해 배운다. 잘못된 일이 생겼을 때 시장이나 다른 누군가를 탓하고 싶은 유혹을 이겨내야 한다. 겸손하고 명확한 마음가짐이야말로 문제의 근본 원인에 가장 빠르게 다가가는 방법이다. 그리고 이것이야말로 앞으로 비슷한 실수를 예방하는 가장 빠른 길이다.

궁극적으로 금융시장에서 꾸준히 수익을 내기 위해서는 피해자의

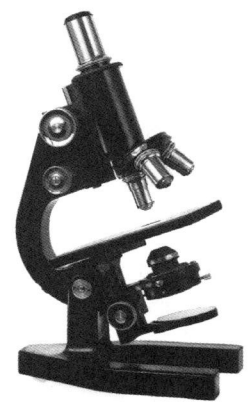

그림 27-4. 사후 분석 과정에서 모든 거래를 현미경으로 들여다보듯 분석하는 것은 트레이더나 투자자로서 성장하고 발전하는 데 매우 중요하다. 각 거래의 승률, 보상 비율과 같은 미시적인 세부 사항을 살펴보면, 더 높은 수익성과 일관성을 갖추는 데 도움이 된다.
출처: Photo 38904868 Microscope © Phartisan Dreamstime.com

사고방식을 반드시 버려야 한다. 만약 나쁜 일이 계속해서 자신에게 일어나고 세상이 자신을 적대한다고 믿는다면, 그런 신념이 영원히 자리잡게 될 것이다.

피해자의 사고방식은 다음과 같이 표현된다.

- 원하지 않는 상황의 원인을 다른 사람에게 돌리고, 자신의 상황에 대한 책임을 전혀 인정하지 않는 것. "이건 내 잘못이 아니야."
- 실제로는 그렇지 않은데도 다른 사람에게 부정적인 의도가 있다고 여기는 것.
- 다른 사람들이 대체로 더 운이 좋다고 믿는 것.
- '불쌍한 나'라는 자기 연민에서 오는 안도감이나 즐거움, 그리고 그로 인해 타인의 동정과 관심을 받는 것.

- 당연하다는 듯한 태도와 이기적인 행동을 보이는 것.
- 다른 사람들이 진심으로 도우려 할 때조차 방어적인 태도를 보이는 것.
- 흑백 논리로 생각하는 것, 즉 상황을 좋거나 나쁜 것으로만 판단하고 중간 지점이 없다고 여기는 것.
- 학습된 무기력을 보이는 것.
- 자신이 부당하게 대우받고 있다는 사실을 인정받고 싶어 하는 것.
- 자신은 도덕적으로 우월하고 다른 사람들은 도덕적으로 열등하다고 여기는 도덕적 엘리트주의.
- 자신의 깊은 고통에만 몰두하여 공감 능력이 부족하고, 타인의 고통은 무시하는 경향이 있는 것.
- 고통의 해결책보다는 고통 자체에 집착하여 곱씹는 것, 때로는 복수로 이어지기도 함.

피해자의 사고방식은 종종 과거에 학대 및 조종을 당했거나 트라우마를 겪은 사람들에게 나타난다. 과거의 트라우마는 한 사람을 평생 피해자라는 자기 이미지에 가두어둘 수 있다. 이러한 사고방식은 어린 시절 가족 구성원들로부터 학습되었을 수도 있다.

이들의 심리적 특성에는 만연한 무기력감, 수동성, 통제력 상실, 비관주의, 부정적인 사고, 강한 죄책감, 수치심, 자기 비난, 우울감 등 다양한 감정과 느낌이 포함된다.

이 책의 제6장부터 제10장(2단계: 트레이더의 마음가짐을 개발하라)에서 다룬 바와 같이, 마음가짐은 트레이더의 수익성과 결과를 결정짓는 핵심 요소다. 사후 분석 과정에서 자신을 방해하는 근본적인 문제가 있음을 발견했다면, 과거의 트라우마를 치유하거나 자격을 갖춘 치료사나 코치의 도움을 받는 것이 중요하다.

시장이 자신에게 잘못을 저질렀거나 자신을 적대한다고 느끼고, 시장의 희생양이 되었다고 생각한다면, 그로 인해 상당히 부정적인 결과가 초래될 수 있음을 알 수 있다. 피해자라는 보호막을 깨는 것은 불편할 수 있지만, 그렇게 함으로써 자신의 운명을 더 잘 통제할 수 있고, 스스로에게 책임을 지게 된다.

나가서 멋진 일을 하라

이제 용기와 두려움 없는 마음을 가지고 나가서 멋진 일을 해보자. 실수해도 괜찮다. 실수를 통해 배우고 성장하는 법이니까. 주기적으로 사후 분석을 하면서 자신의 실수를 들여다보고 현미경처럼 분석하라. 그래야만 실수로부터 진정으로 배울 수 있다.

> 실수를 전혀 하지 않는 유일한 사람은 아무 일도 하지 않는 사람이다. 같은 실수를 반복하지 않는 한, 실수하는 것을 두려워하지 마라.
>
> —시어도어 루스벨트, 미국 제26대 대통령

모든 성공한 사람들은 숱한 실패를 겪으며 정상에 오른다. 그들은 남들보다 더 자주 도전하며 위대한 성취를 이루려고 노력한다. 그래서 남들보다 더 많이, 더 아프게 실패하기도 한다. 하지만 절대로 포기하지 않으며, 마침내 꿈을 이뤘을 때 그 승리는 더욱 달콤해진다.

당신이 마음을 먹고 도전한다면 분명 멋진 일을 해낼 수 있으리라 확신한다. 물론 실패가 없을 거라는 뜻은 아니다. 중요한 것은 다시 일어나 매일 더 나아지기 위해 계속 노력하는 것이다. 그리고 루스벨트가 말했듯이, 같은 실수를 반복하지 않도록 하라.

트레이딩은 완벽한 사업이다

트레이딩은 완벽한 사업이다. 자신의 선호에 따라 시간제로도, 전업으로도 할 수 있다. 전 세계에는 트레이딩과 투자로 성공적인 비즈니스를 구축한 사람들이 많다. 아직 시작하지 않았다면, 이제 여러분이 이 엘리트 기업가 클럽에 합류할 차례다.

트레이딩이 완벽한 사업인 이유는 무엇일까?

트레이딩과 투자를 비즈니스로 삼는 것이 대부분의 다른 직업보다 뛰어난 점들을 하나씩 살펴보겠다. 개인적인 편견을 떠나 순수하게 실용적인 관점에서 볼 때, 트레이딩과 투자는 많은 장점을 가지고 있다.

트레이딩이 완벽한 사업인 열한 가지 이유

1. 전 세계 어디에서나 살고 일할 수 있다.

2. 집에서 편안하게 일할 수 있다.

3. 자신이 사업의 주인이 될 수 있다.

4. 직원이 필요하지 않다.

5. 동료가 필요하지 않다.

6. 지역 경제에 구애받지 않는다.

7. 자산 가치 상승에 의존하지 않는다.

8. 이익의 잠재력이 무한하다.

9. 강세장과 약세장 모두에서 수익을 낼 수 있다.

10. 단기 트레이딩, 포지션 트레이딩, 장기 투자 등 다양한 방식이 가능하다.

11. 대학 학위가 필요하지 않다.

전 세계의 독립적이고 기업가적인 사람들이 이 직업에 끌리는 이유를 알 수 있다. 많은 장점이 있지만, 가능성이 무한하다는 점을 기억하라.

전 세계 어디에서나 살고 일할 수 있다

이것은 트레이딩과 투자 비즈니스의 중요한 장점 중 하나다. 우리는 글로벌 경제 시대에 살고 있으며, 좋은 인터넷만 있다면 독립적인 트레이더나 투자자가 되어 전 세계 어디에서나 일할 수 있다.

물론 인터넷이 없는 나라에서는(실제로 몇몇 나라가 있다) 이 직업이 적합하지 않을 수 있다. 하지만 대부분의 사람에게는 아무런 문제가 없다. 거의 어디에서나 살 수 있는 자유는 엄청난 장점이다. 여기에 이동성, 즉 언제든 컴퓨터만 챙겨 원하는 곳으로 떠날 수 있다는 이점까지 더해진다.

예를 들어 뉴욕처럼 생활비가 비싼 도시에 살고 있다면 더 저렴한 곳으로 이사해도 여전히 일을 계속할 수 있다. 또는 가족 중 누군가가 도움이 필요해 여행을 가야 할 때도, 일을 계속할 수 있다.

자유로운 유연성

이제 금융시장에서 여러분에게 열려 있는 글로벌 기회들을 살펴보겠다. 현재 전 세계에는 뉴욕증권거래소부터 소규모 지역 거래소에 이르기까지, 규모와 거래량이 다양한 69개의 주요 증권거래소가 존재한다. 이 수치는 1961년에 설립된 세계거래소연맹(WFE)에서 제공한 자료다.

1조 달러 클럽

WFE 회원인 69개 거래소 중 현재 시가총액이 1조 달러(미국 달러) 이상인 거래소는 18곳뿐이다(표 E-1 참조). 이 그룹의 거래소들은 '1조 달러 클럽'이라는 별칭으로 불리며 이 범주에 속한 거래소들을 가리키는 표현이다.

뉴욕증권거래소는 전 세계에서 가장 큰 증권거래소로, 시가총액이 28.42조 달러를 넘는다. 그 뒤를 기술주 중심의 나스닥(25.43조 달러), 유

순위	거래소	본사 위치	국가	시가총액(조 달러, USD)
1	뉴욕증권거래소(NYSE)	뉴욕	미국	28.42
2	나스닥(NASDAQ)	뉴욕	미국	25.43
3	유로넥스트(Euronext) (7개 유럽 국가 연계)	암스테르담, 브뤼셀, 더블린, 리스본, 밀라노, 오슬로, 파리	유럽	7.22
4	일본거래소그룹(JPX)	도쿄	일본	6.66
5	상하이증권거래소(SSE)	상하이	중국	6.55
6	인도국립증권거래소(NSE)	뭄바이	인도	4.65
7	선전증권거래소(SZSE)	선전	중국	4.10
8	홍콩증권거래소(HKEX)	홍콩	홍콩	3.87
9	런던증권거래소그룹(LSEG)	런던	영국	3.42
10	토론토증권거래소(TSX)	토론토	캐나다	3.21
11	사우디거래소	리야드	사우디아라비아	2.93
12	프랑크푸르트증권거래소(FWB)	프랑크푸르트	독일	2.30
13	나스닥노르딕(Nasdaq Nordic)	스톡홀름	스웨덴	2.04
14	대만증권거래소(TWSE)	타이베이	대만	2.02
15	한국거래소(KRX)	부산	대한민국	1.98
16	스위스증권거래소(SIX)	취리히	스위스	1.95
17	비혜란증권거래소(TSE)	비혜란	이란	1.77
18	호주증권거래소(ASX)	시드니	호주	1.68

표 E-1. '1조 달러 클럽'은 현재 시가총액이 1조 달러가 넘는 전 세계 18개 거래소에 붙여진 별칭이다.

출처: https://ceoworld.biz/2024/05/19/revealed-largest-stock-exchanges-in-the-world-by-market-capitalization-2024/. 이 표는 교육 목적으로만 작성되었으며, 정보는 변경될 수 있다. 현재 정보를 확인하려면 증권사나 데이터 제공 업체와 상담하는 것이 좋다.

로넥스트(7.22조 달러), 일본거래소 그룹(6.66조 달러)이 잇고 있다.

세계 1위와 2위 거래소인 뉴욕증권거래소와 나스닥은 합쳐서 전 세계 시가총액의 42.4%를 차지한다. 2016년 이후 뉴욕증권거래소는 35.1% 성장했고, 나스닥은 무려 189.3%의 시가총액 증가를 기록했다. 상하이증권거래소(SSE)는 시가총액 6.55조 달러로 세계 5위, 인도국립증권거래소(NSE)는 4.65조 달러로 6위를 차지하고 있다.

이러한 시가총액 수치는 각 시장의 거래소에서 발생하는 현지 활동에 따라 해마다 달라지므로, 표 E-1의 수치는 수시로 변할 수 있다. 각 증권거래소의 순위 역시 주목할 만한 점이다.

금융시장이 얼마나 글로벌한지 감을 잡으려면 그림 E-1의 지도를 살펴보라. 전 세계 모든 반구(半球)에 실제로 기회가 있음을 확인할 수 있다. 이는 여러분이 원하는 거의 모든 곳에서 살고 일할 수 있다는 사실을 다시 한번 보여준다.

많은 나라에는 자국 경제의 한 부분을 대표하는 주가지수가 있다. 이러한 지수들은 해당 국가 경제의 전반적인 건강 상태를 가늠하는 척도로 자주 사용된다.

전 세계적으로 인기 있는 10대 주가지수

1. 다우존스 산업평균지수(DJIA), 미국, 1885년 설립: 뉴욕증권거래소와 나스닥에서 가장 활발하게 거래되는 30개 종목의 주가를 묶어 산출하며, 투자자들이 전체 주가의 흐름을 파악하는 데 도움을 준다.

2. DAX 지수, 독일, 1988년 설립: 유럽에서 인기 있는 지수로, 프랑크

그림 E-1. 이 세계 지도는 실제로 지구 모든 반구에 트레이딩과 투자 기회가 있음을 보여준다. 이 지도에는 뉴욕, 런던, 상파울루, 뭄바이, 도쿄, 시드니 등 세계 주요 주식거래소와 위치한 도시들이 표시되어 있다.
출처: Photo 148451219 © Oleksandr Kyrylov Dreamstime.com

     푸르트증권거래소에 상장된 30대 대형 기업의 성과를 측정한다.

3. 러시아 트레이딩 시스템(RTS), 러시아, 1995년 설립: 모스크바증권거래소에 상장된 가장 유동성이 높은 50개 주식으로 구성된다.

4. 닛케이 225, 일본, 1950년 설립: 일본 주식의 대표적이고 가장 존경받는 지수로, 도쿄증권거래소에 상장된 일본의 상위 225개 우량 기업으로 구성되어 있다.

5. 토론토 주가지수(TSX), 캐나다, 2002년 설립: S&P/TSX 종합지수는 캐나다 주요 증권거래소에 상장된 대형 기업들의 성과를 추적한다. 이는 미국의 S&P500 지수에 해당한다.

6. 파이낸셜 타임스 주가지수(FTSE), 영국, 1992년 설립: 비공식적

으로 '풋시(Footsie)'로 불리며, 영국에서 가장 잘 알려진 주가지수다. 명칭은 이 지수를 만든 두 회사, 파이낸셜 타임스(Financial Times)와 런던증권거래소(London Stock Exchange)에서 따왔다.

7. 유로 스톡스(EURO STOXX), 스위스, 1998년 설립: 도이체 뵈르제 그룹(Deutsche Börse Group)이 소유한 지수 제공 업체 STOXX가 설계한 유로존 주식 지수로, 유로존 11개국의 50개 주식으로 구성되어 있으며, 유로존에서 가장 유동성이 높은 지수 중 하나다.

8. 상파울루 지수(BOVESPA), 브라질, 1890년 설립: 미주 지역에서 가장 큰 거래소 중 하나이며, 현재 B3(브라질, 볼사, 발캉)의 일부다. 2008년에는 브라질 상품선물거래소와 합병했다.

9. NIFTY 지수, 인도, 1996년 설립: 인도에는 두 개의 국가대표 주가지수가 있는데, 하나는 봄베이증권거래소(BSE)의 SENSEX 지수이고, 다른 하나가 바로 NIFTY 지수다. NIFTY는 인도국립증권거래소(NSE)에서 산출하며, 인도 지수 및 상품 서비스(IISL)가 소유하고 있다.

10. 항셍 지수(HSI), 홍콩, 중국, 1969년 설립: 홍콩에서 가장 규모가 큰 기업들로 구성된 주가지수로, 홍콩판 다우존스 산업평균지수(DJIA)를 만들겠다는 취지에서 고안되었다.

이 열 개의 전 세계 주가지수 목록은 전 세계 모든 지수를 망라한 것은 아니지만, 세계에서 가장 큰 주요 지수들을 폭넓게 살펴볼 수 있게 해준다. 그림 E-2를 참조하라. 다시 한번 강조하지만, 전 세계적으로 기회는 어디에나 있다.

그림 E-2. 전 세계를 아우르는 이 16개의 다양한 주가지수는, 여러분이 어디에 살든 자신의 시간대에서 트레이딩과 투자 기회가 있음을 보여준다.
출처: Photo 24046281 © The Dreamstime.com

집에서 편안하게 일할 수 있다

특히 2020년 코로나19 봉쇄와 사회적 거리 두기 이후, 집에서 원격으로 일할 수 있다는 것이 모두에게 큰 장점이라는 사실이 분명해졌다. 이제 전 세계 근로자들에게 원격 근무는 또 다른 삶의 방식이 되었다. 위기 당시 거의 모든 사람이 집에 사무 공간을 마련하고, 뒷마당에 별도의 부속 주거 시설을 설치하기 시작한 것처럼 보였다.

물론 필자는 독립 트레이더로서 20년 전 캘리포니아 샌디에이고에 전망 좋은 집을 증축했다. 팬데믹 이전부터 이미 집에서 일하는 것의 가치와 편리함을 깨달았기 때문이다.

1999년 당시 필자는 델마의 한 회사에서 재무 상담가로도 일하고 있었고, 매일 출퇴근을 해야 했는데, 그 과정에서 기름값, 차량 마모 그리고 무엇보다도 시간의 비용과 같은 추가 지출이 발생했다.

그리고 필자가 다니던 중개 회사와 맺은 계약에는 사무실 공간 임대료를 매달 지불하는 조항이 포함되어 있었다. 결국 집을 증축하는 것은 당연한 선택이었고, 집값은 올리고 여러 가지 비용은 줄일 수 있었다. 게다가 매일 정장을 입을 필요가 없어 세탁비도 절약할 수 있었다!

사무실 생활을 포기하고 재택근무로 전환했을 때의 장점을 쉽게 알 수 있을 것이다. 아마 여러분도 이미 그러고 있거나, 고민하는 중일 수도 있다. 집에서 남는 방 한 칸을 사무실로 꾸미는 것만으로도 충분할 수 있다. 이러한 변화가 가능해진 것은 발전된 기술과 고속 인터넷 덕분이다.

반면에 많은 독립 트레이더와 투자자들이 공식적인 사무실 공간을 선호하며, 그 비용을 사업 운영비에 반영하고 있다. 이는 개인의 선택에 따른 것이므로, 자신에게 가장 잘 맞는 방식을 결정하면 된다.

자신이 사업의 주인이 될 수 있다

당신이 바로 사업의 주인이다. 이는 곧 모든 결정을 내리고 자신의 미래를 스스로 통제할 수 있다는 뜻이다. 기업은 변덕스럽기 쉽고, 회사 내에서 어떤 위치에 있든 정치적인 요소가 늘 작용한다. 사람들과의 관계가 항상 잘 맞는 것도 아니고, 아무리 일을 잘해도 상사가 당신을 승진시키거나 정당한 인정을 해주지 않을 수도 있다.

> 사람을 대할 때는, 논리적인 존재가 아니라 감정적인 존재를 상대
> 하고 있다는 사실을 기억하라.
> ─데일 카네기,《인간관계론(*How to Win Friends and Influence*
> *People*)》의 저자

그리고 아무리 훌륭한 상사와 함께 일하더라도, 때로는 당신이나 상사가 통제할 수 없는 상황 때문에 해고되거나, 구조조정 대상이 되거나, 직무가 중복되어 일자리를 잃을 수도 있다. 기업 세계에서는 결국 숫자가 중요하기 때문에, 경기가 나빠지면 경영진은 가장 먼저 인력 감축을 통해 손실을 줄이려 한다. 또는 기업 합병 등으로 당신의 직무가 중복된다면, 어느 순간 실업자 신세가 될 수도 있다.

즉 당신이 사장이 아닐 때는 여러 측면에서 기업 시스템에 휘둘릴 수밖에 없고, 자신의 운명을 스스로 통제할 수 없다. 이는 분명 답답한 일일 수 있다. 반면, 자신이 사업의 주인이 되면 모든 결정을 직접 내릴 수 있고, 직업의 안정성도 확보할 수 있다.

직원이 필요하지 않다

오늘날 전 세계적으로 인력 부족 현상이 심화하면서, 직원을 필요로 하는 비즈니스를 운영한다면 유능한 인재를 확보하는 것이 매우 어려운

일이 될 수 있다. 노동 시장에는 다양한 기술 인력의 부족 현상이 나타나고 있으며, 자격을 갖춘 직원을 찾는 일도 점점 더 어려워지고 있다 (표 E-2 참조). 게다가 헤드헌터 수수료와 신입 직원 교육 비용 등 직원 채용에 드는 비용도 상당히 많이 든다.

여기에 임금 상승 문제까지 더해진다. 예를 들어 인건비가 크게 오르고 있는 식당을 운영한다면, 결국 인건비 부담으로 인해 직원을 줄일 수밖에 없다. 하지만 그 결과, 모든 직원이 두 사람 몫의 일을 하게 되어 고객 서비스의 질이 떨어진다. 딜레마가 아닐 수 없다.

국가	지역	노동력 부족
	세계 평균	77%
대만	아시아	90%
독일	유럽	86%
중국	아시아	81%
브라질	남미	80%
인도	아시아	80%
영국	유럽	80%
호주	오세아니아	79%
캐나다	북미	79%
일본	아시아	78%
남아프리카공화국	아프리카	76%
미국	북미	75%
멕시코	북미	69%
콜롬비아	남미	64%

표 E-2. 전 세계적인 인력 부족은 2018년에는 겨우 45%에 불과했지만, 현재는 전 세계 평균이 무려 77%에 달하며 계속 증가하고 있다. 이 표는 교육 목적으로만 작성되었으며, 정보는 변경될 수 있다.
출처: https://explodingtopics.com/blog/labor-shortage-stats#top-labor-shortage-stats

마지막으로, 직원 관리의 어려움도 잊지 말아야 한다. 인사팀이 있어도 여러 가지 어려움이 따른다. 직원을 한 명이라도 고용하면 그만큼의 위험, 책임 그리고 비용이 발생한다. 시급이나 연봉 등 초기 인건비가 얼마이든, 실제로는 그 비용이 두 배에 달할 수 있다. 직원 한 명당 보험, 세금, 관리 비용 등 다양한 추가 비용이 발생하기 때문이다.

만일 당신이 기업가적인 개인이고, 독립적인 비즈니스 환경에서 성공하고 있다면, 직원을 필요로 하는 어떤 비즈니스 모델도 일정한 한계가 있다는 사실을 알 것이다.

다행히도, 독립적인 트레이딩 및 투자 비즈니스는 직원을 고용할 필요가 없다. 회계 업무를 외주로 맡길 수는 있지만, 본인이 선호하지 않는다면 직원을 따로 고용할 필요가 거의 없다.

동료가 필요하지 않다

직장 내 정치(사내 정치)는 실제로 존재하는 문제다. 자신의 업무 자체는 좋아하더라도, 문제가 있는 직장 환경에 놓인다면 매우 쉽게 지칠 수 있다. 많은 사람들이 직장 내 정치를 하나의 게임으로 여기는데, 이 게임에 능숙하지 않으면 보상이나 승진에 불이익을 받을 수 있다.

직접 신뢰할 수 있는 트레이딩 동료들을 모아 자신의 네트워크를 구축하면, 주변 환경을 스스로 통제할 수 있다. 사무실에서의 잡담이나 회의실 내 정치적 술수도 없고, 오직 자신이 맡은 일에만 집중할 수 있다. 이보다 더 좋을 수는 없다.

지역 경제에 구애받지 않는다

어느 정도까지는, 예전보다 지역 경제에 의존하지 않는 비즈니스가 훨씬 많아졌다. 인터넷의 발전과 접근성 향상 덕분에 우리는 온라인으로 쇼핑하고, 배우고, 거의 모든 일을 할 수 있게 되었다.

그럼에도 불구하고 여전히 많은 비즈니스가 지역 경제에 의존하고 있는데, 이는 지역 경제가 어려움을 겪을 때 성장에 한계를 만든다. 예를 들어 식당, 오프라인 쇼핑몰, 냉난방 시설과 같은 서비스 제공 업체들은 모두 지역 경제에 전적으로 의존한다.

지역 경제가 침체될 때, 이러한 비즈니스들은 물리적인 위치에 묶여 있기 때문에 다른 비즈니스보다 더 큰 위험에 노출된다. 이들은 다른 모든 비즈니스와 동일한 위험을 안고 있을 뿐만 아니라, 여기에 추가적인 위험까지 감수해야 한다. 반면, 트레이더와 투자자들은 세계에서 가장 민첩하고 유연한 비즈니스를 하고 있다고 볼 수 있으며, 이는 매우 긍정적인 점이다.

자산 가치 상승에 의존하지 않는다

부동산 시장이 상승할 때는 누구나 천재처럼 보인다. 시장이 오르고 자산 가치가 상승하면, 보유 포트폴리오의 가치도 계속해서 증가하기 때문이다. 퇴직연금 계좌도 마찬가지로, 주식시장이 상승해야 그 가치가 올라간다.

그렇다면 자산 가치가 하락할 때는 어떻게 될까?

맞다, 지금 당신이 생각하는 그대로다. 부동산이나 주식 시장이 하락할 때, 이러한 자산을 보유하고 있다면 손실을 보게 된다. 이를 피할 방법은 사실상 거의 없으므로, 많은 사람들이 자신도 모르는 사이에 취약한 상태에 놓이게 된다.

일반적으로 하락장이 시작되면 그 속도가 매우 빠르고 거세기 때문에, 일단 하락이 시작되면 대응할 여지가 거의 없다. 선택지는 큰 손실을 감수하고 자산을 매도하거나, 하락장이 끝날 때까지 기다리는 것뿐이다.

필자가 우려하는 점은, 많은 사람들이 하락장의 가능성에 대해 충분히 인식하지 못하고 있다는 것이다. 젊은 세대는 경기 침체를 직접 경험해본 적이 없으므로 그 파급 효과가 얼마나 큰지 조금도 이해하지 못한다. 반면, 나이가 많은 세대는 자신이 노출된 위험을 과소평가할 수 있다. 트레이더라면 시장의 변화에 신속하게 대응할 수 있다. 다른 사람들보다 더 민첩하고 유동성이 높다는 것이 큰 이점이 된다.

이익의 잠재력이 무한하다

꾸준히 수익을 창출할 수 있는 실력과 경험을 쌓았다면, 이제는 자신의 실력을 한 단계 더 끌어올리고 승률을 높여 수익을 극대화하는 것이 과제다. 이는 스스로 성장하는 과정이며, 매일 더 나아지기 위해 노력하는 목표를 트레이딩 규칙에 포함시키는 것이 중요하다. 표 E-3을 참조하라.

데이 트레이딩 계정 크기	하루 평균 수익률 0.5%	하루 평균 수익률 1.0%
1,000달러	5달러 목표	10달러 목표
5,000달러	25달러 목표	50달러 목표
10,000달러	50달러 목표	100달러 목표
25,000달러	125달러 목표	250달러 목표

표 E-3. 데이 트레이딩 일일 목표: 실력이 향상되어 하루 수익률이 0.50%에서 1.00%로 올라가면, 일일 목표 수익도 두 배로 증가하는 것을 확인할 수 있다. 이 표는 교육 목적으로만 작성된 것이며, 어떤 계좌도 여기에서 언급된 결과를 달성하거나 달성할 가능성이 있다는 보장은 없다.

수익을 늘리는 또 다른 방법은 트레이딩 계좌의 잔액 끝에 0을 하나 더 추가하는 것이다. 이렇게 하면 수학적으로 즉시 수익 금액이 증가한다. 이를 위해 사용할 수 있는 위험 자본을 계좌에 추가할 수 있다. 표 E-4를 참조하라.

예를 들어 계좌 규모가 1만 달러인데 여기에 0을 하나 더 추가하면 10만 달러 계좌가 된다. 만약 규모가 작은 계좌에서 하루 평균 100달러

데이 트레이딩 계정 크기 (0을 하나 추가)	하루 평균 수익률 0.5%	하루 평균 수익률 1.0%
10,000달러	50달러 목표	100달러 목표
50,000달러	250달러 목표	500달러 목표
100,000달러	500달러 목표	1000달러 목표
250,000달러	1,250달러 목표	2,500달러 목표

표 E-4. 데이 트레이딩 일일 목표: 계좌 잔액 끝에 0을 하나 더 추가하면, 표 E-3과 비교했을 때 일일 목표 수익이 열 배로 증가하는 것을 확인할 수 있다. 이 표는 교육 목적으로만 작성된 것이며, 어떤 계좌도 여기에서 언급된 결과를 달성하거나 달성할 가능성이 있다는 보장은 없다.

를 벌고 있었다면, 계좌에 0을 하나 추가하는 것만으로도 더 큰 계좌에서는 하루 평균 수익이 즉시 1,000달러로 증가하게 된다. 그림 E-3을 참조하라.

계좌에서 레버리지(신용거래)를 활용하는 것도 고려할 수 있다. 신용도가 좋다면, 증권사가 최대 50%까지 신용을 제공하기도 하는데, 이를 통해 수익 금액을 신용만큼 더 늘릴 수 있다. 이를 위해서는 신용거래 약정서에 서명해야 한다. 이는 일종의 대출 계약과 같다. 물론 어느 정도의 위험이 따르지만, 수익성이 높은 시스템이라면 그 위험을 감수할 만한 가치가 있다.

다시 말해, 이익의 잠재력은 무한하다.

수익을 늘리고 성장하기 위해 한계를 넘어서다 보면, 때때로 감정적인 장애물이 나타날 수 있다. 트레이더로서의 마음가짐도 계좌 끝

그림 E-3. 독립 트레이더로서 여러분은 달러, 파운드, 유로, 엔, 프랑 또는 원하는 어떤 통화로든 무한한 수익을 올릴 잠재력을 가지고 있다.
출처: Photo 148451219 © Oleksandr Kyrylov Dreamstime.com

에 0을 하나 더 추가하는 것에 익숙해질 필요가 있으니, 스스로에게 인내심을 가져야 한다. 또한 일일 평균 승률을 높이기 위해 노력하는 과정에서 심리적으로 느끼는 압박감에도 익숙해져야 한다.

자신만의 편안한 영역을 찾아라.

필자의 제안은 항상 작은 단계부터 시작해 점진적으로 성장해나가라는 것이다. 자신만의 편안한 영역을 찾고, 그 영역에서 충분히 숙달한 후에는 성장을 위해 한 걸음 더 나아가보라. 바로 그곳에서 놀라운 변화가 일어난다.

중요: 단기 트레이더, 포지션 트레이더 또는 장기 투자자인지에 따라 수익 목표는 거래 빈도에 맞게 조정되어야 한다. 일반적인 원칙은 단기 트레이더는 일일 목표를, 포지션 트레이더는 주간 목표를, 장기 투자자는 월간 목표를 설정한다는 것이다. 물론 이 원칙과 다르게 선택할 수도 있다. 어떤 유형의 목표가 본인에게 맞는지는 개인적인 선택이다. 표 E-5, E-6, E-7, E-8을 참조하라.

포지션 트레이딩 계정 크기	주간 평균 수익률1.00%	주간 평균 수익률 2.00%
1,000달러	10달러 목표	20달러 목표
5,000달러	50달러 목표	100달러 목표
10,000달러	100달러 목표	200달러 목표
25,000달러	250달러 목표	500달러 목표

표 E-5. 포지션 트레이딩 주간 목표: 기술이 향상되어 주간 수익률이 1.00%에서 2.00%로 증가하면, 주간 목표 수익이 두 배로 늘어나는 것을 확인할 수 있다. 이 표는 교육 목적으로만 작성된 것이며, 어떤 계좌도 여기에서 언급된 결과를 달성하거나 달성할 가능성이 있다는 보장은 없다.

포지션 트레이딩 계정 크기 (0을 하나 추가)	주간 평균 수익률 1.00%	주간 평균 수익률 2.00%
10,000달러	100달러 목표	200달러 목표
50,000달러	500달러 목표	1,000달러 목표
100,000달러	1,000달러 목표	2,000달러 목표
250,000달러	2,500달러 목표	5,000달러 목표

표 E-6. 포지션 트레이딩 주간 목표: 계좌 규모 끝에 0을 하나 더 추가하면, 표 E-5와 비교했을 때 주간 목표 수익이 열 배로 증가하는 것을 알 수 있다. 이 표는 교육 목적으로만 작성된 것이며, 어떤 계좌도 여기에서 언급된 결과를 달성하거나 달성할 가능성이 있다는 보장은 없다.

적극적 투자자 계정 크기	월간 평균 수익률 2.00%	월간 평균 수익률 4.00%
1,000달러	20달러 목표	40달러 목표
5,000달러	100달러 목표	200달러 목표
10,000달러	200달러 목표	400달러 목표
25,000달러	500달러 목표	1,000달러 목표

표 E-7. 적극적 투자자의 월간 목표: 기술이 향상되어 월간 수익률이 2.00%에서 4.00%로 증가하면, 월간 목표 수익이 두 배로 늘어나는 것을 확인할 수 있다. 이 표는 교육 목적으로만 작성된 것이며, 어떤 계좌도 여기에서 언급된 결과를 달성하거나 달성할 가능성이 있다는 보장은 없다.

적극적 투자자 계정 크기 (0을 하나 추가)	월간 평균 수익률 2.00%	월간 평균 수익률 4.00%
10,000달러	200달러 목표	400달러 목표
50,000달러	1,000달러 목표	2,000달러 목표
100,000달러	2,000달러 목표	4,000달러 목표
250,000달러	5,000달러 목표	10,000달러 목표

표 E-8. 적극적 투자자의 월간 목표: 계좌 규모 끝에 0을 하나 더 추가하면, 표 E-7과 비교했을 때 월간 목표 수익이 열 배로 증가하는 것을 알 수 있다. 이 표는 교육 목적으로만 작성된 것이며, 어떤 계좌도 여기에서 언급된 결과를 달성하거나 달성할 가능성이 있다는 보장은 없다.

수익 금액 목표: 일간, 주간, 월간

단기 트레이더, 포지션 트레이더 또는 장기 투자자인지에 따라 수익 목표는 거래 빈도에 맞게 조정되어야 한다. 일반적으로 단기 트레이더는 일일 목표를, 포지션 트레이더는 주간 목표를, 장기 투자자는 월간 목표를 설정하는 것이 원칙이다.

기록 관리를 통해 자신의 평균 수익률과 평균 수익 금액 목표가 어느 수준인지 알 수 있다. 이것이 바로 당신이 시작할 기준점이 된다.

수익 금액 목표를 계산하는 방법: 예를 들어 당신이 단기 트레이더이고 일주일에 2일 거래한다고 가정해보자. 지난 3개월 동안의 주간 평균 수익이 1,000달러라면, 주 2일 거래하므로 하루 평균 달러 목표는 500달러가 된다.

예를 들어 하루 수익 금액 목표가 500달러라면, 500달러 목표에 도달할 때까지 거래를 계속하라. 목표 금액에 도달하는 수익이 났다면, 그날 거래를 마무리하고 기분 좋게 하루를 마칠 수 있다. 만약 손실로 하루를 마감했다면, 내일이 또 다른 기회임을 기억하라.

작은 승리: 필자는 작은 걸음부터 시작하는 방식에 큰 신념을 가지고 있다. 달리기 전에 한 걸음씩 내딛고 걷는 것이 더 낫다. 이런 작은 승리를 쌓아가며 자신감을 키워라. 그러니 작게 시작해서 일일, 주간 또는 월간 수익 금액 목표를 세우는 것도 전혀 문제가 없다. 만약 하루에 꾸준히 10달러씩 벌고, 한 달에 20일 거래한다면, 그것만으로도 충분히 자랑스러운 일이다.

현재의 수익 범위가 꾸준해지면, 그때 게임을 한 단계 끌어올리는 것을 고려해볼 수 있다. 더 나아지기 위해 노력할 때마다 내면에서 어느 정도 저항감이 생기는 것을 항상 기억하라. 우리는 인간이기 때문에, 좋은 변화라 할지라도 변화를 그리 좋아하지 않는다. 성장통은 정상적인 과정이다. 더 많은 돈을 버는 것에 익숙해지는 데는 시간이 걸릴 수 있지만, 분명히 해낼 수 있다.

강세장과 약세장 모두에서 수익을 낼 수 있다

강세장은 S&P500 지수가 최근 저점 대비 20% 이상 상승할 때로 정의되며, 반대로 약세장은 S&P500 지수가 고점 대비 20% 이상 하락할 때를 의미한다. 일반적으로 강세장은 약세장보다 더 오래 지속되는 경향이 있는데, 이는 주가가 장기적으로 우상향하는 특성을 갖기 때문이다.

역사적으로 강세장은 약세장보다 평균적으로 두 배 더 오래 지속되었으며, 강세장에서의 가격 상승 폭도 약세장에서의 하락 폭보다 두 배 이상 큰 경향이 있다.

대부분의 기업이 직면하는 문제는 약세장 동안 경제가 둔화하고 소비자들이 구매를 멈춘다는 점이다. 여기에 낮은 고용률, 가계의 가처분 소득 감소, 생산성 저하, 그리고 전반적인 기업 이익 감소가 더해져 상황이 더욱 악화한다.

약세장은 강세장보다 덜 자주 발생하지만, 재정적으로 큰 타격을 줄 수 있다. 대규모 해고가 일어나고, 전 세계적으로 수입과 지출을 맞추는 방법을 찾아야 한다. 그리고 약세장은 보통의 일반인이 전혀 예상하지 못할 때 찾아오는 경향이 있다.

다행히도 트레이더는 강세장과 약세장 모두에서 수익을 창출할 수 있는데, 이 비즈니스의 상당히 독특한 측면이다. 트레이더는 시장이 하락할 때도 공매도를 통해 수익을 올릴 수 있다. 일반 직장인처럼 해고당하는 대신, 트레이더는 순식간에 매수 포지션에서 매도 포지션으로 전환하여 시장 변화에 빠르게 대응할 수 있다.

단기 트레이딩, 포지션 트레이딩 또는 장기 투자

자신에게 가장 적합하다고 생각되는 방식으로 비즈니스를 설계할 수 있다. 개인적인 여러 요인에 따라 단기 데이 트레이딩, 포지션 트레이딩 혹은 장기 투자 중에서 선택할 수 있다. 이 책의 제18장은 이러한 선택지 각각의 장단점에 대해 매우 자세히 설명하고 있으니, 여러분에게 가장 적합한 방법을 결정하는 데 큰 도움이 될 것이다.

만약 여러분이 초보자라면, 그리고 기술과 경험을 쌓아가는 동안에는 현재의 직업에서 꾸준한 수입을 유지하는 것이 중요하다. 이렇게 학습하는 동안 본업과 병행하며 테스트를 진행하는 것이 스트레스를 줄이면서 여러분이 발전할 수 있는 가장 좋은 방법이다.

즉 여러분의 시간이 제한적일 수 있으며, 포지션 트레이딩이나 장기 투자를 부업으로 선택하는 것이 가장 좋은 방법일 수 있다. 이렇게 하면 경험과 자신감을 쌓는 동시에 수익 창출 능력도 꾸준히 향상시킬 수 있다.

혹은 당신이 이미 입증된 강점과 실적을 가진 숙련된 트레이더일 수도 있다. 이런 경우에는 전업으로 단기 데이 트레이딩을 하는 것이 가장 좋은 선택이다. 이미 꾸준히 수익을 내고 있으므로 이 일을 유일한 소득원으로 삼을 수 있다. 이는 그저 평소와 다름없는 비즈니스일 뿐이다.

자신의 일정에 맞는 시간대에서 시간제나 전업으로 일할 수 있는 유연성은 매우 큰 힘이 된다. 하루하루 차근차근 나아가는 것이 가장 좋은 길임을 기억하라. 여러분은 포지션 트레이더에서 단기 데이 트레이더로, 또는 그 반대로 전환하기로 결정할 수도 있다.

대학 학위가 필요하지 않다

대학 등록금은 해마다 비싸져서, 현재는 대부분의 대학생이 그 길을 가기 위해 학자금 대출을 받아야 할 정도다. 미국 국가교육통계 자료에 따르면, 지난 58년 동안 미국 학부생의 평균 대학 등록금은 세 배 이상 올랐다.

하지만 오늘날 대학 학위의 가치는 증가한 비용만큼의 가치가 없을 수도 있다. 고용 환경이 변화하고 있으며, 인공지능(AI)의 등장으로 앞으로 몇 년 안에 인공지능이 더 많은 일자리를 대체하면서 취업 시장이 크게 달라질 수 있다.

성공적으로 트레이딩과 투자를 배우기 위해서는 교육이 필요하지만, 이 업계에는 아이비리그 같은 값비싼 고등 학위가 필요한 진입 장

벽이 없다. 심지어 취업을 위한 면접도 없고, 어떤 종류의 차별도 존재하지 않는다. 오직 중요한 것은 여러분이 수익을 내는 트레이더인가 하는 점뿐이다.

포스가 당신과 함께하길

여러분이 트레이딩을 자신에게 완벽한 비즈니스로 만들기 위해 새로운 여정을 시작하든, 아니면 기존의 여정을 이어가든, 진심 어린 최고의 축복을 보낸다. 그림 E-4를 참조하라.

포스가 항상 당신과 함께하길.

—〈스타워즈〉의 오비완 케노비

그림 E-4. 포스—우리의 성공은 대부분 우리 자신의 내면과 외부의 힘에 집중함으로써 더 빨라질 수 있다. 그 긍정적인 에너지가 당신이 하는 모든 일을 인도하도록 하라.

부록
고급 기술

기술 1: 엘리엇 파동과 피보나치
기술 2: 다중 타임프레임 분석
기술 3: 분할 진입과 분할 청산

엘리엇 파동과 피보나치

엘리엇 파동과 피보나치 기법은 필자의 트레이딩 및 투자 분석에서 핵심적인 역할을 한다. 이 두 기법은 전 세계의 트레이더와 투자자들이 함께 자주 사용하는 방법이다. 필자 역시 오랫동안 이 기법들을 사용해왔기 때문에 이제는 제2의 천성처럼 자연스럽게 느껴진다.

이 기법들은 확실히 고급 기술이기 때문에 이러한 개념에 익숙지 않은 사람에게는 숙련되기까지 다소 시간이 걸릴 수 있다. 필자 역시 이 방법들을 익히는 데 시간이 꽤 걸렸음을 인정한다. 하지만 이 기법들은 여러분의 분석에 엄청난 통찰력을 더해줄 것이며, 시간을 들여 숙달할 가치가 충분히 있다. 필자는 이제 이 기법들 없이 트레이딩이나 투자를 한다는 것은 상상할 수 없다.

이러한 구체적인 기법들을 살펴보기 전에 알아야 할 한 가지 중요한 점은, 이 접근법들은 근거 없는 평가라는 것이다. 이를 통해 우리는 가격 움직임과 방향에 대한 높은 확률의 예측을 할 수 있지만, 실제로 매수와 매도 결정을 내릴 때는 반드시 근거 있는 평가를 사용하는 것이 중요하다.

엘리엇 파동 분석은 시장의 로드맵이다

기술적 분석의 한 형태인 엘리엇 파동 이론(Elliott Wave Principle)은 랄프 넬슨 엘리엇이 1930년대에 발견한 것으로, 금융시장이 파동이라고 불리는 가격 패턴으로 전개된다고 주장한다.

이 이론에 따르면 모든 추세에는 다섯 개의 파동이 있으며, 추세의 다섯 번째 파동이 끝나면 그 추세는 종료되고 반대 방향의 새로운 추세가 시작된다고 말한다. 이러한 패턴은 강세장과 약세장 모두에서 나타난다. 그림 T1-1을 참조하라.

엘리엇은 자신의 발견을 1938년 저서 《엘리엇 파동 이론(*The Wave Principle*)》에서 발표했다. 이 원리는 시장의 가격 패턴이 어디로 향할지에 대해 포괄적인 구조를 제공한다.

그리고 그 구조는 필자가 아는 한 최고의 시장 로드맵이다.

엘리엇의 파동 개념은 바다의 파동 현상에서 차용된 것이다. 파동은 지구 주위를 도는 달과 그 둘 사이의 중력으로 발생하는 조수 패턴의 힘에 영향을 받는다. 이로 인해 조수는 예측할 수 있는 패턴으로 밀물과 썰물이 반복되는 흐름이 만들어진다.

시장에서 가장 중요한 힘은 인간의 감정과 군중의 행동이다. 많은 사

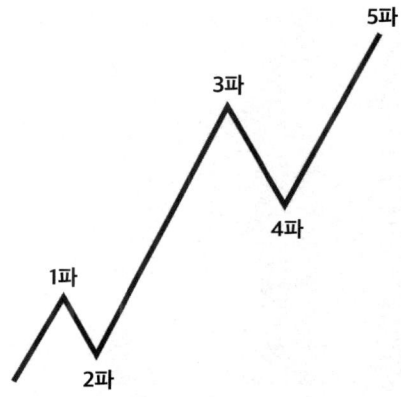

그림 T1-1. 엘리엇 파동 패턴은 추세에서 다섯 개의 파동으로 구성된다. 다섯 번째 파동이 완료되면 해당 추세는 끝나고 반대 방향의 새로운 추세가 시작된다. 이러한 패턴은 강세장과 약세장 모두에서 나타난다.

출처: ©TradersCoach.com

람들은 달이 지구 주위를 공전하는 힘이 바다의 조수를 움직이듯, 인간의 감정이 시장을 움직인다고 믿는다. 그림 T1-2를 참조하라.

엘리엇 파동의 아름다움은 과거의 가격과 패턴을 바탕으로 미래의 가격 움직임을 예측할 수 있는 명확한 구조를 제공한다는 점이다. 물론 미래를 절대적으로 확실하게 예측할 방법은 없지만, 엘리엇 파동은 시장 가격의 방향에 대해 가장 높은 확률의 미래를 예측할 수 있다.

엘리엇 파동은 필자가 지금까지 본 것 중 가장 강력한 예측 도구다. 미래의 시장 가격 움직임을 예측하는 데 있어 마치 마법의 수정 구슬처럼 놀라운 역할을 한다. 이 도구를 능숙하게 사용하면 미래 가격의 가능성 있는 방향이 명확하게 보일 것이다. 다만, 앞으로 일어날 가격 움직임의 근본적인 원인은 명확히 알 수 없다.

예측한 가격 움직임은 사건이 발생한 후에야 비로소 세계 경제 및 환

그림 T1-2. 엘리엇 파동 패턴은 밀물과 썰물이 반복되는 바다의 파도와 유사하다. 유일한 차이점은, 바다에서 밀물과 썰물을 만드는 것이 달의 중력이라면, 금융시장에서는 집단적인 인간의 감정과 군중의 행동이 시장을 움직인다는 점이다.
출처: Photo 14582420 © *Irabel8* Dreamstime.com

경의 행동적 요인들로 설명될 것이다. 전쟁, 경제 불황, 정치적 변화, 지진·화재·쓰나미 같은 이른바 '천재지변'까지, 엘리엇 파동은 이러한 글로벌 사건들을 사전에 꾸준히 예측해왔다(엘리엇 파동 이론은 가격 패턴 자체에 집중하기 때문에, 외부 사건이 발생하기 전에 이미 시장의 심리적 전환점을 포착할 수 있다는 점이 핵심이다. 이는 기술적 분석의 철학인 "시장은 모든 것을 반영한다"와 연결된다 – 옮긴이).

가격의 극적인 움직임을 예측하고 실제로 그런 움직임을 관찰하면, 그 움직임에는 대개 근본적인 원인이 있다. 분석가로서 당신은 예측을 세울 때 그 움직임을 촉발할 요인이 무엇인지 알 수 없다. 오직 당신의 예측이 실제로 현실이 된 후에야 전체 이야기를 알게 될 것이다.

순수 가격 패턴 기반 엘리엇 파동 규칙의 고전적 접근법

랠프 넬슨 엘리엇이 《엘리엇 파동 이론》을 출간했을 때, 그는 모든 추세에는 강세와 약세가 번갈아 나타나는 다섯 개의 파동이 존재한다는 자신의 이론을 바탕으로 특정 가격 패턴의 정의를 제시했다. 이처럼 명확하게 정의된 규칙들은 오랜 세월에 걸쳐 전해졌으며, 과거·현재·미래의 시장 움직임을 분석하는 데 효과적인 도구로 사용되고 있다.

추세에는 다섯 개의 파동이 있다.

다섯 개의 파동 추세 내에서 가장 먼저 구분해야 할 점은 모든 추세에 충격파(추진파)와 조정파가 존재한다는 것이다. 이 때문에 지그재그 패턴이 형성된다. 그림 T1-3과 그림 T1-4를 참조하라.

모든 추세에는 다섯 개의 파동이 있는데, 이 중 세 개의 충격파는 1파·3파·5파이고, 두 개의 조정파는 2파와 4파다. 충격파는 추세의 방향으로 움직이는 파동을 의미하고, 조정파는 추세의 반대 방향으로 움직이는 파동을 의미한다.

고전적인 파동 분석 방법은 오로지 가격 움직임에만 초점을 맞추지만, 앞으로 다룰 내용에서는 엘리엇 파동 분석의 현대적인 접근법도 소개할 것이다. 현대적인 접근법은 컴퓨터 프로그램과 기술을 활용하여 우리의 예측 정확도를 더욱 높여준다. 필자의 경험상, 고전적인 방법과 현대적인 방법을 결합하면 엘리엇 파동 예측과 관련된 많은 주관성을 제거할 수 있다.

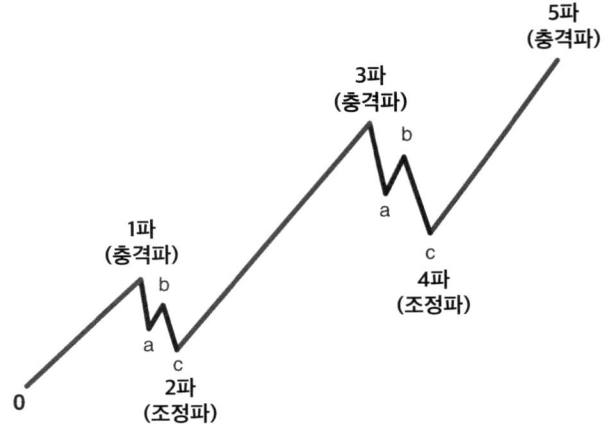

그림 T1-3. 강세형 5파 패턴은 충격파와 조정파로 구성된다. 충격파는 주요 추세의 방향으로 움직이고, 조정파는 주요 추세의 반대 방향으로 움직인다.

출처: ©TradersCoach.com

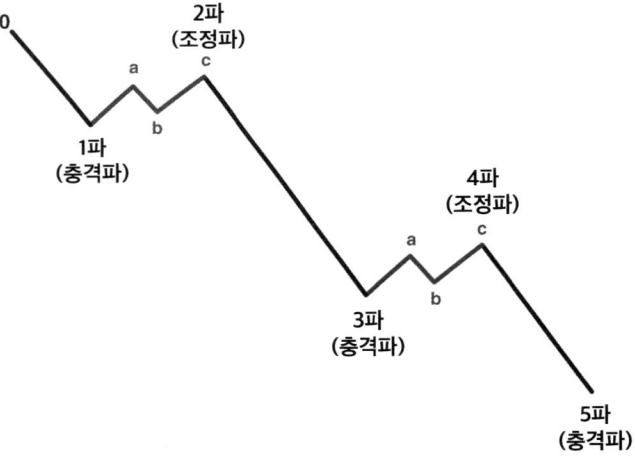

그림 T1-4. 약세형 5파 패턴은 충격파와 조정파로 구성된다. 충격파는 주요 추세의 방향으로 움직이고, 조정파는 주요 추세의 반대 방향으로 움직인다.

출처: ©TradersCoach.com

다섯 가지 엘리엇 파동에 대한 설명

엘리엇 파동 패턴의 각 다섯 파동에는 고유한 특징과 가격 패턴이 적용된다. 이러한 패턴이 무엇인지 알게 되면, 차트를 볼 때 엘리엇 파동 순서상 어디에 위치하는지 알 수 있어 매수와 매도 결정에 더 힘을 실어줄 수 있다. 참고: 여기에 제시된 비율과 확률은 대략적인 값이다.

다섯 파동에 대한 설명

- 1파 설명(충격파): 이 파동은 시작 시점에는 거의 눈에 띄지 않는다. 시장 상황에 따라 1파는 좁아지는 채널을 돌파하며 나타날 수 있고, 이전 추세의 5파가 완료되었을 때 식별할 수 있다. 1파의 시작을 파악하는 가장 좋은 방법 중 하나는 이전 추세의 목표 구간을 정하고, 이전 추세의 5파가 언제 완료될지 판단하는 것이다. 새로운 상승 1파가 시작될 때, 경제는 강해 보이지 않고, 기본적인 뉴스는 부정적이며, 시장 심리는 확실히 약세다. 이전의 하락 추세가 여전히 강하게 작용하고 있다. 예를 들어 새로운 상승장의 1파가 시작될 때 시장은 좋은 소식을 무시한다(하락 1파의 경우는 그 반대다. 기본적인 뉴스는 긍정적이고, 이전 추세는 여전히 강하며, 시장 심리도 역시 강세다. 기본적으로 시장은 나쁜 소식을 무시한다). 새로운 충격파인 1파가 힘을 얻으면 이전 추세를 돌파하며 새로운 추세의 시작을 알리게 된다. 1파가 시작된 후에는 되돌림 현상을 주시해야 한다. 이 첫 번째 되돌림이 바로 2파가 된다. 이 되돌림을 관찰함으로써 1파의 종점을 확인할 수 있다.

- 2파 설명(조정파): 이 파동은 단순하거나 복잡한 형태로 나타날 수 있다. 2파가 단순하면 4파는 일반적으로 복잡해지고, 그 반대도 마찬가지다. 가격은 단순한 엘리엇 파동 a-b-c 지그재그 조정 패턴을 형성하는데, 이는 쉽게 식별 가능하며 가장 흔한 유형이다. 또는 가격이 장기간 횡보하며 페넌트(삼각 깃발)나 채널 형태로 움직이면서 예측하기 어려운 변동성과 혼란스러운 복잡한 조정을 만들기도 한다. 이 패턴은 1파를 조정하지만 1파의 시작점을 절대 넘어설 수 없다. 1파 기간보다 2파 기간의 거래량이 더 적다. 여기서 매매 진입을 고려하기 시작하는데, 이는 첫 번째 되돌림 시나리오를 설정한다. 목표는 새로운 추세(상승 또는 하락)의 시작에 참여하여 3파를 포착하는 것이다. 2파에서 가격은 1파 길이의 23.6%에서 100%까지 되돌림을 보인다.

- 3파 설명(충격파): 이 파동은 다섯 개의 파동 중에서 가장 가파르고 가장 강력하며, 가장 큰 수익 기회를 제공한다. 또한 거래량도 가장 많다. 시간상으로 가장 긴 파동일 수도 있지만 항상 그런 것은 아니다. 이 때문에 2파(되돌림) 동안 미리 준비해서 3파가 시작될 때 바로 진입할 수 있어야 한다. 반드시 3파가 1파의 마지막 가격 수준을 돌파하는 것을 확인해야 한다. 그것이 2파가 끝났다는 신호이며, 1파의 마지막 가격 수준을 넘어서는 모든 가격 움직임은 반드시 3파여야 한다. 상승장에서는 이제 뉴스가 긍정적으로 바뀌고, 펀더멘털 분석가들이 실적 전망을 상향하기 시작한다. 가격은 빠르게 상승하고, 조정은 짧고 얕게 나타난다. 3파는 1파의 길이를 100%에서 261.8% 이상까지 초과할 수 있다. 시장이 조정 4

파로 반전할 때 수익을 잃지 않기 위해, 3파 진행 중에 청산하거나 최소한 일부 이익 실현을 하는 것이 좋다.

- 4파 설명(조정파): 이 파동은 단순하거나 복잡한 형태로 나타날 수 있다. 2파가 단순했다면 4파는 일반적으로 복잡해지고, 그 반대의 경우도 마찬가지다. 가격은 단순한 엘리엇 파동 a-b-c 지그재그 조정 패턴을 형성하는데, 이는 쉽게 식별할 수 있으며 가장 흔한 유형이다. 또는 가격이 장기간 횡보하며 페넌트나 채널 형태로 움직이면서 예측하기 어려운 변동성과 혼란스러운 복잡한 조정을 만들기도 한다. 4파에서 가격은 23.6%에서 76.4%까지 되돌림을 보인다. 이 파동은 3파가 계속될 것으로 생각하고 3파 끝부분에 너무 늦게 진입한 투자자들에게는 다소 실망스러운 구간이다. 대신, 4파가 시작되면 추세의 가장 좋은 구간이 끝났다는 신호가 된다. 추세에서 가장 좋은 구간은 항상 3파다.

- 5파 설명(충격파): 이 파동은 전체 추세의 방향으로 움직이지만, 엘리엇 파동 사이클의 3파만큼 역동적이거나 강하지는 않은 경우가 많다. 5파는 새로운 추세가 시작되기 전에 나타나는 마지막 매수세(상승 추세의 경우) 또는 마지막 매도세(하락 추세의 경우)를 의미한다. 5파는 지배적인 추세 방향에서의 마지막 구간이다. 상승장에서는 뉴스가 거의 모두 긍정적으로 바뀌고, 5파 동안 모든 사람이 강세를 확신하게 된다. 안타깝게도 많은 정보를 모르는 투자자들이 바로 5파가 끝나기 직전에 매수에 나서게 된다. 5파의 거래량은 3파보다 적고, 많은 모멘텀 지표들이 괴리를 보이기 시작한다. 주요 상승장이 끝날 무렵에는 하락을 예측하는 전문가들이 조

롱을 받으며 소수에 머무르게 된다. 하락장에서는 그 반대 현상이 나타나며, 뉴스는 거의 모두 부정적으로 바뀌고, 상승을 예측하는 전문가들이 조롱을 받으며 소수에 머물게 된다. 예측가들은 추세 변화 선언에 느리게 반응한다.

5파 패턴에서 가장 수익성이 높고 거래하기 좋은 파동은 1파, 3파, 5파의 충격파다. 이 세 개의 충격파 중에서 3파가 단연코 가장 큰 수익 기회를 제공한다. 또한 4파에서 조정파 C를 거래할 때도 수익 기회가 있지만, 이는 고급 기법이므로 주의해서 사용해야 한다.

다섯 가지 엘리엇 파동에 대한 통계

엘리엇 파동을 정확히 계산하고 목표를 추정하는 데 필요한 통계는 피보나치 비율에 기반하며, 이 비율에 대해서는 이 장 뒷부분에서 다룰 예정이다. 이러한 비율과 패턴은 자연에서도 자주 발견되는데, 엘리엇 파동 계산에 중요한 역할을 한다. 참고: 여기에서 제시된 비율과 확률은 대략적인 값이다.

다섯 파동에 대한 통계

- 1파 통계(충격파): 1파는 이전 추세의 5파가 끝난 후 시작된다. 1파는 보통 가파르고 짧게 나타난다. 시장 상황에 따라 1파는 좁아지는 채널을 돌파하며 형성될 수 있다.

- 2파 통계(조정파): 피보나치 되돌림 도구를 사용하여 가격 목표 구간을 결정한다. 15%의 확률로 이 파동은 1파의 23.6~38.2% 사이에서 되돌림을 보인다. 70%의 확률로 1파의 38.2~61.8% 사이에서 되돌림이 발생한다. 나머지 15%의 확률로 1파의 61.8~100% 사이에서 되돌림이 나타난다.

- 3파 통계(충격파): 피보나치 확장 도구를 사용하여 가격 목표 구간을 결정한다. 15% 확률로 1파의 100~161.8% 구간에서 추세 방향으로의 확장이 발생한다. 45% 확률로 3파가 1파의 161.8~175%까지 확장한다. 30% 확률로 3파가 1파의 175~261.8%까지 확장한다. 드문 경우이지만, 10% 확률로 1파 대비 261.8% 이상 초과 확장한다.

- 4파 통계(조정파): 피보나치 되돌림 도구를 사용하여 가격 목표 구간을 결정한다. 두 개의 기준점을 사용하여, 그리기 도구를 2파의 끝과 3파의 끝에 고정한다. 15% 확률로 3파 상승 폭의 23.6~38.2% 구간에서 되돌림이 발생한다. 70% 확률로 3파 상승 폭의 38.2~61.8% 구간에서 조정이 진행한다. 15% 확률로 3파 상승 폭의 61.8~76.4% 구간까지 깊은 되돌림이 발생한다.

- 5파 통계(충격파): 피보나치 확장 도구를 사용하여 가격 목표 구간을 결정한다. 세 개의 기준점을 사용하여, 그리기 도구를 2파의 끝, 3파의 끝, 4파의 끝에 고정한다. 15% 확률로 38.2~61.8% 구간에서 확장이 발생한다. 70% 확률로 61.8~100% 구간까지 확장한다. 마지막으로, 15% 확률로 100~161.8% 구간의 확장이 발생한다.

이 엘리엇 파동 통계에서 사용되는 23.6, 38.2, 61.8과 같은 비율들은 다소 생소하게 느껴질 수 있다. 앞서 언급했듯이, 이 숫자들은 피보나치 비율에 기반을 두고 있으며, 이에 대해서는 뒷부분에서 더 자세히 다룰 예정이다.

이러한 독특한 숫자들을 잘 활용하면 추세 내 다양한 파동의 예상 목표치를 결정할 수 있다. 닌자트레이더(NinjaTrader), 트레이드스테이션 (TradeStation)과 같은 대부분의 차트 분석 프로그램에는 피보나치 그리기 도구가 내장되어 있어, 이러한 숫자에 기반한 확장과 되돌림 구간을 차트에 시각적으로 표시할 수 있다.

필자의 확장과 되돌림 계산 방식이 업계의 여느 엘리엇 파동 전문가들과 다르다는 점을 유념해야 한다. 이 장 뒷부분에 나오는 그림 T1-18과 그림 T1-19(필자의 차트 시트)를 참고하면, 차트 분석 플랫폼에서 피보나치 그리기 도구를 사용하는 방법과 가장 정확한 목표 구간을 얻기 위해 기준점을 설정하는 방법에 대한 지침을 확인할 수 있다.

다섯 가지 엘리엇 파동의 거래량 특성

각각의 다섯 파동에서 거래량이 어떤 역할을 하는지 이해하면 엘리엇 파동 패턴을 더 효과적으로 식별하는 데 도움이 된다. 이 꼭지에서는 각 파동에서 거래량과 관련해 무엇을 주의해야 하는지에 대한 지침을 제공한다. 이러한 지침은 상승 추세와 하락 추세 모두에 적용된다.

다섯 파동의 거래량 특성

- 1파 거래량(충격파): 가격이 1파의 방향으로 움직일 때 거래량이 약간 증가할 수 있지만, 많은 기술적 분석가들이 주목할 만큼 충분하지는 않은 경우가 많다.
- 2파 거래량(조정파): 2파의 거래량은 일반적으로 1파의 거래량보다 적다.
- 3파 거래량(충격파): 가장 높은 거래량은 3파에서 발생한다. 이 구간에서는 거래량이 급증하는 모습을 볼 수 있다. 가격 움직임의 모멘텀도 보통 이때가 가장 강하다.
- 4파 거래량(조정파): 거래량이 3파의 거래량보다 훨씬 적다.
- 5파 거래량(충격파): 5파의 거래량은 3파의 거래량보다 적다.

거래량 분석도 피보나치 수준과 마찬가지로 엘리엇 파동 분석의 고전적인 접근법에 포함된다. 거래량과 관련해 가장 중요한 점은, 3파 동안의 거래량이 추세 내 모든 파동 중에서 가장 높다는 것이다.

그 이유는 3파가 전개될 때 가격이 전체 추세 방향으로 급격히 움직이기 때문이다. 시장 참여자들이 이를 인지하게 되고, 이 움직임은 보통 추세 방향을 뒷받침하는 뉴스와 함께 나타난다. 그 때문에 3파에서 거래량이 높게 나타나는 것이다.

3파와 4파 이후, 5파가 추세의 방향으로 나타나며 상승 추세에서는 가격이 더 높은 새로운 수준에 도달하고, 하락 추세에서는 더 낮은 새로운 수준에 도달한다. 그러나 5파에서의 거래량은 3파 때만큼 높지 않다. 이는 5파에서는 3파보다 열기가 가라앉으면서 거래가 줄어들기 때문이다.

이는 이전의 4파가 강한 조정파로 작용하여, 3파 동안 형성된 열정적인 시장 심리를 흔들고 약화시키기 때문이다. 그런 이유로 5파가 가격 면에서는 3파를 넘어서더라도, 3파에서 나타났던 감정적인 분위기는 부족하다. 3파는 거래량 지표로 쉽게 찾을 수 있는데, 이 구간에서 거래량이 가장 높게 나타나기 때문이다.

거래량이 파동 식별이 올바른지 확인하거나 반박하는 데 단서가 될 수 있다는 점을 유념하라. 또한 엘리엇 파동 카운트가 진행됨에 따라 꼼꼼하게 모니터링하여 잘못된 파동 카운트를 조기에 발견하는 것이 중요하다. 가능한 한 빨리 이를 파악하는 것이 가장 좋다.

두 가지 유형의 엘리엇 파동 조정 패턴

조정 파동은 익히기 어렵다. 대부분의 숙련된 엘리엇 파동 분석가들은 1파, 3파, 5파와 같은 충격파 구간에서 대부분의 수익을 올린다. 우리는 조정 파동에서는 거래를 피하려고 한다.

엘리엇 파동 기법을 아는 경험이 적은 트레이더들과, 이 기법을 모르는 트레이더들 모두 조정 구간인 2파와 4파에서 그동안 얻은 수익을 시장에 다시 돌려주는 경향이 있다. 그 때문에 이러한 조정 구간을 이해하는 것이 중요하다.

조정 패턴은 두 가지 범주로 나뉜다.

1. 단순 조정: 지그재그 또는 a-b-c 조정이라고도 불린다.

2. 복잡한 조정: 플랫, 불규칙, 삼각형의 세 가지 유형이 있다.

하나의 추세 안에는 2파와 4파라는 두 개의 조정파가 있다. 중요한 점은 2파가 단순하면 4파는 보통 복잡하게 나타나고, 그 반대도 마찬가지라는 것이다. 이를 조정파의 교대 규칙이라고 한다.

조정 패턴과 특성

- 단순 조정 또는 a-b-c 조정(그림 T1-5 참조): 단순 조정은 지그재그 조정 또는 a-b-c 조정이라고 하며, 세 개의 파동으로 이루어진다. 이것은 가장 흔하고 쉽게 식별할 수 있는 조정이다. 단순 조정의 기본 구조에서 a파는 현재 추세에서 작은 되돌림처럼 보이지만, 실제로는 중요한 조정의 첫 번째 구간이다. 지그재그 조정에서 a파와 c파는 항상 5개의 하위 파동으로 구성되는 반면, b파는 3개의 하위 파동만으로 이뤄진다. 이 a-b-c 패턴의 하위 파동 구조는 나중에 살펴볼 파동 구조의 프랙털 대칭성을 보여준다. a파 통계 — a파에는 5개의 하위 파동이 있다. 이것은 이전 충격파 추세의 반대 방향으로 움직이는 첫 번째 구간이다. b파 통계 — b파에는 3개의 하위 파동이 있다. b파의 길이는 보통 a파의 50% 정도이며, a파의 76.4%를 넘지 않아야 한다. c파 통계 — c파에는 5개의 하위 파동이 있다. c파의 길이는 보통 a파의 1배, 1.618배 또는 2.618배가 될 가능성이 높다. 이들은 피보나치 확장 수치다.
- 플랫 복합 조정(그림 T1-6 참조): 이 조정 패턴은 3개의 하위 파동

(a-b-c)으로 구성되며, 각 파동의 길이가 유사해 채널 형태를 만든다. 충격파 패턴 이후 시장은 a파에서 조정을 시작한다. 이후 반전되어 b파가 형성되며, 최종적으로 c파에서 마지막 조정이 완료된다. 이 과정을 거치면 시장은 다음 충격파로 전환된다.

- 불규칙 복합 조정(그림 T1-7 참조): 불규칙 복합 조정에서는 3개의 하위 파동이 있으며, 하락 충격파 추세에서는 b파가 신저가를 만들고, 상승 충격파 추세에서는 b파가 신고가를 만든다. 또한 최종 c파는 약세 충격파 추세에서 a파의 시작점까지 상승할 수 있으며, 강세 충격파 추세에서는 반대로 a파의 시작점까지 하락할 수 있다. b파 통계 — a파보다 1.15~1.272배 길게 형성된다. c파 통계 — a파보다 1.618~2.618배 길게 확장된다.

- 삼각형 복합 조정(그림 T1-8 참조): 이 복합 조정은 세 개의 하위 파동만을 가진 플랫 조정이나 불규칙 복합 조정과 다르다. 삼각형 복합 조정은 순차적으로 a, b, c, d, e로 지정된 5개의 하위 파동으로 구성된다. 이러한 패턴은 페넌트(삼각 깃발)가 형성되는 구간으로, 기술적 분석에서 가격 압축을 나타내는 신호다. 페넌트 패턴이 깨지면 중요한 추세 재개가 뒤따르며, 이는 매수/매도 진입의 적기로 활용된다. 삼각형 패턴은 4파에서 가장 흔하게 나타난다. 이 패턴은 복잡하고 혼란스러울 수 있으므로, 행동하기 전에 패턴을 신중하게 연구해야 한다. 가격은 조정이 끝난 후 삼각형 패턴을 급격히 돌파하며, 이는 매수/매도 진입에 유리한 지점이 될 수 있다.

조정파는 다섯 파동 추세에서 거래량 측면에서 충격파와 다르게 움직인다.

간단한 ABC 지그재그 조정 패턴

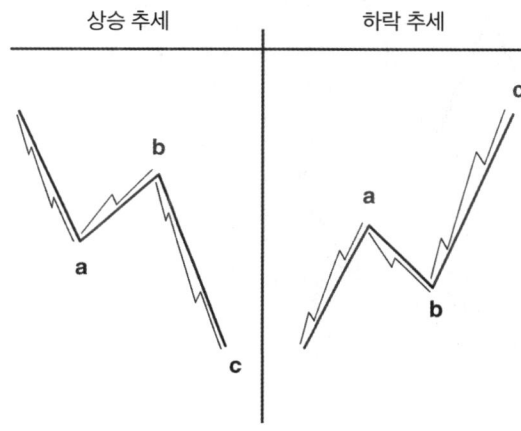

그림 T1-5. 단순 a-b-c 지그재그 조정 패턴
출처: ©TradersCoach.com

플랫 복합 조정

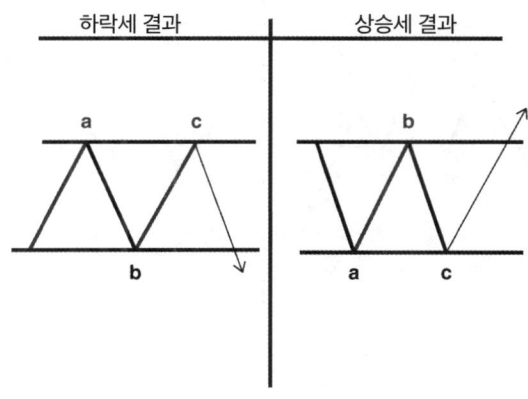

그림 T1-6. 플랫 복합 조정 패턴
출처: ©TradersCoach.com

불규칙 복합 조정

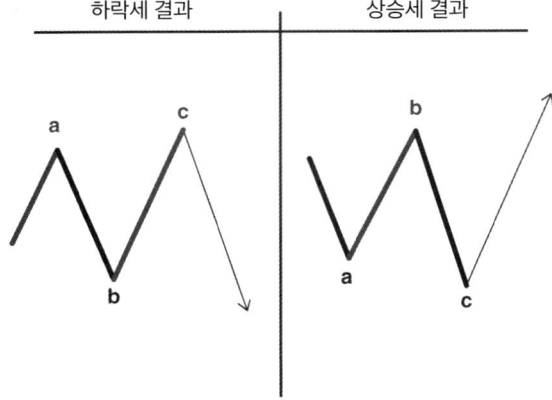

그림 T1-7. 불규칙 복합 조정 패턴
출처: ©TradersCoach.com

삼각형 복합 조정

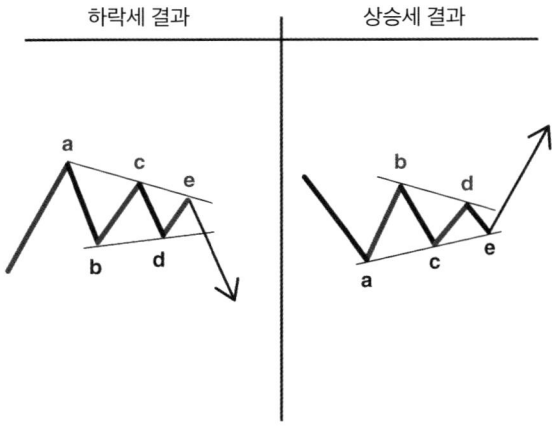

그림 T1-8. 삼각형 복합 조정 패턴
출처: ©TradersCoach.com

조정파 3파 a-b-c 추세에서의 거래량

- a파: 거래량이 증가하고 3파에 비해 안정적으로 유지된다. 상승 패턴에서는 기본적인 뉴스가 여전히 긍정적이고, 하락 패턴에서는 여전히 부정적이다. 대부분의 분석가들은 a파를 단순한 조정으로 본다.
- b파: b파의 거래량은 a파보다 낮아야 한다.
- c파: 거래량이 증가하며, c파의 세 번째 구간에 이르면 거의 모든 사람들이 추세 반전이 확고해졌음을 인식하게 된다.

다시 말하지만, 엘리엇 파동 패턴과 그 고유한 특징들을 자주 접할수록 이러한 정보들은 자연스레 익숙해질 것이다.

프랙털 대칭은 자연과 엘리엇 파동 속에 존재한다

프랙털은 일반적으로 거칠거나 단편화된 기하학적 형태로, 이를 여러 부분으로 나누면 각 부분이 전체의 축소판(적어도 대략적으로)과 비슷한 형태를 가진다. 프랙털(fractal)이라는 용어는 브누아 망델브로가 1975년에 처음 만들었다.

프랙털과 유사한 여러 자연적 대상에는 눈송이, 구름, 산맥, 번개, 해안선 등이 있다. 실제 눈송이 사진인 그림 T1-9를 보면, 자연에서 발견되는 프랙털의 반복적인 패턴을 확인할 수 있다. 놀랍게도, 인간의 행동과 금융시장 또한 프랙털로 이루어져 있다는 사실을 알게 될 것이다.

그림 T1-9. 검은색 배경 위에 실제 눈송이를 확대한 이 사진에서 프랙털 대칭을 확인할 수 있다.
출처: Photo 76875550 Crystal © Chaoticmind Dreamstime.com

금융시장의 가격 움직임을 월간, 주간, 일간 그리고 장중 바 차트로 살펴보면, 그 구조가 비슷하게 보인다. 패턴이 동일하며 반복적으로 나타난다.

프랙털은 모든 배율에서 비슷하게 보이기 때문에 종종 무한히 복잡한 것으로 여겨진다. 이 고급 기법 부록의 다음 장에서는 프랙털 대칭성에 기반한 다중 타임프레임 분석에 대해 다룰 것이다.

이처럼 프랙털 대칭성은 자연은 물론, 여러분의 차트에 나타나는 엘리엇 파동 패턴에서도 쉽게 발견할 수 있다. 프랙털 대칭성을 인식할수록, 차트뿐만 아니라 일상에서도 이를 더 자주 발견하게 될 것이다.

파동 속의 파동은 가격의 대칭성을 보여준다

이제 진짜 재미있는 부분이 시작된다! 가격 대칭성과 프랙털 대칭성은 모든 엘리엇 파동에 존재하며, 그림 T1-10은 파동 속의 파동 개념을 보여준다. 이 다이어그램에서 볼 수 있듯이, 동일한 시장과 동일한 차트를 서로 다른 타임프레임에서 살펴보면, 모든 타임프레임에서 예측 가능한 파동 패턴을 볼 수 있다.

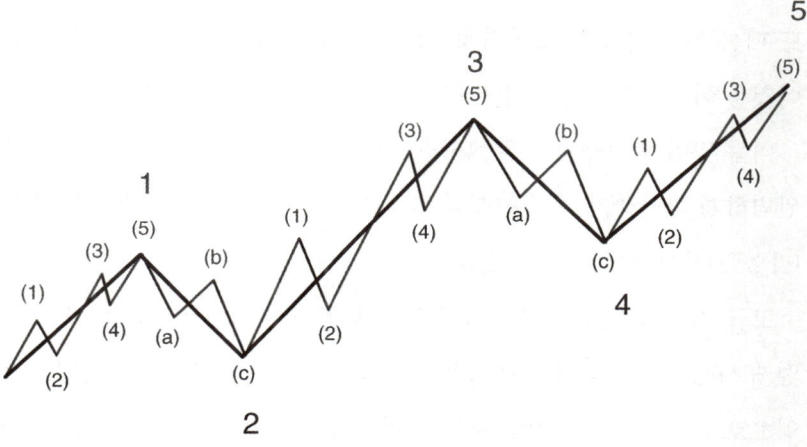

그림 T1-10. 파동 내부의 파동 다이어그램
출처: ©TradersCoach.com

예를 들어 그림 T1-10에서 60분 차트의 강세 충격파 1파는 직선처럼 보일 수 있다. 하지만 5분 차트와 같은 더 낮은 타임프레임으로 이동하면 훨씬 더 상세한 정보를 확인할 수 있으며, 상위 타임프레임 패턴 내부에 5개의 하위 파동으로 구성된 패턴이 드러난다. 중요한 점은 5파 패턴에 적용했던 모든 규칙과 통계치가 이 1파 내부의 하위 5개 파동에도 동일하게 적용된다는 사실이다.

그림 T1-10에서 약세 조정파인 2파를 살펴보면, 상위 타임프레임 패턴 내부에 3개의 하위 파동(a-b-c 패턴)이 존재함을 알 수 있다. 여기서도 조정 3파동(a-b-c 패턴)에 대해 배운 모든 규칙과 통계치가 동일하게 적용된다.

그림 T1-10에서 충격파 파동 3, 조정파 파동 4, 충격파 파동 5에 이르기까지 모든 파동에서 이 패턴은 지속된다. 《이상한 나라의 앨리스》에 나오는 토끼굴처럼 심연으로 들어가고 싶다면, 각 하위 파동 내부에 또 다른 하위 파동 세트가 전체적으로 존재한다는 사실을 알아야 한다. 이것은 이론적으로 무한히 계속될 수 있다.

너무 깊이 파고들지는 않겠지만, 목표는 시장에서 일어나는 일을 더 완벽하게 파악하기 위해 미시적 관점(더 낮은 타임프레임)과 거시적 관점(더 높은 타임프레임) 모두를 살펴보는 것이다.

고급 기법을 다루는 부록의 뒷부분에서 여러 타임프레임 분석을 어떻게 사용하는지를 더 자세히 알게 되겠지만, 지금은 더 낮은 타임프레임으로 차트를 깊이 들여다보는 것이 많은 것을 밝혀준다는 점만 알아두기 바란다.

파동과 하위 파동에 대해 한 가지 더 말하자면, 더 큰 규모의 파동을 부모 파동이라 부르기도 하고, 더 작은 규모의 파동을 자식 파동이라고 부르기도 한다. 엘리엇 파동 관련 대화에서 이러한 용어를 들을 수 있으니 참고하기 바란다.

마지막으로, 파동 속의 파동이라는 주제를 이야기하면서 필자가 이 주제에서 가장 좋아하는 차트를 보여주지 않을 수 없다. 그림 T1-11을 보라. 이 차트는 2011년부터 2012년까지 애플의 상승 추세를 보여주는 일간 차트로, 여기서 1번부터 5번까지의 거시적 부모 파동을 볼 수 있다. 이 차트가 보여주는 3번 파동은 정말 완벽하다.

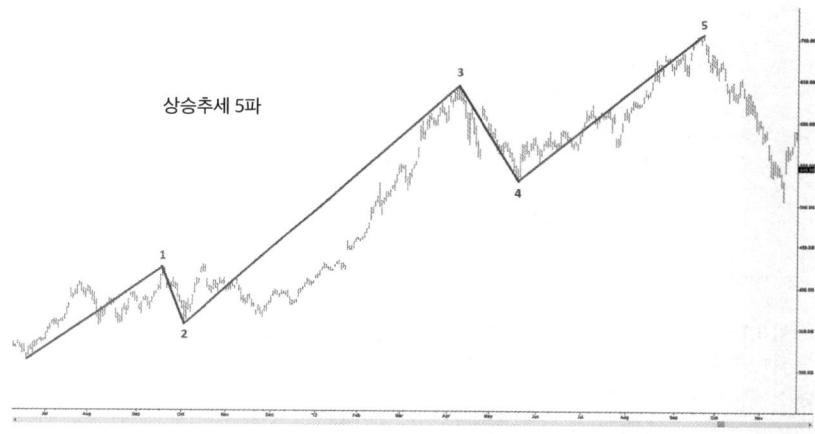

그림 T1-11. 부모 파동만 있는 애플 차트
출처: ©TradersCoach.com

그림 T1-12에서는 역시 2011년부터 2012년까지의 동일한 애플 일간 차트를 사용했지만, 이번에는 부모 파동 안에 하위 파동, 즉 자식 파동을 그려 넣었다. 여기서 파동 1 안에 실제 차트에서 5개의 하위 파동이 어떻게 나타나는지 볼 수 있다. 그리고 파동 2에서는 a-b-c 조정 움직임이 아주 명확하게 드러난다. 이어, 고전적이면서도 거대한 파동 3 역시 5개의 하위 파동을 보여준다. 물론 파동 4 조정 파동도 a-b-c 패턴으로 나타나고, 마지막 파동 5 역시 5개의 하위 파동 패턴으로 마무리된다.

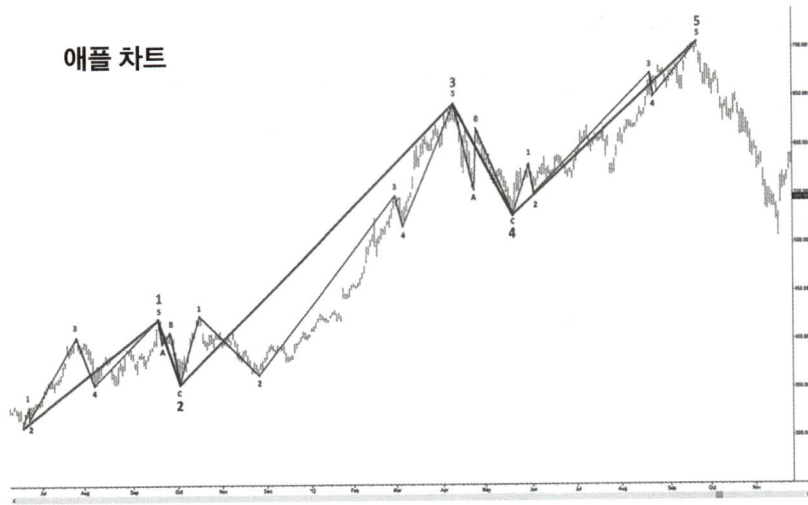

그림 T1-12. 애플 차트에서 부모 파동과 자식 파동을 함께 보면, 파동 속에 또 다른 파동이 반복되는 프랙털 대칭성이 시장에 존재함을 알 수 있다.
출처: ©TradersCoach.com

다시 한번 말하지만, 필자는 명확한 차트를 매우 좋아하고, 이보다 더 명확한 차트는 없을 것이다.

엘리엇 파동 주기의 9단계

엘리엇은 시장이 작은 가격 움직임에서 더 큰 가격 움직임으로 발전한다고 설명했는데, 이는 가장 작은 서브미뉴에트(Sub-Minuette)부터 가장 큰 그랜드 슈퍼사이클(Grand Super Cycle)에 이르는 9단계의 파동 주기에서 확인할 수 있다.

파동에는 아홉 개의 단계가 있다.

1. 그랜드 슈퍼사이클(Grand Super Cycle) – 수 세기에 걸침

2. 슈퍼사이클(Super Cycle) – 수십 년, 약 40~70년

3. 사이클(Cycle) – 1년~수년, 경우에 따라 수십 년

4. 프라이머리(Primary) – 수개월~2년

5. 인터미디어트(Intermediate) – 수주~수개월

6. 마이너(Minor) – 수주

7. 미닛(Minute) – 수일

8. 미뉴에트(Minuette) – 시간 단위

9. 서브미뉴에트(Sub-Minuette) – 분 단위

엘리엇 파동 패턴이 연결되어 더 큰 5파 및 3파 구조를 형성할 때, 이들은 자기 유사성을 보이며 모든 타임프레임에 적용할 수 있다. 이러한 자기 유사성은 서로 다른 단계의 파동들 사이에서 발생하는 프랙털 대칭성의 한 예다.

보다시피 엘리엇은 거시적 시장 흐름을 파악하고 미시적 수준까지 분석할 수 있는 구조를 제시했다. 이러한 단계 구분은 모든 트레이더와 투자자가 원하는 전략에 파동 이론을 적용하는 데 도움이 된다. 데이 트레이딩, 포지션 트레이딩, 장기 투자 전략 등 다양한 접근법에 활용이 가능하다.

대체 파동 계산이 가능하며 당신의 가설은 실패할 수 있다

파동 카운트는 변할 수 있으며, 처음 세운 가설이 틀릴 수도 있다. 시장을 처음 분석할 때 대안적인 파동 카운트가 존재할 수도 있다. 따라서 초기 분석을 철저히 하고, 시장이 전개되는 동안 파동 카운트를 지속적으로 모니터링하는 것이 매우 중요하다.

예를 들어 당신은 지금이 4파 조정 구간이라고 생각할 수 있지만, 조정이 최대 되돌림 수준을 초과하여 오히려 3파 충격파의 연장으로 전개될 수도 있다. 이런 상황에서는, 파동 카운트가 잘못되었을 경우 과도한 손실을 방지하기 위해 반드시 설정한 손절 규칙을 지켜야 한다.

중요 참고 사항: 엘리엇 파동을 계산할 때, 시장이 아직 충분한 정보를 제공하지 않아 명확한 해석이 어려운 경우에는 두 가지 가능한 파동 카운트가 보일 수 있다. 이런 상황에서 두 가지 대안 파동 카운트가 모두 같은 방향(상승 또는 하락)으로 진입 신호를 준다면, 이는 거래를 진행할 충분한 근거가 된다. 단, 반드시 본인의 진입 및 청산 트레이딩 시스템(객관적이고 신뢰할 수 있는 기준)에 따라 진입 신호가 나왔을 때만 거래를 실행해야 한다.

항상 초기 엘리엇 파동 카운트에 근거한 예상과 다르게 움직이는 가격 행동이 있는지 주의 깊게 살펴야 한다. 경고 신호가 감지되면, 현재의 가격 움직임이 기존 가정과 충돌하는지 다시 평가해야 한다. 만약 충돌이 발견되고 손절매 가격에 도달했다면, 즉시 해당 거래를 정리하고 다음 기회를 모색해야 한다.

차트가 복잡하다면, 잊고 넘어가라

필자의 학생들은 필자로부터 이 말을 자주 듣는다. 필자의 조언은 복잡하거나 불분명한 시장에서는 거래를 피하라는 것이다. 우주와 시장에는 무한한 기회가 있으니, 파동 카운트가 뚜렷하게 보이지 않는 차트에 억지로 파동을 적용하려고 애쓸 필요가 없다. 같은 시장이라도 더 높은 타임프레임이나 더 낮은 타임프레임으로 이동해보면 더 명확한 패턴이 보일 수 있다.

일반적으로 복잡한 시장은 결국 복합적인 조정 국면이 되는 경우가 많다. 물론 이런 시장에서 거래하는 것을 즐기는 트레이더도 있겠지만, 필자는 그렇지 않다. 필자는 확률이 더 높은 거래에 시간을 투자하는 것이 더 낫다고 생각한다. 궁극적으로는 자신에게 가장 잘 맞는 전략과 접근법을 선택해야 한다.

랠프 넬슨 엘리엇의 이야기

랠프 넬슨 엘리엇(1871~1948)이 파동 원리를 발견하게 된 이야기는 정말 흥미로우며, 여기에 그의 간략한 전기를 소개하는 것이 적절할 듯하다.

그는 1896년에 회계사로 경력을 시작했는데, 이는 그가 숫자에 능했다는 것을 의미한다. 그는 25년 동안 멕시코, 중앙아메리카, 남아메리카 그리고 미국의 여러 철도 회사에서 근무했다. 1903년에 메리 엘리자베스 피츠패트릭(Mary Elizabeth Fitzpatrick)과 결혼했고, 엘리엇의 뛰어난 경력 덕분에 멕시코와 이후 미국에서 안락한 삶을 살았다.

1920년에 엘리엇과 그의 아내는 뉴욕시에 거주지를 마련했다. 그러던 중, 엘리엇은 이질아메바(Entamoeba histolytica)에 의해 발생하는 질병에 걸렸는데, 이는 그가 수십 년간 라틴아메리카에 거주하면서 감염되었을 가능성이 높았다. 이 유기체는 오랜 기간 잠복해 있었을 수 있지만, 1926년경 그가 55세가 되었을 때에야 증상이 나타났다.

로버트 프렉터(Robert R. Prechter)는 《엘리엇의 대표작(R. N. Elliott's Masterworks)》에서 엘리엇의 병세 발병에 대해 이렇게 설명한다. "1927년 12월, 엘리엇의 미래가 가장 밝아 보이고 그의 독립성과 재정적 안정이 보장된 듯했을 때, 불행이 닥쳤다. 병에서 회복되는 대신 그의 상태는 악화되었다. 1929년까지 그의 병은 만성 발열, 이질, 체중 감소를 동반한 심각한 악성 빈혈로 이어져 그를 침대에 눕게 만들었다. 이후 5년 동안 여러 차례 죽음에 가까운 위기를 겪었지만, 그때마다 간신히 회복할 수 있었다."

그는 병으로 인해 시간이 많아지면서 시장 행동의 패턴을 연구하기 시작했다. 이전에는 주식시장에 관여한 적이 없었지만, 곧 여러 지수의 연간, 월간, 주간, 일간, 시간별, 심지어 30분 단위 차트까지 1857년부터 75년에 걸친 주식시장 데이터를 집중적으로 분석했다.

1932년경, 엘리엇은 로버트 리아(Robert Rhea)의 《다우 이론(The Dow Theory)》을 읽었고, 리아가 운영하던 주식시장 서비스인 '다우 이론 코멘트(Dow Theory Comment, 1932~1937)'의 첫 구독자 중 한 명이었다. 1934년 5월경, 마지막으로 죽음의 고비를 넘긴 지 불과 두 달 만에 엘리엇의 사명이 본격적으로 이루어지기 시작했다. 그는 오랜 시간에 걸쳐 관찰한 주식시장의 일반적인 움직임이 점차 하나의 일반 원칙으로 정립되어, 주가 평균의 모든 파동 단계에 적용될 수 있음을 깨닫게 되었다.

1935년 2월 19일, 엘리엇은 찰스 J. 콜린스(Charles J. Collins)에게 '파동 원리(The Wave Principle)'라는 제목의 논문 17쪽을 우편으로 보냈다. 콜린스는 인베스트먼트 카운슬(Investment Council, Inc., 미국 디트로이트에 위치했던 투자 자문 회사-옮긴이)의 사장이었다. 이후 엘리엇은 12쪽 분량의 추가 원고와 5개의 차트도 보냈다. 콜린스는 이에 깊은 흥미를 느꼈고, 엘리엇과 정기적으로 서신을 주고받기 시작했으며, 엘리엇의 발견과 유사한 피보나치 수열도 그에게 소개해주었다.

1935년 3월 13일, 엘리엇은 콜린스에게 다음과 같은 내용의 전보를 보냈다. "NOTWITHSTANIDNG BEARISH (DOW) IMPLICATIONS ALL AVERAGES ARE MAKING FINAL BOTTOM([다우 지수의] 약세 신호에도 불구하고 모든 평균이 최종 바닥을 형성하고 있다)." 엘리엇의 파동 원리를 이용한 이 예측은 매우 정확하게 들어맞았고, 시장은 실제로 상승세로 전환했다. 이로 인해 콜린스는 엘리엇의 평생 팬이 되었고, 나중에 1938년에 출간된 《파동 원리(The Wave Principle)》를 집필하게 된다. 저작권은 엘리엇과 콜린스 두 사람의 이름으로 등록되었지만, 파동 이론의 발견에 대한 모든 공로는 엘리엇에게 돌아갔다.

베넷 맥도웰이 단순화한 엘리엇 파동 기법

랠프 넬슨 엘리엇(그림 T1-13)은 필자의 트레이딩을 더 나은 방향으로 바꿔주었다. 그리고 엘리엇 파동과 피보나치 기법을 더 깊이 있게 배우고, 이를 더 잘 활용하고 싶다면 반드시 이 책을 구해 읽기 바란다.

그림 T1-13. 랠프 넬슨 엘리엇은 1930년대에 파동 원리를 개발했으며, 이 이론은 그 당시와 마찬가지로 오늘날에도 여전히 효과적으로 사용되고 있다.

- 제목: 엘리엇 파동 기법의 간단한 해설: 확률 매트릭스를 활용한 더 많은 매매 수익 내기(Elliott Wave Techniques Simplified, How to Use the Probability Matrix to Profit on More Trades)(그림 T1-14)
- 저자: 베넷 A. 맥도웰(Bennett A. McDowell)
- 출판사: 맥그로힐 에듀케이션(McGraw Hill Education)

이 책은 가장 정확한 파동 카운트를 얻기 위해 고전적 엘리엇 파동 접근법과 현대적 접근법 모두의 미묘한 차이를 깊이 있게 다룬다. 제7

그림 T1-14. 《엘리엇 파동 기법의 간단한 해설》

장에서는 거래 신호를 신뢰하고 검증할 수 있도록 해주는 확률 매트릭스를 확인할 수 있다. 이 매트릭스는 거래의 매매 조건이 높은 확률인지 아닌지 점수를 매긴다. 또한 제8장에는 실제 사례 연구와 함께 필자가 가장 좋아하는 엘리엇 파동 거래를 단계별로 구현하는 방법이 수록되어 있다.

엘리엇은 피보나치 수열을 어떻게 알았을까?

엘리엇은 파동과 패턴의 수학적 특성을 분석한 끝에, 이것들이 자신의 접근법에 필수적이라는 결론에 도달했다. 그림 T1-15를 참조하라. 피보나치 수열의 숫자와 비율이 엘리엇 파동 구조에서 반복적으로 나타났지만, 엘리엇은 자신의 시장 모델이 피보나치 수열을 반영한다는 사실을 깨닫기 전에 이미 이 모델을 개발했다.

피보나치 합 수열은 파동 원리의 기초다.

—랠프 넬슨 엘리엇

그림 T1-15. 엘리엇과 피보나치 – 피보나치 수열의 숫자와 비율은 엘리엇 파동 구조에서 반복적으로 나타나지만, 랠프 넬슨 엘리엇은 자신의 시장 모델이 피보나치 수열을 반영한다는 사실을 깨닫기 전에 이미 이 모델을 개발했다. 두 이론의 유사성을 발견한 것은 그의 친구이자 동료인 찰스 J. 콜린스가 엘리엇에게 피보나치에 관한 책을 보내준 이후였다.
출처: ⓒTradersCoach.com, Inc.

시장 추세의 파동 원리를 발견했을 때, 나는 피보나치 수열에 대해 들어본 적이 없었다.

—랠프 넬슨 엘리엇

랠프 넬슨 엘리엇에게 처음으로 피보나치 수의 개념을 소개한 사람은 찰스 J. 콜린스였으며, 그는 엘리엇에게 피보나치 수와 자연에서의 그 출현에 관한 책을 포함해 여러 권의 책을 보내주었다. 두 사람의 깊은 우정은 수십 년간 이어졌고, 엘리엇의 전기를 읽어보면 이들이 어떻게 협력하여 이 놀라운 접근법을 세상에 알렸는지 알 수 있다.

그들이 서로 알게 된 이유는 콜린스가 미시간주 디트로이트에 있는 인베스트먼트 카운슬의 사장이었고, 엘리엇이 구독하던 주식시장 관련 간행물을 발행했기 때문이다.

1935년 엘리엇이 콜린스에게 보낸 유명한 전보

1935년 3월 13일 수요일, 엘리엇은 콜린스에게 다음과 같은 내용의 전보를 보냈다. "NOTWITHSTANIDNG BEARISH (DOW) IMPLICATIONS ALL AVERAGES ARE MAKING FINAL BOTTOM([다우 지수의] 약세 신호에도 불구하고 모든 평균이 최종 바닥을 형성하고 있다)."

엘리엇이 전보를 보낸 지 두 달 후, 엘리엇의 시장 예측이 시장의 지속적인 상승과 함께 매우 정확하고 극적으로 들어맞자, 콜린스는 "그의 단호함과 정확성에 감명을 받았다"라고 편지를 쓰고, 투자 자문위원에게 엘리엇의 예측에 대한 유료 구독을 제안했다. 그리고 그는 "우리는 파동 원리가 지금까지 접한 예측 방법 중 단연코 가장 뛰어나다고 생각한다"라고 언급했다.

— 로버트 R. 프렉터 주니어 편집,
《엘리엇의 대표작》 57페이지에서 발췌

엘리엇이 자신의 접근법에 가치가 있음을 콜린스에게 입증한 후, 엘리엇은 콜린스에게 훗날 《파동 원리》로 알려지게 될 책을 집필해줄 것을 요청했다. 이 책의 저작권은 두 사람의 이름으로 등록되었지만, 파동 원리의 발견과 발전에 대한 공로는 전적으로 엘리엇에게 돌아갔다.

콜린스는 엘리엇의 시장 타이밍 예측이 2년 동안 성공적이고 정확할 경우에만 책을 집필하겠다는 데 동의했다. 두 번째 해가 끝난 1937년 3월 2년 차 말에 콜린스는 약속대로 엘리엇의 원래 논문을 바탕으로 한 첫 번째 단행본 작업에 들어갔다.

마지막 책은 1938년 8월 31일에 출간되었으며, 약 500부가 인쇄된 것으로 추정된다. 어두운 파란색 표지에 아무 글씨도 없었다. 이후의 이야기는 모두 잘 알려진 역사다.

피보나치 수열

이탈리아 피사의 레오나르도 피보나치(Leonardo Fibonacci, 1170~1250)는 13세기의 수학자이며, 중세 시대 가장 위대한 수학자 중 한 명으로 평가받는다. 그림 T1-16을 참조하라.

그는 13세기에 피보나치 수열을 서양 세계에 소개했지만, 일부 사람들은 이 수열이 수백 년 전에 인도 수학자들에 의해 처음 발견되었다고 말한다. 이 놀라운 수열을 처음 발견한 사람이 누구든 간에, 오늘날 전 세계의 트레이더와 투자자들이 이 수열을 사용하고 있다.

그림 T1-16. 이탈리아 피사의 레오나르도 피보나치는 13세기에 피보나치 수열을 널리 알린 수학자였다. 랠프 넬슨 엘리엇은 피보나치의 수 이론이 자신이 파동 이론에서 사용한 수학과 거의 동일하다는 것을 발견했다.

피보나치 수열은 각 수가 그 앞의 두 수를 더해서 만들어지는 숫자 패턴에 기반한다. 예를 들어 수열은 다음과 같이 진행된다. 0, 1, 1, 2, 3, 5, 8, 13, 21, 34, 55, 89, 144 그리고 무한대로 이어진다.

놀라운 점은 이 수열에서 각 수가 바로 앞의 수보다 약 1.618배(황금비율 수) 크다는 것이다. 따라서 피보나치 수열의 어떤 수에 1.618을 곱하면, 그 결과는 다음 수와 거의 일치한다.

예를 들어 89에 1.618을 곱하면 144.002가 되는데, 이는 피보나치 수열에서 다음 숫자와 같다. 숫자가 커질수록 이 비율은 더욱 정확해진다. 표 T1-1을 참조하라.

피보나치 수열

수열에서 다음 숫자를 찾는 공식	피보나치 수열	피보나치 수에 황금비를 곱한 공식
첫 번째 숫자	0	
두 번째 숫자	1	
0 + 1 = 1	1	1.618 × 1 = 1.61
1 + 1 = 2	2	1.618 × 2 = 3.23
1 + 2 = 3	3	1.618 × 3 = 4.85
2 + 3 = 5	5	1.618 × 5 = 8.09
3 + 5 = 8	8	1.618 × 8 = 12.94
5 + 8 = 13	13	1.618 × 13 = 21.03
8 + 13 = 21	21	1.618 × 21 = 33.97
13 + 21 = 34	34	1.618 × 34 = 55.01
21 + 34 = 55	55	1.618 × 55 = 88.99
34 + 55 = 89	89	1.618 × 89 = 144.00
55 + 89 = 144	144	1.618 × 144 = 232.99

피보나치 수에 1.618을 곱하면 그 결과는 수열의 다음 숫자가 된다.

표 T1-1. 이 표는 피보나치 수열의 구조를 보여준다.
참고: 이 표는 교육 목적으로만 작성되었다.

피보나치 수열

각 숫자는 앞의 두 숫자의 합이다.

0, 1, 1, 2, 3, 5, 8, 13, 21, 34, 55, 89, 144……

그림 T1-17. 피보나치 수열은 각 숫자가 그 앞의 두 숫자를 더해서 만들어지는 패턴의 일련의 숫자에 기반한다.
출처: ©TradersCoach.com, Inc.

이 수열은 자연, 기하학, 건축 등에서 자연스럽게 발견되는 흥미로운 패턴으로, 트레이더와 투자자들이 금융시장의 많은 비밀을 밝히는 데 도움을 주었다. 랠프 넬슨 엘리엇은 바로 이 숫자들과 그 비율을 이용해 금융시장에서 예측 가능한 패턴을 찾을 수 있음을 발견했다. 그의 파동 이론은 피보나치 수열과 밀접하게 연결되어 있다. 그림 T1-17을 참조하라.

피보나치 목표 구간과 기준점 지침 핵심 정리

보다시피, 엘리엇 파동 분석을 처음 공부할 때는 외워야 할 규칙과 통계가 많다. 그러나 걱정하지 마라. 차트에서 이러한 패턴을 보기 시작하면 이 정보들을 손바닥 보듯 익히게 될 것이다. 하지만 처음에는 이 자료에 익숙해질 때까지 여기 있는 핵심 정리표를 참고할 수 있다. 그림 T1-18과 그림 T1-19를 참조하라.

	피보나치 목표 구간	% 확률(근사치)
2파 가격 되돌림	1파 길이의 23.6~38.2%	15%
	1파 길이의 38.2~61.8%	70%
	1파 길이의 61.8~100%	15%
3파 가격 확장	1파 길이의 100~161.8%	15%
	1파 길이의 161.8~175%	45%
	1파 길이의 175~261.8%	30%
	1파 길이의 261.8% 초과	10%
4파 가격 되돌림	3파 길이의 23.6~38.2%	15%
	3파 길이의 38.2~61.8%	70%
	3파 길이의 61.8~76.40%	15%
5파 가격 확장	38.2~61.8%(기준점 지침 참조)	15%
	61.8~100%(기준점 지침 참조)	70%
	100~161.8%(기준점 지침 참조)	15%

그림 T1-18. 엘리엇 파동을 위한 피보나치 목표 구간 핵심 정리표. 이 핵심 정리표는 교육 목적으로만 제공된다. 참고: 대부분의 차트 분석 플랫폼에는 '피보나치' 그리기 도구가 내장되어 있어, 올바르게 사용하면 이러한 목표 구간을 차트에 시각적으로 표시할 수 있다. 가장 정확한 목표치를 얻으려면 피보나치 그리기 도구를 사용할 때 여러 기준점을 어디에 놓아야 하는지 이해하는 것이 중요하다. 정확한 기준점 설정은 그림 T1-19를 참조하라.
출처: TradersCoach.com

피보나치 그리기 도구 사용 시 기준점 지침	
2파 가격 되돌림	그리기 도구의 기준점을 1파의 시작점과 1파의 끝점에 설정한다.
3파 가격 확장	그리기 도구의 기준점을 1파의 시작점과 1파의 끝점에 설정한다(세 개의 기준점을 사용하려면, 그리기 도구를 하위 파동 2의 끝점, 하위 파동 3의 끝점, 하위 파동 4의 끝점에 설정한다).
4파 가격 되돌림	그리기 도구의 기준점을 2파의 끝점과 3파의 끝점에 설정한다.
5파 가격 확장	그리기 도구의 기준점을 2파의 끝점, 3파의 끝점, 4파의 끝점에 설정한다.

그림 T1-19. 피보나치 그리기 도구 사용 시 기준점 지침 핵심 정리표. 이 핵심 정리표는 교육 목적으로만 제공된다.
참고: 대부분의 차트 분석 플랫폼에는 '피보나치' 그리기 도구가 내장되어 있어, 이 지침에 따라 기준점을 설정할 수 있다. 이렇게 하면 차트에서 엘리엇 파동의 목표 구간을 식별하는 데 도움이 되며, 가장 정확한 목표치를 얻을 수 있다.
출처: TradersCoach.com

이 핵심 정리표에는 각 결과의 대략적인 확률뿐만 아니라, 필자가 피보나치 확장과 되돌림을 사용해 각 파동의 목표 구간을 결정하는 방법에 대한 세부 정보도 포함되어 있다. 차트 분석 플랫폼에서 피보나치 도구를 사용할 때는 필자가 제시한 기준점 지침을 참고하는 것이 매우 중요하다. 이 지침들은 가장 정확한 목표치를 제공할 것이다.

차트에 피보나치 목표 구간을 그리는 방법

목표 구간을 그리는 첫 번째 단계는 차트 분석 플랫폼에서 피보나치 그리기 도구를 찾는 것이다. 예를 들어 닌자트레이더(NinjaTrader), 트레이드스테이션(TradeStation), 이시그널(eSignal), 멀티차트(MultiCharts)와 같은 차트 플랫폼에는 모두 이러한 그리기 도구가 있다. 만약 다른 차트 분석 플랫폼을 사용하고 있고 도움이 필요하다면, 반드시 해당 지원팀에 문의하라.

다음 두 가지 피보나치 분석 도구를 사용해 목표가를 그린다.

1. 피보나치 가격 되돌림: 이것은 조정파 2파와 4파가 어디로 갈지 추정하는 목표 구역을 그릴 수 있게 해준다.
2. 피보나치 가격 확장: 이것은 충격파 3파와 5파가 어디로 갈지 추정하는 목표 구역을 그릴 수 있게 해준다.

필자가 제공한 핵심 정리표를 반드시 참고하라. 표 T1-18은 피보나치 목표 구역의 비율과 각 비율에 따른 확률을 보여준다. 표 T1-19는 가장 정확한 결과를 얻기 위한 자세한 기준점 설정 방법을 제공한다.

그런 다음, 되돌림을 위한 피보나치 도구를 올바르게 고정하는 방법을 배우기 위해 그림 T1-20을 주의 깊게 공부하라. 그림 T1-21은 정확한 5파 목표 구역을 위한 최적의 고정 전략을 보여주는 도해(圖解)다.

이제 목표 구역을 그리는 모든 지침을 알게 되었으니, 그림 T1-22를 보고 실제 차트에서 목표 구역이 어떻게 나타나는지 확인해보라. 이 차트에서는 1파, 2파, 3파, 4파가 식별되어 있다. 이제 5파의 목표가 무엇이 될지 결정하는 것이 다음 계획이다.

피보나치 도구를 세 곳에 고정하려면, 먼저 마우스로 2파의 끝을 클릭하고, 커서를 3파의 끝으로 이동해 클릭한 다음, 마지막으로 커서를 4파의 끝으로 이동해 클릭하라. 이 전략이 가장 좋은 목표 구역을 제공한다.

차트의 오른쪽 상단에서 5파 목표 구역이 박스로 표시된 것을 볼 수 있다. 가격 움직임이 그 박스 안에 들어오면 목표 구역에 도달한 것이다. 이 예시에서 목표 구역을 결정하는 데 사용된 피보나치 비율은 61.8%에서 100% 사이이며, 이는 70%의 확률로 도달하게 된다.

황금비 1.618과 피보나치 비율

황금비는 두 수의 비율이 약 1.618이 되는 비율을 말한다. 보통 그리스 문자 파이(Phi)로 표기되며, 피보나치 수열과 밀접한 관련이 있다. 파이

그림 T1-20. 되돌림을 위한 기준점 도해. 이 도해는 차트 분석 플랫폼에서 피보나치 도구를 사용하여 두 개의 기준점을 적용함으로써 가장 확률이 높은 4파 목표 구역을 얻는 방법을 보여준다.

출처: ©TradersCoach.com, Inc.

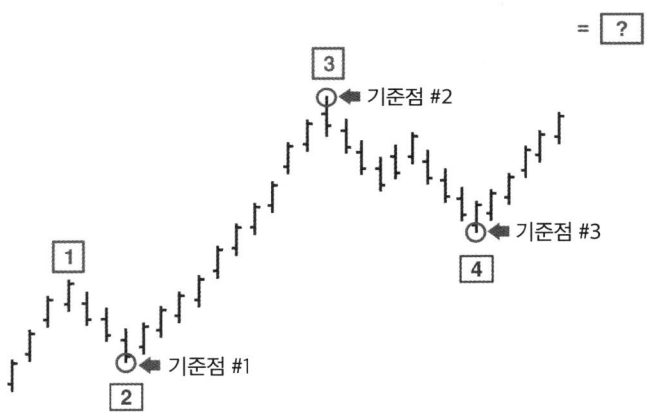

그림 T1-21. 확장을 위한 기준점 도해. 이 도해는 차트 분석 플랫폼에서 피보나치 도구를 사용하여 세 개의 기준점을 적용함으로써 가장 확률이 높은 5파 목표 구역을 얻는 방법을 보여준다.

출처: ©TradersCoach.com, Inc.

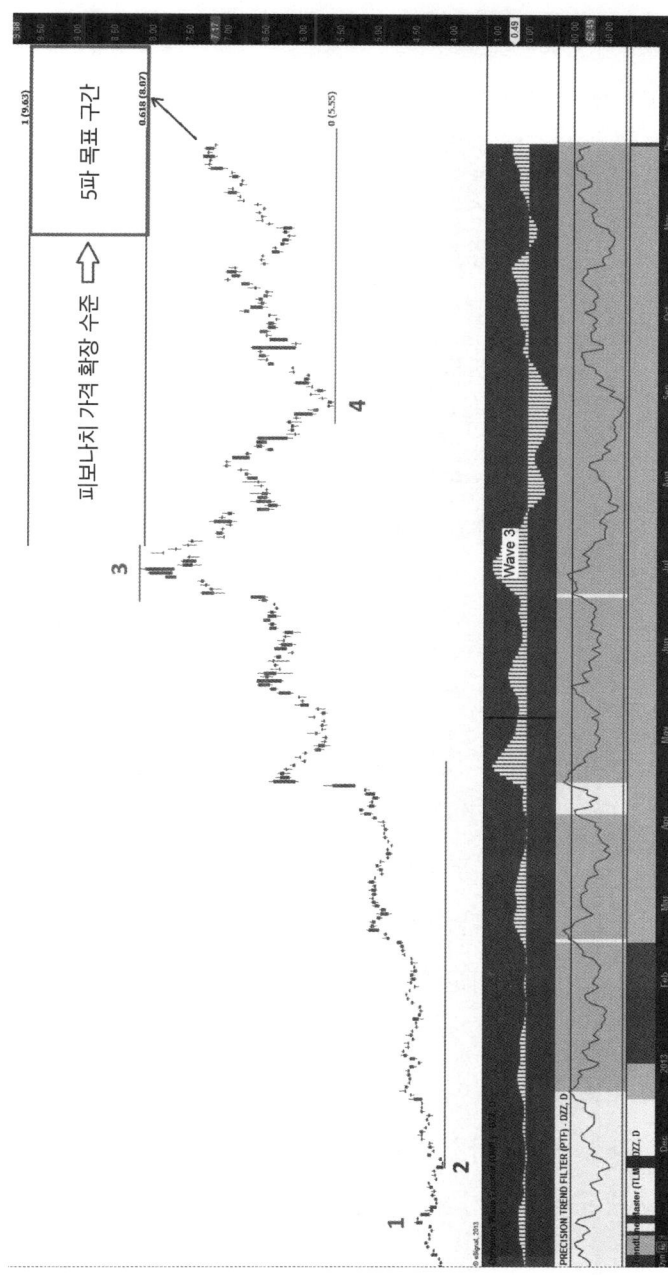

그림 T1-22. 피보나치 가격 확장 수준을 사용한 5파 목표 구역 도해다. 피보나치 도구를 2파 틈, 3파 틈, 4파 틈 이렇게 세 곳에 고정하라. 이 도구는 1파과 0.618 사이에 있는 5파 목표 구역을 식별한다.
출처: ©TradersCoach.com, Inc.

의 짝은 0.618로, 이는 소문자 파이(phi)라고 불린다. 황금비는 황금 평균(Golden Mean) 또는 신성 비율(Divine Proportion)이라고도 불린다.

피보나치 수열의 모든 수 사이에 존재하는 이 공통된 관계는 기술적 트레이더와 투자자들이 되돌림과 확장 수준을 결정할 때 사용하는 비율의 기초가 된다.

예를 들어 어떤 피보나치 수를 그보다 큰 이웃 수로 나누면 약 0.618, 즉 phi가 된다. 말하자면 89를 144로 나누면 0.6180이 나오는 식이다. 또는 어떤 피보나치 수를 그보다 작은 이웃 수로 나누면 약 1.618, 즉 Phi가 된다. 즉 89를 55로 나누면 1.618이 나온다.

피보나치 비율을 식별하는 여러 가지 방법이 표 T1-2에 나와 있다. 이 공식들이 항상 정확한 결과를 내는 것은 아니지만, 수가 커질수록 비율은 더 정확해진다.

더 재미있는 수학 연습으로, 피보나치 비율은 서로 더하거나, 빼거나, 곱하거나, 나눌 수 있으며 그 결과 역시 또 다른 피보나치 비율이 된다. 예를 들어 1에서 0.618을 빼면 0.382가 된다. 또는 1에 0.618을 더하면 1.618이 된다. 그리고 0.382에 0.618을 곱하면 0.236이 된다. 마지막으로 1.618을 0.618로 나누면 2.618이 된다.

그리고 역비율을 찾는 데 관심이 있다면, 계산에 도움이 되는 공식이 있다. x가 0이 아닌 어떤 수라고 할 때, 그 수의 역수는 1을 x로 나눈 값이다. 예시: 1.618의 역비율은 1을 1.618로 나눈 값으로, 0.6180이 된다. 가장 일반적인 피보나치 비율과 그 역비율은 표 T1-3을 참고하라.

마지막으로, 제곱된 피보나치 비율도 있다. 제곱근은 어떤 수를 자기 자신과 곱했을 때 주어진 수가 되는 값을 의미한다. 예를 들어 5 곱하기

열세 가지 인기 있는 피보나치 비율

	비율	백분율	비율 공식	공식 설명
1	0.146	**14.6%**	$89 \div 610 = 0.1459$	아무 피보나치 수나 오른쪽으로 네 번째에 있는 수로 나누기
2	0.236	**23.6%**	$89 \div 377 = 0.2360$	아무 피보나치 수나 오른쪽으로 세 번째에 있는 수로 나누기
3	0.382	**38.2%**	$89 \div 233 = 0.3819$	아무 피보나치 수나 오른쪽으로 두 번째에 있는 수로 나누기
4	0.500	**50%**	$1 \div 2 = 0.5000$	피보나치 수 1을 피보나치 수 2로 나누기
5	0.618	**61.8%**	$89 \div 144 = 0.6180$	아무 피보나치 수나 오른쪽으로 첫 번째에 있는 수로 나누기
6	0.786	**78.6%**	$0.786 \times 0.786 = 0.6177$	0.786은 0.618의 제곱근
7	1.000	**100%**	$89 \div 89 = 1.0000$	아무 피보나치 수나 자기 자신으로 나누기
8	1.272	**127.2%**	$1.272 \times 1.272 = 1.6179$	1.272는 1.618의 제곱근
9	1.618	**161.8%**	$89 \div 55 = 1.6181$	아무 피보나치 수나 왼쪽으로 첫 번째에 있는 수로 나누기
10	2.000	**200%**	$2 \div 1 = 2.0000$	피보나치 수 2를 피보나치 수 1로 나누기
11	2.618	**261.8%**	$89 \div 34 = 2.6176$	아무 피보나치 수나 왼쪽으로 두 번째에 있는 수로 나누기
12	4.238	**423.8%**	$89 \div 21 = 4.2380$	아무 피보나치 수나 왼쪽으로 세 번째에 있는 수로 나누기
13	6.846	**684.6%**	$89 \div 13 = 6.8461$	아무 피보나치 수나 왼쪽으로 네 번째에 있는 수로 나누기

표 T1-2. 이 표는 일부 수학적 피보나치 비율이 어떻게 도출되는지를 보여준다. 이러한 공식을 사용할 때 수치는 항상 정확하지는 않지만 매우 근접하다.
참고: 이 표는 교육 목적으로만 작성되었다.

	비율	역비율	백분율	역비율 공식
1	0.146	6.846	**684.6%**	1 ÷ 0.146 = 6.8493
2	0.236	4.238	**423.8%**	1 ÷ 0.236 = 4.2372
3	0.382	2.618	**261.8%**	1 ÷ 0.382 = 2.6178
4	0.500	2.000	**200%**	1 ÷ 0.500 = 2.0000
5	0.618	1.618	**161.8%**	1 ÷ 0.618 = 1.6181
6	0.786	1.272	**127.2%**	1 ÷ 0.786 = 1.2722
7	1.000	1.000	**100%**	1 ÷ 1.000 = 1.0000
8	1.272	0.786	**78.6%**	1 ÷ 1.272 = 0.7861
9	1.618	0.618	**61.8%**	1 ÷ 1.618 = 0.6180
10	2.000	0.500	**50%**	1 ÷ 2.000 = 0.5000
11	2.618	0.382	**38.2%**	1 ÷ 2.618 = 0.3819
12	4.238	0.236	**23.6%**	1 ÷ 4.238 = 0.2359
13	6.846	0.146	**14.6%**	1 ÷ 6.846 = 0.1460

표 T1-3. 이 표는 역피보나치 비율이 어떻게 도출되는지를 보여준다. 이러한 공식을 사용할 때 수치는 항상 정확하지는 않지만 매우 근접하다.
참고: 이 표는 교육 목적으로만 작성되었다.

5는 25이고, 25의 제곱근은 5다.

이것은 피보나치 비율과 관련이 있는데, 예를 들어 0.618에 0.618을 곱하면 0.3819(반올림하면 0.382)가 된다. 즉 0.382의 제곱근은 0.618이라는 뜻이다. 표 T1-4를 참조하라.

피보나치 수들 사이의 관계가 중요한 이유는 그것이 엘리엇 파동 이론의 기초가 되기 때문이다. 이 장에 포함된 표들은 이러한 비율이 어디에서 비롯되었는지, 그리고 왜 엘리엇 파동 예측에서 중요한지를 이해하는 데 도움이 되도록 구성되었다.

	비율	제곱 비율	백분율	제곱 비율을 구하는 공식
1	0.146	0.021	**2.1%**	0.146 × 0.146 = 0.0213
2	0.236	0.055	**5.5%**	0.236 × 0.236 = 0.0556
3	0.382	0.146	**14.6%**	0.382 × 0.382 = 0.1459
4	0.500	0.250	**25%**	0.500 × 0.500 = 0.2500
5	0.618	0.382	**38.2%**	0.618 × 0.618 = 0.3819
6	0.786	0.618	**61.8%**	0.786 × 0.786 = 0.6177
7	1.000	1.000	**100%**	1.000 × 1.000 = 1.0000
8	1.272	1.618	**161.8%**	1.272 × 1.272 = 1.6179
9	1.618	2.618	**261.8%**	1.618 × 1.618 = 2.6179
10	2.000	4.000	**400%**	2.000 × 2.000 = 4.0000
11	2.618	6.846	**684.6%**	2.618 × 2.618 = 6.8539
12	4.238	17.960	**1796%**	4.238 × 4.238 = 17.9606
13	6.846	46.867	**4686.7%**	6.846 × 6.846 = 46.8677

표 T1-4. 이 표는 제곱된 피보나치 비율이 어떻게 도출되는지를 보여준다. 이러한 공식을 사용할 때 수치는 항상 정확하지는 않지만 매우 근접하다.
참고: 이 표는 교육 목적으로만 작성되었다.

피보나치 황금 나선

피보나치 수열의 기하학은 자연 어디에서나 발견되는 패턴과 도형을 형성한다. 황금 나선은 자기 유사성을 가지며, 확대해도 그 모양이 무한히 반복된다. 이것은 1.618의 황금비를 기반으로 한다.

그림 T1-23을 보면 피보나치 수열이 어떻게 나선 형태로 퍼져나가는지 알 수 있다. 그리고 그림 T1-24를 보면, 같은 나선이 이 앵무조개 껍데기에서 뚜렷하게 나타나는 것을 볼 수 있다. 피보나치 수열은 매우 정확하고 구체적이지만, 자연과 금융시장에서는 저마다의 형태로 나타난다.

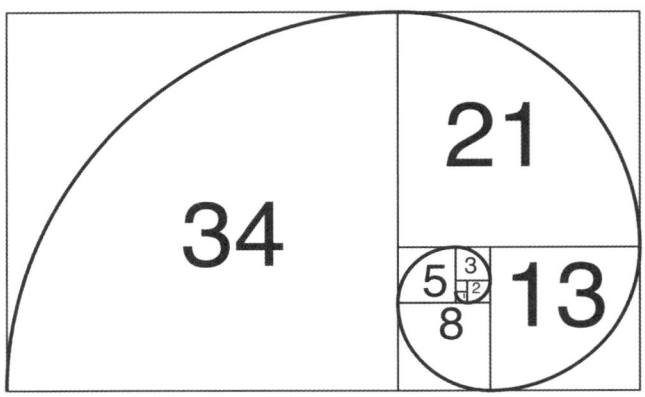

그림 T1-23. 피보나치 수열 나선

그림 T1-24. 앵무조개 껍데기 나선
출처: 사진 69471844 © Andersastphoto Dreamstime.com

이 패턴의 아름다움은 자연에서는 항상 정확하게 일치하지는 않지만, 한 번 보기 시작하면 어디에서나 그것을 발견할 수 있다는 데 있다.

파동 카운팅을 즐겨라!

이제 엘리엇 파동 이론을 피보나치 수열 및 피보나치 비율과 함께 사용하는 기본을 알게 되었으니, 차트에서 파동을 세기 시작할 준비가 되었다.

이 접근법이 처음이라면, 가장 쉽게 식별할 수 있는 3파를 처음 찾아낼 때 무척 기쁠 것이다. 그리고 그것을 기반으로 거래 및 투자 계획을 세울 수 있다. 물론 경험 많은 엘리엇 전문가라면 이 접근법을 매일 시장에 대한 로드맵으로 계속 활용할 것이다.

즐겨라!

다중 타임프레임 분석

어떤 타임프레임에서 거래하거나 투자하든 이 기법을 사용할 수 있다. 단기 트레이더이든, 포지션 트레이더이든, 장기 투자자이든, 이 접근법은 당신의 통찰력을 향상시켜줄 것이다.

중요한 추세는 여러 타임프레임의 트레이더와 투자자들이 같은 시장 방향으로 거래할 때 형성된다. 자신이 주로 사용하는 타임프레임보다 한 단계 위와 한 단계 아래의 타임프레임을 살펴보면 중요한 정보를 발견할 수 있다.

다중 타임프레임 분석이 효과적인 이유는 프랙털 대칭성이 모든 금융시장과 모든 타임프레임에서 유사한 가격 패턴을 만들어내기 때문이다. 이것이 바로 기술적 분석 시스템이 어떤 시장과 어떤 타임프레임에서도 작동해야 하는 또 다른 이유다.

가격과 가격 패턴은 중요한 정보를 보여준다

기술적 분석가들은 시장의 현실인 가격, 거래량, 모멘텀에 의존하여 진입과 청산 시점을 결정한다. 핵심 가격대를 식별할 수 있는 패턴들이 존재하며, 이를 통해 트레이더와 투자자들은 향후 시장 방향의 확률을 판단할 수 있다.

그리고 다중 타임프레임 분석에서 가장 중요한 현실은 바로 가격이다. 가격이 현재 시장에서 알려진 모든 정보를 반영할까? 그 답은 단연코 '그렇다'이다! 이는 곧, 단일 타임프레임이 아닌 여러 타임프레임에서 가격 패턴을 더 깊이 분석함으로써 시장의 전체적인 그림을 볼 수 있다는 의미다.

가격과 가격 패턴은 다음과 같은 사실을 보여준다.

- 지지 가격 수준
- 저항 가격 수준
- 가격 패턴의 프랙털 대칭성

우리는 역사가 반복되는 경향이 있다는 사실을 알고 있으며, 이는 특히 가격 패턴의 세계에서 더욱 그렇다. 따라서 현재의 가격 움직임을 이해하면, 미래의 가격 움직임이 어떻게 전개될지에 대한 확률을 설정할 수 있다.

그리고 다중 타임프레임에서 가격 패턴을 분석하면 지지선, 저항선, 프랙털 대칭성이 여러 시간대에서 일관되게 나타나는지 확인할 수 있다. 이러한 패턴이 서로 다른 타임프레임에서 일치할수록 성공 확률은 크게 상승한다.

프랙털 대칭은 다중 타임프레임 분석의 기초

프랙털(fractal)이라는 용어는 1975년 수학자 브누아 망델브로가 처음 만들었다. 그는 이 새로운 단어를 라틴어 fractus(부서진, 깨진)에서 따왔다. 1982년에 출간된 망델브로의 《자연의 프랙털 기하학(*The Fractal Geometry of Nature*)》은 프랙털 개념을 전문 수학계와 대중 수학 분야 모두에 널리 알리는 계기가 되었다.

홍미로운 점은 1975년보다 훨씬 이전에 랠프 넬슨 엘리엇이 최근의 수학계 인사들보다 프랙털 패턴을 훨씬 더 자세히 설명했다는 사실이다. 엘리엇은 1938년에 출간된 《파동 이론(*The Wave Principle*)》에서 프랙털이라는 단어가 존재하기도 전에 이러한 프랙털 패턴과 그들이 어떻게 연결되는지를 설명했다. 그림 T2-1을 참조하라.

프랙털 대칭성은 자연, 수학, 예술 그리고 심지어 금융시장에서도 우리 주변에서 흔히 나타난다. 프랙털은 자기 유사적인 기하학적 형태로, 전체를 더 작은 부분들로 나누었을 때 각 부분이 전체의 축소판이 되는 구조로 정의할 수 있다. 프랙털 대칭성은 다중 타임프레임 분석의 기초가 된다.

프랙털과 마찬가지로, 시장의 모든 가격 패턴의 근본적인 구조는 그 자체의 자기 유사적인 복제판이다. 인간의 행동과 군중 심리 역시 동일

> # 오늘날 엘리엇이 시장에 대해 관찰한 내용의
> # 상당 부분을 설명하는 용어는 바로 '프랙털'이다.
>
> ─로버트 R. 프렉터 주니어(Robert R. Prechter, Jr.)

그림 T2-1. 프랙털 ─ 프랙털이라는 단어가 브누아 망델브로에 의해 만들어지기 거의 40년 전에, 랠프 넬슨 엘리엇은 1938년에 출간된 《파동 이론》에서 이와 같은 자기 유사적인 패턴들을 이미 설명했다.
출처: ©TradersCoach.com, Inc.

하게 자기 유사적이며 반복적이라는 점을 기억해야 한다. 이는 프랙털 대칭성이 심리학 영역에서도 발생함을 의미한다. 이러한 개념은 군중 심리가 시장을 움직이는 메커니즘과 연결되며, 엘리엇 파동 분석을 통해 그러한 움직임을 예측할 수 있다는 사실을 설명한다.

차트에서 프랙털은 변곡점과 매우 유사하게 보인다. 자연과 금융시장은 일반적으로 최소 저항의 경로를 따르기 때문에, 시장이 프랙털의 저항선에 도달하면 방향을 전환한다. 이는 끊임없이 반복되어 나타나는 자기 재생적 패턴이다. 그림 T2-2를 참조하라.

자기 유사 대칭성의 개념도 논의할 가치가 있다. 예를 들어 아무런 표시가 없는 차트를 볼 때 그것이 어떤 금융시장을 나타내는지, 또는 어떤 타임프레임에 기반을 둔 차트인지 알 수 있는 방법이 없다. 그 이유는 모든 시장과 모든 타임프레임에 동일한 패턴이 존재하기 때문이다. 즉 전체적으로 대칭성이 존재한다. 그림 T2-3과 그림 T2-4를 참조하라.

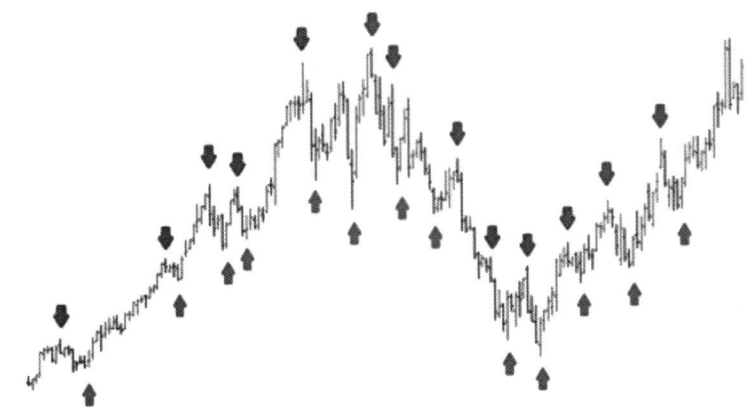

그림 T2-2. 이 차트는 해당 금융시장에서 반복적으로 나타나는 다양한 프랙털을 보여준다. 아래를 가리키는 화살표는 하락 추세 구간을 나타내고, 위를 가리키는 화살표는 상승 추세 구간을 나타낸다. 이러한 패턴들은 다양한 크기와 형태로 계속해서 반복된다.

출처: ⓒTradersCoach.com, Inc.

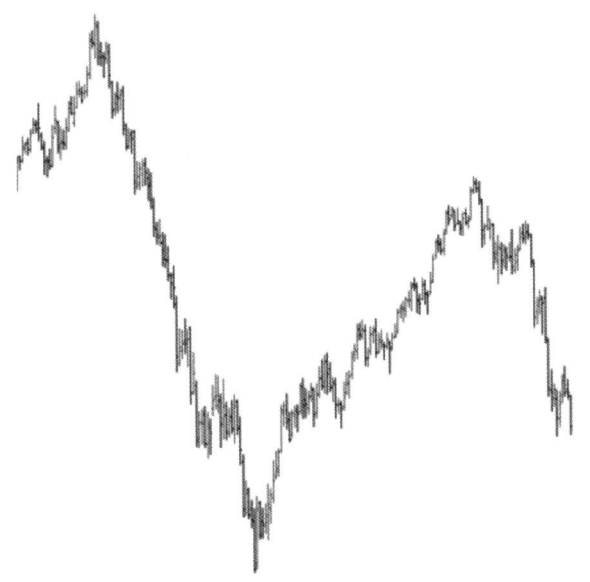

그림 T2-3. 이것은 선물 종목인 원유 선물(CL)의 일간 차트다. 아무런 표시가 없는 차트를 보면, 그것이 어떤 시장이고 어떤 타임프레임인지 알 수 있는 방법이 없다. 이는 모든 시장과 모든 타임프레임에 걸쳐 자기 유사 대칭성이 존재하기 때문이다.

출처: ⓒTradersCoach.com, Inc.

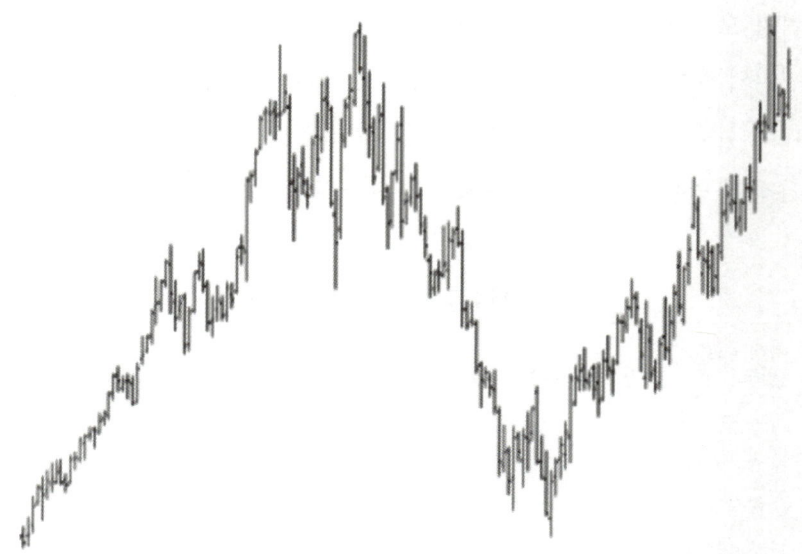

그림 T2-4. 이것은 주식 종목인 어플라이드 머티리얼즈(AMAT, Applied Materials, Inc.)의 주간 차트다. 아무런 표시가 없는 차트를 보면, 그것이 어떤 시장이고 어떤 타임프레임인지 알 수 있는 방법이 없다. 이는 모든 시장과 모든 타임프레임에 걸쳐 자기 유사 대칭성이 존재하기 때문이다.

출처: ©TradersCoach.com, Inc.

세 가지 타임프레임 접근 방식의 이점

필자의 경험에 따르면, 다중 타임프레임 접근법을 사용할 때 세 가지 타임프레임을 활용하는 것이 시장의 향후 방향을 파악하는 데 가장 큰 통찰을 제공한다. 한때는 두 가지 타임프레임만 사용했는데, 세 가지 타임프레임을 사용하는 것이 훨씬 더 정확한 방법이라는 것을 알게 되었다.

다시 말하지만, 이 구조는 단기 트레이더, 포지션 트레이더, 장기 투자자 모두에게 효과적이다. 타임프레임과 그에 따른 상관관계에 대한 필자의 추천은 표 T2-1에 정리되어 있다. 타임프레임의 상관관계에 대해 선택할 수 있는 다양한 옵션이 있다는 점에 주목하라. 자신에게 가장 잘 맞는 방법을 찾기 위해 직접 테스트해보는 것이 중요하다.

다중 타임프레임 분석 핵심 정리

거래 유형 (빈도)	하위 타임프레임	중간 타임프레임 (기본 차트)	상위 타임프레임
단기 트레이더	3초	15초	2분
단기 트레이더	15초	1분	5분
단기 트레이더	20초	2분	10분
단기 트레이더	1분	5분	25분
단기 트레이더	2분	10분	60분
스윙 트레이더	5분	30분	150분
스윙 트레이더	12분	60분	일간
포지션 트레이더	60분	일간	주간
장기 투자자	일간	주간	월간

표 T2-1. 다중 타임프레임 분석에서 세 가지 타임프레임을 사용하는 핵심 정리
참고: 이 표는 교육 목적으로만 작성되었다.

거래에 사용하는 기본 타임프레임에서 추세가 명확하지 않을 때가 있다. 이럴 때 다중 타임프레임 분석이 더 명확한 판단을 내리도록 도와줄 수 있다. 상위 및 하위 타임프레임에서 트레이더와 투자자들의 활동을 살펴보면, 시장의 방향성을 더 잘 파악할 수 있다.

기본 타임프레임에서 추세가 명확하더라도, 이 방법을 확인 도구로 활용할 수 있다. 하위 및 상위 타임프레임이 기본 타임프레임과 일치할

때, 이는 강력한 확인 신호가 된다. 반대로, 다른 타임프레임들이 기본 차트와 일치하지 않을 때는 거래를 보류하는 것이 좋을 수 있다.

이 접근법을 어떻게 활용할 수 있는지에 대해 전체적인 큰 그림을 그려나가면서 그림 T2-5, 그림 T2-6, 그림 T2-7 그리고 그림 T2-8을 살펴보기 바란다. 이 다이어그램들은 매우 단순한 형식이지만, 결국 동일한 시장에서 서로 다른 타임프레임으로 된 세 개의 차트를 나란히 배열하게 된다는 점을 보여준다.

유형: 단기 트레이더 다중 타임프레임 분석		
1 하위 타임프레임	2 중간 타임프레임 (기본 차트)	3 상위 타임프레임
15초	1분	5분

그림 T2-5. 단기 트레이더를 위한 다중 타임프레임 분석 권장 예시. 세 가지 타임프레임을 사용하는 것이 가장 좋은 분석 결과를 제공한다. 더 많은 타임프레임 상관관계는 표 T2-1을 참조하라. 자신에게 가장 잘 맞는 조합이 무엇인지 테스트해보기 바란다.
출처: © TradersCoach.com, Inc.

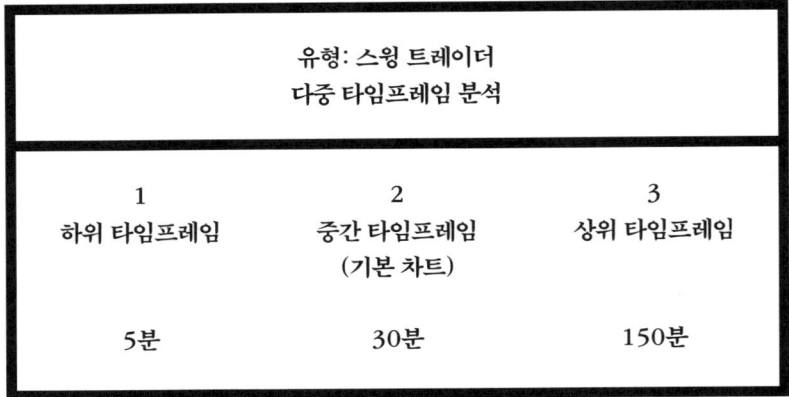

그림 T2-6. 스윙 트레이더를 위한 다중 타임프레임 분석 권장 예시. 세 가지 타임프레임을 사용하는 것이 가장 좋은 분석 결과를 제공한다. 더 많은 타임프레임 상관관계는 표 T2-1을 참조하라. 자신에게 가장 잘 맞는 조합이 무엇인지 테스트해보기 바란다.

출처: © TradersCoach.com, Inc.

<table>
<tr><td colspan="3">유형: 포지션 트레이더
다중 타임프레임 분석</td></tr>
<tr><td>1
하위 타임프레임</td><td>2
중간 타임프레임
(기본 차트)</td><td>3
상위 타임프레임</td></tr>
<tr><td>60분</td><td>일간</td><td>주간</td></tr>
</table>

그림 T2-7. 포지션 트레이더를 위한 다중 타임프레임 분석 권장 예시. 세 가지 타임프레임을 사용하는 것이 가장 좋은 분석 결과를 제공한다. 더 많은 타임프레임 상관관계는 표 T2-1을 참조하라. 자신에게 가장 잘 맞는 조합이 무엇인지 테스트해보기 바란다.

출처: © TradersCoach.com, Inc.

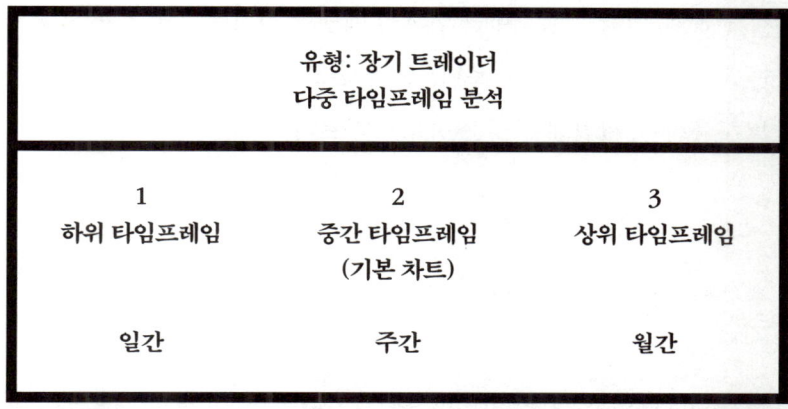

유형: 장기 트레이더 **다중 타임프레임 분석**		
1	**2**	**3**
하위 타임프레임	**중간 타임프레임** **(기본 차트)**	**상위 타임프레임**
일간	주간	월간

그림 T2-8. 장기 투자자를 위한 다중 타임프레임 분석 권장 예시. 세 가지 타임프레임을 사용하는 것이 가장 좋은 분석 결과를 제공한다. 더 많은 타임프레임 상관관계는 표 T2-1을 참조하라. 자신에게 가장 잘 맞는 조합이 무엇인지 테스트해보기 바란다.
출처: © TradersCoach.com, Inc.

단기 트레이더, 포지션 트레이더 그리고 장기 투자자는 서로 다른 타임프레임 상관관계를 사용한다

표 T2-1에서 볼 수 있듯이, 세 개의 차트에 사용할 세 가지 타임프레임은 당신이 단기 트레이더인지 장기 투자자인지, 혹은 그 중간에 위치하는지에 따라 달라진다.

이는 진입 및 청산 결정을 내리는 기본 타임프레임(중심 차트)에 따라 상위 타임프레임과 하위 타임프레임이 적절히 연관되어야 하기 때문이다. 하위와 상위 타임프레임은 기본 차트와 너무 멀지 않아야 하고, 동시에 너무 가깝지도 않아야 한다. 이 균형이 분석의 정확성을 좌우한다.

단기 트레이더는 매일 장 마감 전에 매매 포지션을 청산하여 현금화하기 때문에, 이들이 참고하는 정보는 매매 포지션을 다음 날까지 보유하는 포지션 트레이더와 다르다. 두 유형 모두 서로 다른 위험 관리 전략을 사용하며, 확인해야 하는 정보도 다르다.

작업 공간에 세 개의 차트를 나란히 배치하는 방법

다중 타임프레임 접근법의 이점을 얻으려면, 차트 분석 플랫폼을 사용해 '다중 타임프레임 분석'이라는 이름의 새로운 작업 공간을 만들어야 한다.

세 개의 차트를 나란히 설정하는 방법

1. 새로운 작업 공간 만들기: 차트 플랫폼을 열고 '다중 타임프레임'이라는 이름의 새로운 작업 공간을 만든다.

2. 원하는 보조 지표를 모두 포함한 기본 차트 만들기: 이 차트를 원하는 대로 완벽하게 설정한다. 선호하는 보조 지표나 지표, 기타 필요한 기능들을 모두 추가한다. 이 차트는 복사해서 사용할 것이므로, 완벽하게 만들어두는 것이 좋다.

3. 2단계에서 만든 차트 복제하기: 기본 차트를 두 개 복사하여, 작업 공간에 세 개의 차트가 나란히 배치되도록 만든다.

4. 모든 차트의 종목을 통일시키기. 단, 타임프레임은 연동하지 않는다: 목표는 세 개의 차트가 동일한 종목을 표시하되, 각각 다른 타임프레임을 갖도록 하는 것이다. 세 개의 타임 프레임은 왼쪽부터

순서대로 하위 타임프레임, 중간 타임프레임, 상위 타임프레임이 되도록 배치한다.

5. 세 개의 차트 모두 타임프레임 조정하기: 표 T2-1을 참고하여 권장되는 하위, 중간, 상위 타임프레임의 상관관계를 확인한 후, 각 차트의 타임프레임을 자신의 필요에 맞게 조정한다.

6. 이 기본 작업 공간 양식 저장하기: 이 타임프레임들이 설정된 양식을 작업 공간에 안전하게 저장한다. 알맞게 설명을 붙여두면, 앞으로 이 양식을 다시 만들 필요가 없다.

7. 새로운 종목 입력하기: 이제 기본 양식이 준비되었으니, 세 개의 차트가 동일 종목으로 통일되는 한, 원하는 만큼 다양한 종목을 복사하여 사용할 수 있다.

초기 설정에는 몇 분이 걸리지만, 일단 원하는 대로 작업 공간을 만들어두면 바로 사용할 수 있다. 그림 T2-9와 그림 T2-10에서 다중 타임프레임 분석을 위해 실제로 설정된 차트 예시를 확인하라.

왼쪽에서 오른쪽으로 다음 순서대로 세 개의 차트를 설정하라.

1. 하위 타임프레임
2. 중간 타임프레임(기본 차트)
3. 상위 타임프레임

차트를 나란히 배치하면 기본 차트가 가운데에 위치하게 된다. 이렇게 하면 진입과 청산 결정을 내릴 때 가운데 차트에 가장 집중할 수

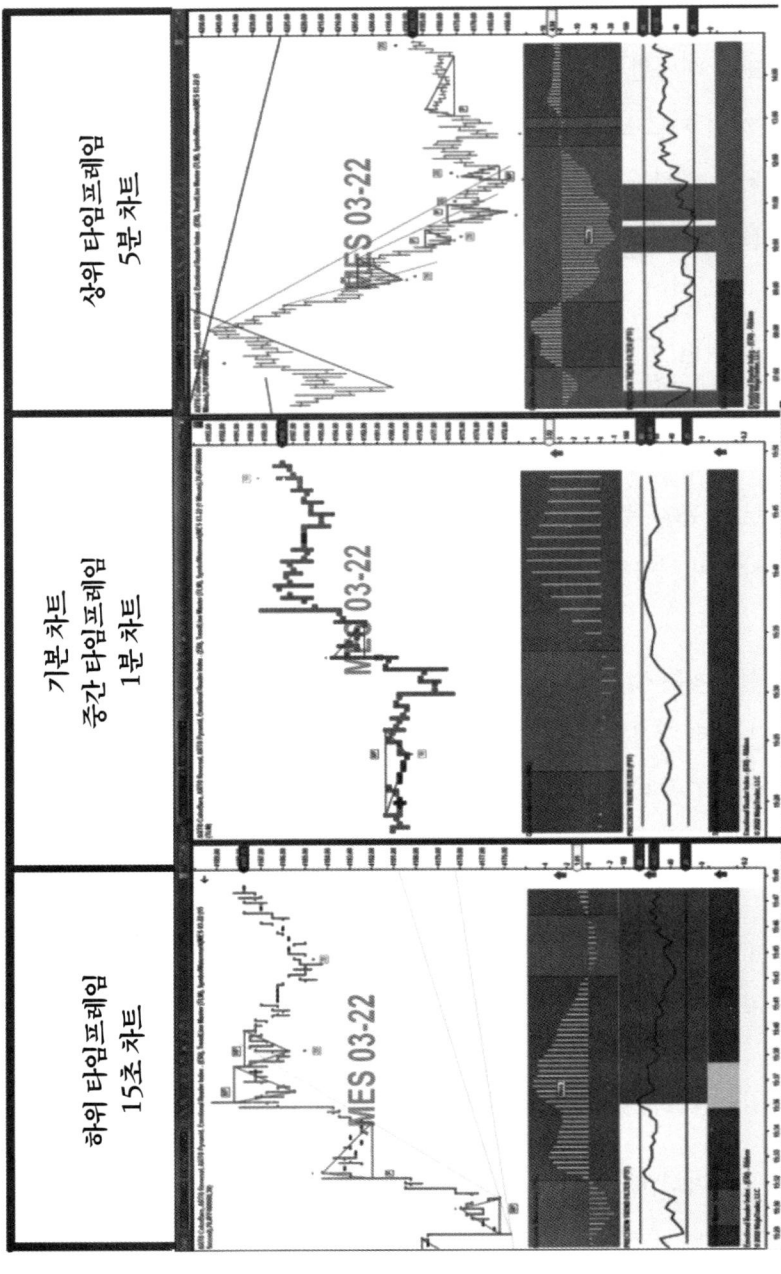

| 하위 타임프레임
15초 차트 | 기본 차트
중간 타임프레임
1분 차트 | 상위 타임프레임
5분 차트 |

그림 T2-9. 마이크로 E-미니 S&P500(MES) 데이 트레이딩을 위한 다음 타임프레임 양식: 15초 차트, 1분 차트, 5분 차트로 구성된 세 개의 차트를 사용한다. 출처: © TradersCoach.com, Inc.

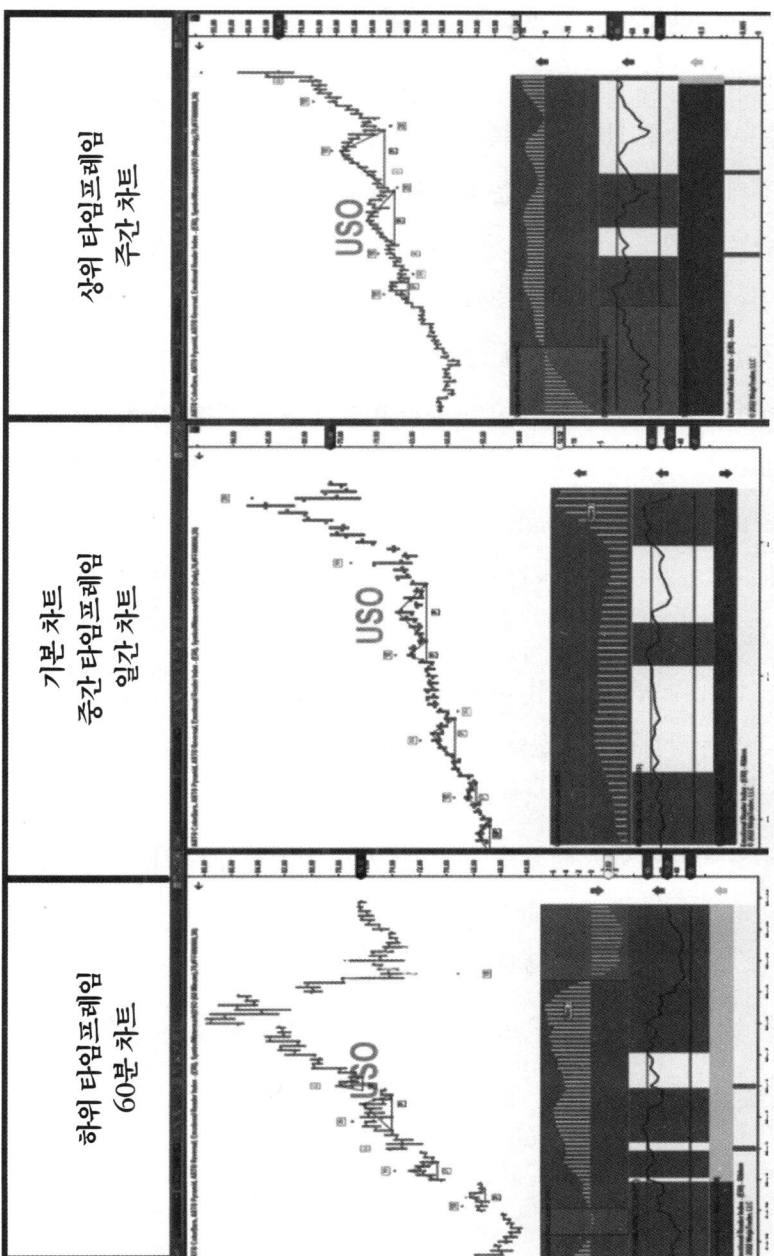

하위 타임프레임 60분 차트	기본 차트 중간 타임프레임 일간 차트	상위 타임프레임 주간 차트

그림 T2-10. 미국 원유 ETF(USO) 포지션 트레이딩을 위한 다중 타임프레임 양식: 60분 차트, 일간 차트, 주간 차트로 구성된 세 개의 차트를 사용한다.
출처: © TradersCoach.com, Inc.

있다.

왼쪽에 있는 하위 타임프레임 차트를 보면 그 패턴이 가운데 차트를 확인해주는지 알 수 있다. 오른쪽 차트를 볼 때도 마찬가지다. 추가 신호들을 통해 가운데 차트가 높은 확률의 거래인지 아닌지를 확인하거나 반박할 수 있다.

예를 들어 그림 T2-9와 그림 T2-10에 있는 차트를 볼 때, 차트 하단의 리본을 사용하여 OWL, PTF, TLM, ERI에서 신호를 받는다. OWL(Optimal Wave Labeling)은 엘리엇 파동 카운트를 알려주고, PTF(Probable Trend Forecast)는 고점 상승 또는 저점 하락 여부를 알려주며, TLM(Trend Line Momentum)은 추세 방향(또는 추세 부재)을 나타내고, ERI(Emotional Reader Index)는 감정 인식 지수(시장 참여자들의 심리 상태를 수치화한 지수 – 옮긴이)다.

필자는 실제 차트에서 가격 움직임을 살펴보고, 이를 바탕으로 초기 판단을 내리는 방식을 사용한다. 그리고 차트 아래에 있는 리본을 활용해 우리가 현재 엘리엇 파동 3파에 있는지, 아니면 새로운 고점이나 저점에 도달할 확률이 높은지 등 추가적인 정보를 확인할 수 있다.

물론 여러분은 자신만의 매매 방식을 사용하겠지만, 한 가지 기억해야 할 점은 여러 타임프레임에서 가격 움직임과 다른 신호들을 함께 살펴보면 시장이 미래에 어디로 움직일지에 대한 이해도를 높일 수 있다는 것이다.

중앙 차트에 없는 기회를 발견할 가능성

중앙 차트는 원래 거래 속도를 판단하는 데 사용할 계획이었던 차트다. 하지만 세 개의 차트 중 어느 타임프레임이든 거래 기회를 발견하면 활용할 수 있다. 따라서 유연하게 접근해야 하며, 중앙 차트에는 없는 이상적인 거래 기회가 갑자기 포착될 때도 있다는 점을 기억하라.

이런 경우, 타임프레임을 전환했다면 실제로 기회를 포착한 차트의 타임프레임을 기준으로 진입 및 청산 신호, 거래 규모, 위험 관리 전략을 설정해야 한다. 또한 목표 가격 역시 기회를 발견한 그 차트에서 설정하는 것이 중요하다.

중앙 차트를 사용하여 이익 목표 설정

목표는 기본 타임프레임 또는 중앙 차트를 사용하여 설정해야 한다. 일반적으로, 위험 관리와 포지션 크기 조절에 사용하는 차트가 낮은 타임프레임일 경우, 높은 타임프레임 차트에 설정된 이익 목표에 도달하기 어렵다. 그 이유는, 하위 타임프레임에서는 변동성이 더 큰 까닭에, 상위 타임프레임의 목표가에 도달하기 전에 먼저 손절될 가능성이 높기 때문이다. 만약 상위 타임프레임 차트의 목표가를 노리고 싶다면, 해당 차트를 기본 차트, 즉 중앙 차트로 전환해야 한다. 이 경우 진입과 청산, 위험 관리, 목표가 설정 등 모든 거래 전략을 새로운 기본 중앙 차트를 기준으로 결정해야 한다.

세 개의 타임프레임에서 모멘텀이 일치할 때, 확률이 높은 거래

최상의 시나리오는 세 개의 차트 모두에서 모멘텀 신호가 일치할 때다. 하위 타임프레임, 중간 타임프레임, 상위 타임프레임에서 동시에 추세의 모멘텀이 일치하면 거래의 성공 확률이 크게 높아진다. 그다음으로 좋은 시나리오는 하위 타임프레임 차트의 모멘텀이 중앙 차트와 같은 방향으로 움직이며 일치하는 경우다.

이 두 가지 시나리오가 아니라면, 기본 중앙 차트와 반대 방향의 신호가 있는지 주의 깊게 살펴봐야 한다. 하위 타임프레임이나 상위 타임프레임에서 중앙 차트와 반대되는 신호가 나타난다면, 해당 거래는 적합하지 않을 수 있음을 의미한다. 때로는 이런 경우 거래를 관심 목록에 올려두고, 시장 상황이 유리하게 바뀔 때까지 기다리는 것이 좋다.

더 나은 진입 시점 기다리기

중앙 차트의 기본 타임프레임에서 좋아 보이는 거래라도, 하위 타임프레임 차트에서는 반대 방향의 단기 움직임이 나타날 수 있다. 이런 경우에는 기다림으로써 더 나은 진입 시점을 찾을 수 있다. 이럴 때는 해당 거래를 관심 목록에 올려두고, 더 좋은 진입 시점이 나올 때까지 기다려라.

모든 거래에 다중 타임프레임 분석 활용하기

이런 접근 방식은 필자의 분석에서 필수적인 부분이 되었으며, 한번 익숙해지면 여러분에게도 큰 도움이 될 것이라고 확신한다. 필자는 이미 원하는 방식으로 정확하게 설정해두었다. 필자의 작업 환경을 살짝 보여주는 그림 T2-11을 참고하라.

이 화면 갈무리는 필자가 지난주에 진행한 라이브 이벤트에서 촬영한 것으로, 필자의 화면이 어떻게 구성되어 있는지 알 수 있다. 차트 상단에 검색 목록이 배치되어 종목을 빠르게 클릭하고 전환할 수 있다.

또한 가운데와 왼쪽 차트에 표시된 수평선들은 필자가 설정한 피보나치 가격 목표 구간이다. 마지막으로, 화면 하단에는 OWL, PTF, TLM, ERI 신호를 위한 리본이 표시되어 있다. 필자가 사용하는 다중 타임프레임 분석 방법을 여러분에게 소개할 수 있어 매우 기쁘고, 여러분도 이 방법으로 큰 성공을 거두시길 바란다.

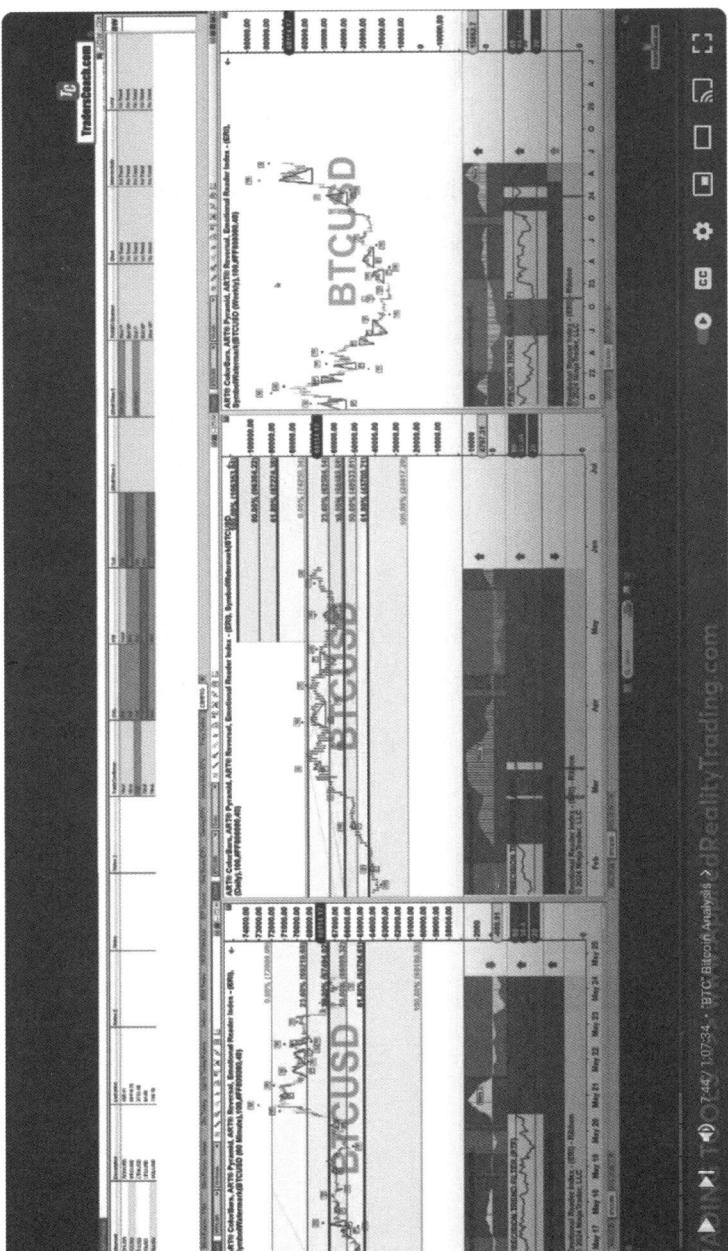

그림 T2-11. BTC/USD(비트코인과 미국 달러 간의 환율) 포지션 트레이딩을 위한 다중 타임프레임 설정은 60분 차트, 일간 차트, 주간 차트 등 세 개의 차트로 구성되어 있다.

출처: © TradersCoach.com, Inc.

기술 3
분할 진입과 분할 청산

매매 포지션을 분할 청산하는 것은 필자가 매우 좋아하는 전략 중 하나인데, 이 방법은 수익을 확정하고 스트레스를 줄여주기 때문이다. 물론 이미 성공적인 거래에서 분할 매수(단계적 진입)를 통해 포지션을 더 크게 가져가는 것도 훌륭한 전략이다.

포지션을 분할 청산하는 것과 분할 진입하는 것을 동시에 사용할 수는 없다. 이 두 가지 기법은 서로 직접 충돌하기 때문이다. 하지만 매매 포지션에 먼저 분할 진입(분할 매수)으로 진입한 뒤, 같은 추세 거래 기간 내에서 나중에 분할 청산(분할 매도)하는 것은 가능하다.

따라서 분할 진입해야 할 시점과 분할 청산해야 할 시점은 다르다. 다음 페이지들에서는 각각의 기법을 활용해 가장 큰 이익을 얻을 수 있는 최적의 조건에 대해 자세히 설명한다.

수익을 확정하고 스트레스를 줄이기 위한 분할 청산

추세 매매의 주요 목표는 가능한 한 오랫동안 추세에 머무르는 것이다. 흔히 말하듯이, 손실은 빠르게 끊고 수익은 될수록 길게 가져가야 한다. 하지만 때때로 추세가 급격히 움직여 상당한 이익 구간에 진입하면, 그 자리에서 모든 이익을 실현함으로써 포지션을 청산하고 싶은 유혹을 감정적으로 참기 어려울 때가 있다. 아마 여러분도 이런 경험이 있을 것이다.

문제는, 거래가 충분히 성숙하기 전에 또는 목표 구간에 도달하기 전에 청산했을 때 추가로 얻을 수 있는 이익을 놓친다는 점이다. 물론 거래가 실제로 목표 구간까지 도달한다면 말이다. 여기서 트레이더의 심리적 딜레마가 발생한다. 즉 이 거래가 목표 구간까지 도달하리라는 확신이 얼마나 있느냐는 것이다. 이러한 확신은 일관되게 성공하는 매매 방식을 통해 시간이 지나면서 쌓이게 된다.

여기서 분할 청산 전략이 등장한다. 자신감을 키우고 트레이더로서의 심리를 강화하는 과정에서, 이 전략은 수익이 나는 거래에서 발생하는 스트레스를 줄이고 이익을 확정할 수 있게 해준다. 그림 T3-1을 참조하라.

이 전략을 사용할 때 적용할 구체적인 기준은 여러분의 트레이딩 규칙에 명확히 기록할 수 있다. 이것을 일종의 행복한 절충안, 즉 두 가지 장점을 모두 누리는 방법으로 생각할 수 있다. 수익이 난 전체 포지션을 한 번에 청산해서 추세가 이어질 때 얻을 수 있는 이익을 놓치는 것도 아니고, 전체 포지션을 계속 보유하다가 손실로 청산될 위험을 감수

그림 T3-1. 분할 청산 — 분할 청산은 거래가 상당한 이익 구간에 도달했을 때 스트레스를 줄이고 이익을 확정하는 이상적인 방법이다. 시장이 반전되어 이익을 잃을지 모른다는 두려움은, 매매 포지션의 3분의 1을 분할 청산해 이익을 확정함으로써 줄일 수 있다. 이 전략은 자신감과 트레이더로서의 마음가짐을 키워가는 과정에서 특히 도움이 된다.
출처: ©TradersCoach.com, Inc.

하는 것도 아니다. 대신, 일부 이익을 확정하면서도 여전히 추세에 남아 있을 수 있다.

반전 신호를 선택해 분할 청산하기

분할 청산을 할 때도 다른 트레이딩 규칙들과 마찬가지로, 현재 시장의 움직임을 보여주는 실행 가능한 신호에 근거해 청산하는 것이 중요하다. 감정적인 이유로 무작정 분할 청산하지 마라. 대신, 여러분의 매매 방식에서 사용하는 반전 신호를 찾아 시장이 무엇을 말하고 있는지 파악한 뒤 분할 청산을 진행하라.

그리고 포지션이 일정 수준의 이익을 달성했을 때만 분할 청산을 하라. 이 기준을 미리 정해두고 매매 계획의 규칙에 포함시키는 것이 중요하다. 예를 들어 거래에서 분할 청산을 하기 전에 반드시 10% 또는

20%의 수익이 발생해야 한다고 정할 수 있다. 이 기준은 직접 테스트하고 조정하여 최적의 수치를 찾아가는 것이 좋다.

한 번의 거래에서 두 번 이상 분할 청산하지 않기

효과적으로 분할 청산을 하려면, 처음 진입하는 거래 규모가 충분히 커야 이점을 누릴 수 있다. 이 기법은 매수 포지션과 매도 포지션 모두에 적용할 수 있으며, 모든 시장과 모든 타임프레임에서 사용할 수 있다. 한 번의 거래에서 두 번 이상 분할 청산하는 것은 권장되지 않는다.

예를 들어 선물 시장에서 세 개의 계약으로 포지션을 보유하고 있다면, 첫 번째 분할 청산 시 한 개의 계약을 청산할 수 있다. 그리고 두 번째 분할 청산 시 두 번째 계약을 청산할 수 있다. 이렇게 하면 마지막 세 번째 계약은 포지션이 손절 청산될 때까지 그대로 남겨둘 수 있다. 이처럼 거래 규모를 충분히 크게 가져가야 분할 청산의 이점을 제대로 누릴 수 있다.

하락장 거래에서의 분할 청산 예시

E-mini 선물을 예시로 들면, 그림 T3-2에서 볼 수 있듯이 이 1분 차트의 왼쪽, 오전 7시경부터 하락 추세가 진행되고 있다. 왼쪽에서 두 번째로 위치한 아래를 향한 삼각형에 주목하라. 이 삼각형의 평평한 부분,

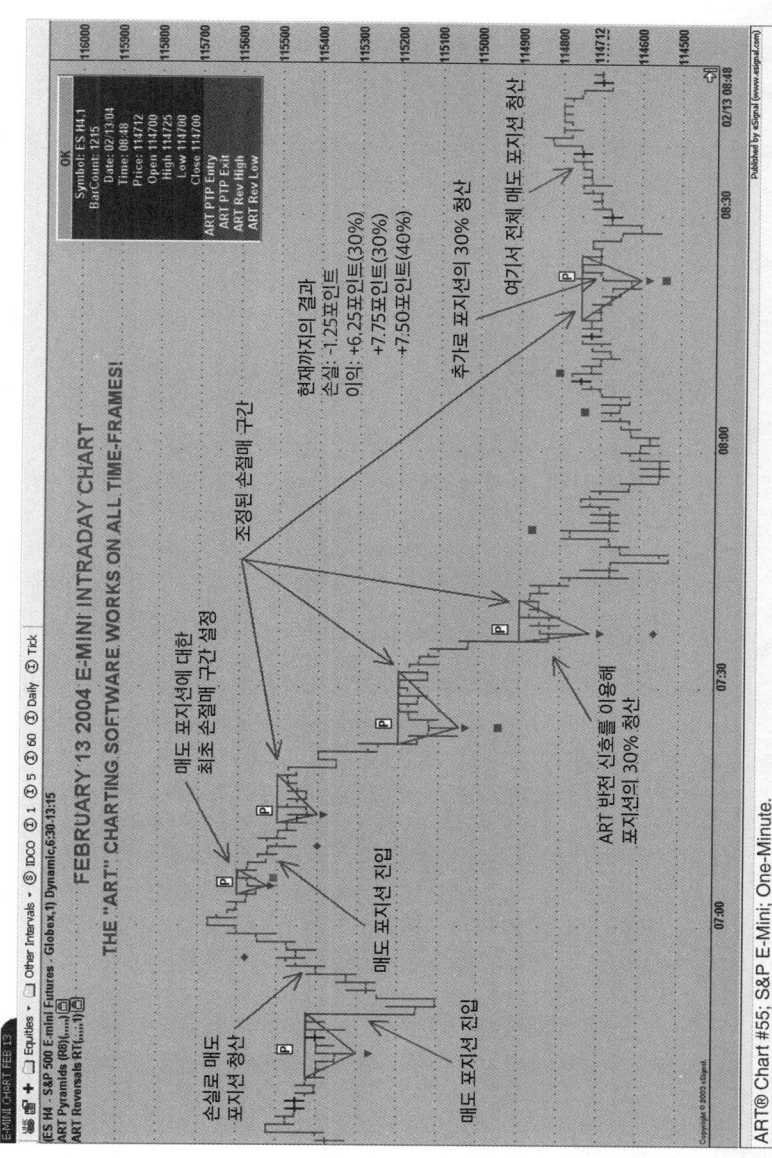

그림 T3-2. 1분 바 하락 차트에서 E-mini 선물을 분할 청산하는 모습이다. 네 개의 연속된 피라미드식 매매 포인트로 정의된 성숙한 추세에서 분할 청산을 하며 이익을 확정할 수 있음을 확인할 수 있다. 이익을 확정하는 또 다른 전략은 추세 순접매를 사용하는 것이다. 추세가 유리하게 진행될수록 순접매를 더 줄게 조정하면, 추세의 끝까지 수익을 극대화할 가능성이 높아진다. 이 차트는 이 책의 초판(2004)에서 발췌한 것이다. 출처: www.eSignal.com

즉 밑변 위에 'P' 기호가 표시되어 있다.

이 두 번째 아래를 향한 삼각형은 가격이 삼각형의 꼭짓점을 넘어설 때 진입 신호를 제공한다. 초기 손절매 지점은 삼각형의 평평한 부분(밑변)에 위치하며, 가격이 11,560을 넘어 강세로 전환되면 손절매가 실행된다. 따라서 이제 포지션 진입이 시작되었다.

왼쪽에서 세 번째 삼각형을 보면, 평평한 부분 위에 'P'가 표시되어 있으며, 하락 추세 방향으로 움직이고 있다. 초기 손절매를 더 엄격하게 하고 이익을 확정하기 위해, 조정된 손절매인 추적 손절매를 사용한다. 초기 손절매는 두 번째 삼각형의 평평한 부분에서 세 번째 삼각형의 평평한 부분으로 옮겨서 따라간다.

다음으로, 왼쪽에서 네 번째 삼각형이 나타나고, 그 평평한 부분 위에 'P'가 표시되어 있다. 이 삼각형 역시 하락 추세 방향으로 움직이고 있다. 이때 다시 한번 추적 손절매를 사용하여, 손절매 위치를 세 번째 삼각형의 평평한 부분에서 네 번째 삼각형의 평평한 부분으로 이동시킨다.

왼쪽에서 다섯 번째 삼각형이 평평한 부분 위에 'P'와 함께 나타나고, 역시 하락 방향으로 움직일 때, 이제 전체 포지션의 30%를 분할 청산하여 이익을 확정한다. 분할 청산을 하는 이유는, 이 추세의 패턴에서 네 번째 삼각형 이후로 추세가 성숙해져 반전될 가능성이 높아지기 때문이다.

왼쪽에서 여섯 번째 삼각형을 보면, 평평한 부분 위에 'P'가 표시되어 있다. 이 신호 역시 추세가 성숙한 위치에서 나타난 반전 신호로, 포지션의 추가 30%를 분할 청산하기에 이상적인 지점이다. 새로운 추적 손절매는 마지막 삼각형의 평평한 부분에 설정한다. 이후 시장 움직임이 반전되면서 마지막 추적 손절매 가격에서 거래가 청산되어 이익을 실현하게 된다.

이 예시는 체계적인 분할 청산 방식이 어떻게 안정적이고 수익성 있는 결과를 가져올 수 있는지 보여준다. 직접 이 방법을 테스트해보고, 실제로 수익 향상에 도움이 되는지 확인해보기 바란다.

추적 손절매도 이익을 확정해준다

그림 T3-2에서 볼 수 있듯이, 조정된 손절매, 즉 추적 손절매는 위험을 관리하고 이익을 확정하는 효과적인 방법이다. 시장이 내게 상당히 유리하게 움직이면 그에 맞춰 손절매를 더 엄격하게 조정하는 것이 매우 좋은 전략이다.

손절매 가격을 옮길 때는 반드시 신뢰할 수 있는 시장 신호가 있어야 하며, 임의로 손절매 가격을 옮기지 않아야 한다. 이 E-mini 선물 거래의 경우, 시장 신호는 위에 'P'가 표시된 삼각형들, 즉 피라미드식 매매 포인트로, 이들은 계속해서 하락 방향으로 움직이고 있다.

또 한 가지 고려해야 할 점은, 변동성 때문에 좋은 추세에서 너무 일찍 손절매 청산되지 않도록 손절매 폭을 지나치게 좁게 설정하지 않는 것이다.

분할 진입할 때의 규칙

분할 진입은 추세에 있을 때 공격적으로 매매 포지션을 최대한 크게 가져가고 싶을 때 사용한다. 추세가 유리하게 움직일 때만 분할 진입을 사용하라. 손실 중인 거래에 추가 진입하는 것은 '물타기'라고 한다.

손실 중인 거래에 물타기를 하는 것은 매우 위험한 전략이다.

수익이 나는 매매 포지션에 분할 진입을 할 때는 추가 신호가 발생할 때마다 매매 포지션을 늘리게 된다. 이 기법에는 다양한 변형이 있으며, 추세가 이미 성숙한 경우에는 곧 반전될 가능성이 있으므로 분할 진입(추가 진입)을 하지 않는 것이 좋다.

수익이 나는 매매 포지션에 추가 진입하기 전에, 거래 규모를 다시 계산해야 한다. 포지션이 이미 수익 중이라면, 처음에 가졌던 위험이 제거되었는지 반드시 확인하라. 그런 다음에는 더 커진 거래 규모에 대해 적절한 위험 관리를 유지할 수 있도록 몇 주 혹은 몇 계약을 추가할 수 있는지 계산해야 한다.

핵심 포인트: 분할 진입할 때 거래 위험을 늘리지 마라

매매 포지션이 수익을 보고 있을 때만 분할 진입을 사용하라. 이 수익은 추적 손절매가 최초 진입가보다 위에 있을 때를 기준으로 한다. 추적 손절매 청산 시 반드시 수익이 보장되어야만 추가 진입이 가능하다. 여기서 핵심은 거래 위험을 늘리지 않는 것이다.

추적 손절매 청산으로 최초 진입 시의 거래 위험이 사라지면, 그때부터 추가 매수가 가능하다. 예를 들어 최초 진입 시 거래 위험이 2%였다면, 추가로 주식이나 계약을 매수한 후에도 전체 위험이 2%를 넘지 않도록 유지해야 한다. 추적 손절매를 사용하면 이렇게 위험을 관리할 수 있다.

적립식 투자 전략

'적립식 투자'라는 일반적인 전략을 다르게 보면, 본질적으로 매매 포지션을 계속 추가하는 것과 같다. 많은 투자자들이 매달 일정 금액을 주식시장에 입금한다. 시간이 지나면서 시장은 대체로 상승하는 경향이 있기 때문에, 이 전략은 계좌를 꾸준히 성장시키는 방법이 된다. 물론 시장 변동에 따라 때로는 더 높은 가격, 때로는 더 낮은 가격에 매수하게 되지만, 이를 감안하고 투자하는 것이다. 일반적으로 이 전략은 단기 트레이딩보다는 장기 투자 전략으로 간주된다.

트레이딩의 나침반이 되는 책

트레이딩을 예술이라고 말하는 건 쉽게 들릴지 몰라도, 그 의미를 곱씹을수록 결코 가벼운 표현이 아니라는 걸 알게 된다. 이 책은 트레이딩이라는 행위를 단순한 돈벌이 수단이나 기술적 기교가 아닌, 삶의 태도와 철학이 반영된 행위로 바라본다. 또한 그 깊이와 시야의 넓음으로 인해, 이 책은 단 한 번의 독서로는 온전히 담아내기 어려운 책이기도 하다.

출판사의 의뢰로 처음 원서를 펼쳤을 때, 평소와 크게 다르지 않은 투자 실전서일 거라 가볍게 예상했다. 기법 중심의 구조일 것이고, 각 장마다 익숙한 패턴의 전략이나 원칙이 반복되겠거니 싶었다. 하지만 책장을 넘기면서 점점 그 생각은 깨졌다.

트레이딩의 구체적인 기법과 전략도 물론 들어 있지만, 이 책의 중심에는 그런 '무기'가 아니라, 그 무기를 들고 시장에 서 있는 '사람' — 즉 트레이더 자신—이 있다. 저자는 단순히 돈 버는 법을 말하지 않는다. 오히려 계속해서 묻는다.

"왜 트레이딩을 하는가?"

"어떤 트레이더가 되고 싶은가?"

"지금의 삶과 투자는 건강한가?"

그 질문들은 어느 순간부터 역자에게도 그대로 던져졌다. 번역을 하는 동안, 이 책은 원고가 아니라 나의 매매와 생활을 들여다보는 거울처럼 느껴졌다. 역자도 트레이딩을 오래 해왔지만, 실상은 그만큼 많은 실수와 시행착오를 거쳐왔다. 성급함, 확신 과잉, 반복되는 실수, 잘못된 복기……. 그 모든 과정을 지나며 얻은 노하우만큼, 내 안에 뿌리내린 나쁜 습관과 편향도 함께 자라고 있었는지도 모른다.

그 점에서 이 책은 단순한 이론서가 아니었다. 오히려 트레이더로 살아가는 한 사람의 삶과 태도를 정리한 기록에 가까웠다. 저자는 자신의 경험과 실패담, 깨달음을 솔직하게 풀어놓는다. 그러면서도 이 책은 특정 방식이나 철학을 강요하지 않는다. 다만 어떤 방향으로 질문을 던질지를 알려주고, 각자가 자기만의 해답을 찾도록 유도한다. 그래서 독자마다 다르게 읽히고, 각자의 시장 경험에 따라 와닿는 지점도 달라질 것이다.

초보 투자자라면 이 책을 통해 '트레이딩이나 투자가 이런 거였어?' 하고 놀랄 수도 있다. 차트 분석이나 진입 타이밍보다 훨씬 더 중요한 게 있다는 사실을 처음으로 접하게 될 것이다. 시장 초입에 있는 이들에게 가장 부족한 건 지식이 아니다. 대부분은 지나치게 많은 정보를 들고 시작하지만, 방향과 기준이 없다. 이 책은 그러한 상태에 있는 사람에게 나침반 역할을 해준다. 어떤 기준으로 전략을 만들고, 어떤 방식으로 자기만의 원칙을 세워야 하는지를 가르친다. 또한 손실을 피할 수 없다는 전제를 바탕으로, 그것을 어떻게 받아들이고 관리할 것인지를 다룬다. 이런 내용은 단순한 기법서에서는 얻을 수 없는 통찰이다.

물론 초보자뿐 아니라, 시장에 오래 몸담은 이들에게도 이 책은 충분히 도움이 된다. 투자 경력이 길수록, 인간은 자신도 모르게 익숙한 패턴에 머문다. 반복된 전략, 익숙한 심리 구조, 어딘가 무뎌진 감정선. 성공했던 방식에 안주하거나, 변화에 둔감해지는 경우가 많다. 이 책은 그런 상태의 투자자에게 가차 없이 묻는다.

"정말 잘하고 있는가?"

"그 방식은 여전히 유효한가?"

"지금의 투자 방식은 삶에 어떤 영향을 주고 있는가?"

역자는 번역하는 내내 그 질문들을 스스로에게 되물었다. 때로는 불편했고, 어떤 문장은 직접적으로 정곡을 찔렀다. 하지만 그 불편함이야말로 성장의 시작이라는 걸 오랫동안 시장에서 배워왔다. 이 책이 가진 가장 큰 힘은, 독자에게 자기 점검의 기회를 준다는 데 있다. 마치 엄격하고 부지런한 관찰자가 나를 지켜보고 있는 것처럼, 나의 사고방식, 루틴, 감정 관리 방식, 위험에 대한 대응 태도를 냉정하게 들여다보게 만든다.

책 전체에 흐르는 메시지는 분명하다. 트레이딩과 투자의 성공과 실패는 돈보다 사람의 문제다. 돈을 벌기 위한 전략보다, 그 전략을 실행할 사람의 태도와 심리가 더 중요하다. 그걸 간과하면 아무리 복잡하고 멋진 시스템을 짜더라도 지속 가능하지 않다. 결국 시장에 오래 살아남는 사람은 기술보다 자신을 다스릴 줄 아는 사람이다.

다만 이 책을 읽는 데에는 약간의 인내심이 필요할 수 있다. 저자의 메시지는 직선적이지 않다. 반복적으로, 때로는 돌아가며 말한다. 마치 선수에게 기본기를 반복시키는 코치처럼, 그 반복은 훈련을 위한 의도적인 설계일 것이다. 처음엔 장황하게 느껴질 수도 있지만, 곱씹을수록 그 속에 담긴 진심이 느껴진다. 이 책은 빠르게 넘길수록 손해다. 느리게, 천천히, 반복해서 읽어야 한다.

트레이딩과 투자에 '정답'은 없다. 누구도 미래를 예측할 수 없기 때문이다. 그렇기에 우리가 할 수 있는 건 하나다. 준비된 태도로, 유연한 기준으로, 감정에 휘둘리지 않고, 꾸준히 시장에 설 준비를 하는 것. 이 책은 그런 준비를 도와주는, 성실한 동반자 같은 책이다.

시장 앞에서 흔들리고, 성과에 일희일비하며, 때로는 삶 전체가 투자의 등락에 휘둘리는 나날을 보내는 모든 투자자에게 이 책이 다시 중심을 잡고 앞으로 나아갈 정신적 기반이 되기를 바란다.

정진근

찾아보기

프로 트레이더 교과서

초판 1쇄 발행 | 2026년 1월 31일

지은이 | 베넷 맥도웰
옮긴이 | 정진근
발행인 | 김태진, 승영란
편집주간 | 김태정
마케팅 | 함송이
경영지원 | 이보혜
디자인 | 여상우
출력 | 블루엔
인쇄 | 다라니인쇄
제본 | 제이엠플러스
펴낸 곳 | 에디터
주소 | 서울특별시 마포구 만리재로 80 예담빌딩 6층
전화 | 02-753-2700, 2778 팩스 | 02-753-2779
출판등록 | 1991년 6월 18일 제1991-000074호

값 35,000원
ISBN 978-89-6744-302-3 13320